刑法规范精解集成

谭　淼／编著

Xingfa Guifan Jingjie Jicheng

中国检察出版社

图书在版编目（CIP）数据

刑法规范精解集成／谭淼编著. —北京：中国检察出版社，2013.9
ISBN 978 - 7 - 5102 - 0957 - 4

Ⅰ. ①刑… Ⅱ. ①谭… Ⅲ. ①刑法 - 法律解释 - 中国
Ⅳ. ①D924.05

中国版本图书馆 CIP 数据核字（2013）第 176012 号

刑法规范精解集成

谭 淼 编著

出版发行：中国检察出版社
社　　址：北京市石景山区香山南路 111 号 （100144）
网　　址：中国检察出版社 （www.zgjccbs.com）
电　　话：(010)68650028(编辑) 68650015(发行) 68636518(门市)
经　　销：新华书店
印　　刷：保定市中画美凯印刷有限公司
开　　本：A5
印　　张：18.125 印张
字　　数：500 千字
版　　次：2013 年 9 月第一版 2013 年 9 月第一次印刷
书　　号：ISBN 978 - 7 - 5102 - 0957 - 4
定　　价：40.00 元

自　序

　　现在市面上的刑法工具书非常多，其中大受欢迎者亦不在少数。那么，我为什么还要千辛万苦地再编一本呢？记得苏力教授在《法治及其本土资源》自序中曾经问道："什么是你的贡献？"现在我也要直面这个问题，我的贡献是什么？或者说，这本书的特色是什么？

　　2003 年 7 月，我从中国政法大学博士毕业后，有幸进入北京市海淀区人民检察院从事公诉工作。为了尽快完成角色转变，适应公诉工作，我必须恶补刑法，而寻找一本称心如意、得心应手的刑法工具书就成为当务之急。当年的刑法工具书，有的体例是将刑法条文和司法解释分别拆解，然后将司法解释与其所对应的刑法条文合编。这种体例的优点在于使司法解释与刑法有了一定程度的结合，但其不足之处则在于刑法由于被拆解而失去了其整体感。有的体例虽然保持了刑法条文的整体性，但要么未对司法解释作必要的拆分，仍以一个整体的形式附在刑法相应条文之下；要么虽作拆分，但还没有精细到对刑法条文中某个特定的字词进行解释，而止步于对某一刑法条文进行解释。有鉴于此，我遂萌生了一个念头，编一本体例上更适合司法实务需要的刑法工具书，即在保持刑法本身完整性的前提下，将司法解释的内容进行精心的拆分，然后直接就刑法条文中关键性的字、词进行解释，使司法解释与刑法条文进一步融合、互相呼应而形成一个有机整体。其实，只有精细到对字、词这个层面的解释，才更有助于读者准确地理解刑法规范，才有更强的理论和实用价值。

　　在主要体例确定以后，许多重要的细节是在不断修改完善的过程中一点点摸索出来的。例如，在近年来司法解释的理解与适用对司法实践的参考意义越来越大的趋势下，我便认真研究了每一个司法解释的理解与适用，然后将其中有助于理解司法解释条文的相关内容，摘其精要以编者注的形式添加在其之后，大大拓宽了本书的广度和深度。应该说，这可谓本书的独创。然而为做到这一点，我着实耗费了相当的精力。本书的另一个特点是脚注位置的精心选择，为了真正实现精细到对字词层面的解释，就必须尽可能将司法解释与其所解释的刑法概念直接对应起来。为取得最佳效果，每一个脚注位置的确定都经历了反复调整。

无论是之前身为一名检察官，还是如今身为一名执业律师，我有一个多年不辍的习惯，就是每办理一个案件，都会尽可能地将与该案件有关的司法解释全部梳理一遍，然后按照上述体例充实到这本刑法笔记之中。在从事司法实务的这十年间，我办理了数百件不同类型的刑事案件，其中亦不乏重大、疑难复杂的，就这样一个案件一个案件锱铢积累，披沙拣金，才有如今奉献给大家的这本书。回想这十年，斗转星移，物是人非，但唯一不变的就是这本刑法笔记，它渐渐成为我的心灵寄托，但凡有一点时间，我都会花在整理这份刑法笔记上，乐此不疲。《庄子·人间世》说"美成在久"，意思是说，世间的美好，往往都需要足够的时间来打磨。我想，这本书也可谓是十年磨一剑的产物。

2011 年 3 月 10 日，在十一届全国人大四次会议第二次全体会议上，吴邦国委员长向全国也是向全世界庄严宣布，中国特色社会主义法律体系已经形成。这意味着我国已经从总体上解决了有法可依问题。世不患无法，而患无必行之法，法律的生命在于实施，今后我国法治建设的重点将是法律的实施问题。法谚云："法无解释，不得适用"，只有通过解释活动，才能够将抽象的法律规范适用于千差万别的个案之中。我们下一步的使命应该是实现从"立法时代"向"解释时代"转变。拉德布鲁赫曾说过："每一个时代都要重新书写自己的法学。"我们身处在一个解释的时代，对于从事司法实务的读者来说，自然也需要一本适应解释时代的刑法工具书。刑法工具书也应主动顺应这一重大变化，尽可能满足法律解释的需要。法律解释的前提，就是要尽可能地将有关刑事法律规范集成起来，而理想的刑法汇编，应该是由各类刑事法律规范构成的总和，是一个有机统一的和谐整体，而不应是各种刑事法律规范的简单堆砌。

子曰：知之者不如好之者，好之者不如乐之者。其实，当初编这本刑法笔记完全是一种自娱自乐的心态，远没有想到有朝一日能够付梓出版。今天这本书有机会得以面世，多亏了中国检察出版社马力珍女士，正是她的不断鼓励，才让我下定决心。本书责任编辑张晓泽女士从出版的角度不厌其烦地调整结构，统一体例，琢磨遣词用句，丰富内容，使之日臻完善。但我也深知，虽百般努力，错漏仍在所难免，还望读者不吝指正。

是为序。

目　录

中华人民共和国刑法 *

*《中华人民共和国刑法》由第八届全国人大第五次会议于1997年3月14日修订，同年10月1日起施行。1997年9月25日《最高人民法院关于适用刑法时间效力规定若干问题的解释》（法释〔1997〕5号，1997年10月1日）。

《刑法修正案》由第九届全国人大常务委员会第十三次会议于1999年12月25日通过。

《刑法修正案（二）》由第九届全国人大常务委员会第二十三次会议于2001年8月31日通过。

《刑法修正案（三）》由第九届全国人大常务委员会第二十五次会议于2001年12月29日通过。

《刑法修正案（四）》由第九届全国人大常务委员会第三十一次会议于2002年12月28日通过。

《刑法修正案（五）》由第九届全国人大常务委员会第三十一次会议于2005年2月28日通过。

《刑法修正案（六）》由第十届全国人大常务委员会第二十二次会议于2006年6月29日通过。

《刑法修正案（七）》由第十一届全国人大常务委员会第七次会议于2009年2月28日通过。

《刑法修正案（八）》由第十一届全国人大常务委员会第十九次会议于2011年2月25日通过。《最高人民法院关于刑法修正案（八）时间效力问题的解释》（法释〔2011〕9号，2011年5月1日）。

目 录

第一编 总 则

第一章 刑法的任务、基本原则和适用范围

第一条【立法目的】 为了惩罚犯罪，保护人民，根据宪法，结合我国同犯罪作斗争的具体经验及实际情况，制定本法。

第二条【任务】 中华人民共和国刑法的任务，是用刑罚同一切犯罪行为作斗争，以保卫国家安全，保卫人民民主专政的政权和社会主义制度，保护国有财产和劳动群众集体所有的财产，保护公民私人所有的财产，保护公民的人身权利、民主权利和其他权利，维护社会秩序、经济秩序，保障社会主义建设事业的顺利进行。

第三条【罪刑法定】 法律明文规定为犯罪行为的，依照法律定罪处刑；法律没有明文规定为犯罪行为的，不得定罪处刑[1]。

---

〔1〕《最高人民法院、最高人民检察院关于适用刑事司法解释时间效力问题的规定》（高检发释字〔2001〕5 号，2001 年 12 月 17 日）：一、司法解释是最高人民法院对审判工作中具体应用法律问题和最高人民检察院对检察工作中具体应用法律问题所作的具有法律效力的解释，自发布或者规定之日起施行，效力适用于法律的施行期间。二、对于司法解释实施前发生的行

第四条【适用刑法平等】对任何人犯罪，在适用法律上一律平等。不允许任何人有超越法律的特权。

第五条【罪责刑相适应】刑罚的轻重，应当与犯罪分子所犯

为，行为时没有相关司法解释，司法解释施行后尚未处理或者正在处理的案件，依照司法解释的规定办理。三、对于新的司法解释实施前发生的行为，行为时已有相关司法解释，依照行为时的司法解释办理，但适用新的司法解释对犯罪嫌疑人、被告人有利的，适用新的司法解释。四、对于在司法解释施行前已办结的案件，按照当时的法律和司法解释，认定事实和适用法律没有错误的，不再变动。**编者注：**司法解释是最高司法机关就具体应用法律问题所作的解释，这一特性决定了其制定实施必然要滞后于法律，这就出现了如何理解司法解释时间效力的问题，特别是由于刑事司法解释直接涉及罪与非罪、此罪与彼罪以及刑罚的轻重，其时间效力问题就显得尤为突出。刑事司法解释的时间效力，主要是指司法解释的生效时间以及对其生效前发生的行为有无效力，即能否溯及既往。司法解释只是对司法工作中如何具体应用法律问题所作的具有法律效力的解释，不是新的立法，也不同于全国人大常委会的立法解释，而是法律施行之日起就具有了司法解释所解释之义，司法解释从属于法律，故其效力应适用于法律的整个实施期间。如司法解释发布施行以前的行为没有被追究，在司法解释发布施行以后被追究，那是由于法律本身不明确或是由于司法机关对该行为没有正确的认识，属于实践中的问题，并不违反罪刑法定原则，也不是司法解释的效力及于法律整个实施施行期间本身有什么问题。

罪行和承担的刑事责任相适应[2]。

第六条 【属地管辖】 凡在中华人民共和国领域内犯罪的，除法律有特别规定[3]的以外，都适用本法。

凡在中华人民共和国船舶或者航空器内犯罪的[4]，也适用本法。

---

[2]**编者注：**我国现行的刑事司法政策是宽严相济，体现严中有宽、宽以济严的基本精神。"相济"的根本依据是罪责刑相适应原则。无论是宽还是严，对被告人最终所处的刑罚，都应当是与其所犯罪行和所承担的刑事责任相适应的，都是在准确认定犯罪社会危害性，并在充分考量犯罪人的主观恶性和人身危险性，准确认定犯罪人罪责大小的前提下，确定是否从宽、从严以及从宽和从严的幅度，确保罚当其罪，最大限度地发挥刑罚功能，最大限度地实现刑罚的目的。

[3]**编者注：**不适用我国刑法的四种情况：1. 享有外交特权和豁免权的外国人的刑事责任问题，通过外交途径解决，不适用我国刑法；2. 我国香港、澳门与台湾地区适用其本地刑法，而不适用中华人民共和国刑法典及其他具有普遍效力的刑事法律；其"刑法"属于我国的区域性刑法，不能认为这些地区不适用"中国刑法"；3. 刑法典颁布后国家立法机关制定了特别刑法，出现法条竞合的情况时，根据特别法优于普通法的原则，适用特别刑法；4. 民族自治地区不能全部适用刑法典，行为符合变通或者补充规定的，适用该变通或补充规定。

[4]**《最高人民法院关于适用〈中华人民共和国刑事诉讼法〉的解释》（法释〔2012〕21号，2013年1月1日）：第四条** 在中华人民共和国领域外的中国船舶内的犯罪，由该船舶最初停泊的中国口岸所在地的人民法院管辖。

第五条 在中华人民共和国领域外的中国航空器内的犯罪，由该航空器在中国最初降落地的人民法院管辖。

犯罪的行为或者结果[5]有一项发生在中华人民共和国领域内的[6]，就认为是在中华人民共和国领域内犯罪。

第七条 【属人管辖】 中华人民共和国公民在中华人民共和国领域外犯本法规定之罪的，适用本法，但是按本法规定的最高刑为三年以下有期徒刑的，可以不予追究。[7]

第六条 在国际列车上的犯罪，按照我国与相关国家签订的协定确定管辖；没有协定的，由该列车最初停靠的中国车站所在地或者目的地的铁路运输法院管辖。

[5]**编者注：** 犯罪地是指犯罪行为发生地。仅行为的一部分或仅结果的一部分发生在我国领域内，也适用我国刑法。在未遂犯的场合，行为地与行为人希望结果发生地、可能发生结果之地，都是犯罪地；在共同犯罪场合，共同犯罪的行为或者共同犯罪的结果有一部分发生在本国领域内，或者其共犯行为之一部分（教唆、帮助、实行、组织）发生在中国的，均认为是在本国领域内犯罪。以非法占有为目的的财产犯罪，犯罪地包括犯罪行为发生地和犯罪分子实际取得财产的犯罪结果发生地。

[6]**《最高人民法院关于审理拐卖妇女案件适用法律有关问题的解释》（法释〔2000〕1号，2000年1月25日）：第二条** 外国人或者无国籍人拐卖外国妇女到我国境内被查获的，应当根据刑法第六条的规定，适用我国刑法定罪处罚。

[7]**《最高人民法院、最高人民检察院关于办理赌博刑事案件具体应用法律若干问题的解释》（法释〔2005〕3号，2005年5月13日）：第三条** 中华人民共和国公民在我国领域外周边地区（**编者注：** 不是针对我国领域外所有地区）聚众赌博、开设赌场，以吸引中华人民共和国公民为主要客源，构成赌博罪的，可以依照刑法规定追究刑事责任。**编者注：** 赌博罪处三年以下有期徒刑，拘役或者管制，并处罚金。

中华人民共和国国家工作人员和军人[8]在中华人民共和国领域外犯本法规定之罪的，适用本法。

第八条【保护管辖】 外国人在中华人民共和国领域外对中华人民共和国国家或者公民犯罪，而按本法规定的最低刑为三年以上有期徒刑的，可以适用本法[9]，但是按照犯罪地的法律不受处罚的除外。

第九条【普遍管辖】 对于中华人民共和国缔结或者参加的国际条约所规定的罪行，中华人民共和国在所承担条约义务的范围内行使刑事管辖权的，适用本法[10]。

---

[8]**编者注**：前款优惠制适用于普通公民，不适用于中国国家工作人员和军人，即对后者不论罪行轻重、法定刑高低，都要适用我国刑法。

[9]**法释〔2012〕21号：第九条** 外国人在中华人民共和国领域外对中华人民共和国国家或者公民犯罪，根据《中华人民共和国刑法》应当受处罚的，由该外国人入境地、入境后居住地或者被害中国公民离境前居住地的人民法院管辖。**编者注**：实行保护性管辖的前提：一是犯罪嫌疑人进入我国境内；二是通过引渡。

[10]**法释〔2012〕21号：第十条** 对于中华人民共和国缔结或者参加的国际条约所规定的罪行，中华人民共和国在所承担条约义务的范围内，行使刑事管辖权的，由被告人被抓获地的人民法院管辖。**编者注**：实行普遍性管辖，定罪量刑的根据仍然是我国刑法，因为国际条约没有对罪行规定法定刑，而是要求缔约国或参加国将条约所列的罪行规定为国内刑法上的犯罪。

第十条　【域外刑事判决的消极承认】凡在中华人民共和国领域外犯罪，依照本法应当负刑事责任的，虽然经过外国审判，仍然可以依照本法追究，但是在外国已经受过刑罚处罚的，可以免除或者减轻处罚。

第十一条　【外交代表的刑事豁免】享有外交特权和豁免权的外国人的刑事责任，通过外交途径解决。

第十二条[11]　【溯及力】中华人民共和国成立以后本法施行以前的行为，如果当时的法律不认为是犯罪的，适用当时的法律；如果当时的法律认为是犯罪的，依照本法总则第四章第八节的规定应当追诉的，按照当时的法律追究刑事责任，但是如果本法不认为是犯罪或者处刑较轻的[12]，适用本法。

本法施行以前，依照当时的法律已经作出的生效判决，继续有效。

---

[11]《最高人民法院关于适用刑法第十二条几个问题的解释》（法释〔1997〕12号，1998年1月13日）。

[12]法释〔1997〕12号：刑法第十二条规定的"处刑较轻"，是指刑法对某种犯罪规定的刑罚即法定刑比修订前刑法轻。法定刑较轻是指法定最高刑较轻；如果法定最高刑相同，则指法定最低刑较轻。如果刑法规定的某一犯罪只有一个法定刑幅度，法定最高刑或者最低刑是指该法定刑幅度的最高刑或者最低刑；如果刑法规定的某一犯罪有两个以上的法定刑幅度，法定最高刑或者最低刑是指具体犯罪行为应当适用的法定刑幅度的最高刑或者最低刑。一九九七年十月一日以后审理一九九七年九月三十日以前发生的刑事案件，如果刑法规定的定罪处刑标准、法定刑与修订前刑法相同的，应当适用修订前的刑法。

第二章 犯　　罪

第一节　犯罪和刑事责任

第十三条【犯罪概念】一切危害国家主权、领土完整和安全，分裂国家、颠覆人民民主专政的政权和推翻社会主义制度，破坏社会秩序和经济秩序，侵犯国有财产或者劳动群众集体所有的财产，侵犯公民私人所有的财产，侵犯公民的人身权利、民主权利和其他权利，以及其他危害社会的行为，依照法律应当受刑罚处罚的，都是犯罪，但是情节显著轻微危害不大的[13]，不认为是犯罪。

---

〔13〕**编者注**：本条前半段表明犯罪行为的社会政治特征，后半段表明犯罪行为的法律特征，但书起到限制作用。情节，是指行为过程中影响行为的法益侵犯性与行为人主观罪过性的各种情况。危害不大，是指整体性评价结论，即没有达到应受刑罚处罚的程度。不认为是犯罪，即立法者不认为是犯罪，故司法机关也不得以犯罪论处，结论只能是不构成犯罪。

《最高人民法院、最高人民检察院、公安部关于办理制毒物品犯罪案件适用法律若干问题的意见》（公通字〔2009〕33号，2009年6月23日）：一、关于制毒物品犯罪的认定　（三）易制毒化学品生产、经营、使用单位或者个人未办理许可证明或者备案证明，购买、销售易制毒化学品，如果有证据证明确实用于合法生产、生活需要，依法能够办理只是未及时办理许可证明或者备案证明，且未造成严重社会危害的，可不以非法买卖制毒物品罪论处。**编者注**：本规定仅限于非法买卖制毒物品，

第十四条 【故意犯罪】 明知自己的行为会发生危害社会的结果，并且希望或者放任这种结果发生，因而构成犯罪的，是故意犯罪。

故意犯罪，应当负刑事责任。

第十五条 【过失犯罪】 应当预见自己的行为可能发生危害社会的结果，因为疏忽大意而没有预见，或者已经预见而轻信能够避免，以致发生这种结果的，是过失犯罪。

过失犯罪[14]，法律有规定的才负刑事责任。

行为且无数量限制，但不适用于走私易制毒化学品行为。

《最高人民法院、最高人民检察院关于办理妨害信用卡管理刑事案件具体应用法律若干问题的解释》（法释〔2009〕19号，2009年12月16日）：第六条第五款 恶意透支数额较大，在公安机关立案前已偿还全部透支款息，情节显著轻微的，可以依法不追究刑事责任。

《最高人民法院关于审理非法集资刑事案件具体应用法律若干问题的解释》（法释〔2010〕18号，2011年1月4日）：第三条第四款 非法吸收或者变相吸收公众存款，主要用于正常的生产经营活动，能够及时清退所吸收资金，可以免予刑事处罚；情节显著轻微的，不作为犯罪处理。

《最高人民法院关于审理拒不支付劳动报酬刑事案件适用法律若干问题的解释》（法释〔2013〕3号，2013年1月23日）：第六条 拒不支付劳动者的劳动报酬，尚未造成严重后果，在刑事立案前支付劳动者的劳动报酬，并依法承担相应赔偿责任的，可以认定为情节显著轻微危害不大，不认为是犯罪。

[14]**编者注：** 国外刑法立法例中，凡分则条文未标明"过失"二字，其犯罪只能由故意构成。但我国有所不同，虽然未标明"过失"二字，但也可能属于过失犯罪。关于滥用职权罪究竟是故意犯罪还是过失犯罪，就有不同观点。

第十六条【意外事件和不可抗力】 行为在客观上虽然造成了损害结果，但是不是出于故意或者过失[15]，而是由于不能抗拒或者不能预见[16]的原因所引起的，不是犯罪。

第十七条[17]**【刑事责任年龄】** 已满十六周岁的人[18]犯罪，应当负刑事责任。

---

[15]**编者注：** 认定疏忽大意的过失，最关键的是要将其与意外事件相区分。

[16]**编者注：** 刑法明确将不能抗拒和不能预见分开规定，不能抗拒的原因引起的事件是一种意志以外的事件，不能预见的原因所引起的事件可以说是意料之外的事件，二者可统称为意外事件。意外事件不包括不可抗力，与《民法通则》相协调。

[17]**《全国人大常委会法工委关于已满十四周岁不满十六周岁的人承担刑事责任范围问题的答复意见》（法工委复字〔2002〕12 号，2002 年 7 月 24 日）：** 刑法第十七条第二款中规定的八种犯罪，是指具体犯罪行为而不是具体罪名。对于刑法第十七条规定的"犯故意杀人、故意伤害致人重伤或者死亡"，是指只要故意实施了杀人、伤害行为并且造成了致人重伤、死亡后果的，都应负刑事责任。而不是指只有犯故意杀人罪、故意伤害罪的，才负刑事责任，绑架撕票的，不负刑事责任。对司法实践中出现的已满十四周岁不满十六周岁的人绑架人质后杀害被绑架人、拐卖妇女和儿童而故意造成被拐卖妇女、儿童重伤或死亡的行为，依据刑法是应当追究刑事责任的。

《最高人民检察院关于相对刑事责任年龄的人承担刑事责任范围有关问题的答复》（高检研发〔2003〕13 号，2003 年 4 月 18 日）： 一、相对刑事责任年龄的人实施了刑法第十七条第二款规定的行为，应当追究刑事责任的，其罪名应当根据所触犯的刑法分则具体条文认定。对于绑架后杀害被绑架人的，其

已满十四周岁不满十六周岁的人，犯故意杀人、故意伤害致人重伤或者死亡、强奸[19]、抢劫、贩卖毒品、放火、爆炸、投毒

罪名应认定为绑架罪。二、相对刑事责任年龄的人实施了刑法第二百六十九条规定的行为，应当依照第二百六十三条的规定，以抢劫罪追究刑事责任。但对情节显著轻微，危害不大的，可根据刑法第十三条的规定，不予追究刑事责任。

《最高人民法院关于审理未成年人刑事案件具体应用法律若干问题的解释》（法释〔2006〕1 号，2006 年 1 月 23 日）。

《人民检察院办理未成年人刑事案件的规定》（高检发研字〔2007〕1 号，2007 年 1 月 9 日）。

〔18〕《中华人民共和国治安管理处罚法》：第十二条　已满十四周岁不满十八周岁的人违反治安管理的，从轻或者减轻处罚；不满十四周岁的人违反治安管理的，不予处罚，但是应当责令其监护人严加管教。

《最高人民检察院关于"骨龄鉴定"能否作为确定刑事责任年龄证据使用的批复》（高检发研字〔2000〕6 号，2000 年 2 月 21 日）：犯罪嫌疑人不讲真实姓名、住址，年龄不明的，可以委托进行骨龄鉴定或其他科学鉴定，经审查，鉴定结论能够准确确定犯罪嫌疑人实施犯罪行为时的年龄的，可以作为判断犯罪嫌疑人年龄的证据使用。如果鉴定结论不能准确确定犯罪嫌疑人实施犯罪行为时的年龄，而且鉴定结论又表明犯罪嫌疑人年龄在刑法规定的应负刑事责任年龄上下的，应当依法慎重处理。

〔19〕**编者注**："强奸"，包括刑法规定中所有能评价为强奸的行为。已满十六周岁的人犯罪，应当负刑事责任，即完全负刑事责任时期。已满十四周岁不满十八周岁的人犯罪，应当从轻或者减轻处罚，即减轻刑事责任时期。另外，本条第四款还规定，因不满十六周岁不予刑事处罚的，责令其家长或者监护人加以管教；在必要时，也可以由政府收容教养。

罪^{〔20〕}的^{〔21〕}，应当负刑事责任^{〔22〕}。

　　法释〔2006〕1号：第二条　刑法第十七条规定的"周岁"，按照公历的年、月、日计算，从周岁生日的第二天起算。

　　第四条　对于没有充分证据证明被告人实施被指控的犯罪时已经达到法定刑事责任年龄且确实无法查明的，应当推定其没有达到相应法定刑事责任年龄。相关证据足以证明被告人实施被指控的犯罪时已经达到法定刑事责任年龄，但是无法准确查明被告人具体出生日期的，应当认定其达到相应刑事责任年龄。

　　第十条　已满十四周岁不满十六周岁的人盗窃、诈骗、抢夺他人财物，为窝藏赃物、抗拒抓捕或者毁灭罪证，当场使用暴力，故意伤害致人重伤或者死亡，或者故意杀人的，应当分别以故意伤害罪或者故意杀人罪定罪处罚。已满十六周岁不满十八周岁的人犯盗窃、诈骗、抢夺罪，为窝藏赃物、抗拒抓捕或者毁灭罪证而当场使用暴力或者以暴力相威胁的，应当依照刑法第二百六十九条的规定定罪处罚；情节轻微的，可不以抢劫罪定罪处罚。

〔20〕**编者注**：2001年12月29日通过的《刑法修正案（三）》已将"投毒罪"修改为"投放危险物质罪"。

〔21〕**编者注**：上述八种犯罪（无绑架）均系故意犯罪，未满14周岁的未成年人犯任何过失犯罪均不负刑事责任。

〔22〕**编者注**：1979年刑法第十四条第二款规定为：犯杀人、重伤、抢劫、放火、惯窃罪或者其他严重破坏社会秩序罪，应当负刑事责任。

已满十四周岁不满十八周岁的人犯罪，应当从轻或者减轻处罚[23]。

因不满十六周岁不予刑事处罚的，责令他的家长或者监护人加以管教；在必要的时候，也可以[24]由政府收容教养[25]。

第十七条之一 （刑八）**【老年人刑事责任】** 已满七十五周岁的人故意犯罪的，可以从轻或者减轻处罚；过失犯罪的，应当从轻或者减轻处罚。

第十八条 【特殊人员的刑事责任能力】 精神病人在不能辨认或者不能控制自己行为的时候造成危害结果，经法定程序鉴定确认

---

[23]《人民法院量刑指导意见（试行）》：[法发〔2010〕36号，2010年10月1日，以下简称《量刑指导意见（试行）》]：三、常见量刑情节的适用 1. 对于未成年人犯罪，应当综合考虑未成年人对犯罪的认识能力、实施犯罪行为的动机和目的、犯罪时的年龄、是否初犯、悔罪表现、个人成长经历和一贯表现等情况，予以从宽处罚。（1）已满十四周岁不满十六周岁的未成年人犯罪，可以减少基准刑的30%—60%；（2）已满十六周岁不满十八周岁的未成年人犯罪，可以减少基准刑的10%—50%。

[24]编者注："必要的时候"所设定的条件是明确的，所以"也可以"一词用得不当，应该改为"应当"。第18条规定的"在必要的时候，由政府强制医疗"，这样的表述更准确。

[25]《最高人民法院关于"少年收容教养"是否属于行政诉讼受案范围的答复》（行他字〔1998〕3号，1998年8月15日）：公安机关对公民作出的"少年收容教养"决定是具体行政行为，属于《行政诉讼法》第十一条规定的受案范围，若当事人对公安机关作出的"少年收容教养"决定不服向人民法院起诉的，人民法院应当受理。

的，不负刑事责任，但是应当责令他的家属或者监护人严加看管和医疗；在必要的时候，由政府强制医疗〔26〕间歇性的精神病人在精神正常的时候犯罪，应当负刑事责任。

尚未完全丧失辨认或者控制自己行为能力的精神病人犯罪的，应当负刑事责任，但是可以从轻或者减轻处罚。

醉酒的人犯罪，应当负刑事责任。

第十九条【聋哑人或盲人犯罪的刑事责任】 又聋又哑的人或者盲人犯罪，可以〔27〕从轻、减轻或者免除处罚。

第二十条【正当防卫】 为了使国家、公共利益、本人或者他人的人身、财产和其他权利免受正在进行的不法侵害〔28〕，而采取的

---

〔26〕编者注：《中华人民共和国刑事诉讼法》第五编特别程序之第四章依法不负刑事责任的精神病人的强制医疗程序，对强制医疗程序作了明确规定。
《中华人民共和国刑事诉讼法》第二百八十四条【适用范围】实施暴力行为，危害公共安全或者严重危害公民人身安全，经法定程序鉴定依法不负刑事责任的精神病人，有继续危害社会可能的，可以予以强制医疗。

〔27〕编者注：刑法规定对本条情形，是"可以"从轻或减轻处罚，而刑事诉讼法规定"应当"指定辩护人。

〔28〕编者注：不法侵害既包括犯罪行为，也包括其他违法行为，刑法使用了"不法"而不是"犯罪"概念，就表明了这一立场。当然，此处的"不法"又不是泛指一切违法犯罪行为，只能对那些具有进攻性、破坏性和紧迫性的不法侵害才能采取正当防卫。不法侵害，不限于故意的不法侵害，对于过失不法侵害，在过失不法侵害的实行行为完成之后危害结果发生之前就可以进行正当防卫。对于没有达到法定年龄、不具有辨认控制自己行为能力的人的侵害，是否可以实施正当防卫？按刑法理论，不法侵害的认定应坚持主客观相统一的原则，如果对于

制止不法侵害的行为，对不法侵害人造成损害的，属于正当防卫，不负刑事责任。

正当防卫明显超过必要限度造成重大损害的[29]，应当负刑事责任，但是应当减轻或者免除处罚[30]。

对正在进行行凶、杀人、抢劫、强奸、绑架以及其他严重危及人身安全的暴力犯罪，采取防卫行为，造成不法侵害人伤亡的，不属于防卫过当，不负刑事责任。

第二十一条【紧急避险】为了使国家、公共利益、本人或者他人的人身、财产和其他权利免受正在发生的危险，不得已采取的紧急避险行为[31]，造成损害的，不负刑事责任。

法律明文规定不负法律责任的人的侵害行为实施正当防卫，就意味着此时对不法侵害的认定作出了不同的标准。正当防卫并不是对不法侵害的制裁，而是针对不法侵害所采取的保护法益手段，故不能像制裁犯罪与违法行为那样，要求正当防卫所针对的不法侵害也具有主客观相统一。当然，人道主义的考虑，对防卫的必要性加以严格限制。对不法侵害不要求主客观相统一原则，但对于正当防卫行为却必须坚持这一原则，行为人必须具有防卫意识。但张明楷教授认为，成立犯罪要求主客观相统一，并不意味着不成立犯罪的行为也必须主客观相统一。

正当防卫必须针对现实的不法侵害，对于不存在不法侵害时进行防卫行为，属于假想防卫，或为过失犯罪，或为意外事件。防卫不适时，可以成立故意犯罪（间接故意），或过失犯罪，或意外事件。

[29]**编者注**：故意伤害或过失致人死亡。

[30]**编者注**：防卫过当可免除刑事责任，平衡了防卫人和防卫对象的利益。

[31]**编者注**：对有主人的动物自发侵害法益的情况下，不存在正当防卫，但可以成立紧急避险。如果不得已打伤或打死该动物，则属于通过给主人的财产造成损害的方法保护法益。

紧急避险超过必要限度造成不应有的损害的，应当负刑事责任，但是应当减轻或者免除处罚。

第一款中关于避免本人危险的规定，不适用于职务上、业务上负有特定责任的人。

第二节　犯罪的预备[32]、未遂和中止

第二十二条【犯罪预备】 为了犯罪[33]，准备工具[34]、制造条件的，是犯罪预备[35]。

---

[32]**编者注：**惩罚预备犯主要考虑的是其个人的犯罪倾向和对社会的防卫。而在我国刑法中惩罚预备犯成为通例，这有些夸大了犯罪人的主观倾向和过分强调了防卫社会的刑法目的，的确是一个问题。《俄罗斯刑法》第三十条第二款规定，只有对预备实施严重犯罪或特别严重的犯罪，才追究刑事责任。

[33]**编者注：**从犯罪预备阶段与犯罪实行阶段的关系来看，"为了犯罪"实际上是为了实行犯罪，即为了实行犯罪的实行行为。既可以是为了自己的犯罪，也可以是为了他人的犯罪行为，即为他人预备罪；为了犯罪不是一种独立的罪过，但表明行为人具有明确的犯罪故意；为了犯罪，意味着行为人在具备犯罪故意的前提下，认识到自己的预备行为是为实行行为服务的，认识到预备行为对危害结果的发生起促进作用。

[34]**编者注：**准备工具事实上也是为实行犯罪制造条件的行为，只因是最常见的预备行为，刑法便将其独立于制造条件之外予以规定。

[35]**编者注：**犯罪预备虽然没有明言因行为人意志以外的原因而未能着手实行犯罪，但由于犯罪中止的存在，所以这一层含义是肯定的。《春秋繁露》：志邪者不待成。

对于预备犯，可以比照既遂犯从轻、减轻处罚或者免除处罚。

第二十三条【犯罪未遂】已经着手实行犯罪，由于犯罪分子意志以外的原因[36]而未得逞的，是犯罪未遂。

对于未遂犯，可以比照既遂犯从轻或者减轻处罚[37]。

第二十四条【犯罪中止】在犯罪过程中，自动放弃犯罪或者自动有效地防止犯罪结果发生的，是犯罪中止。

对于中止犯，没有造成损害的，应当免除处罚；造成损害的，应当减轻处罚[38]。

---

[36]**编者注：**在犯罪未遂的情况下，行为人希望发生危害结果的意志并没有改变或放弃。犯罪结果未发生违背了行为人的本意。主要有三种原因：一是抑止犯罪意志的原因，区别于犯罪中止；二是抑止犯罪行为的原因，区别于犯罪预备；二是抑止犯罪结果的原因，属于实行终了的未遂，区别于犯罪既遂。

[37]**《量刑指导意见（试行）》：**三、常见量刑情节的适用 2.对于未遂犯，综合考虑犯罪行为的实行程度、造成损害的大小、犯罪未得逞的原因等情况，可以比照既遂犯减少基准刑的50%以下。

[38]**编者注：**没有造成损害，是指没有造成任何危害结果；造成损害，是指造成了一定危害结果，但没有造成行为人原本所追求的、行为性质所决定的危害结果。

第三节 共同犯罪[39]

第二十五条【共同犯罪概念】 共同犯罪是指二人以上共同故意[40]犯罪[41]。

---

[39]**编者注**：首恶者必办，胁从者不问，立功者受奖，是惩办与宽大相结合刑事政策的具体内容，我国刑法以在共同犯罪活动中所起的作用为标准，将共同犯罪人分为主犯、从犯、胁从犯，正是这一刑事政策具体内容的法律化。而教唆犯则是我国刑法按照分工分类唯一法定的共同犯罪人种类，故其是我国刑法中共同犯罪人的特殊类型。

[40]**《最高人民法院公报》2008 第 8 期，天津市人民检察院第一分院诉李彬、袁南京、胡海珍等绑架案**：根据刑法第二十五条的规定，共同犯罪是指二人以上共同故意犯罪，各共同犯罪人必须具有共同犯罪的故意。所谓共同犯罪的故意，是指各共同犯罪人通过意思联络，知道自己是和他人配合共同实施犯罪，认识到共同犯罪行为的性质以及该行为所导致的危害社会的结果，并且希望和放任这种结果的发生。如果行为人并不了解他人真正的犯罪意图，不清楚他人所实施的犯罪行为的性质，而是被他人蒙骗或者出于自己的错误认识，在错误理解犯罪性质的情况下参与他人实施的犯罪，则不能认定该行为人与他人实施了共同犯罪，而应当依据该行为人的犯罪实际情况，按照主客观一致的原则正确定罪处罚。

[41]**编者注**：张明楷教授认为，共同犯罪是一种违法形态，所解决的问题是将违法事实归咎于哪些参与人的行为。这只是解决客观归责问题，并不解决二人以上的主观责任问题。在成立共同犯罪的前提下，即使查明法益侵害结果由其中一人直接造

二人以上共同过失犯罪，不以共同犯罪论处；应当负刑事责任的，按照他们所犯的罪分别处罚。

第二十六条【主犯】 组织、领导犯罪集团进行犯罪活动的或者在共同犯罪中起主要作用的，是主犯。

三人以上为共同实施犯罪而组成的较为固定的犯罪组织，是犯罪集团。

对组织、领导犯罪集团的首要分子，按照集团[42]所犯的全部罪行处罚。

对于第三款规定以外的主犯，应当按照其所参与的或者组织、指挥的全部犯罪处罚[43]。

第二十七条[44]**【从犯】** 在共同犯罪中起次要或者辅助作用的，是从犯[45]。

成，或者不能查明具体的法益侵害结果由谁的行为直接造成，也要肯定所有参与者的行为都是结果发生的原因。并进而认为，行为共同说（事实共同说）较之部分犯罪共同说更具合理性。

[42]**编者注**：对犯罪集团的首要分子，是按"集团"所犯的全部罪行处罚，不是按"全部成员"所犯的全部罪行处罚。就是说，集团成员超出集团犯罪计划，独自实施的犯罪行为，不属于集团所犯的罪行，首要分子对此不承担刑事责任。

[43]**编者注**：1979年刑法二十三条第二款规定：对于主犯，除本法分别已有规定的以外，应当从重处罚。现在不再规定从重处罚了。

[44]**编者注**：1979年刑法第二十四条规定：在共同犯罪中起次要或者辅助作用的，是从犯。对于从犯，应当比照主犯从轻、减轻处罚或者免除处罚。1997年刑法删除了"应当比照主犯"，因为通常情况下，共同犯罪中的从犯比主犯的地位、作用和罪行都要轻一些，处罚自然要比主犯轻，这一点不言自明。而且

对于从犯，应当从轻[46]、减轻处罚或者免除处罚。

第二十八条 【胁从犯】 对于被胁迫[47]参加犯罪的，应当按照他的犯罪情节[48]减轻处罚或者免除处罚。

第二十九条[49] **【教唆犯】** 教唆他人[50]犯罪的，应当按照他在共同犯罪中所起的作用[51]处罚。教唆不满十八周岁的人犯罪的，应当从重处罚。

从犯作为共同犯罪人中的一类独立的分类，也应有独立的处罚原则。故应当按照从犯在共同犯罪中所处地位、实际作用和所犯罪行，包括具体犯罪事实、情节与危害后果等，从轻、减轻或者免除处罚，不必再规定"比照主犯"如何处罚。

[45]**编者注：** 在共同犯罪中，可以都是主犯，而没有从犯的情况，但不存在只有从犯而没有主犯的情况。在共同犯罪中起次要作用的，是次要的实行犯，起辅助作用的是帮助犯，实行犯并非一律是主犯。帮助犯不直接实行犯罪构成客观要件的行为，为实行犯罪提供帮助。

[46]**《量刑指导意见（试行）》：** 三、常见量刑情节的适用 3. 对于从犯，应当综合考虑其在共同犯罪中的地位、作用，以及是否实施犯罪实行行为等情况，予以从宽处罚，可以减少基准刑的 20%—50%；犯罪较轻的，可以减少基准刑的 50% 以上或者依法免除处罚。

[47]**编者注：** 1979 年刑法第二十五条规定：对于被胁迫、被诱骗参加犯罪的，应当按照他的犯罪情节，比照从犯减轻处罚或者免除处罚。1997 年刑法删除了"被诱骗"和"比照从犯"这一部分。

[48]**编者注：** 胁从犯是在他人威胁下不完全自愿地参加犯罪的，并且在共同犯罪中起较小的作用，如果起到主要作用，成为主犯，那么就不再是胁从犯了。

如果被教唆的人没有犯被教唆的罪[52]，对于教唆犯，可以从轻或者减轻处罚[53]。

———————

〔49〕**编者注**：本条的两款规定，都是对于共同犯罪中的教唆犯的规定，从而将本条与刑法第二十五条至第二十八条相协调（共同犯罪、主犯、从犯和胁从犯），不至于出现教唆犯独立说所导致的本条第二款与共同犯罪无关的问题。本条第一款成为教唆成立与处罚的一般规定，第二款是教唆犯罪的减轻形态，但也应当在第一款原则的指导下适用。换言之，只要被教唆的人犯了被教唆的罪，无论既遂与否，对于教唆犯都需要适用刑法第二十九条第一款。

〔50〕**编者注**：教唆对象的限定，涉及教唆犯与间接正犯的关系。故教唆对象可能是无责任能力的人，但至少是有一定规范意识的人。如果被教唆对象是儿童或高度精神病患者，则直接以间接正犯论处。

〔51〕**编者注**：教唆犯不具有特定身份，而被教唆的人具有特定身份，就可以成立无身份者与有身份者的共同犯罪。教唆犯只是起意犯，至于传授具体的犯罪方法，则是具体的犯罪。

〔52〕**编者注**：被教唆的人没有犯被教唆的罪，通常包括以下几种情况：1. 被教唆的人拒绝教唆犯的教唆；2. 被教唆的人虽然接受了教唆，但并没有实施犯罪行为；3. 被教唆的人实施犯罪并不是教唆犯的教唆行为所致；4. 被教唆的人虽然实施了犯罪，但所犯之罪的性质与教唆犯所教唆之罪的性质完全不同。

〔53〕**编者注**：从字面来理解本款规定，该规定是教唆犯独立说的重要根据，因而成为坚持教唆犯从属性说的重大障碍，换言之，要采取教唆犯从属性，就必须重新解释本款规定。本款的基本含义应该是，如果被教唆的人着手实行犯罪后，由于意志以外的原因而未得逞（未遂）或者自动放弃犯罪或有效地防止

第四节　单位犯罪[54]

第三十条【单位犯罪负刑事责任的范围】公司、企业、事业单位、机关、团体实施的危害社会的行为[55]，法律规定为单位犯

结果发生（中止），对于教唆犯，可以从轻或者减轻处罚。这一解释不仅维持了教唆犯从属性说，使教唆犯的处罚根据明确、得当，而且在解释论上具有根据。教唆犯唆使被教唆的人犯罪，旨在唆使被教唆人犯罪既遂。在此意义上说，被教唆的人着手实行犯罪但未能既遂，就没有实现教唆犯的意思，因而可以解释为"没有犯被教唆的罪"。坚持该学说，即正犯未遂的，直接适用刑法第二十三条犯罪未遂的规定，而教唆犯则直接适用本条第二款的规定，虽然都是未遂，但适用的法条是不同的。

[54]**编者注：**如果将所有犯罪分为自然犯和法定犯的话，作为单位构成犯罪主体的只能是法定犯。刑法分则十章，侵犯财产罪、渎职罪和军人违反职责罪没有单位犯罪，第一章只有资助危害国家安全犯罪活动罪、第四章只有强迫职工劳动罪、非法雇用童工罪。

[55]**《最高人民检察院关于单位有关人员组织实施盗窃行为如何适用法律问题的批复》（高检发释字〔2002〕第5号，2002年8月13日）：**单位有关人员为谋取单位利益组织实施盗窃行为，情节严重的，应当依照刑法第二百六十四条的规定以盗窃罪追究直接责任人员的刑事责任。**编者注：**1. 批复中的"单位"一般是指公司、企业、事业单位、机关、团体。"单位有关人员"一般是指在单位中具有组织、指挥、决策职权的人或主要实施盗窃犯罪的人员。2. "为谋取单位利益"指盗窃公私财物的动机是为了谋取单位利益。如果虽然以单位名义实施盗窃犯罪，

罪的，应当负刑事责任。[56]

但非法所得实际归个人所有，则为自然人犯罪，直接依照盗窃罪的有关规定定罪量刑。3. "情节严重"一般是指盗窃犯罪巨大，或者影响恶劣，社会危害严重等情形。4. "以盗窃罪追究直接责任人员的刑事责任"，主要是为了在处理时与一般自然人犯罪有所区别。因为单位有关人员组织实施盗窃行为，目的是谋取单位利益，毕竟与自然人的盗窃犯罪不同，故客观上须具备盗窃情节严重的要件，方可追究刑事责任，且对于不具备上述条件的"单位有关人员"以及起次要的、辅助作用的或被胁迫参与为谋取单位利益而盗窃的人，可不予追究。

[56]**《最高人民法院关于审理单位犯罪案件具体应用法律有关问题的解释》**（法释〔1999〕14号，1999年7月3日）：**第一条**　刑法第三十条规定的公司、企业、事业单位，既包括国有、集体所有的公司、企业、事业单位，也包括依法设立的合资经营、合作经营企业和具有法人资格的独资、私营等公司、企业、事业单位。**编者注：**这种方式扩大了原有范围。

　　第二条　个人为进行违法犯罪活动而设立的公司、企业、事业单位实施犯罪的，或者公司、企业、事业单位设立后，以实施犯罪为主要活动的，不以单位犯罪论处。**编者注：**在实践中，应当注意根据案件的具体情形进行认定涉案单位是否"以实施犯罪为主要活动"，对于"主要活动"的把握，不应仅仅局限于"次数"、"数量"等简单的量化指标，还应综合考虑犯罪的影响、后果等因素，以作出准确认定。

　　第三条　盗用单位名义实施犯罪，违法所得由实施犯罪的个人私分的，依照刑法有关自然人犯罪的规定定罪处罚。**编者注：**成立单位犯罪必须同时具备两个条件：一是以单位名义；二是违法所得归单位所有。缺一不可。盗用单位名义可能有两

第三十一条 【单位犯罪的处罚原则】 单位犯罪的，对单位判处罚金，并对其直接负责的主管人员和其他直接责任人员[57]判处

个好处：一是容易得手；二是事后可以逃避刑事责任，即减轻刑事责任。

[57]《最高人民法院关于审理单位犯罪案件对其直接负责的主管人员和其他直接责任人员是否区分主犯、从犯问题的批复》（法释〔2000〕31号，2000年10月10日）：在审理单位故意犯罪案件时，对其直接负责的主管人员和其他直接责任人员，可不区分主犯、从犯，按照其在单位犯罪中所起的作用判处刑罚。编者注：不区分主、从犯的潜在逻辑是一般认为直接负责的主管人员的罪责重于其他责任人员。如果其他责任人员的罪责重于直接负责的主管人员的情况下，则区分主、从犯，将其他直接责任人员认定为主犯，而将直接负责的主管人员认定为从犯，以切实体现罪责刑相适应原则。

《最高人民检察院关于涉嫌犯罪单位被撤销、注销、吊销营业执照或者宣告破产的应如何进行追诉问题的批复》（高检发释字〔2002〕4号，2002年7月15日）：涉嫌犯罪的单位被撤销、注销、吊销营业执照或者宣告破产的，应当根据刑法关于单位犯罪的相关规定，对实施犯罪行为的该单位直接负责的主管人员和其他直接责任人员追究刑事责任，对该单位不再追诉。编者注：我国刑法对单位犯罪实行双罚制，即一个犯罪行为分别由两个责任主体承担刑事责任，一个责任主体消灭，不能因此而免除另一个主体的罪责。但在对犯罪单位的主管人员和其他直接责任人员追究责任时，不能按照自然人犯罪追究其责任，应有所区别，这也符合罪责自负原则。

法释〔2012〕21号：第二百八十六条　审判期间，被告单位被撤销、注销、吊销营业执照或者宣告破产的，对单位犯罪直接负责的主管人员和其他直接责任人员应当继续审理。

《全国法院审理金融犯罪案件工作座谈会纪要》(法〔2001〕8号,2001年1月21日):

(一)关于单位犯罪问题

根据刑法和《最高人民法院关于审理单位犯罪案件具体应用法律有关问题的解释》的规定,以单位名义实施犯罪,违法所得归单位所有的,是单位犯罪。

1.单位的分支机构或者内设机构、部门实施犯罪行为的处理。以单位的分支机构或者内设机构、部门的名义实施犯罪,违法所得亦归分支机构或者内设机构、部门所有的,应认定为单位犯罪。不能因为单位的分支机构或者内设机构、部门没有可供执行罚金的财产,就不将其认定为单位犯罪,而按照个人犯罪处理。

2.单位犯罪直接负责的主管人员和其他直接责任人员的认定:直接负责的主管人员,是在单位实施的犯罪中起决定、批准、授意、纵容、指挥等作用的人员,一般是单位的主管负责人,包括法定代表人。其他直接责任人员,是在单位犯罪中具体实施犯罪并起较大作用的人员,既可以是单位的经营管理人员,也可以是单位的职工,包括聘任、雇用的人员。应当注意的是,在单位犯罪中,对于受单位领导指派或奉命而参与实施了一定犯罪行为的人员,一般不宜作为直接责任人员追究刑事责任。对单位犯罪中的直接负责的主管人员和其他直接责任人员,应根据其在单位犯罪中的地位、作用和犯罪情节,分别处以相应的刑罚,主管人员与直接责任人员,在个案中,不是当然的主、从犯关系,有的案件,主管人员与直接责任人员在实施犯罪行为的主从关系不明显的,可不分主、从犯。但具体案件可以分清主、从犯,且不分清主、从犯,在同一法定刑档次、幅度内量刑无法做到罪刑相适应的,应当分清主、从犯,依法处罚。

刑罚。本法分则和其他法律另有规定的[58]，依照规定。

---

4. 单位共同犯罪的处理。两个以上单位以共同故意实施的犯罪，应根据各单位在共同犯罪中的地位、作用大小，确定犯罪单位。

法释〔2012〕21号：第十一章单位犯罪案件的审理　第二百八十三条　对应当认定为单位犯罪的案件，人民检察院只作为自然人犯罪起诉的，人民法院应当建议人民检察院对犯罪单位补充起诉。人民检察院仍以自然人犯罪起诉的，人民法院应当依法审理，按照单位犯罪中的直接负责的主管人员或者其他直接责任人员追究刑事责任，并援引刑法分则关于追究单位犯罪中直接负责的主管人员和其他直接责任人员刑事责任的条款。

编者注：《全国法院审理金融犯罪案件工作座谈会纪要》有关单位犯罪案件的审理程序不再适用。

[58]**编者注：**单位犯罪的处罚以双罚制为原则，以单罚制为例外。实行单罚制的罪名有：重大劳动安全事故罪（处罚直接责任的主管人员和其他直接责任人员），工程重大安全事故罪（处罚直接责任人员）。

第三章 刑 罚

第一节 刑罚的种类

第三十二条 【刑罚的分类】 刑罚分为主刑和附加刑。

第三十三条 【主刑种类】 主刑的种类如下：

（一）管制；

（二）拘役；

（三）有期徒刑；

（四）无期徒刑[59]；

（五）死刑。

第三十四条 【附加刑种类】 附加刑的种类如下：

（一）罚金[60]；

---

[59]《最高人民法院关于审理未成年人刑事案件具体应用法律若干问题的解释》（法释〔2006〕1号，2006年1月23日）：第十三条 未成年人犯罪只有罪行极其严重的，才可以适用无期徒刑。对已满十四周岁不满十六周岁的人犯罪一般不判处无期徒刑。

[60]《最高人民法院关于适用财产刑若干问题的规定》（法释〔2000〕45号，2000年12月19日）：第四条 犯罪情节较轻，适用单处罚金不致再危害社会并具有下列情形之一的，可以依法单处罚金：（一）偶犯或者初犯；（二）自首或有立功表现的；（三）犯罪时不满十八周岁的；（四）犯罪预备、中止或未遂的；（五）被胁迫参加犯罪的；（六）全部退赃并有悔罪表现的；（七）其他可以依法单处罚金的情形。

（二）剥夺政治权利[61]；

（三）没收财产。

附加刑也可以独立适用。

第三十五条【驱逐出境】 对于犯罪的外国人，可以独立适用或者附加适用驱逐出境。

第三十六条【民事赔偿责任】 由于犯罪行为而使被害人遭受经济损失的，对犯罪分子除依法给予刑事处罚外，并应根据情况判处赔偿经济损失[62]。

承担民事赔偿责任的犯罪分子，同时被判处罚金，其财产不足以全部支付的，或者被判处没收财产的，应当先承担对被害人的民事赔偿责任。

第三十七条【非刑罚性处置措施】 对于犯罪情节轻微不需要判处刑罚的，可以免予刑事处罚，但是可以根据案件的不同情况，予以训诫或者责令具结悔过、赔礼道歉、赔偿损失，或者由主管部门予以行政处罚或者行政处分[63]。

---

[61]**编者注：** 剥夺政治权利后被改判无罪的，不予国家赔偿。单处剥夺政治权利不适用简易程序。

[62]**《量刑指导意见（试行）》：** 三、常见量刑情节的适用 9. 对于积极赔偿被害人经济损失的，综合考虑犯罪性质、赔偿数额、赔偿能力等情况，可以减少基准刑的30%以下。10. 对于取得被害人或其家属谅解的，综合考虑犯罪的性质、罪行轻重、谅解的原因以及认罪悔罪的程度等情况，可以减少基准刑的20%以下。

[63]**编者注：** 如隐瞒境外存款罪。

第二节 管　制[64]

　　第三十八条[65]（刑八）【**管制的期限、执行方式及禁止令规定**】管制的期限，为三个月以上二年以下。

　　判处管制，可以根据犯罪情况，同时禁止[66]犯罪分子在执行期间从事特定活动[67]，进入特定区域、场所[68]，接触特定的人[69]。

───────────

〔64〕编者注：管制不适用缓刑。

〔65〕《**最高人民法院、最高人民检察院、公安部、司法部关于对判处管制、宣告缓刑的犯罪分子适用禁止令有关问题的规定（试行）**》（**法发〔2011〕9号，2011年4月28日**）。

〔66〕**法释〔2011〕7号：第二条**　人民法院宣告禁止令，应当根据犯罪分子的犯罪原因、犯罪性质、犯罪手段、犯罪后的悔罪表现、个人一贯表现等情况，充分考虑与犯罪分子所犯罪行的关联程度，有针对性地决定禁止其在管制执行期间、缓刑考验期限内"从事特定活动，进入特定区域、场所，接触特定的人"的一项或者几项内容。

〔67〕**法释〔2011〕7号：第三条**　人民法院可以根据犯罪情况，禁止判处管制、宣告缓刑的犯罪分子在管制执行期间、缓刑考验期限内从事以下一项或者几项活动：（一）个人为进行违法犯罪活动而设立公司、企业、事业单位或者在设立公司、企业、事业单位后以实施犯罪为主要活动的，禁止设立公司、企业、事业单位；（二）实施证券犯罪、贷款犯罪、票据犯罪、信用卡犯罪等金融犯罪的，禁止从事证券交易、申领贷款、使用票据或者申领、使用信用卡等金融活动；（三）利用从事特定生产经营活动实施犯罪的，禁止从事相关生产经营活动；（四）附带民事赔偿义务未履行完毕，违法所得未追缴、退赔到位，或者罚金尚未足额缴纳的，禁止从事高消费活动；（五）其他确有必要禁止从事的活动。

对判处管制的犯罪分子，依法实行社区矫正[70]。

（刑八）违反第二款规定的禁止令的，由公安机关依照《中华人民共和国治安管理处罚法》的规定处罚。

第三十九条【被管制罪犯的义务与权利】 被判处管制的犯罪分子，在执行期间，应当遵守下列规定：

（一）遵守法律、行政法规，服从监督；

---

[68]**法释〔2011〕7号：第四条** 人民法院可以根据犯罪情况，禁止判处管制、宣告缓刑的犯罪分子在管制执行期间、缓刑考验期限内进入以下一类或者几类区域、场所：（一）禁止进入夜总会、酒吧、迪厅、网吧等娱乐场所；（二）未经执行机关批准，禁止进入举办大型群众性活动的场所；（三）禁止进入中小学校区、幼儿园园区及周边地区，确因本人就学、居住等原因，经执行机关批准的除外；（四）其他确有必要禁止进入的区域、场所。

[69]**法释〔2011〕7号：第五条** 人民法院可以根据犯罪情况，禁止判处管制、宣告缓刑的犯罪分子在管制执行期间、缓刑考验期限内接触以下一类或者几类人员：（一）未经对方同意，禁止接触被害人及其法定代理人、近亲属；（二）未经对方同意，禁止接触证人及其法定代理人、近亲属；（三）未经对方同意，禁止接触控告人、批评人、举报人及其法定代理人、近亲属；（四）禁止接触同案犯；（五）禁止接触其他可能遭受其侵害、滋扰的人或者可能诱发其再次危害社会的人。

[70]**《刑事诉讼法》：第二百五十八条【社区矫正】** 对被判处管制、宣告缓刑、假释或者暂予监外执行的罪犯，依法实行社区矫正，由社区矫正机构负责执行。

最高人民法院、最高人民检察院、公安部、司法部《社区矫正实施办法》（司发通〔2012〕12号，2012年1月10日）。

（二）未经执行机关批准，不得行使言论、出版、集会、结社、游行、示威自由的权利；[71]

（三）按照执行机关规定报告自己的活动情况；

（四）遵守执行机关关于会客的规定；

（五）离开所居住的市、县或者迁居，应当报经执行机关批准。

对于被判处管制的犯罪分子，在劳动中应当同工同酬。

第四十条【管制的解除】被判处管制的犯罪分子，管制期满，执行机关应即向本人和其所在单位或者居住地的群众宣布解除管制。

第四十一条【管制刑期的计算和折抵】管制的刑期，从判决执行之日起计算；判决执行以前先行羁押的，羁押一日折抵刑期二日。

第三节　拘　　役

第四十二条【拘役的期限】拘役的期限，为一个月[72]以上六个月以下。

第四十三条【拘役的执行】被判处拘役的犯罪分子，由公安机关就近执行。

---

[71]**编者注：**虽然未被剥夺政治权利，但行使政治权利受到限制。这一规定是缓刑、假释犯所不具有的，因为这不是实际执行刑罚。

[72]**编者注：**1979 年刑法规定拘役的期限为 15 日，1997 年刑法将其提高到 1 个月。拘役的缓刑考验最低期限也由 1 个月提升为 2 个月，以增强刑罚的可感性，达到教育和惩戒犯罪人的目的。

在执行期间，被判处拘役的犯罪分子每月可以回家一天至两天；参加劳动的，可以[73]酌量发给报酬。

第四十四条 【拘役刑期的计算】 拘役的刑期，从判决执行之日起计算；判决执行以前先行羁押的，羁押一日折抵刑期一日。

第四节　有期徒刑、无期徒刑

第四十五条 【有期徒刑的期限】 有期徒刑的期限，除本法第五十条、第六十九条规定外，为六个月以上十五年以下。

第四十六条 【有期徒刑与无期徒刑的执行】 被判处有期徒刑、无期徒刑的犯罪分子，在监狱或者其他执行场所执行[74]；凡有劳动能力的，都应当参加劳动，接受教育和改造。

第四十七条 【有期徒刑刑期的计算】 有期徒刑的刑期，从判决执行之日起计算；判决执行以前先行羁押的[75]，羁押一日折抵刑期一日。

---

[73]编者注：管制是"应当"，而拘役是"可以"。

[74]《中华人民共和国刑事诉讼法》：第二百五十三条 【死缓、无期、有期徒刑、拘役的执行】 罪犯被交付执行刑罚的时候，应当由交付执行的人民法院在判决生效后十日以内将有关的法律文书送达公安机关、监狱或者其他执行机关。

[75]《中华人民共和国刑事诉讼法》：第七十四条 【指定居所监视居住抵刑期】指定居所监视居住的期限应当折抵刑期。被判处管制的，监视居住一日折抵刑期一日；被判处拘役、有期徒刑的，监视居住二日折抵刑期一日。

第五节 死 刑[76]

第四十八条【死刑的适用对象及核准程序】 死刑只适用于罪行极其严重[77]的犯罪分子。对于应当判处死刑的犯罪分子，如果不是必须立即执行的，可以[78]判处死刑同时宣告缓期二年执行。

死刑除依法由最高人民法院判决的以外，都应当报请最高人民法院核准。死刑缓期执行的，可以由高级人民法院判决或者核准。

第四十九条【死刑适用对象的限制】 犯罪的时候不满十八周岁的人和审判的时候[79]怀孕的妇女，不适用死刑。

---

[76]最高人民法院、最高人民检察院、公安部、国家安全部、司法部《关于办理死刑案件审查判断证据若干问题的规定》和《关于办理刑事案件排除非法证据若干问题的规定》（法发〔2010〕20号，2010年7月1日）。

[77]编者注：1979年刑法为"罪大恶极"。

[78]编者注：既然已经规定"不是必须立即执行"这样的前提，而其后果却是或然的。在这里，"必须"的条件和"可以"的结果之间的矛盾是一目了然的。

[79]《最高人民法院研究室关于如何理解"审判的时候怀孕的妇女不适用死刑"问题的电话答复》（1991年3月18日）：在羁押期间已是孕妇的被告人，无论其怀孕是否属于违反国家计划生育政策，也不论其是否自然流产或者经人工流产以及流产后移送起诉或审判期间的长短，仍应执行我院（83）法研字第18号《关于人民法院审判严重刑事犯罪案件中具体应用法律的若干问题的答复》中对第三个问题的答复："对于这类案件，应当按照刑法第四十四条和刑事诉讼法第一百五十四条的规定办理，即人民法院对'审判的时候怀孕的妇女，不适用死刑'。如果人民

（刑八）审判的时候已满七十五周岁的人，不适用死刑，但以特别残忍手段致人死亡的除外。

第五十条（刑八）【死缓变更】[80]判处死刑缓期执行的，在死刑缓期执行期间，如果没有故意犯罪，二年期满以后，减为无期徒刑[81]；

法院在审判时发现，在羁押受审时已是孕妇的，仍应依照上述法律规定，不适用死刑。"

《最高人民法院关于对怀孕妇女在羁押期间自然流产审判时是否可以适用死刑问题的批复》（法释〔1998〕18号，1998年8月13日）：怀孕妇女因涉嫌犯罪在羁押期间自然流产后，又因同一事实被起诉、交付审判的，应当视为"审判的时候怀孕的妇女"，依法不适用死刑。**编者注：** 所谓审判的时候，是指包括从采取强制措施到执行的整个过程。

[80]**编者注：** 原条文：判处死刑缓期执行的，在死刑缓期执行期间，如果没有故意犯罪，二年期满以后，减为无期徒刑；如果确有重大立功表现，二年期满以后，减为十五年以上二十年以下有期徒刑；如果故意犯罪，查证属实的，由最高人民法院核准，执行死刑。

[81]《最高人民法院关于办理减刑、假释案件具体应用法律若干问题的规定（法释〔2012〕2号，2012年7月1日）：**第九条** 死刑缓期执行罪犯减为无期徒刑后，确有悔改表现，或者有立功表现的，服刑二年以后可以减为二十五年有期徒刑；有重大立功表现的，服刑二年以后可以减为二十三年有期徒刑。死刑缓期执行罪犯经过一次或几次减刑后，其实际执行的刑期不能少于十五年（**编者注：** 原为十二年），死刑缓期执行期间不包括在内。死刑缓期执行罪犯在缓期执行期间抗拒改造，尚未构成犯罪的，此后减刑时可以适当从严。

如果确有重大立功表现[82]，二年期满以后，减为二十五年有期徒刑；如果故意犯罪，查证属实的，由最高人民法院核准，执行死刑。

对被判处死刑缓期执行的累犯以及因故意杀人、强奸、抢劫、绑架、放火、爆炸、投放危险物质或者有组织的暴力性犯罪被判处死刑缓期执行的犯罪分子，人民法院根据犯罪情节等情况[83]可以同时决定对其限制减刑。

---

[82]**编者注**：确有重大立功表现本身就是"可以"减轻或免除的法定量刑情节。

[83]**法释〔2012〕2 号**：**第十条** 被限制减刑的死刑缓期执行罪犯，缓期执行期满后依法被减为无期徒刑的，或者因有重大立功表现被减为二十五年有期徒刑的，应当比照未被限制减刑的死刑缓期执行罪犯在减刑的起始时间、间隔时间和减刑幅度上从严掌握。

最高人民法院指导性案例第 4 号王志才故意杀人案 裁判要点：因恋爱、婚姻矛盾激化引发的故意杀人案件，被告人犯罪手段残忍，论罪应当判处死刑，但被告人具有坦白悔罪、积极赔偿等从轻处罚情节，同时被害人亲属要求严惩的，人民法院根据案件性质、犯罪情节、危害后果和被告人的主观恶性及人身危险性，可以依法判处被告人死刑，缓期二年执行，同时决定限制减刑，以有效化解社会矛盾，促进社会和谐。

最高人民法院指导性案例 12 号李飞故意杀人案 裁判要点：对于因民间矛盾引发的故意杀人案件，被告人犯罪手段残忍，且系累犯，论罪应当判处死刑，但被告人亲属主动协助公安机关将其抓捕归案，并积极赔偿的，人民法院根据案件具体情节，从尽量化解社会矛盾角度考虑，可以依法判处被告人死刑，缓期二年执行，同时决定限制减刑。

第五十一条 【死缓执行期间的计算】 死刑缓期执行的期间，从判决确定之日^[84]起计算。死刑缓期执行减为有期徒刑的刑期，从死刑缓期执行期满之日起计算。

第六节 罚 金^[85]

---

〔84〕**法释〔2012〕21 号**：第四百一十六条第一款 死刑缓期执行的期间，从判决或者裁定核准死刑缓期执行的法律文书宣告或者送达之日起计算。

〔85〕**法释〔2000〕45 号**：**第一条** 刑法规定"并处"没收财产或者罚金的犯罪，人民法院在对犯罪分子判处主刑的同时，必须依法判处相应的财产刑；刑法规定"可以并处"没收财产或者罚金的犯罪，人民法院应当根据案件具体情况及犯罪分子的财产状况，决定是否适用财产刑。

第九条 人民法院认为依法应当判处被告人财产刑的，可以在案件审理过程中，决定扣押或者冻结被告人的财产。**编者注**：刑事诉讼法未规定人民法院在刑事案件审理过程中可以对被告人的财产采取必要的保全措施。但《最高人民法院关于适用〈中华人民共和国刑事诉讼法〉的解释》第二百八十五条（原二百一十四条）规定，为保证判决的执行，人民法院可以先行查封、扣押、冻结被告单位的财产，或者由被告单位提出担保。

《最高人民法院关于财产刑执行问题的若干规定》（**法释〔2010〕4 号，2010 年 6 月 1 日**）：**第四条** 人民法院应当依法对被执行人的财产状况进行调查，发现有可供执行的财产，需要查封、扣押、冻结的，应当及时采取查封、扣押、冻结等强制执行措施。

第五十二条【罚金的判处】判处罚金,应当根据犯罪情节[86]决定罚金数额。

第五十三条【罚金的缴纳】罚金在判决指定的期限内[87]一次或者分期缴纳。期满不缴纳的,强制缴纳[88]。对于不能全部缴纳罚金的,人民法院在任何时候发现被执行人有可以执行的财产,应当随时追缴。如果由于遭遇不能抗拒的灾祸缴纳确实有困难

法释〔2000〕45号:第十条 财产刑由第一审人民法院执行。犯罪分子的财产在异地的,第一审人民法院可以委托财产所在地人民法院代为执行。

法释〔2010〕4号:第一条 财产刑由第一审人民法院负责裁判执行的机构执行。被执行的财产在异地的,第一审人民法院可以委托财产所在地的同级人民法院代为执行。

[86]**法释〔2000〕45号:第二条** 人民法院应当根据犯罪情节,如违法所得数额、造成损失的大小等,并综合考虑犯罪分子缴纳罚金的能力,依法判处罚金。刑法没有明确规定罚金数额标准的,罚金的最低数额不能少于一千元。对未成年人犯罪应当从轻或者减轻判处罚金,但罚金的最低数额不能少于五百元。

第三条 依法对犯罪分子所犯数罪分别判处罚金的,应当实行并罚,将所判处的罚金数额相加,执行总和数额。

[87]**法释〔2000〕45号 第五条** 刑法第五十三条规定的"判决确定的期限",应当在判决书中予以确定;"判决确定的期限"应当从判决发生法律效力第二日起最长不超过三个月。

[88]**编者注:**只是规定强制缴纳,没有规定交纳滞纳金。

的[89]，可以酌情减少或者免除[90]。

第七节　剥夺政治权利

第五十四条【剥夺政治权利的内容】剥夺政治权利是剥夺下列权利：

（一）选举权和被选举权；

（二）言论、出版、集会、结社、游行、示威自由的权利；

（三）担任国家机关职务的权利；

（四）担任国有公司、企业、事业单位和人民团体领导职务的权利。

第五十五条【剥夺政治权利的期限】剥夺政治权利的期限，除本法第五十七条规定外，为一年以上五年以下。

---

[89]**法释〔2000〕45号：第六条**　刑法第五十三条规定的"由于遭遇不能抗拒的灾祸缴纳确实有困难的"，主要是指遭受火灾、水灾、地震等灾祸而丧失财产；罪犯因重病、伤残等而丧失劳动能力，或者需要罪犯抚养的近亲属患有重病，需支付巨额医药费等，确实没有财产可供执行的情形。

[90]**法释〔2000〕45号 第六条第二款**　具有刑法第五十三条规定"可以酌情减少或者免除"事由的，由罪犯本人、亲属或者犯罪单位向负责执行的人民法院提出书面申请，并提供相应的证明材料。人民法院审查以后，根据实际情况，裁定减少或者免除应当缴纳的罚金数额。

法释〔2010〕4号：第十一条　因遭遇不能抗拒的灾祸缴纳罚金确有困难，被执行人向执行法院申请减少或者免除的，执行法院经审查认为符合法定减免条件的，应当在收到申请后一个月内依法作出裁定准予减免；认为不符合法定减免条件的，裁定驳回申请。

判处管制附加剥夺政治权利的，剥夺政治权利的期限与管制的期限相等，同时执行。

第五十六条【剥夺政治权利的适用对象】 对于危害国家安全的犯罪分子应当附加剥夺政治权利；对于故意杀人、强奸、放火、爆炸、投毒、抢劫等严重破坏社会秩序的犯罪分子，可以附加剥夺政治权利[91]。

独立适用剥夺政治权利的，依照本法分则的规定。

第五十七条【对死刑、无期徒刑罪犯剥夺政治权利的适用】 对于被判处死刑、无期徒刑的犯罪分子，应当剥夺政治权利终身。

在死刑缓期执行减为有期徒刑或者无期徒刑减为有期徒刑的时候，应当把附加剥夺政治权利的期限改为三年以上十年以下。

第五十八条【剥夺政治权利的刑期计算】 附加剥夺政治权利的刑期，从徒刑、拘役执行完毕之日或者从假释之日起计算；剥夺政治权利的效力当然施用于主刑执行期间。

被剥夺政治权利的犯罪分子，在执行期间，应当遵守法律、行政法规和国务院公安部门有关监督管理的规定，服从监督；不得行使本法第五十四条规定的各项权利。

---

[91]《最高人民法院关于对故意伤害、盗窃等严重破坏社会秩序的犯罪分子能否附加剥夺政治权利问题的批复》（法释〔1997〕11 号，1998 年 1 月 13 日）：根据刑法第五十六条规定，对于故意杀人、强奸、放火、爆炸、投毒、抢劫等严重破坏社会秩序的犯罪分子，可以附加剥夺政治权利。对故意伤害、盗窃等其他严重破坏社会秩序的犯罪，犯罪分子主观恶性较深、犯罪情节恶劣、罪行严重的，也可以依法附加剥夺政治权利。

编者注：上述各罪在分则中均未规定可以剥夺政治权利。

第八节 没收财产

第五十九条【没收财产的范围】没收财产是没收犯罪分子个人所有财产的一部或者全部。没收全部财产的，应当对犯罪分子个人及其扶养的家属保留必需的生活费用。

在判处没收财产的时候，不得没收属于犯罪分子家属所有或者应有的财产。

第六十条【以没收的财产偿还债务】没收财产以前犯罪分子所负的正当债务[92]，需要以没收的财产偿还的，经债权人请求，应当偿还。

---

[92]**法释〔2000〕45号：第七条** 刑法六十条规定的"没收财产以前犯罪分子所负的正当债务"是指犯罪分子在判决生效前所负他人的合法债务。

法释〔2010〕4号：第六条 被判处罚金或者没收财产，同时又承担刑事附带民事诉讼赔偿责任的被执行人，应当先履行对被害人的民事赔偿责任。判处财产刑之前被执行人所负正当债务，应当偿还的，经债权人请求，先行予以偿还。**编者注：**对于同时存在刑事附带民事诉讼赔偿和第三人正当债权的财产刑执行案件，宜优先保障被害人因刑事犯罪而受到的人身损害赔偿得到实现，优先维护被害人的合法权益。至于被害人的非人身损害刑事附带民事诉讼赔偿与正常债务何者优先则具体案件具体分析。

第四章　刑罚的具体运用[93]

第一节　量　刑

第六十一条【量刑根据】 对于犯罪分子决定刑罚的时候，应当根据犯罪的事实、犯罪的性质、情节和对于社会的危害程度，依照本法的有关规定判处[94]。

---

〔93〕最高人民法院《关于贯彻宽严相济刑事政策的若干意见》（法发〔2010〕9 号，2010 年 2 月 8 日）（编者注：该刑事政策主要规范量刑问题）；

《人民法院量刑指导意见（试行）》（法发〔2010〕36 号，2010 年 10 月 1 日）；

最高人民法院、最高人民检察院、公安部、国家安全部、司法部《关于规范量刑程序若干问题的意见（试行）》（法发〔2010〕35 号，2010 年 10 月 1 日）。

〔94〕《量刑指导意见（试行）》：一、量刑的指导原则　1. 量刑应当以事实为根据，以法律为准绳，根据犯罪的事实、犯罪的性质、情节和对于社会的危害程度，决定判处的刑罚。2. 量刑既要考虑被告人所犯罪行的轻重，又要考虑被告人应负刑事责任的大小，做到罪责刑相适应，实现惩罚和预防犯罪的目的。3. 量刑应当贯彻宽严相济的刑事政策，做到该宽则宽，当严则严，宽严相济，罚当其罪，确保裁判法律效果和社会效果的统一。

第六十二条 【从重处罚与从轻处罚】 犯罪分子具有本法规定的从重处罚[95]、从轻处罚情节的，应当在法定刑的限度以内判处刑罚[96]。

---

4. 量刑要客观、全面把握不同时期不同地区的经济社会发展和治安形势的变化，确保刑法任务的实现；对于同一地区同一时期，案情相近或相似的案件，所判处的刑罚应当基本均衡。二、量刑的基本方法 1. 量刑步骤 （1） 根据基本犯罪构成事实在相应的法定刑幅度内确定量刑起点；（2） 根据其他影响犯罪构成的犯罪数额、犯罪次数、犯罪后果等犯罪事实，在量刑起点的基础上增加刑罚量确定基准刑；（3） 根据量刑情节调节基准刑，并综合考虑全案情况，依法确定宣告刑。

〔95〕《**量刑指导意见（试行）**》：三、常见量刑情节的适用 13. 对于犯罪对象为未成年人、老人、残疾人、孕妇等弱势人员的，综合考虑犯罪的性质、犯罪的严重程度等情况，可以增加基准刑的20%以下。14. 对于在重大自然灾害、预防、控制突发传染病疫情等灾害期间犯罪的，根据案件的具体情况，可以增加基准刑的20%以下。

〔96〕《**量刑指导意见（试行）**》：二、量刑的基本方法 2. 量刑情节调节基准刑的方法 （1） 具有单个量刑情节的，根据量刑情节的调节比例直接对基准刑进行调节。（2） 具有多种量刑情节的，根据各个量刑情节的调节比例，采用同向相加、逆向相减的方法确定全部量刑情节的调节比例，再对基准刑进行调节。（3） 对于具有刑法总则规定的未成年人犯罪、限制行为能力的精神病人犯罪、又聋又哑的人或者盲人犯罪、防卫过当、避险过当、犯罪预备、犯罪未遂、犯罪中止、从犯、胁从犯和教唆犯等量刑情节的，先用该量刑情节对基准刑进行调节，在此基础上，再用其他量刑情节进行调节。（4） 被告人犯数罪，

同时具有适用各个罪的立功、累犯等量刑情节的，先用各个量刑情节调节个罪的基准刑，确定个罪所应判处的刑罚，再依法实行数罪并罚，决定执行的刑罚。(5) 对于同一事实涉及不同量刑情节时，不重复评价。3. 确定宣告刑的方法 (1) 量刑情节对基准刑的调节结果在法定刑幅度内，且罪责刑相适应的，可以直接确定为宣告刑；如果具有应当减轻处罚情节的，依法在法定最低刑以下确定宣告刑。(2) 量刑情节对基准刑的调节结果在法定最低刑以下，具有减轻处罚情节，且罪责刑相适应的，可以直接确定为宣告刑；只有从轻处罚情节的，可以确定法定最低刑为宣告刑。(3) 量刑情节对基准刑的调节结果在法定最高刑以上的，可以法定最高刑为宣告刑。(4) 根据案件的具体情况，独任审判员或合议庭可以在 10% 的幅度内进行调整，调整后的结果仍然与罪责刑不相适应的，提交审判委员会讨论决定宣告刑。(5) 综合全案犯罪事实和量刑情节，依法应当判处拘役、管制或者单处附加刑，或者无期徒刑以上刑罚的，应当依法适用。(6) 宣告刑为三年以下有期徒刑、拘役并符合缓刑适用条件的，可以依法宣告缓刑；犯罪情节轻微，不需要判处刑罚的，可以免予刑事处罚。

　　三、常见量刑情节的适用　量刑时要充分考虑各种法定和酌定量刑情节，根据案件的全部犯罪事实以及量刑情节的不同情形，依法确定量刑情节的适用及其调节比例。对严重暴力犯罪、黑社会性质组织犯罪、毒品犯罪，在确定从宽的幅度时，要从严掌握；对较轻的犯罪要充分体现从宽的政策。对以下常见量刑情节，可以在相应的幅度内确定具体调节比例。本意见尚未规定的其他量刑情节，在量刑时也要予以考虑，并确定适当的调节比例。

第六十三条（刑八）【减轻处罚】 犯罪分子具有本法规定的减轻处罚情节的，应当在法定刑以下判处刑罚；本法规定有数个量刑幅度的，应当在法定量刑幅度的下一个量刑幅度内判处刑罚。[97]

犯罪分子虽然不具有本法规定的减轻处罚情节，但是根据案件的特殊情况[98]，经最高人民法院核准[99]，也可以在法定刑以下判处刑罚[100]。

---

[97]编者注：《刑法修正案（八）》增加，原条文只规定了前半部分。限制减轻处罚只能在下一个量刑档量刑，限制了法官的量刑自由裁量权。

[98]编者注：有论者认为，本款主要是解决具有特殊情节的个案中的"法律适用"问题，而非事实问题。

[99]法释〔2012〕21号：第三百三十六条 报请最高人民法院核准在法定刑以下判处刑罚的案件，按下列情形分别处理：（一）被告人未提出上诉、人民检察院未提出抗诉的，在上诉、抗诉期满后三日内报上一级人民法院复核。上一级人民法院同意原判的，应当书面层报请最高人民法院核准；不同意的，应当裁定发回重新审判，或者改变管辖按照第一审程序重新审理。原判是基层人民法院作出的，高级人民法院可以指定中级人民法院按照第一审程序重新审理；（二）被告人上诉或者人民检察院抗诉的，应当依照第二审程序审理。第二审维持原判，或者改判后仍在法定刑以下判处刑罚的，应当依照前项规定层报最高人民法院核准。

第三百三十七条 报请最高人民法院核准在法定刑以下判处刑罚的案件，应当报送判决书、报请核准的报告各五份，以及全部案卷、证据。

第六十四条【犯罪物品的处理】 犯罪分子违法所得的一切财物，应当予以追缴或者责令退赔；对被害人的合法财产，应当及时返还[101]；违禁品和供犯罪所用的本人财物[102]，应当予以没收。没收的财物和罚金，一律上缴国库，不得挪用和自行处理。

第二节　累　　犯

第六十五条（刑八）【一般累犯】 被判处有期徒刑以上刑罚的犯罪分子，刑罚执行完毕或者赦免以后[103]，在五年以内[104]，再犯应当判处有期徒刑以上刑罚之罪的，是累犯，应当

　　第三百三十八条　对在法定刑以下判处刑罚的案件，最高人民法院予以核准的，应当作出核准裁定书；不予核准的，应当作出不核准裁定书，并撤销原判决、裁定，发回原审人民法院重新审判或者指定其他下级人民法院重新审判。

〔100〕**《最高人民法院关于适用刑法时间效力规定若干问题的解释》（法释〔1997〕5 号，1997 年 10 月 1 日）：第二条**　犯罪分子 1997 年 9 月 30 日以前犯罪，不具有法定减轻处罚情节，但是根据案件的具体情况需要在法定刑以下判处刑罚的，适用修订前的刑法第五十九条第二款的规定。

〔101〕**《量刑指导意见（试行）》：** 三、常见量刑情节的适用
8. 对于退赃、退赔的，综合考虑犯罪性质，退赃、退赔行为对损害结果所能弥补的程度，退赃、退赔的数额及主动程度等情况，可以减少基准刑的 30% 以下。

〔102〕**编者注：** 认定的标准有四：一是应直接用于犯罪之物；二是故意犯罪；三是用途专门或主要用于犯罪；四是适用罪刑相适应原则。借鉴德国刑法第 74 条 B。

〔103〕**编者注：** 被假释的犯罪人在假释考验期内再犯新罪，被判处缓刑的犯罪人在缓刑考验期内再犯新罪，以及被判处缓刑

从重处罚[105]，但是过失犯罪和不满十八周岁的人犯罪的[106]除外。

前款规定的期限，对于被假释的犯罪分子，从假释期满之日起计算。

第六十六条[107]（刑八）【特别累犯】危害国家安全犯罪、恐怖活动犯罪、黑社会性质的组织犯罪的犯罪分子，在刑罚执行完毕或者赦免以后，在任何时候再犯上述任一类罪的，都以累犯论处。

的犯罪人在缓刑考验期后再犯新罪的，均不成立累犯。

[104]**法释〔1997〕5 号：第三条**　前罪判处的刑罚已经执行完毕或者赦免，在 1997 年 9 月 30 日以前又犯应当判处有期徒刑以上刑罚之罪，是否构成累犯，适用修订前的刑法第六十一条的规定；1997 年 10 月 1 日以后又犯应当判处有期徒刑以上刑罚之罪的，是否构成累犯，适用刑法第六十五条的规定。

[105]**《量刑指导意见（试行）》**：三、常见量刑情节的适用 11. 对于累犯，应当综合考虑前后罪的性质、刑罚执行完毕或赦免以后至再犯罪时间的长短以及前后罪罪行轻重等情况，可以增加基准刑的 10%—40%。12. 对于有前科劣迹的，综合考虑前科劣迹的性质、时间间隔长短、次数、处罚轻重等情况，可以增加基准刑的 10% 以下。

[106]**编者注**：《刑法修正案（八）》增加了"不满十八周岁的人犯罪"的情形。

[107]**编者注**：《刑法修正案（八）》增加了恐怖活动犯罪、黑社会性质的组织犯罪两类犯罪也构成特别累犯。

第三节[108] 自首和立功

　　第六十七条 【自首】 犯罪以后自动投案[109]，如实供述自己的罪行的[110]，是自首。对于自首的犯罪分子[111]，可以从轻或者减轻处罚。其中，犯罪较轻的，可以免除处罚。

---

　　[108]《最高人民法院关于处理自首和立功具体应用法律若干问题的解释》（法释〔1998〕8号，1998年5月9日）。编者注：自首和立功似乎存在矛盾，如某人是自首的，那么其他人就不会因此而立功，因为立功必须是犯罪人带领侦查人员将其他犯罪人抓获的，而不可能是后者自首。解决这一矛盾在于放宽对立功的认定标准，只要起到了协助作用，就可以认定立功。参见《刑事审判参考》第42期331号案例，带领侦查人员抓捕同案犯未果后电话劝说对方自首的行为是否属于立功表现。

　　《最高人民法院、最高人民检察院关于办理职务犯罪案件认定自首、立功等量刑情节若干问题的意见》（法发〔2009〕13号，2009年3月12日）。

　　《最高人民法院关于处理自首和立功若干具体问题的意见》（法发〔2010〕60号，2010年12月22日）编者注：该《意见》进一步规范了自首和立功的认定标准，严格了认定程序，明确了从宽幅度，对准确处理自首和立功问题，正确贯彻宽严相济刑事政策和"保留死刑，严格控制和慎重适用死刑"政策，进一步提高刑事审判工作的质量和效率，都具有十分重要的意义。

　　[109]**法释〔1998〕8号：第一条（一）** 自动投案，是指犯罪事实或者犯罪嫌疑人未被司法机关发觉，或者虽被发觉，但犯罪嫌疑人尚未受到讯问、未被采取强制措施时，（传唤不是强制

措施，而拘传属于强制措施）主动、直接向公安机关、人民检察院或者人民法院投案。（亲首）犯罪嫌疑人向其所在单位、城乡基层组织或者其他有关负责人员投案的；犯罪嫌疑人因病、伤或者为了减轻犯罪后果，委托他人先代为投案（代首），或者先以信电投案的；罪行未被司法机关发觉，仅因形迹可疑被有关组织或者司法机关盘问、教育后，主动交代自己的罪行的；犯罪后逃跑，在被通缉、追捕过程中，主动投案的；经查实确已准备去投案，或者正在投案途中，被公安机关捕获的，应当视为自动投案。并非出于犯罪嫌疑人主动，而是经亲友规劝、陪同投案的（陪首）；公安机关通知犯罪嫌疑人的亲友，或者亲友主动报案后，将犯罪嫌疑人送去投案的（送首），也应当视为自动投案。犯罪嫌疑人自动投案后又逃跑的，不能认定为自首。

法发〔2010〕60号：一、关于"自动投案"的具体认定：《解释》（此为《最高人民法院关于处理自首和立功具体应用法律若干问题的解释》之简称）：第一条第（一）项规定七种应当视为自动投案的情形，体现了犯罪嫌疑人投案的主动性和自愿性。根据《解释》第一条第（一）项的规定，犯罪嫌疑人具有以下情形之一的，也应当视为自动投案：1. 犯罪后主动报案，虽未表明自己是作案人，但没有逃离现场，在司法机关询问时交代自己罪行的；2. 明知他人报案而在现场等待，抓捕时无拒捕行为，供认犯罪事实的；3. 在司法机关未确定犯罪嫌疑人、尚在一般性排查询问时主动交代自己罪行的；4. 因特定违法行为被采取劳动教养、行政拘留、司法拘留、强制隔离戒毒等行政、司法强制措施期间，主动向执行机关交代尚未被掌握的犯罪行为的；5. 其他符合立法本意，应当视为自动投案的情形。罪行未被有关部门、司法机关发觉，仅因形迹可疑被盘问、教育后，主动交代了犯罪事实的，应当视为自动投案，但有关部门、司法机关在其身上、随身携带的物品、驾乘的交通工具等处发现与犯罪有关的物品的，不能认定为自动投案。交通肇事后保护现场、抢救伤者，并向公安机关报告的，应认定为自动投案，构成自首的，因上述行为同时系犯罪嫌疑人的法定义务，对其是否从宽、从宽幅度要适当从严掌握。交通肇事逃逸后自动投案，如实供述自己罪行的，应认定为自首，但应依法以较重法定刑为基准，视情决定对其是否从宽处罚以及从宽处罚的幅度。犯罪嫌疑人被亲友采用捆绑等手段送到司法机关，或者在亲友带领侦查人员前来抓捕时无拒捕行为，并如实供认犯罪事实的，虽然不能认定为自动投案，但可以参照法律对自首的有关规定酌情从轻处罚。

〔110〕法释〔1998〕8 号：第一条（二）　如实供述自己的罪行，是指犯罪嫌疑人自动投案后，如实交代自己的主要犯罪事实。犯有数罪的犯罪嫌疑人仅如实供述所犯数罪中部分犯罪的，只对如实供述部分犯罪的行为，认定为自首。共同犯罪案件中的犯罪嫌疑人，除如实供述自己的罪行，还应当供述所知的同案犯，主犯则应当供述所知其他同案的共同犯罪事实，才能认定为自首。犯罪嫌疑人自动投案并如实供述自己的罪行后又翻供的，不能认定为自首，但在一审判决前又能如实供述的，应当认定为自首。**编者注**：共犯和主犯在如实供述自己的罪行方面有明显区别，共犯只要如实供述所知的同案犯，而主犯除此之外，还应供述同案犯的罪行。1979 年刑法对自首的内涵未作具体规定，但当年的刑法理论将悔改作为自首成立条件之一，自首的三要件是：自动投案、如实交代自己的罪行，接受审查和裁判，现行刑法理论不再将悔罪作为自首的条件。

　　《最高人民法院关于被告人对行为性质的辩解是否影响自首成立问题的批复》（法释〔2004〕2 号，2004 年 4 月 1 日）：根据刑法第六十七条第一款和最高人民法院《关于处理自首和立功具体应用法律若干问题的解释》第一条的规定，犯罪以后自动投案，如实供述自己的罪行的，是自首。被告人对行为性质的辩解不影响自首的成立。**编者注**：成立自首的两个条件，从性质上看，属于客观要件；如实供述的核心内容是"客观事实"，而非"主观心理"。如果行为人不否认或基本不否认犯罪行为的客观事实方面，能如实交代其行为的客观方面，而仅否认主观内容方面，不论是否认其主观犯罪故意，还是否认其客观行为的犯罪性质，均属于辩解，不影响自首的成立。从逻辑关系上看，属于充分必要条件，即只要符合这两个要件，就成立自首，成立自首，必须符合这两个要件。动机并不影响自首的成立。被告人对其行为性质进行辩解，是其依法行使辩护权的具体体现。需要注意的是，在共同犯罪中，犯罪故意的共谋本身，不仅是一种主观心理态度，而且是一种应如实交代的客观事实，辩解中对主观故意的否定不包括对共谋行为及内容的否定，如果犯罪分子不如实交代共谋的过程及内容，就不能认定为"如实供述"，也就不应认定为自首。

法发〔2010〕60 号：二、关于"如实供述自己的罪行"的具体认定：（**编者注**：此为《解释》《最高人民法院关于处理自首和立功具体应用法律若干问题的解释》之简称）：第一条第（二）项规定如实供述自己的罪行，除供述自己的主要犯罪事实外，还应包括姓名、年龄、职业、住址、前科等情况。犯罪嫌疑人供述的身份等情况与真实情况虽有差别，但不影响定罪量刑的，应认定为如实供述自己的罪行。犯罪嫌疑人自动投案后隐瞒自己的真实身份等情况，影响对其定罪量刑的，不能认定为如实供述自己的罪行。犯罪嫌疑人多次实施同种罪行的，应当综合考虑已交代的犯罪事实与未交代的犯罪事实的危害程度，决定是否认定为如实供述主要犯罪事实。虽然投案后没有交代全部犯罪事实，但如实交代的犯罪情节重于未交代的犯罪情节，或者如实交代的犯罪数额多于未交代的犯罪数额，一般应认定为如实供述自己的主要犯罪事实。无法区分已交代的与未交代的犯罪情节的严重程度，或者已交代的犯罪数额与未交被采取强制措施的犯罪嫌疑人、被告人和正在服刑的罪犯，如实供述司法机关还未掌握的本人其他罪行[112]的，以自首论。

代的犯罪数额相当，一般不认定为如实供述自己的主要犯罪事实。犯罪嫌疑人自动投案时虽然没有交代自己的主要犯罪事实，但在司法机关掌握其主要犯罪事实之前主动交代的，应认定为如实供述自己的罪行。

[111]《量刑指导意见（试行）》：三、常见量刑情节的适用 4. 对于自首情节，综合考虑投案的动机、时间、方式、罪行轻重、如实供述罪行的程度以及悔罪表现等情况，可以减少基准刑的40%以下；犯罪较轻的，可以减少基准刑的40%以上或者依法免除处罚。

法发〔2010〕9号：17. 对于自首的被告人，除了罪行极其严重、主观恶性极深、人身危险性极大，或者恶意地利用自首规避法律制裁者以外，一般均应当依法从宽处罚。对于亲属以不同形式送被告人归案或协助司法机关抓获被告人而认定为自首的，原则上都应当依法从宽处罚；有的虽然不能认定为自首，但考虑到被告人亲属支持司法机关工作，促使被告人到案、认罪、悔罪，在决定对被告人具体处罚时，也应当予以充分考虑。编者注：1. 具体确定从轻、减轻还是免除处罚，应当根据犯罪轻重，并考虑自首的具体情节。2. 如实供述罪行并非绝对的，而是相对的，故有程度之分。（诸犯罪未发而自首者，原其罪。其轻罪虽发，因首重罪，免其重罪；即因问所勾之事，而别言余罪者京如之。即遣人代首，若于法得相容隐者为首及相告言者，各听如罪人身首首法。）

[112]法释〔1998〕8号：第二条 根据刑法第六十七条第一款的规定，被采取强制措施的犯罪嫌疑人、被告人和已宣判（本司法解释将刑法中的"正在服刑"一词改为"已宣判"）的罪犯，如实供述司法机关尚未掌握的罪行，与司法机关已掌握的或者判

决确定的罪行属不同种罪行的，以自首论。被采取强制措施的犯罪嫌疑人、被告人和已宣判的罪犯，如实供述司法机关尚未掌握的罪行，与司法机关已掌握的或者判决确定的罪行属同种罪行的，可以酌情从轻处罚；如实供述的同种罪行较重的，一般应当从轻处罚。**编者注：**一般自首与特殊自首或余罪自首的区别有二点：1. 投案的主体不同。前者指的是尚未受到强制措施的人，而后者是受到强制措施的人。2. 一般自首所供述的罪行，既可以是司法机关已掌握的罪行，也可以包括司法机关尚未掌握的罪行；而特殊自首所供述的必须是司法机关尚未掌握的罪行。

法发〔2010〕60 号：三、关于"司法机关还未掌握的本人其他罪行"和"不同种罪行"的具体认定 犯罪嫌疑人、被告人在被采取强制措施期间，向司法机关主动如实供述本人的其他罪行，该罪行能否认定为司法机关已掌握，应根据不同情形区别对待。如果该罪行已被通缉，一般应以该司法机关是否在通缉令发布范围内作出判断，不在通缉令发布范围内的，应认定为还未掌握，在通缉令发布范围内的，应视为已掌握；如果该罪行已录入全国公安信息网络在逃人员信息数据库，应视为已掌握。如果该罪行未被通缉、也未录入全国公安信息网络在逃人员信息数据库，应以该司法机关是否已实际掌握该罪行为标准。犯罪嫌疑人、被告人在被采取强制措施期间如实供述本人其他罪行，该罪行与司法机关已掌握的罪行属同种罪行还是不同种罪行，一般应以罪名区分。虽然如实供述的其他罪行的罪名与司法机关已掌握犯罪的罪名不同，但如实供述的其他犯罪与司法机关已掌握的犯罪属选择性罪名或者在法律、事实上密切关联，如因受贿被采取强制措施后，又交代因受贿为他人谋取利益行为，构成滥用职权罪的，应认定为同种罪行。**编者注：**如果"其他罪行"包括同种罪行，则自首范围过宽，将导致实践中几乎所有的盗窃、抢劫、贪污、受贿等案件都有自首，既不严肃，也使处理案件时，有一部分罪行算自首，有一部分不算

（刑八）犯罪嫌疑人虽不具有前两款规定的自首情节，但是如实供述自己罪行的，可以从轻处罚[113]；因其如实供述自己罪行，避免特别严重后果发生的，可以减轻处罚。

第六十八条[114]（刑八）**【立功】**犯罪分子有揭发他人犯罪行为，查证属实的，或者提供重要线索[115]，从而得以侦破其他案件等立功表现的[116]，可以从轻或者减轻处罚[117]；有重大立功表现的[118]，可以减轻或者免除处罚。

自首，不便于执行。当然，对于如实供述同种罪名，仍可酌情从轻处罚。

[113]《量刑指导意见（试行）》：三、常见量刑情节的适用 6. 对于被采取强制措施的犯罪嫌疑人、被告人和已宣判的罪犯，如实供述司法机关尚未掌握的罪行，与司法机关已掌握的或者判决确定的罪行属同种罪行的，根据坦白罪行的轻重以及悔罪表现等情况，可以减少基准刑的20%以下。7. 对于当庭自愿认罪的，根据犯罪的性质、罪行的轻重、认罪程度以及悔罪表现等情况，可以减少基准刑的10%以下，依法认定自首、坦白的除外。

[114]**编者注：**刑法原第六十八条第二款规定，犯罪后自首又有重大立功表现的，应当减轻或者免除处罚。其中缺乏从轻处罚的量刑档次，且应当减轻或者免除刑罚的规定过于绝对，缺乏灵活性，如果不严格限定重大立功的认定标准，对于那些罪行严重应当依法严惩的犯罪分子，由于具有自首和重大立功表现，只能对其"减轻或者免除处罚"，就会造成量刑的失衡，故《刑法修正案（八）》删除该款规定。

[115]**法发〔2010〕60号：**四、关于立功线索来源的具体认定 犯罪分子通过贿买、暴力、胁迫等非法手段，或者被羁押后与

律师、亲友会见过程中违反监管规定，获取他人犯罪线索并"检举揭发"的，不能认定为有立功表现。犯罪分子将本人以往查办犯罪职务活动中掌握的，或者从负有查办犯罪、监管职责的国家工作人员处获取的他人犯罪线索予以检举揭发的，不能认定为有立功表现。犯罪分子亲友为使犯罪分子"立功"，向司法机关提供他人犯罪线索、协助抓捕犯罪嫌疑人的，不能认定为犯罪分子有立功表现。

〔116〕**法释〔1998〕8 号：第五条** 根据刑法第六十八条第一款的规定，犯罪分子到案后有检举、揭发他人犯罪行为，包括共同犯罪案件中的犯罪分子揭发同案犯共同犯罪以外的其他犯罪，经查证属实；提供侦破其他案件的重要线索，经查证属实；阻止他人犯罪活动；协助司法机关抓捕其他犯罪嫌疑人（包括同案犯）；具有其他有利于国家和社会的突出表现的，应当认定为有立功表现。

第六条 共同犯罪案件的犯罪分子到案后，揭发同案犯共同犯罪事实的，可以酌情予以从轻处罚。

法发〔2010〕60 号：六、关于立功线索的查证程序和具体认定 被告人在一、二审审理期间检举揭发他人犯罪行为或者提供侦破其他案件的重要线索，人民法院经审查认为该线索内容具体、指向明确的，应及时移交有关人民检察院或者公安机关依法处理。侦查机关出具材料，表明在三个月内还不能查证并抓获被检举揭发的人，或者不能查实的，人民法院审理案件可不再等待查证结果。

被告人检举揭发他人犯罪行为或者提供侦破其他案件的重要线索经查证不属实，又重复提供同一线索，且没有提出新的证据材料的，可以不再查证。根据被告人检举揭发破获的他人犯罪案件，如果已有审判结果，应当依据判决确认的事实认定是否查证属实；如果被检举揭发的他人犯罪案件尚未进入审判程序，可以依据侦查机关提供的书面查证情况认定是否查证属实。检举揭发的线索经查确有犯罪发生，或者确定了犯罪嫌疑人，可能构成重大立功，只是未能将犯罪嫌疑人抓获归案的，对可能判处死刑的被告人一般要留有余地，对其他被告人原则上应酌情从轻处罚。被告人检举揭发或者协助抓获的人的行为构成犯罪，但因法定事由不追究刑事责任、不起诉、终止审理的，不影响对被告人立功表现的认定；被告人检举揭发或者协助抓获的人的行为应判处无期徒刑以上刑罚，但因具有法定、酌定从宽情节，宣告刑为有期徒刑或者更轻刑罚的，不影响对被告人重大立功表现的认定。

七、关于自首、立功证据材料的审查　人民法院审查的自首证据材料，应当包括被告人投案经过、有罪供述以及能够证明其投案情况的其他材料。投案经过的内容一般应包括被告人投案时间、地点、方式等。证据材料应加盖接受被告人投案的单位的印章，并有接受人员签名。人民法院审查的立功证据材料，一般应包括被告人检举揭发材料及证明其来源的材料、司法机关的调查核实材料、被检举揭发人的供述等。被检举揭发案件已立案、侦破，被检举揭发人被采取强制措施、公诉或者审判的，还应审查相关的法律文书。证据材料应加盖接收被告人检举揭发材料的单位的印章，并有接收人员签名。人民法院经审查认为证明被告人自首、立功的材料不规范、不全面的，应当由检察机关、侦查机关予以完善或者提供补充材料。上述证据材料在被告人被指控的犯罪一、二审审理时已形成的，应当经庭审质证。

五、关于"协助抓捕其他犯罪嫌疑人"的具体认定　犯罪分子具有下列行为之一，使司法机关抓获其他犯罪嫌疑人的，属于《解释》第五条规定的"协助司法机关抓捕其他犯罪嫌疑人"：1. 按照司法机关的安排，以打电话、发信息等方式将其他犯罪嫌疑人（包括同案犯）约至指定地点的；2. 按照司法机关的安排，当场指认、辨认其他犯罪嫌疑人（包括同案犯）的；

3. 带领侦查人员抓获其他犯罪嫌疑人（包括同案犯）的；4. 提供司法机关尚未掌握的其他案件犯罪嫌疑人的联络方式、藏匿地址的，等等。犯罪分子提供同案犯姓名、住址、体貌特征等基本情况，或者提供犯罪前、犯罪中掌握、使用的同案犯联络方式、藏匿地址，司法机关据此抓捕同案犯的，不能认定为协助司法机关抓捕同案犯。

〔117〕**法发〔2010〕60号**：八、关于对自首、立功的被告人的处罚：对具有自首、立功情节的被告人是否从宽处罚、从宽处罚的幅度，应当考虑其犯罪事实、犯罪性质、犯罪情节、危害后果、社会影响、被告人的主观恶性和人身危险性等。自首的还应考虑投案的主动性、供述的及时性和稳定性等。立功的还应考虑检举揭发罪行的轻重、被检举揭发的人可能或者已经被判处的刑罚、提供的线索对侦破案件或者协助抓捕其他犯罪嫌疑人所起作用的大小等。具有自首或者立功情节的，一般应依法从轻、减轻处罚；犯罪情节较轻的，可以免除处罚。类似情况下，对具有自首情节的被告人的从宽幅度要适当宽于具有立功情节的被告人。虽然具有自首或者立功情节，但犯罪情节特别恶劣、犯罪后果特别严重、被告人主观恶性深、人身危险性大，或者在犯罪前即为规避法律、逃避处罚而准备自首、立功的，可以不从宽处罚。对于被告人具有自首、立功情节，同时又有累犯、毒品再犯等法定从重处罚情节的，既要考虑自首、立功的具体情节，又要考虑被告人的主观恶性、人身危险性等因素，综合分析判断，确定从宽或者从严处罚。累犯的前罪为非暴力犯罪的，一般可以从宽处罚，前罪为暴力犯罪或者前、后罪为同类犯罪的，可以不从宽处罚。

在共同犯罪案件中，对具有自首、立功情节的被告人的处罚，应注意共同犯罪人以及首要分子、主犯、从犯之间的量刑平衡。犯罪集团的首要分子、共同犯罪的主犯检举揭发或者协助司法机关抓捕同案地位、作用较次的犯罪分子的，从宽处罚

第四节 数罪并罚[119]

第六十九条（刑八）【判决宣告前一人犯数罪的并罚】 判决宣

与否应当从严掌握，如果从轻处罚可能导致全案量刑失衡的，一般不从轻处罚；如果检举揭发或者协助司法机关抓捕的是其他案件中罪行同样严重的犯罪分子，一般应依法从宽处罚。对于犯罪集团的一般成员、共同犯罪的从犯立功的，特别是协助抓捕首要分子、主犯的，应当充分体现政策，依法从宽处罚。

《量刑指导意见（试行）》： 三、常见量刑情节的适用 5. 对于立功情节，综合考虑立功的大小、次数、内容、来源、效果以及罪行轻重等情况，确定从宽的幅度。（1）一般立功的，可以减少基准刑的20%以下。

[118]**法释〔1998〕8号：** 第七条根据刑法第六十八条第一款的规定，犯罪分子有检举、揭发他人重大犯罪行为，经查证属实；提供侦破其他重大案件的重要线索，经查证属实；阻止他人重大犯罪活动；协助司法机关抓捕其他重大犯罪嫌疑人（包括同案犯）；对国家和社会有其他重大贡献等表现的，应当认定为有重大立功表现。前款所称"重大犯罪"、"重大案件"、"重大犯罪嫌疑人"的标准，一般是指犯罪嫌疑人、被告人可能被判处无期徒刑以上刑罚或者案件在本省、自治区、直辖市或者全国范围内有较大影响等情形。

《量刑指导意见（试行）》： 三、常见量刑情节的适用 5. （2）重大立功的，可以减少基准刑的20%—50%；犯罪较轻的，可以减少基准刑的50%以上或者依法免除处罚。

[119]**编者注：** 数罪并罚必须发生在刑罚执行完毕之前发现的新罪或漏罪才适用，如果是在刑罚执行完毕之后发现罪犯在判

告以前一人犯数罪的，除判处死刑和无期徒刑的以外，应当在总和刑期以下、数刑中最高刑期以上，酌情决定执行的刑期，但是管制最高不能超过三年，拘役最高不能超过一年，有期徒刑总和刑期不满三十五年的[120]，最高不能超过二十年，总和刑期在三十五年以上的，最高不能超过二十五年。

数罪中有判处附加刑的，附加刑仍须执行[121]，其中附加刑种类相同的，合并执行，种类不同的，分别执行。

第七十条[122] **【判决宣告后发现漏罪的并罚】** 判决宣告以后，刑罚执行完毕以前，发现被判刑的犯罪分子在判决宣告以前还有其他罪[123]没有判决的，应当对新发现的罪作出判决，把前后两个判决[124]所判处的刑罚，依照本法第六十九条的规定，决定执行的刑罚。已经执行的刑期[125]，应当计算在新判决决定的刑期以内。

决宣告之前还有其他罪没有判决的，如果没有超过追诉时效的，应依法定罪量刑，但这既不是数罪并罚问题，也不是累犯问题。

[120]**编者注**：《刑法修正案（八）》将数罪并罚的有期徒刑的总和刑期从二十年提高到三十五年。

[121]**编者注**：例如前罪的罚金刑没有执行，即缴纳罚金，后罪再次判处罚金刑，应就前罪和后罪所处罚金刑实行数罪并罚。

[122]**《最高人民法院关于判决宣告后又发现被判刑的犯罪分子的同种漏罪是否实行数罪并罚问题的批复》**（法复〔1993〕3号，1993 年 4 月 16 日）：人民法院的判决宣告并已发生法律效力以后，刑罚还没有执行完毕以前，发现被判刑的犯罪分子在判决宣告以前还有其他罪没有判决的，不论新发现的罪与原判决的罪是否属于同种罪，都应当依照刑法第六十九条的规定实行数罪并罚。但如果在第一审人民法院的判决宣告以后，被告人提出上诉或者人民检察院提出抗诉，判决尚未发生法律效力的，第二审人民法院在审理期间，发现原审被告人在第一审判

第七十一条【判决宣告后又犯新罪的并罚】 判决宣告以后，刑罚执行完毕以前，被判刑的犯罪分子又犯罪的，应当对新犯的罪[126]作出判决，把前罪没有执行的刑罚[127]和后罪所判处的刑罚[128]，依照本法第六十九条的规定，决定执行的刑罚。

决宣告以前还有同种漏罪没有判决的，第二审人民法院应当依照（1979 年）刑事诉讼法第一百三十六条第（三）项的规定（以事实不清、证据不足为由），裁定撤销原判，发回原审人民法院重新审判，第一审人民法院重新审判时，不适用刑法关于数罪并罚的规定。

[123]**法释〔2012〕21 号：第十一条第一款** 正在服刑的罪犯在判决宣告前还有其他罪没有判决的，由原审地人民法院管辖；由罪犯服刑地或者犯罪地的人民法院审判更为适宜的，可以由罪犯服刑地或者犯罪地的人民法院管辖。

[124]**编者注：** 如果前一个案件涉及数罪并罚，那么前一个判决是数罪并罚的结果，所以应将就漏罪所作出的新的判决和前一个经数罪并罚所得出的判决采取先加后减的方式，决定新的判决。无论是发现新罪还是发现漏罪，并不区分前罪和后罪是否属于同种罪行，一律实行数罪并罚。

[125]**《最高人民法院关于罪犯因漏罪、新罪数罪并罚时原减刑裁定应如何处理的意见》**（法〔2012〕44 号，2012 年 1 月 18 日）：罪犯被裁定减刑后，因被发现漏罪或者又犯新罪而依法进行数罪并罚时，经减刑裁定减去的刑期不计入已经执行的刑期。在此后对因漏罪数罪并罚的罪犯依法减刑，决定减刑的频次、幅度时，应当对其原经减刑裁定减去的刑期酌予考虑。

[126]**法释〔2012〕21 号：第十一条** 罪犯在服刑期间又犯罪的，由服刑地的人民法院管辖。罪犯在脱逃期间犯罪的，由服刑地的人民法院管辖。但是，在犯罪地抓获罪犯并发现其在脱逃期间的犯罪的，由犯罪地的人民法院管辖。

〔127〕**《最高人民法院关于在执行附加刑剥夺政治权利期间犯新罪应如何处理的批复》（法释〔2009〕10 号，2009 年 6 月 10日）：** 一、对判处有期徒刑并处剥夺政治权利的罪犯，主刑已执行完毕，在执行附加刑剥夺政治权利期间又犯新罪，如果所犯新罪无须附加剥夺政治权利的，依照刑法第七十一条的规定数罪并罚。**编者注：** 根据刑法第三十二条之规定，刑罚包括主刑和附加刑。故刑罚执行完毕，应该是指主刑和附加刑均执行完毕，如果主刑执行完毕而附加刑未执行完毕，不属于刑罚执行完毕，在数罪并罚时按本法第七十一条执行。故执行剥夺政治权利期间犯新罪仍依本条实行数罪并罚。

二、前罪尚未执行完毕的附加刑剥夺政治权利的刑期从新罪的主刑有期徒刑执行之日起停止计算，并依照刑法第五十八条规定从新罪的主刑有期徒刑执行完毕之日或者假释之日起继续计算；附加刑剥夺政治权利的效力施用于新罪的主刑执行期间。**编者注：** 根据刑法第五十八条第一款规定，剥夺政治权利的效力当然施用于主刑执行期间，而刑法第四十七条规定有期徒刑的刑期从判决执行之日起计算。因此，前罪尚未执行完毕的剥夺政治权利从新罪的有期徒刑执行之日起停止计算，待有期徒刑执行完毕或假释之日起连续计算，可以使罪犯在剥夺政治权利执行完毕之前始终不享有政治权利。而罪犯在新罪的有期徒刑执行之日前，剥夺其政治权利的依据只能是正在执行的前罪的剥夺政治权利的生效判决，而不能以新罪尚未作出的判决为依据。

三、对判处有期徒刑的罪犯，主刑已执行完毕，在执行附加刑剥夺政治权利期间又犯新罪，如果所犯新罪也剥夺政治权利的，依照刑法第五十五条、第五十七条、第七十一条的规定并罚。**编者注：** 根据不同情况采取了限制加重为主、以吸收和并科为补充的数罪并罚原则，也参照了最高人民法院研究室《关于数罪中有判处两个以上剥夺政治权利附加刑的应如何并罚问题的电话答复》（1986 年 10 月 20 日）。

第五节 缓 刑[129]

第七十二条[130] （刑八）【适用条件】对于被判处拘役、三年

---

[128]**编者注**：发现新罪，是将前一个判决未执行的刑罚和后一个判决进行合罚。实行先减后加决定最终的刑罚。

[129]《**最高人民法院、最高人民检察院关于办理职务犯罪案件严格适用缓刑、免予刑事处罚若干问题的意见**》（法发〔2012〕17号，2012年8月8日）：一、严格掌握职务犯罪案件缓刑、免予刑事处罚的适用。职务犯罪案件的刑罚适用直接关系反腐败工作的实际效果。人民法院、人民检察院要深刻认识职务犯罪的严重社会危害性，正确贯彻宽严相济刑事政策，充分发挥刑罚的惩治和预防功能。要在全面把握犯罪事实和量刑情节的基础上严格依照刑法规定的条件适用缓刑、免予刑事处罚，既要考虑从宽情节，又要考虑从严情节；既要做到刑罚与犯罪相当，又要做到刑罚执行方式与犯罪相当，切实避免缓刑、免予刑事处罚不当适用造成的消极影响。

二、具有下列情形之一的职务犯罪分子，一般不适用缓刑或者免予刑事处罚：（一）不如实供述罪行的；（二）不予退缴赃款赃物或者将赃款赃物用于非法活动的；（三）属于共同犯罪中情节严重的主犯的；（四）犯有数个职务犯罪依法实行并罚或者以一罪处理的；（五）曾因职务违纪违法行为受过行政处分的；（六）犯罪涉及的财物属于救灾、抢险、防汛、优抚、扶贫、移民、救济、防疫等特定款物的；（七）受贿犯罪中具有索贿情节的；（八）渎职犯罪中徇私舞弊情节或者滥用职权情节恶劣的；（九）其他不应适用缓刑、免予刑事处罚的情形。

三、不具有本意见第二条规定的情形，全部退缴赃款赃物，

以下[131]有期徒刑的犯罪分子，同时符合下列条件的，可以宣告缓刑，对其中不满十八周岁的人、怀孕的妇女和已满七十五周岁的人，应当宣告缓刑：

（一）犯罪情节较轻；

（二）有悔罪表现；

（三）没有再犯罪的危险；

（四）宣告缓刑对所居住社区没有重大不良影响。

依法判处三年有期徒刑以下刑罚，符合刑法规定的缓刑适用条件的贪污、受贿犯罪分子，可以适用缓刑；符合刑法第三百八十三条第一款第（三）项的规定，依法不需要判处刑罚的，可以免予刑事处罚。不具有本意见第二条所列情形，挪用公款进行营利活动或者超过三个月未还构成犯罪，一审宣判前已将公款归还，依法判处三年有期徒刑以下刑罚，符合刑法规定的缓刑适用条件的，可以适用缓刑；在案发前已归还，情节轻微，不需要判处刑罚的，可以免予刑事处罚。

四、人民法院审理职务犯罪案件时应当注意听取检察机关、被告人、辩护人提出的量刑意见，分析影响性案件案发前后的社会反映，必要时可以征求案件查办等机关的意见。对于情节恶劣、社会反映强烈的职务犯罪案件，不得适用缓刑、免予刑事处罚。

五、对于具有本意见第二条规定的情形之一，但根据全案事实和量刑情节，检察机关认为确有必要适用缓刑或者免予刑事处罚并据此提出量刑建议的，应经检察委员会讨论决定；审理法院认为确有必要适用缓刑或者免予刑事处罚的，应经审判委员会讨论决定。

〔130〕**编者注：**《刑法修正案（八）》将缓刑的条件细化为四种情况，增加了可操作性。

〔131〕**编者注：**三年以下包括本数。

《最高人民检察院研究室关于对数罪并罚决定执行刑期为

宣告缓刑，可以根据犯罪情况，同时禁止犯罪分子在缓刑考验期限内从事特定活动，进入特定区域、场所，接触特定的人。

被宣告缓刑的犯罪分子，如果被判处附加刑，附加刑仍须执行。

第七十三条【考验期限】拘役的缓刑考验期限为原判刑期以上一年以下，但是不能少于二个月。

有期徒刑的缓刑考验期限为原判刑期以上五年以下，但是不能少于一年。

缓刑考验期限，从判决确定之日起计算。

第七十四条（刑八）【累犯和犯罪集团的首要分子不适用缓刑】对于累犯和犯罪集团的首要分子[132]，不适用缓刑。

第七十五条【缓刑犯应遵守的规定】被宣告缓刑的犯罪分子，应当遵守下列规定：

（一）遵守法律、行政法规，服从监督；

（二）按照考察机关的规定报告自己的活动情况；

（三）遵守考察机关关于会客的规定；

（四）离开所居住的市、县或者迁居，应当报经考察机关批准。

三年以下有期徒刑的犯罪分子能否适用缓刑问题的复函》（**高检研发〔1998〕第 16 号，1998 年 9 月 17 日**）：对于判决宣告以前犯罪的犯罪分子，只要判决执行的刑罚为拘役、三年以下有期徒刑，且符合根据犯罪分子的犯罪情节和悔罪表现，适用缓刑确实不致再危害社会的条件，依法可以适用缓刑。**编者注：**只有累犯不适用缓刑，至于危害国家安全等罪行性质并不影响是否适用缓刑。

[132]**编者注：**《刑法修正案（八）》增加规定了犯罪集团的首要分子不适用缓刑的规定。

第七十六条（刑八）【缓刑的考察】对宣告缓刑的犯罪分子，在缓刑考验期限内，依法实行社区矫正[133]，如果没有本法第七十七条规定的情形，缓刑考验期满，原判的刑罚就不再执行[134]，并公开予以宣告。

第七十七条[135]**【缓刑的撤销】**被宣告缓刑的犯罪分子，在缓刑考验期限内犯新罪[136]或者发现判决宣告以前还有其他罪没有判决的[137]，应当撤销缓刑[138]，对新犯的罪或者新发现的罪作出判决，把前罪和后罪所判处的刑罚[139]，依照本法第六十九条的规定，决定执行的刑罚。

---

[133]**编者注：**《刑法修正案（八）》增加规定了对缓刑犯实行社会矫正的规定。

[134]**编者注：**这种情况不构成累犯，因为不认定前罪被判处刑罚。主刑不再执行，但附加刑仍然执行。

[135]**编者注：**《刑法修正案（八）》修改了本条第二款，原第二款为："被宣告缓刑的犯罪分子，在缓刑考验期限内，违反法律、行政法规或者国务院公安部门有关缓刑的监督管理规定，情节严重的，应当撤销缓刑，执行原判刑罚。"

[136]**编者注：**如果行为人在缓刑考验期内所犯新罪，是在缓刑考验期之后才发现，也应该撤销缓刑。所谓新罪，也包括过失犯罪。如果在缓刑考验期内发现，撤销缓刑。

[137]**编者注：**对于新发现的犯罪，在追诉时，要考虑到追诉时效。此外，发现旧罪，肯定要撤销缓刑。

[138]**编者注：**新发现的犯罪，涉及追诉时效，也许不予追诉，但肯定要撤销缓刑。

[139]**编者注：**不同于在判决宣告以后刑罚执行完毕之前的数罪并罚方式。

（刑八）被宣告缓刑的犯罪分子，在缓刑考验期限内，违反法律、行政法规或者国务院有关部门[140]关于缓刑的监督管理规定，或者违反人民法院判决中的禁止令，情节严重的[141]，应当撤销缓刑，执行原判刑罚[142]。

---

[140]**编者注：**原为"国务院公安部门"，现修改为"国务院有关部门"，指社会矫正由司法部负责。

[141]《最高人民法院、最高人民检察院、公安部、司法部关于对判处管制、宣告缓刑的犯罪分子适用禁止令有关问题的规定（试行）》（法发〔2011〕9 号，2011 年 5 月 1 日）：第十二条 被宣告缓刑的犯罪分子违反禁止令，情节严重的，应当撤销缓刑，执行原判刑罚。原作出缓刑裁判的人民法院应当自收到当地社区矫正机构提出的撤销缓刑建议书之日起一个月内依法作出裁定。人民法院撤销缓刑的裁定一经作出，立即生效。违反禁止令，具有下列情形之一的，应当认定为"情节严重"：（一）三次以上违反禁止令的；（二）因违反禁止令被治安管理处罚后，再次违反禁止令的；（三）违反禁止令，发生较为严重危害后果的；（四）其他情节严重的情形。

[142]《最高人民法院关于撤销缓刑时罪犯在宣告缓刑前羁押的时间能否折抵刑期问题的批复》（法释〔2002〕11 号，2002 年 4 月 18 日）：根据刑法第七十七条的规定，对被宣告缓刑的犯罪分子撤销缓刑执行原判刑罚的，对其在宣告缓刑前羁押的时间应当折抵刑期。

第六节　减　　刑[143]

第七十八条[144]【适用条件与限度】被判处管制、拘役[145]、有期徒刑[146]、无期徒刑[147]的犯罪分子，在执行期间，如果认真

---

[143]《**最高人民法院关于办理减刑、假释案件具体应用法律若干问题的规定**》（法释〔2012〕2 号，2012 年 7 月 1 日）。

[144]**编者注：**《刑法修正案（八）》修改了本条第二款，原第二款为："减刑以后实际执行的刑期，判处管制、拘役、有期徒刑的，不能少于原判刑期的二分之一；判处无期徒刑的，不能少于十年。"

[145]**法释〔2012〕2 号：第十一条**　判处管制、拘役的罪犯，以及判决生效后剩余刑期不满一年有期徒刑的罪犯，符合减刑条件的，可以酌情减刑，其实际执行的刑期不能少于原判刑期的二分之一。

　　第十二条　有期徒刑罪犯减刑时，对附加剥夺政治权利的期限可以酌减。酌减后剥夺政治权利的期限，不能少于一年。

　　第十三条　判处拘役或者三年以下有期徒刑并宣告缓刑的罪犯，一般不适用减刑。前款规定的罪犯在缓刑考验期限内有重大立功表现的，可以参照刑法第七十八条的规定，予以减刑，同时应依法缩减其缓刑考验期限。拘役的缓刑考验期限不能少于二个月，有期徒刑的缓刑考验期限不能少于一年。

[146]**法释〔2012〕2 号：第五条**　有期徒刑罪犯在刑罚执行期间，符合减刑条件的，减刑幅度为：确有悔改表现，或者有立功表现的，一次减刑一般不超过一年有期徒刑；确有悔改表现并有

遵守监规，接受教育改造，确有悔改表现的[148]，或者有立功表现的[149]，可以减刑；有下列重大立功表现之一的[150]，应当减刑：

立功表现，或者有重大立功表现的，一次减刑一般不超过二年有期徒刑。

　　第六条　有期徒刑罪犯的减刑起始时间和间隔时间为：被判处五年以上有期徒刑的罪犯，一般在执行一年六个月以上方可减刑，两次减刑之间一般应当间隔一年以上。被判处不满五年有期徒刑的罪犯，可以比照上述规定，适当缩短起始和间隔时间。确有重大立功表现的，可以不受上述减刑起始和间隔时间的限制。有期徒刑的减刑起始时间自判决执行之日起计算。

　　[147]**法释〔2012〕2号：第七条**　无期徒刑罪犯在刑罚执行期间，确有悔改表现，或者有立功表现的，服刑二年以后，可以减刑。减刑幅度为：确有悔改表现，或者有立功表现的，一般可以减为二十年以上二十二年以下有期徒刑；有重大立功表现的，可以减为十五年以上二十年以下有期徒刑。

　　第八条　无期徒刑罪犯经过一次或几次减刑后，其实际执行的刑期不能少于十三年，起始时间应当自无期徒刑判决确定之日起计算。

　　[148]**法释〔2012〕2号：第二条**　"确有悔改表现"是指同时具备以下四个方面情形：认罪悔罪；认真遵守法律法规及监规，接受教育改造；积极参加思想、文化、职业技术教育；积极参加劳动，努力完成劳动任务。对罪犯在刑罚执行期间提出申诉的，要依法保护其申诉权利，对罪犯申诉不应不加分析地认为是不认罪悔罪。罪犯积极执行财产刑和履行附带民事赔偿义务的，可视为有认罪悔罪表现，在减刑、假释时可以从宽掌握；

（一）阻止他人重大犯罪活动的；

（二）检举监狱内外重大犯罪活动，经查证属实的；

（三）有发明创造或者重大技术革新的；

（四）在日常生产、生活中舍己救人的；

（五）在抗御自然灾害或者排除重大事故中，有突出表现的；

（六）对国家和社会有其他重大贡献的。

（刑八） 减刑以后实际执行的刑期不能少于下列期限：

（一）判处管制、拘役、有期徒刑的，不能少于原判刑期的二分之一；

确有执行、履行能力而不执行、不履行的，在减刑、假释时应当从严掌握。

〔149〕**法释〔2012〕2号：第三条** 具有下列情形之一的，应当认定为有"立功表现"：（一）阻止他人实施犯罪活动的；（二）检举、揭发监狱内外犯罪活动，或者提供重要的破案线索，经查证属实的；（三）协助司法机关抓捕其他犯罪嫌疑人（包括同案犯）的；（四）在生产、科研中进行技术革新，成绩突出的；（五）在抢险救灾或者排除重大事故中表现突出的；（六）对国家和社会有其他贡献的。

〔150〕**法释〔2012〕2号：第四条** 具有下列情形之一的，应当认定为有"重大立功表现"：（一）阻止他人实施重大犯罪活动的；（二）检举监狱内外重大犯罪活动，经查证属实的；（三）协助司法机关抓捕其他重大犯罪嫌疑人（包括同案犯）的；（四）有发明创造或者重大技术革新的；（五）在日常生产、生活中舍己救人的；（六）在抗御自然灾害或者排除重大事故中，有特别突出表现的；（七）对国家和社会有其他重大贡献的。

（二）判处无期徒刑的，不能少于十三年〔151〕；

（三）人民法院依照本法第五十条第二款规定限制减刑的死刑缓期执行的犯罪分子，缓期执行期满后依法减为无期徒刑的，不能少于二十五年，缓期执行期满后依法减为二十五年有期徒刑的，不能少于二十年。

第七十九条　【减刑程序】〔152〕对于犯罪分子的减刑，由执行机关向中级以上人民法院提出减刑建议书。人民法院应当组成合议庭进行审理，对确有悔改或者立功事实的，裁定予以减刑。非经法定程序不得减刑。

---

〔151〕**法释〔2012〕2号：第八条** 无期徒刑罪犯经过一次或几次减刑后，其实际执行的刑期不能少于十三年，起始时间应当自无期徒刑判决确定之日起计算。

〔152〕**法释〔2012〕21号：第四百四十九条** 对减刑、假释案件，应当按照下列情形分别处理：（一）对被判处死刑缓期执行的罪犯的减刑，由罪犯服刑地的高级人民法院根据同级监狱管理机关审核同意的减刑建议书裁定；（二）对被判处无期徒刑的罪犯的减刑、假释，由罪犯服刑地的高级人民法院，在收到同级监狱管理机关审核同意的减刑、假释建议书后一个月内作出裁定，案情复杂或者情况特殊的，可以延长一个月；（三）对被判处有期徒刑和被减为有期徒刑的罪犯的减刑、假释，由罪犯服刑地的中级人民法院，在收到执行机关提出的减刑、假释建议书后一个月内作出裁定，案情复杂或者情况特殊的，可以延长一个月；（四）对被判处拘役、管制的罪犯的减刑，由罪犯服刑地中级人民法院，在收到同级执行机关审核同意的减刑、假释建议书后一个月内作出裁定。对暂予监外执行罪犯的减刑，应当根据情况，分别适用前款的有关规定。

第八十条【无期徒刑减刑的刑期计算】无期徒刑减为有期徒刑的刑期，从裁定减刑之日起计算。

第七节 假 释[153]

第八十一条（刑八）【适用条件】被判处有期徒刑的犯罪分子，执行原判刑期二分之一以上，被判处无期徒刑的犯罪分子，实际执行十三年以上，如果认真遵守监规，接受教育改造[154]，确有悔改表现，没有再犯罪的危险的[155]，可以假释。如果有特殊情况[156]，经最高人民法院核准，可以不受上述执行刑期的限制。

对累犯以及因故意杀人、强奸、抢劫、绑架、放火、爆炸、投放危险物质或者有组织的暴力性犯罪被判处十年以上有期徒刑、无期徒刑的犯罪分子，不得假释[157]。

---

〔153〕**编者注**：*被假释的罪犯，除有特殊情形，一般不得减刑，其假释考验期也不得缩短。*

〔154〕**编者注**：*假释的条件，而非减刑的条件。*

〔155〕**法释〔2012〕2号：第十五条** 办理假释案件，判断"没有再犯罪的危险"，除符合刑法第八十一条规定的情形外，还应根据犯罪的具体情节、原判刑罚情况，在刑罚执行中的一贯表现，罪犯的年龄、身体状况、性格特征，假释后生活来源以及监管条件等因素综合考虑。

〔156〕**法释〔2012〕2号：第十七条** 刑法第八十一条第一款规定的"特殊情况"，是指与国家、社会利益有重要关系的情况。

〔157〕**《最高人民法院关于办理减刑、假释案件具体应用法律若干问题的规定》（法释〔1997〕6号，1997年11月9日）：第十二条** 根据刑法第八十一条第二款的规定，对累犯以及因

对犯罪分子决定假释时，应当考虑其假释后对所居住社区的影响。

第八十二条 【假释程序】 对于犯罪分子的假释，依照本法第七十九条规定的程序进行。非经法定程序不得假释。

第八十三条 【考验期限】 有期徒刑的假释考验期限，为没有执行完毕的刑期；无期徒刑的假释考验期限为十年。

假释考验期限，从假释之日起计算[158]。

第八十四条 【假释犯应遵守的规定】 被宣告假释的犯罪分子，应当遵守下列规定[159]：

（一）遵守法律、行政法规，服从监督；

（二）按照监督机关的规定报告自己的活动情况；

（三）遵守监督机关关于会客的规定；

（四）离开所居住的市、县或者迁居，应当报经监督机关批准。

第八十五条（刑八）【假释考验】 对假释的犯罪分子，在假释

杀人、爆炸、抢劫、强奸、绑架等暴力性犯罪中的一罪被判处十年以上有期徒刑、无期徒刑的犯罪分子，不得假释。**《最高人民法院关于适用刑法时间效力规定若干问题的解释》（法释〔1997〕5号，1997年10月1日）：第八条** 1997年9月30日以前犯罪，1997年10月1日以后仍在服刑的累犯以及因杀人、爆炸、抢劫、强奸、绑架等暴力性犯罪被判处10年以上有期徒刑、无期徒刑的犯罪分子，适用修订前的刑法第73条的规定，可以假释。

〔158〕**编者注：** 如附加剥夺政治权利问题，其期限自假释之日起计算。

〔159〕**编者注：** 同缓刑的要求，不同之处，缓刑的是考察机关，而假释是监督机关。

考验期限内，依法实行社区矫正[160]，如果没有本法第八十六条规定的情形，假释考验期满，就认为原判刑罚已经执行完毕，并公开予以宣告。

第八十六条 【假释的撤销】 被假释的犯罪分子，在假释考验期限内犯新罪，应当撤销假释，依照本法第七十一条的规定实行数罪并罚。

在假释考验期限内，发现被假释的犯罪分子在判决宣告以前还有其他罪没有判决的，应当撤销假释，依照本法第七十条的规定实行数罪并罚。

（刑八） 被假释的犯罪分子，在假释考验期限内，有违反法律、行政法规或者国务院有关部门[161]关于假释的监督管理规定的行为，尚未构成新的犯罪的，应当依照法定程序撤销假释，收监执行未执行完毕的刑罚。

第八节　时　效

第八十七条 【追诉时效期限】 犯罪经过下列期限不再追诉[162]：

---

[160]**编者注：**《刑法修正案（八）》增加了社会矫正的规定。

[161]**编者注：**《刑法修正案（八）》修改了本条第三款，将"国务院公安部门"修改为"国务院有关部门"。

[162]**编者注：**追诉时效制度是罪刑相适应原则在追诉制度上的具体体现，体现了宽严相济刑事政策，体现了"历史从宽，现实从严"的政策，有利于司法机关集中精力追诉现行犯罪，有利于社会秩序的安定。

（一）法定最高刑为不满五年有期徒刑的，经过五年；

（二）法定最高刑为五年以上不满十年有期徒刑的，经过十年；

（三）法定最高刑为十年以上有期徒刑的，经过十五年；

（四）法定最高刑为无期徒刑、死刑的，经过二十年。如果二十年以后认为必须追诉的，须报请最高人民检察院核准。

第八十八条【追诉期限的延长】 在人民检察院、公安机关、国家安全机关立案侦查或者在人民法院受理案件以后，逃避侦查或者审判的[163]，不受追诉期限的限制[164]。

---

[163]**编者注**：只有同时具备公安司法机关立案或受理案件后，并且有逃避侦查或审判行为的，才不受追诉期限的限制。另逃避侦查或者审判的，宜理解为积极的、明显的，致使侦查、审判工作无法进行的逃避行为，主要是指逃跑或者藏匿；对于行为人实施了毁灭证据、串供等行为的，不宜认定为"逃避侦查和审判"，对逃避侦查和审判作过于宽泛的理解，追诉时效制度就会丧失其应有的意义。

[164]**编者注**：追诉时效的延长。

[165]**《最高人民法院关于挪用公款犯罪如何计算追诉期限问题的批复》（法释〔2003〕16号，2003年9月18日）**：根据刑法第八十九条、第三百八十四条的规定，挪用公款归个人使用，进行非法活动的，或者挪用公款数额较大、进行营利活动的，犯罪的追诉期限从挪用行为实施完毕之日起计算；挪用公款数额较大、超过三个月未还的，犯罪的追诉期限从挪用公款罪成立之日起计算。挪用公款行为有连续状态的，犯罪的追诉期限应当从最后一次挪用行为实施完毕之日或者犯罪成立之日起计算。

被害人在追诉期限内提出控告，人民法院、人民检察院、公安机关
应当立案而不予立案的，不受追诉期限的限制。

第八十九条[165]【追诉期限的计算】追诉期限从犯罪之日起
计算；犯罪行为有连续或者继续状态的，从犯罪行为终了之日起
计算。

在追诉期限以内又犯罪的，前罪追诉的期限从犯后罪之日起
计算[166]。

---

[166]**编者注**：本款属于追诉时效的中断。既然行为人实施了
某种犯罪之后又重新犯罪，就说明其并没有悔改，或者说前罪
所反映的人身危险性并没有消失，故需要从犯后罪之日起重新
计算。如果后罪的法定最高刑轻于前罪，而后罪的追诉期限届
满，而前罪的追诉期限未届满，则只能追究前罪的刑事责任。

第五章　其他规定

第九十条【民族自治地方刑法适用的变通】 民族自治地方不能全部适用本法规定的，可以由自治区或者省的人民代表大会根据当地民族的政治、经济、文化的特点和本法规定的基本原则，制定变通或者补充的规定，报请全国人民代表大会常务委员会批准[167]施行。

第九十一条【公共财产的范围】 本法所称公共财产，是指下列财产：

（一）国有财产；

（二）劳动群众集体所有的财产；

（三）用于扶贫和其他公益事业的社会捐助或者专项基金的财产。

在国家机关、国有公司、企业、集体企业和人民团体管理、使用或者运输中的私人财产，以公共财产论。

第九十二条【公民私人所有财产的范围】 本法所称公民私人所有的财产，是指下列财产：

（一）公民的合法收入、储蓄、房屋和其他生活资料；

（二）依法归个人、家庭所有的生产资料；

（三）个体户和私营企业的合法财产；

---

[167]《中华人民共和国立法法》：**第六十六条** 民族自治地方的人民代表大会有权依照当地民族的政治、经济和文化的特点，制定自治条例和单行条例。自治区的自治条例和单行条例，报全国人民代表大会常务委员会批准后生效。

（四）依法归个人所有的股份、股票、债券和其他财产。

第九十三条【国家工作人员的范围】本法所称国家工作人员，是指国家机关中从事公务的人员。

国有公司、企业、事业单位、人民团体[168]中从事公务的人员和国家机关、国有公司、企业、事业单位委派到非国有公司、企业、事业单位、社会团体从事公务的人员[169]，以及其他依照法律从事公务的人员[170]，以国家工作人员论。

---

［168］**编者注：**在我国现实语境中，人民团体有其特定含义，始见于 1943 年中华民国时期制定的《人民团体法》，当时将人民团体分为三类，职业团体、政治团体和社会团体，但未说明划分标准。《共同纲领》规定人民团体参加政协。《社会团体登记管理条例》（1998 年 10 月 25 日）第三条第一款规定，参加政治的人民团体，不属于该条例登记管理的范围。在我国，人民团体主要包括总工会、共青团、学联、妇联、工商联、侨联、台联、文联等。《条例》规定，社会团体是指中国公民自愿组成，为实现会员共同意愿，按照其章程开展活动的非营利性社会组织。《社会团体登记暂行办法》（1950 年 10 月 19 日）和《社会团体登记管理条例》（1989 年 10 月 13 日）均已废止。

［169］**《全国法院审理经济犯罪案件工作座谈会纪要》（法〔2003〕167 号，2003 年 11 月 13 日）：**一、关于贪污贿赂犯罪和渎职犯罪的主体　国家机关、国有公司、企业、事业单位委派到非国有公司、企业、事业单位、社会团体中从事公务的人，属于国家工作人员，只要他们在其中从事公务，不论被委派前是否具有国家工作人员身份，都以国家工作人员论。

［170］**《全国人大常委会关于〈刑法〉第九十三条第二款的解释》（2000 年 4 月 29 日）**全国人民代表大会常务委员会讨论了村民委员会等村基层组织人员在从事哪些工作时属于刑法第九

第九十四条【司法工作人员的范围】本法所称司法工作人员，

十三条第二款规定的"其他依照法律从事公务的人员"，解释如下：村民委员会等村基层组织人员协助人民政府从事下列行政管理工作时，属于刑法第九十三条第二款规定的"其他依照法律从事公务的人员"：（一）救灾、抢险、防汛、优抚、扶贫、移民、救济款物的管理；（二）社会捐助公益事业款物的管理；（三）国有土地的经营和管理（如果是农村集体土地的承包经营、管理和宅基地的管理等工作，则不属于本项内容）；（四）土地征收、征用补偿费用的管理；（五）代征、代缴税款；（六）有关计划生育、户籍、征兵工作；（七）协助人民政府从事的其他行政管理工作。村民委员会等村基层组织人员从事前款规定的公务，利用职务上的便利，非法占有公共财物、挪用公款、索取他人财物或者非法收受他人财物，构成犯罪的，适用刑法第三百八十二条和第三百八十三条贪污罪、第三百八十四条挪用公款罪、第三百八十五条和第三百八十六条受贿罪的规定。**编者注：** 1. 村民委员会成员不是刑法意义上的国家工作人员，其身份是农民，不脱离生产，不享有国家工作人员的待遇及其权利，犯罪后按国家工作人员处理，权利义务不对等。2. 其他依照法律从事公务的人员，具有两个特征：（1）在特定的条件下行使国家管理职能，如果不是在特定条件下行使国家管理职能，就直接认定为国家工作人员了。（2）其行使国家管理职能有法律依据，是依照法律、法规从事公务的。这一条件是为了防止主体的扩大化。龚建平案最初起诉的是公司、企业人员受贿罪，最后定为受贿罪，其理由是其受中国足协指派，在全国足球联赛中执行裁判工作任务。《刑事审判参考》总第31集。

是指有侦查[171]、检察、审判、监管职责的工作人员。

第九十五条[172]**【重伤】** 本法所称重伤，是指有下列情形之一的伤害：

（一）使人肢体残废或者毁人容貌的；

（二）使人丧失听觉、视觉或者其他器官机能的；

（三）其他对于人身健康有重大伤害的。

第九十六条【违反国家规定之含义】 本法所称违反国家规定，是指违反全国人民代表大会及其常务委员会制定的法律和决定，国务院制定的行政法规、规定的行政措施、发布的决定和命令。

第九十七条【首要分子的范围】 本法所称首要分子，是指在犯罪集团或者聚众犯罪中起组织、策划、指挥作用的犯罪分子。

---

[171]**《最高人民检察院关于企业事业单位的公安机构在机构改革过程中其工作人员能否构成渎职侵权犯罪主体问题的批复》**（高检发释字〔2002〕3号，2002年5月16日）：企业事业单位的公安机构在机构改革过程中虽尚未列入公安机关建制，其工作人员在行使侦查职责时，实施渎职侵权行为的，可以成为渎职侵权犯罪的主体。**编者注：** 如何界定司法工作人员，主要依据是其所担负的职责和行使的职权，而不能简单以具体什么样的身份加以认定。在机构改革中的企业事业单位的公安机构是改革过程中的特定产物，是阶段性、暂时性的，其实质仍然行使与县级公安机关同等的侦查职权，负有侦查的职责，故应属于司法工作人员范畴。但应明确的仅是其在行使侦查职权时属于司法工作人员，而其在行使其他职权时，则不属于国家机关工作人员。

[172]**《司法部、最高人民法院、最高人民检察院、公安部〈人体重伤鉴定标准〉的通知》**（司发〔1990〕70号，1990年7月1日）。

第九十八条【告诉才处理的含义】本法所称告诉才处理，是指被害人告诉才处理[173]。如果被害人因受强制、威吓无法告诉的，人民检察院和被害人的近亲属也可以告诉。

第九十九条【以上、以下、以内的界定】本法所称以上、以下、以内，包括本数[174]。

第一百条【前科报告制度】依法受过刑事处罚的人，在入伍、就业的时候，应当如实向有关单位报告自己曾受过刑事处罚，不得隐瞒。

（刑八）犯罪的时候不满十八周岁被判处五年有期徒刑以下刑罚的人，免除前款规定的报告义务。

第一百零一条【总则的效力】本法总则适用于其他有刑罚规定的法律，但是其他法律有特别规定的除外。

---

〔173〕**编者注：**告诉才处理的案件：侮辱罪、诽谤罪、暴力干涉婚姻自由罪、虐待罪（不包括造成重伤）和侵占罪。

〔174〕**编者注：**如果某罪可以判处三年以上七年以下有期徒刑，那么可以判处三年有期徒刑，而这一刑罚仍可适用缓刑。不满不包括本数。

第二编 分 则^[175]

---

〔175〕1.《最高人民法院关于执行〈中华人民共和国刑法〉确定罪名的规定》（法释〔1997〕9 号，1997 年 12 月 16 日）；

2.《最高人民法院、最高人民检察院关于执行〈中华人民共和国刑法〉确定罪名的补充规定》（法释〔2002〕7 号，2002 年 3 月 26 日）；

3.《最高人民法院、最高人民检察院关于执行〈中华人民共和国刑法〉确定罪名的补充规定（二）》（法释〔2003〕12 号，2003 年 8 月 21 日）；

4.《最高人民法院、最高人民检察院关于执行〈中华人民共和国刑法〉确定罪名的补充规定（三）》（法释〔2007〕16 号，2007 年 11 月 6 日）；

5.《最高人民法院、最高人民检察院关于执行中华人民共和国刑法〉确定罪名的补充规定（四）》（法释〔2009〕13 号，2009 年 10 月 16 日）；

6.《最高人民法院、最高人民检察院关于执行〈中华人民共和国刑法〉确定罪名的补充规定（五）》（法释〔2011〕10 号，2011 年 5 月 1 日）。

第一章 危害国家安全罪[176]

第一百零二条【背叛国家罪】 勾结外国,危害中华人民共和国的主权、领土完整和安全的,处无期徒刑或者十年以上有期徒刑。

与境外机构、组织、个人相勾结,犯前款罪的,依照前款的规定处罚。

第一百零三条【分裂国家罪】 组织、策划、实施分裂国家、破坏国家统一的,对首要分子或者罪行重大的,处无期徒刑或者十年以上有期徒刑;对积极参加的,处三年以上十年以下有期徒刑;对其他参加的,处三年以下有期徒刑、拘役、管制或者剥夺政治权利。

【煽动分裂国家罪】 煽动分裂国家、破坏国家统一的,处五年以下有期徒刑、拘役、管制或者剥夺政治权利;首要分子或者罪行重大的,处五年以上有期徒刑。

第一百零四条【武装叛乱、暴乱罪】 组织、策划、实施武装叛乱或者武装暴乱的,对首要分子或者罪行重大的,处无期徒刑或者十年以上有期徒刑;对积极参加的,处三年以上十年以下有期徒刑;对其他参加的,处三年以下有期徒刑、拘役、管制或者剥夺政治权利。

策动、胁迫、勾引、收买国家机关工作人员、武装部队人员、人民警察、民兵进行武装叛乱或者武装暴乱的,依照前款的规定从重处罚。

第一百零五条【颠覆国家政权罪】 组织、策划、实施颠覆国家政权、推翻社会主义制度的,对首要分子或者罪行重大的,处无

---

[176]**编者注:** 凡背叛国家罪、武装叛乱罪、投敌叛变罪、叛逃罪,只要有一个"叛"字,只能是中国公民才构成犯罪。

期徒刑或者十年以上有期徒刑；对积极参加的，处三年以上十年以下有期徒刑；对其他参加的，处三年以下有期徒刑、拘役、管制或者剥夺政治权利。

【煽动颠覆国家政权罪】 以造谣、诽谤或者其他方式煽动颠覆国家政权、推翻社会主义制度的，处五年以下有期徒刑、拘役、管制或者剥夺政治权利；首要分子或者罪行重大的，处五年以上有期徒刑。

第一百零六条 【与境外勾结的处罚规定】 与境外机构、组织、个人相勾结，实施本章第一百零三条（分裂国家罪、煽动分裂国家罪）、第一百零四条（武装叛乱、暴乱罪）、第一百零五条（颠覆国家政权罪、煽动颠覆国家政权罪）规定之罪的，依照各该条的规定从重处罚。

第一百零七条（刑八）【资助危害国家安全犯罪活动罪】[177] 境内外[178]机构、组织或者个人资助实施本章第一百零二条（背叛国家罪）、第一百零三条（分裂国家罪、煽动分裂国家罪）、第一百零四条（武装叛乱罪、武装暴乱罪）、第一百零五条（颠覆国家政权罪、煽动颠覆国家政权罪）规定之罪的，对直接责任人员，处五年以下有期徒刑、拘役、管制或者剥夺政治权利；情节严重的，处五年以上有期徒刑。

第一百零八条 【投敌叛变罪】 投敌叛变的，处三年以上十年以下有期徒刑；情节严重或者带领武装部队人员、人民警察、民兵投敌叛变的，处十年以上有期徒刑或者无期徒刑。

第一百零九条[179]**（刑八）【叛逃罪】** 国家机关工作人员在履

---

〔177〕**编者注**：将资助行为单独定罪。

〔178〕**编者注**：《刑法修正案（八）》将资助对象扩大到境外组织或者个人，从此不再限于境内组织和人员。

〔179〕**编者注**：1.《刑法修正案（八）》将第一百零九条第一款删除了"危害中华人民共和国国家安全的，"处罚未变。第二款将

行公务期间，擅离岗位，叛逃境外或者在境外叛逃的，处五年以下有期徒刑、拘役、管制或者剥夺政治权利；情节严重的，处五年以上十年以下有期徒刑。

掌握国家秘密的国家工作人员叛逃境外或者在境外叛逃的，依照前款的规定从重处罚。

第一百一十条　【间谍罪】 有下列间谍行为之一，危害国家安全的，处十年以上有期徒刑或者无期徒刑；情节较轻的，处三年以上十年以下有期徒刑：

（一）参加间谍组织或者接受间谍组织及其代理人的任务的；

（二）为敌人指示轰击目标的。

第一百一十一条[180]　**【为境外窃取、刺探、收买、非法提供国家秘密、情报罪】** 为境外的机构、组织、人员窃取、刺探、收买、非法提供国家秘密[181]或者情报[182]的[183]，处五年以上十年以下有期徒刑；情节特别严重的[184]，处十年以上有期徒刑或者无期徒刑；情节较轻的[185]，处五年以下有期徒刑、拘役、管制或者剥夺政治权利。

犯前款罪，具体写明为"叛逃境外或者在境外叛逃"。2. 王立军被判定犯有叛逃罪。辩护人提出，王立军自动离开美领馆，其叛逃行为应认定为犯罪中止，应减轻或免除处罚；公诉人则指出，叛逃罪属于行为犯，一经实施，就属于既遂，被告人经过事先预谋，以洽谈工作为由进入美领馆，滞留馆内并书写政治避难申请，属于犯罪既遂。王立军犯叛逃罪后自动投案，并如实供述其叛逃的主要犯罪事实，属自首，根据《中华人民共和国刑法》第六十七条之规定，依法可以从轻或者减轻处罚。法院最终以叛逃罪判处王立军有期徒刑二年，剥夺政治权利一年；

[180]《最高人民法院关于审理为境外窃取、刺探、收买、非法提供国家秘密、情报案件具体应用法律若干问题的解释》（法释〔2001〕4号，2001年1月22日）第五条　行为人知道

或者应当知道没有标明密级的事项关系国家安全和利益，而为境外窃取、刺探、收买、非法提供的，依照刑法第一百一十一条的规定以为境外窃取、刺探、收买、非法提供国家秘密罪定罪处罚。**编者注：张明楷教授认为，将应当知道而实际上并不知道的情形，认定为故意犯罪，意味着将过失行为认定为故意犯罪，存在疑问。**

第六条 通过互联网将国家秘密或者情报非法发送给境外的机构、组织、个人的，依照刑法第一百一十一条的规定定罪处罚；

第七条 审理为境外窃取、刺探、收买、非法提供国家秘密案件，需要对有关事项是否属于国家秘密以及属于何种密级进行鉴定的，由国家保密工作部门或者省、自治区、直辖市保密工作部门鉴定。**编者注：特殊鉴定的鉴定人为单位而非个人。**

〔181〕"国家秘密"，是指《保守国家秘密法》（1988 年 9 月 5 日制定，2010 年 4 月 29 日修订）以及《保守国家秘密法实施办法》确定的事项。

《中华人民共和国保密法》第二条 国家秘密是关系国家安全和利益，依照法定程序确定，在一定时间内只限一定范围的人员知悉的事项。

第九条 下列涉及国家安全和利益的事项，泄露后可能损害国家在政治、经济、国防、外交等领域的安全和利益的，应当确定为国家秘密：（一）国家事务重大决策中的秘密事项；（二）国防建设和武装力量活动中的秘密事项；（三）外交和外事活动中的秘密事项以及对外承担保密义务的秘密事项；（四）国民经济和社会发展中的秘密事项；（五）科学技术中的秘密事项；（六）维护国家安全活动和追查刑事犯罪中的秘密事项；（七）经国家保密行政管理部门确定的其他秘密事项。政党的秘密事项中符合前款规定的，属于国家秘密。**编者注：自 2005 年起，自然灾害死亡人数不再是国家秘密。**

〔182〕**法释〔2001〕4 号：第一条第二款** "情报"，是指关系国家安全和利益、尚未公开或者依照有关规定不应公开的事项。

第一百一十二条 【资敌罪】 战时供给敌人武器装备、军用物资资敌的，处十年以上有期徒刑或者无期徒刑；情节较轻的，处三年以上十年以下有期徒刑。

（编者注：缩小解释） 第一条第三款　对为境外机构、组织、人员窃取、刺探、收买、非法提供国家秘密之外的情报的行为，以为境外窃取、刺探、收买、非法提供情报罪定罪处罚。

〔183〕**法释〔2001〕4 号：第三条**　为境外窃取、刺探、收买、非法提供国家秘密或者情报，具有下列情形之一的，处五年以上十年以下有期徒刑，可以并处没收财产：（一）为境外窃取、刺探、收买、非法提供机密级国家秘密的；（二）为境外窃取、刺探、收买、非法提供三项以上秘密级国家秘密的；（三）为境外窃取、刺探、收买、非法提供国家秘密或者情报，对国家安全和利益造成其他严重损害的。

〔184〕**法释〔2001〕4 号：第二条**　为境外窃取、刺探、收买、非法提供国家秘密或者情报，具有下列情形之一的，属于"情节特别严重"，处十年以上有期徒刑、无期徒刑，可以并处没收财产：（一）为境外窃取、刺探、收买、非法提供绝密级国家秘密的；（二）为境外窃取、刺探、收买、非法提供三项以上机密级国家秘密的；（三）为境外窃取、刺探、收买、非法提供国家秘密或者情报，对国家安全和利益造成其他特别严重损害的。实施前款行为，对国家和人民危害特别严重、情节特别恶劣的，可以判处死刑，并处没收财产。

〔185〕**法释〔2001〕4 号：第四条**　为境外窃取、刺探、收买、非法提供秘密级国家秘密或者情报，属于"情节较轻"，处五年以下有期徒刑、拘役、管制或者剥夺政治权利，可以并处没收财产。

第一百一十三条【危害国家安全罪适用死刑、没收财产的规定】本章上述危害国家安全罪行中，除第一百零三条第二款（煽动分裂国家罪）、第一百零五条（颠覆国家政权罪、煽动颠覆国家政权罪）、第一百零七条（资助危害国家安全犯罪活动罪）、第一百零九条（叛逃罪）外，对国家和人民危害特别严重、情节特别恶劣的，可以判处死刑。

犯本章之罪的，可以并处没收财产。

第二章 危害公共安全罪[186]

第一百一十四条[187] （刑三）【放火罪、决水罪、爆炸罪、投放危险物质罪、以危险方法危害公共安全罪】放火、决水、爆炸

---

[186]编者注：危害公共安全罪的保护法益是公共安全，此类罪在国外被称为公共危险罪。本罪的保护法益是不特定或者多数人的生命、身体或者财产。所谓"不特定"，是指犯罪行为可能侵犯的对象和可能造成的结果事先无法确定，行为人对此既无法具体预料也难以实际控制，行为的危险或行为造成的危害结果可能随时扩大或增加。所谓"多数人"，则难以用具体数字表述，行为使较多的人（即使是特定的多数人）感受到生命、健康或者财产受到威胁时，应认为危害了公共安全。我国通说认为"不特定多数人"这一范围有误，应为"不特定或者多数人"。所谓"安全"是指不特定或者多数人的生命、健康、财产等不受不法侵犯与威胁而存续的状态。只要行为危害了不特定或者多数人的生命、健康、财产的安全，就属于危害公共安全。只有当行为仅侵犯了特定的少数人的生命、健康或财产时，才不构成危害公共安全罪。

[187]《最高人民法院、最高人民检察院关于办理妨害预防、控制突发传染病疫情等灾害的刑事案件具体应用法律若干问题的解释》（法释〔2003〕8号，2003年5月15日）：第一条故意传播突发传染病病原体，危害公共安全的，以第一百一十四

以及投放[188]毒害性、放射性、传染病病原体等物质[189]或者以其他危险方法危害公共安全，尚未造成严重后果的，处三年以上十年以下有期徒刑。

第一百一十五条[190]　**（刑三）【放火罪、决水罪、爆炸罪、投放危险物质罪、以危险方法危害公共安全罪】**放火、决水、爆炸以及投放毒害性、放射性、传染病病原体等物质或者以其他危险方法致人重伤、死亡或者使公私财产遭受重大损失的，处十年以上有期徒刑、无期徒刑或者死刑。[191]

条、第一百一十五条第一款，以危害方法危害公共安全罪定罪处罚。患有突发传染病或疑似突发传染病而拒绝接受检疫、强制隔离或者治疗，过失造成传染病传播，情节严重，危害公共安全的，依照第一百一十五条第二款的规定，按照过失以危险办法危及公共安全罪定罪处罚。

[188]**编者注：**这四种行为中，决水不属于 14 周岁负刑事责任的范围。

[189]**编者注：**《刑法修正案（三）》将"投毒"修改为"投放毒害性、放射性、传染病病原体等物质"，删除列举式规定侵犯对象。

[190]**编者注：**原条文：放火、决水、爆炸、投毒或者以其他危险方法致人重伤、死亡或者使公私财产遭受重大损失的，处十年以上有期徒刑、无期徒刑或者死刑。

[191]《**最高人民检察院、公安部关于公安机关管辖的刑事案件立案追诉标准的规定（一）**》（最高人民检察院、公安部于 2008 年 6 月 25 日印发，公通字〔2008〕36 号，以下简称《**立案标准（一）**》）：**第一条**　过失引起火灾，涉嫌下列情形之

　　【**失火罪、过失决水罪、过失爆炸罪、过失投放危险物质罪、过失以危险方法危害公共安全罪**】过失犯前款罪的[192]，处三年以上七年以下有期徒刑；情节较轻的，处三年以下有期徒刑或者拘役。

　　第一百一十六条【**破坏交通工具罪**】破坏火车、汽车、电车、船只、航空器，足以使火车、汽车、电车、船只、航空器发生倾覆、毁坏危险，尚未造成严重后果的，处三年以上十年以下有期徒刑。

　　第一百一十七条【**破坏交通设施罪**】破坏轨道、桥梁、隧道、公路、机场、航道、灯塔、标志或者进行其他破坏活动，足以使火车、汽车、电车、船只、航空器发生倾覆、毁坏危险，尚未造成严重后果的，处三年以上十年以下有期徒刑。

　　第一百一十八条【**破坏电力设备罪**[193]、**破坏易燃易爆设备罪**】破坏[194]电力、燃气或者其他易燃易爆设备[195]，危害公共安全，尚未造成严重后果的[196]，处三年以上十年以下有期徒刑。

一的，应予立案追诉：（一）造成死亡一人以上，或者重伤三人以上的；（二）造成公共财产或者他人财产直接经济损失五十万元以上的；（三）造成十户以上家庭的房屋以及其他基本生活资料烧毁的；（四）造成森林火灾，过火有林地面积二公顷以上，或者过火疏林地、灌木林地、未成林地、苗圃地面积四公顷以上的；（五）其他造成严重后果的情形。本条和本规定第十五条规定的"有林地"、"疏林地"、"灌木林地"、"未成林地"、"苗圃地"，按照国家林业主管部门的有关规定确定。

[192]**编者注**：失火罪与其他过失引起火灾的犯罪的区别，在于发生在日常生活之中因用火不慎而引起的，还是以特定方法或针对特定对象或违反特定物品管理规定，或在生产、管理过程中造成的责任事故。

〔193〕《最高人民法院关于审理破坏电力设备刑事案件具体应用法律若干问题的解释》（法释〔2007〕15 号，2007 年 8 月 21 日）。

〔194〕**编者注：** 盗窃使用中的电力设备，同时构成盗窃罪和破坏电力设备罪的，择一重罪处罚。所谓"使用中"，一般理解为正在通电的，但以下两点即使不通电也属于"正在使用中"：1. 已经架设完毕交付电力部门验收的，即使尚未通电使用，也认为是正在使用中的电力设备；如果已经架设完毕，但尚未交付电力部门验收的线路，不认为是正在使用中。2. 农村小水电站季节性通电的线路，或者季节性使用的电力排灌设备，即使在暂停使用期间不通电的，也认为是正在使用中。

〔195〕《最高人民法院、最高人民检察院关于办理盗窃油气、破坏油气设备等刑事案件具体应用法律若干问题的解释》（法释〔2007〕3 号，2007 年 1 月 19 日）第三条 盗窃油气或者正在使用的油气设备，构成犯罪，但未危害公共安全的，依照刑法第二百六十四条的规定，以盗窃罪定罪处罚。盗窃油气，数额巨大但尚未运离现场的，以盗窃未遂定罪处罚。为他人盗窃油气而偷开油气井、油气管道等油气设备阀门排放油气或者提供其他帮助的，以盗窃罪的共犯定罪处罚。**编者注：** 何为危害公共安全，涉及本章全部罪名，不宜仅对涉油气方面的犯罪作出具体规定。

第四条 盗窃油气同时构成盗窃罪和破坏易燃易爆设备罪的，依照刑法处罚较重的规定定罪处罚。

第五条 明知是盗窃犯罪所得的油气或者油气设备，而予以窝藏、转移、收购、加工、代为销售或者以其他方法掩饰、隐瞒的，依照刑法第三百一十二条的规定定罪处罚。实施前款规定的犯罪行为，事前通谋的，以盗窃犯罪的共犯定罪处罚。

第六条 违反矿产资源法的规定，非法开采或者破坏性开采石油、天然气资源的，依照刑法第三百四十三条以及《最高人民法院关于审理非法采矿、破坏性采矿刑事案件具体应用法律若干问题的解释》的规定追究刑事责任。

第七条 国家机关工作人员滥用职权或者玩忽职守，实施下列行为之一，致使公共财产、国家和人民利益遭受重大损失的，依照刑法第三百九十七条的规定，以滥用职权罪或者玩忽职守罪定罪处罚：（一）超越职权范围，批准发放石油、天然气勘查、开采、加工、经营等许可证的；（二）违反国家规定，给不符合法定条件的单位、个人发放石油、天然气勘查、开采、加工、经营等许可证的；（三）违反《石油天然气管道保护条例》等国家规定，在油气设备安全保护范围内批准建设项目的；（四）对发现或者经举报查实的未经依法批准、许可擅自从事石油、天然气勘查、开采、加工、经营等违法活动不予查封、取缔的。

第八条 本解释所称的"油气"，是指石油、天然气。其中，石油包括原油、成品油；天然气包括煤层气。本解释所称"油气设备"，是指用于石油、天然气生产、储存、运输等易燃易爆设备。

〔196〕法释〔2007〕3号：**第一条** 在实施盗窃油气等行为过程中，采用切割、打孔、撬砸、拆卸、开关等手段破坏正在使用的油气设备的，属于刑法第一百一十八条规定的"破坏燃气或者其他易燃易爆设备"的行为；危害公共安全，尚未造成严重后果的，依照刑法第一百一十八条的规定定罪处罚。**编者注：**开关行为之所以被定为破坏性手段，其原因在于，输油、输气管道、油气井等油气设备都有严格的操作规程，不得随意开关。违反操作规程擅自开关行为对油气设备也会造成安全事故。当然，司法解释将其严格限定在盗窃油气行为过程中的开关行为。

第一百一十九条[197]【破坏交通工具罪、破坏交通设施罪、破坏电力设备罪、破坏易燃易爆设备罪】破坏交通工具、交通设施、电力设备[198]、燃气设备、易燃易爆设备，造成严重后果的[199]，处十年以上有期徒刑、无期徒刑或者死刑[200]。

---

[197]**法释〔2007〕15号：第三条** 盗窃电力设备，危害公共安全，但不构成盗窃罪的，以破坏电力设备罪定罪处罚；同时构成盗窃罪和破坏电力设备罪的，依照刑法处罚较重的规定定罪处罚。盗窃电力设备，没有危及公共安全，但应当追究刑事责任的，可以根据案件的不同情况，按照盗窃罪等犯罪处理。

[198]**法释〔2007〕15号：第四条** 本解释所称电力设备，是指处于运行、应急等使用中的电力设备；已经通电使用，只是由于枯水季节或电力不足等原因暂停使用的电力设备；已经交付使用但尚未通电的电力设备。不包括尚未安装完毕，或者已经安装完毕但尚未交付使用的电力设备。本解释中直接经济损失的计算范围，包括电量损失金额，被毁损设备材料的购置、更换、修复费用，以及因停电给用户造成的直接经济损失等。

[199]**法释〔2007〕15号：第一条** 破坏电力设备，具有下列情形之一的，属于刑法第一百一十九条第一款规定的"造成严重后果"，以破坏电力设备罪判处十年以上有期徒刑、无期徒刑或者死刑：（一）造成一人以上死亡、三人以上重伤或者十人以上轻伤的；（二）造成一万以上用户电力供应中断六小时以上，致使生产、生活受到严重影响的；（三）造成直接经济损失一百万元以上的；（四）造成其他危害公共安全严重后果的。

　　【过失损坏交通工具罪、过失损坏交通设施罪、过失损坏电力设备罪、过失损坏易燃易爆设备罪】过失犯前款罪的，处三年以上七年以下有期徒刑；情节较轻的，处三年以下有期徒刑或者拘役。

　　第一百二十条[201]（刑三）【组织、领导、参加恐怖组织罪】组织、领导恐怖活动组织的，处十年以上有期徒刑或者无期徒刑；积极参加的，处三年以上十年以下有期徒刑；其他参加的，处三年以下有期徒刑、拘役、管制或者剥夺政治权利[202]。

　　法释〔2007〕3 号：第二条　实施本解释第一条规定的行为，具有下列情形之一的，属于刑法第一百一十九条第一款规定的"造成严重后果"，依照刑法第一百一十九条第一款的规定定罪处罚：（一）造成一人以上死亡、三人以上重伤或者十人以上轻伤的；（二）造成井喷或者重大环境污染事故的；（三）造成直接经济损失数额在五十万元以上的；（四）造成其他严重后果的。**编者注**：如案件中出现的重伤、轻伤单项达不到规定的人数，但重伤、轻伤合计的人数明显超过了单项人数的情况，如同时造成重伤 2 人轻伤 9 人的情况，则可归于第 4 种情况。

　　[200]**编者注**：为杀人而破坏交通工具，可以不定杀人罪，而定破坏交通工具罪，同样能实现罪刑相当。

　　[201]**编者注**：《刑法修正案（三）》删除了本条原第二款："犯前款罪并实施杀人、爆炸、绑架等犯罪的，依照数罪并罚的规定处罚。"

　　[202]**编者注**：将恐怖组织的成员区分为组织领导者、积极参加者和其他一般参加者，对恐怖组织的首要分子提高刑罚，有利于打击和分化、瓦解恐怖组织。

第一百二十条之一（刑三）[203]**【资助恐怖活动罪】**[204] 资助[205]恐怖活动组织或者实施恐怖活动的个人[206]的，处五年以下有期徒刑、拘役、管制或者剥夺政治权利，并处罚金；情节严重的，处五年以上有期徒刑，并处罚金或者没收财产。

单位犯前款罪的，对单位判处罚金，并对其直接负责的主管人员和其他直接责任人员，依照前款的规定处罚。

第一百二十一条 【劫持航空器罪】 以暴力、胁迫或者其他方法劫持航空器的[207]，处十年以上有期徒刑或者无期徒刑；致人重

---

[203]编者注：联合国于 1999 年 12 月 9 日通过了《制止向恐怖主义提供资助的国际公约》，中国也签署了该公约。联合国安理会于 2001 年 9 月 29 日通过了第 1739 号决议，规定各国应将为恐怖活动提供或者筹集资金的行为规定为犯罪。

《最高人民法院关于审理洗钱等刑事案件具体应用法律若干问题的解释》（法释〔2009〕15 号，2009 年 11 月 11 日）

[204]编者注：资助行为本为帮助行为，但此处单独成罪。依据《最高人民检察院、公安部关于公安机关管辖的刑事案件立案追诉标准的规定（二）》（最高人民检察院、公安部 2010 年 5 月 7 日印发，公通字〔2010〕23 号，以下简称《立案标准（二）》）：**第一条** 资助恐怖活动组织或者实施恐怖活动的个人的，应予立案追诉。

[205]**法释〔2009〕15 号：第五条** "资助"，是指为恐怖活动组织或者实施恐怖活动的个人筹集、提供经费、物资或者提供场所以及其他物质便利的行为。

[206]**法释〔2009〕15 号：第五条第二款** "实施恐怖活动的个人"，包括预谋实施、准备实施和实际实施恐怖活动的个人。

伤、死亡或者使航空器遭受严重破坏的，处死刑。

第一百二十二条 【劫持船只、汽车罪】以暴力、胁迫或者其他方法劫持船只、汽车的[208]，处五年以上十年以下有期徒刑；造成严重后果的，处十年以上有期徒刑或者无期徒刑。

第一百二十三条 【暴力危及飞行安全罪】对飞行中的航空器上的人员[209]使用暴力[210]，危及飞行安全，尚未造成严重后果的，处五年以下有期徒刑或者拘役；造成严重后果的，处五年以上有期徒刑。

第一百二十四条 【破坏广播电视设施、公用电信设施罪】破坏广播电视设施[211]、公用电信设施[212]，危害公共安全的[213]，处三年以上七年以下有期徒刑；造成严重后果的[214]，处七年以上有期徒刑。

---

〔207〕**编者注：**劫持航空器罪与暴力危及飞行安全罪的区别，在于前者有控制、支配航行的意图，而后者不具备这一意图。关于航空器，在我国刑法中，既包括民用航空器，也包括非民用航空器，但在国际刑法中，只包括民用航空器。

〔208〕**编者注：**正在使用中的船只、汽车。

〔209〕**编者注：**航空器上的人员，既包括航空器上的驾驶人员、服务人员，也包括航空器上的乘客。

〔210〕**编者注：**暴力危及飞行安全罪的行为方式仅限于暴力，而劫持航空器罪和劫持船只、汽车罪的行为方式包括暴力、胁迫或者其他方法。暴力危及飞行安全罪的行为对象，只能是正在飞行中的航空器。

〔211〕《最高人民法院关于审理破坏广播电视设施等刑事案件具体应用法律若干问题的解释》（法释〔2011〕13号，2011年6月13日）

[212]本罪的犯罪主体是自然人，不是单位，本罪是危险犯。

《最高人民法院关于审理破坏公用电信设施刑事案件具体应用法律若干问题的解释》（法释〔2004〕21号，2005年1月11日）

[213]**法释〔2004〕21号：第一条** 采用截断通信线路、损毁通信设备或者删除、修改、增加电信网计算机信息系统中存储、处理或者传输的数据和应用程序等手段，故意破坏正在使用的公用电信设施，具有下列情形之一的，属于刑法第一百二十四条规定的"危害公共安全"，依照刑法第一百二十四条第一款规定，以破坏公用电信设施罪处三年以上七年以下有期徒刑：（一）造成火警、匪警、医疗急救、交通事故报警、救灾、抢险、防汛等通信中断或者严重障碍，并因此贻误救助、救治、救灾、抢险等，致使人员死亡一人、重伤三人以上或者造成财产损失三十万元以上的；（二）造成二千以上不满一万用户通信中断一小时以上，或者一万以上用户通信中断不满一小时的；（三）在一个本地网范围内，网间通信全阻、关口局至某一局向全部中断或网间某一业务全部中断不满二小时或者直接影响范围不满五万（用户×小时）的；（四）造成网间通信严重障碍，一日内累计二小时以上不满十二小时的；（五）其他危害公共安全的情形。盗窃广播电视设施、公用电信设施价值数额不大，但是构成危害公共安全犯罪的，依照刑法第一百二十四条的规定定罪处罚；盗窃广播电视设施、公用电信设施同时构成（想象竞合犯）盗窃罪和被坏广播电视设施、公用电信设施罪的，择一重罪处罚。

[214]**法释〔2004〕21号：第二条** 实施本解释第一条规定的行为，具有下列情形之一的，属于刑法第一百二十四条第一款规定的"严重后果"，以破坏公用电信设施罪处七年以上有期徒刑：（一）造成火警、匪警、医疗急救、交通事故报警、救灾、

【**过失损坏广播电视设施、公用电信设施罪**】过失犯前款罪的，处三年以上七年以下有期徒刑；情节较轻的，处三年以下有期徒刑或者拘役。

第一百二十五条[215]【**非法制造、买卖、运输、邮寄、储存枪支、弹药、爆炸物罪**】非法制造、买卖、运输、邮寄、储存[216]枪支、弹药、爆炸物的，处三年以上十年以下有期徒刑；情节严重的[217]，处十年以上有期徒刑、无期徒刑或者死刑。

抢险、防汛等通信中断或者严重障碍，并因此贻误救助、救治、救灾、抢险等，致使人员死亡二人以上、重伤六人以上或者造成财产损失六十万元以上的；（二）造成一万以上用户通信中断一小时以上的；（三）在一个本地网范围内，网间通信全阻、关口局至某一局向全部中断或网间某一业务全部中断二小时以上或者直接影响范围五万（用户×小时）以上的；（四）造成网间通信严重障碍，一日内累计十二小时以上的；（五）造成其他严重后果的。

[215]《最高人民法院关于审理非法制造、买卖、运输枪支、弹药、爆炸物等刑事案件具体应用法律若干问题的解释》（法释〔2001〕15 号，2009 年 11 月 16 日部分修订）

[216] 法释〔2001〕15 号：**第八条**　非法储存，是指明知是他人非法制造、买卖、运输、邮寄的枪支、弹药、爆炸物而为其存放的行为。**编者注**：司法解释作了限制性解释，2009 年修订为"明知是他人非法制造、买卖、运输、邮寄的枪支、弹药而为其存放的行为，或者非法存放爆炸物的行为"。

[217] **编者注**：2009 年修订内容。法释〔2009〕18 号：**第九条**　因筑路、建房、打井、整修宅基地和土地等正常生产、生活需要，或者因从事合法的生产经营活动而非法制造、买卖、运输、邮寄、储存爆炸物，数量达到本《解释》第一条规定标准，

（刑三）[218]【非法制造、买卖、运输、储存危险物质罪】非法制造、买卖、运输、储存毒害性[219]、放射性、传染病病原体等物质，危害公共安全的[220]，依照前款的规定处罚。

没有造成严重社会危害，并确有悔改表现的，可依法从轻处罚；情节轻微的，可以免除处罚。具有前款情形，数量虽达到本《解释》第二条规定标准的，也可以不认定为刑法第一百二十五条第一款规定的"情节严重"。在公共场所、居民区等人员集中区域非法制造、买卖、运输、邮寄、储存爆炸物，或者因非法制造、买卖、运输、邮寄、储存爆炸物三年内受到两次以上行政处罚又实施上述行为，数量达到本《解释》规定标准的，不适用前两款量刑的规定。

[218]**编者注**：原第二款为"非法买卖、运输核材料的，依照前款的规定处罚"。

[219]**指导性案例第13号王召成等非法买卖、储存危险物质案（2013年1月31日）**：1.国家严格监督管理的氰化钠等剧毒化学品，易致人中毒或者死亡，对人体、环境具有极大的毒害性和危险性，属于刑法第一百二十五条第二款规定的"毒害性"物质。2."非法买卖"毒害性物质，是指违反法律和国家主管部门规定，未经有关主管部门批准许可，擅自购买或者出售毒害性物质的行为，并不需要兼有买进和卖出的行为。

[220]**《立案标准（一）》：第二条** 非法制造、买卖、运输、储存毒害性、放射性、传染病病原体等物质，危害公共安全，涉嫌下列情形之一的，应予立案追诉：（一）造成人员重伤或者死亡的；（二）造成直接经济损失十万元以上的；（三）非法制造、买卖、运输、储存毒鼠强、氟乙酰胺、氟乙酰钠、毒鼠硅、甘氟原粉、原液、制剂五十克以上，或者饵料二千克以上的；（四）造成急性中毒、放射性疾病或者造成传染病流行、暴

单位犯前两款罪的，对单位判处罚金，并对其直接负责的主管人员和其他直接责任人员，依照第一款的规定处罚。

第一百二十六条【违规制造、销售枪支罪】依法被指定、确定的枪支制造企业、销售企业，违反枪支管理规定，有下列行为之一的[221]，对单位判处罚金，并对其直接负责的主管人员和其他直接责任人员，处五年以下有期徒刑；情节严重的，处五年以上十年以下有期徒刑；情节特别严重的，处十年以上有期徒刑或者无期徒刑：

（一）以非法销售为目的，超过限额或者不按照规定的品种制造、配售枪支的；

（二）以非法销售为目的，制造无号、重号、假号的枪支的；

（三）非法销售枪支或者在境内销售为出口制造的枪支的。

第一百二十七条（刑三）**【盗窃、抢夺枪支、弹药、爆炸物、危险物质罪】**盗窃、抢夺枪支、弹药、爆炸物的，或者盗窃、抢夺毒害性、放射性、传染病病原体等物质，危害公共安全的，处三年以上十年以下有期徒刑；情节严重的，处十年以上有期徒刑、无期徒刑或者死刑。

【抢劫枪支、弹药、爆炸物、危险物质罪；盗窃、抢夺枪支、弹药、爆炸物、危险物质罪】抢劫枪支、弹药、爆炸物的，或者

发的；（五）造成严重环境污染的；（六）造成毒害性、放射性、传染病病原体等危险物质丢失、被盗、被抢或者被他人利用进行违法犯罪活动的；（七）其他危害公共安全的情形。

[221]《立案标准（一）》：**第三条**　涉嫌下列情形之一的，应予立案追诉：（一）违规制造枪支五支以上的；（二）违规销售枪支二支以上的；（三）虽未达到上述数量标准，但具有造成严重后果等其他恶劣情节的。本条和本规定第四条、第七条规定的"枪支"，包括枪支散件。成套枪支散件，以相应数量的枪支计；非成套枪支散件，以每三十件为一成套枪支散件计。

抢劫毒害性、放射性、传染病病原体等物质，危害公共安全的，或者盗窃、抢夺国家机关、军警人员、民兵的枪支、弹药、爆炸物的，处十年以上有期徒刑、无期徒刑或者死刑。

第一百二十八条[222]**【非法持有、私藏枪支、弹药罪】**违反枪支管理规定，非法持有[223]、私藏[224]枪支、弹药的[225]，处三年以下有期徒刑、拘役或者管制；情节严重的，处三年以上七年以下有期徒刑。

---

[222]**编者注：**本罪原属于妨害社会管理秩序罪，新刑法将其纳入危害公共安全罪，并修改了构成要件，这说明本罪不仅妨害了枪支、弹药管理秩序，但更主要的是危害了公共安全。**《最高人民法院关于审理非法制造、买卖、运输枪支、弹药、爆炸物等刑事案件具体应用法律若干问题的解释》**（法释〔2009〕18号，2009年11月16日修订）

[223]**法释〔2001〕15号：第八条第二款** 非法持有：不符合配备、配置枪支、弹药条件的人员，违反枪支管理法律、法规的规定，擅自持有枪支、弹药的行为。**编者注：**本罪不处罚购买枪支行为，但购买行为的后续行为，即持有枪支的行为则构成犯罪。

[224]**法释〔2001〕15号：第八条第三款** 非法私藏：依法配备、配置枪支、弹药的人员，在配备、配置枪支、弹药的条件消除后，违反枪支管理法律、法规的规定，私自藏匿所配备、配置的枪支、弹药且拒不交出的行为。

[225]**《立案标准（一）》：第四条** 违反枪支管理规定，非法持有、私藏枪支、弹药，涉嫌下列情形之一的，应予立案追诉：（一）非法持有、私藏军用枪支一支以上的；（二）非法持有、私藏以火药为动力发射枪弹的非军用枪支一支以上，或者以压缩气体等为动力的其他非军用枪支二支以上的；（三）非法持有、

【非法出租、出借枪支罪】依法配备公务用枪的人员，非法出租、出借枪支的，依照前款的规定处罚〔226〕。

【非法出租、出借枪支罪】依法配置枪支的人员，非法出租、出借枪支，造成严重后果的〔227〕，依照第一款的规定处罚。

单位犯第二款、第三款罪的，对单位判处罚金，并对其直接负责的主管人员和其他直接责任人员，依照第一款的规定处罚。

第一百二十九条【丢失枪支不报罪】依法配备公务用枪的人员，

私藏军用子弹二十发以上、气枪铅弹一千发以上或者其他非军用子弹二百发以上的；（四）非法持有、私藏手榴弹、炸弹、地雷、手雷等具有杀伤性弹药一枚以上的；（五）非法持有、私藏的弹药造成人员伤亡、财产损失的。

〔226〕《最高人民检察院关于将公务用枪用作借债质押的行为如何适用法律的批复》（高检发释字〔1998〕4号，1998年11月3日）：依法配备公务用枪的人员，违反法律规定，将公务用枪用作借债质押物，使枪支处于非依法持枪人控制、使用之一下，严重危害公共安全的，以非法出借枪支罪论处，对接受枪支质押的人员，构成犯罪的，以非法持有枪支罪追究刑事责任。

〔227〕《立案标准（一）》：第五条　依法配备公务用枪的人员或单位，非法将枪支出租、出借给未取得公务用枪配备资格的人员或单位，或者将公务用枪用作借债质押物的，应予立案追诉。依法配备公务用枪的人员或单位，非法将枪支出租、出借给具有公务用枪配备资格的人员或单位，以及依法配置民用枪支的人员或单位，非法出租、出借民用枪支，涉嫌下列情形之一的，应予立案追诉：（一）造成人员轻伤以上伤亡事故的；（二）造成枪支丢失、被盗、被抢的；（三）枪支被他人利用进行违法犯罪活动的；（四）其他造成严重后果的情形。

丢失枪支不及时报告，造成严重后果的[228]，处三年以下有期徒刑或者拘役。

　　第一百三十条【非法携带枪支、弹药、管制刀具、危险物品危及公共安全罪】 非法携带枪支、弹药、管制刀具或者爆炸性、易燃性、放射性、毒害性、腐蚀性物品，进入公共场所或者公共交通工具，危及公共安全，情节严重的[229]，处三年以下有期徒刑、拘役或者管制。

---

[228]《立案标准（一）》：**第六条**　依法配备公务用枪的人员，丢失枪支不及时报告，涉嫌下列情形之一的，应予立案追诉：（一）丢失的枪支被他人使用造成人员轻伤以上伤亡事故的；（二）丢失的枪支被他人利用进行违法犯罪活动的；（三）其他造成严重后果的情形。

[229]《立案标准（一）》：**第七条**　非法携带枪支、弹药、管制刀具或者爆炸性、易燃性、放射性、毒害性、腐蚀性物品，进入公共场所或者公共交通工具，危及公共安全，涉嫌下列情形之一的，应予立案追诉：（一）携带枪支一支以上或者手榴弹、炸弹、地雷、手雷等具有杀伤性弹药一枚以上的；（二）携带爆炸装置一套以上的；（三）携带炸药、发射药、黑火药五百克以上或者烟火药一千克以上、雷管二十枚以上或者导火索、导爆索二十米以上，或者虽未达到上述数量标准，但拒不交出的；（四）携带的弹药、爆炸物在公共场所或者公共交通工具上发生爆炸或者燃烧，尚未造成严重后果的；（五）携带管制刀具二十把以上，或者虽未达到上述数量标准，但拒不交出，或者用来进行违法活动尚未构成其他犯罪的；（六）携带的爆炸性、易燃性、放射性、毒害性、腐蚀性物品在公共场所或者公共交通工具上发生泄漏、遗洒，尚未造成严重后果的；（七）其他情节严重的情形。

第一百三十一条【重大飞行事故罪】航空人员违反规章制度，致使发生重大飞行事故，造成严重后果的，处三年以下有期徒刑或者拘役；造成飞机坠毁或者人员死亡的，处三年以上七年以下有期徒刑。

第一百三十二条【铁路运营安全事故罪】铁路职工违反规章制度，致使发生铁路运营安全事故，造成严重后果的，处三年以下有期徒刑或者拘役；造成特别严重后果的[230]，处三年以上七年以下有期徒刑。

第一百三十三条[231]【交通肇事罪】违反交通运输管理法规，因而发生重大事故，致人重伤、死亡或者使公私财产[232]遭受重大损失的，处三年以下有期徒刑或者拘役[233]；交通运输肇事后逃逸[234]或者有其他特别恶劣情节的，处三年以上七年以下有期徒刑[235]；因逃逸致人死亡的[236]，处七年以上有期徒刑[237]。

---

[230] **编者注**：对基本犯罪持过失心态，但规定了结果加重犯。

[231] 《**最高人民法院关于审理交通肇事刑事案件具体应用法律若干问题的解释**》（法释〔2000〕33 号，2000 年 11 月 21 日）：**第一条**　从事交通运输人员或者非交通运输人员，违反交通运输管理法规发生重大交通事故，在分清事故责任的基础上，对于构成犯罪的，依照刑法第一百三十三条的规定定罪处罚。

　　第五条第二款　交通肇事后，单位主管人员、机动车辆所有人、承包人或者乘车人指使肇事人逃逸，致使被害人因得不到救助而死亡的，以交通肇事罪的共犯论处。**编者注**：关于本罪的犯罪主体问题，1979 年刑法第一百一十三条规定的交通肇事罪的犯罪主体是特殊主体：即从事交通运输的人员违反规章制度，因而发生重大事故，致人重伤、死亡或者使公私财产遭受重大损失的，处三年以下有期徒刑或者拘役；情节特别恶劣的，处三年以上七年以下有期徒刑。非交通运输人员犯前款罪的，依照前款规定处罚。

〔232〕**法释〔2000〕33 号：第二条第三项**　造成公共财产或者他人财产直接损失，负事故全部或者主要责任，无能力赔偿数额在 30 万元以上的，处三年以下或者拘役，如达到 60 万元以上，则处三年以上七年以下有期徒刑。**编者注：**这里的财产不包括犯罪人本人的财产，其自身的财产损失应当视为肇事人为自己的违章行为承担的经济责任，而不应将其作为承担刑事责任的条件。

〔233〕**《量刑指导意见（试行）》：**（一）交通肇事罪　1.（1）致人重伤、死亡或者使公私财产遭受重大损失的，可以在六个月至二年有期徒刑幅度内确定量刑起点。

〔234〕**法释〔2000〕33 号：第三条**　交通肇事后逃逸是指，在发生交通事故后，为逃避法律追究而逃跑的行为。**编者注：**这里并不区分是送伤者到医院后逃逸还是从现场直接逃逸，只要是在肇事后为逃避法律追究而逃跑的行为，都应视为"肇事后逃逸。张明楷教授认为：肇事后逃逸，就理解为以不救助被害人为核心来理解逃逸，因逃逸是犯罪人之常情，不具有期待可能性，否则为何仅在交通肇事罪中将逃逸规定为法定刑升格的情节。

　　法发〔2010〕60 号：一、关于"自动投案"的具体认定交通肇事后保护现场、抢救伤者，并向公安机关报告的，应认定为自动投案，构成自首的，因上述行为同时系犯罪嫌疑人的法定义务，对其是否从宽、从宽幅度要适当从严掌握。交通肇事逃逸后自动投案，如实供述自己罪行的，应认定为自首，但应依法以较重法定刑为基准，视情决定对其是否从宽处罚以及从宽处罚的幅度。犯罪嫌疑人被亲友采用捆绑等手段送到司法机关，或者在亲友带领侦查人员前来抓捕时无拒捕行为，并如实供认犯罪事实的，虽然不能认定为自动投案，但可以参照法律对自首的有关规定酌情从轻处罚。

　　第一百三十三条之一〔238〕（刑八）【**危险驾驶罪**】在道路上驾驶机动车追逐竞驶，情节恶劣的，或者在道路上醉酒驾驶机动车的，处拘役〔239〕，并处罚金。

　　有前款行为，同时构成其他犯罪的，依照处罚较重的规定定罪

---

〔235〕**《量刑指导意见（试行）》：**（一）交通肇事罪　1.（2）交通肇事后逃逸或者有其他特别恶劣情节的，可以在三年至四年有期徒刑幅度内确定量刑起点。

〔236〕**法释〔2000〕33 号：第五条**　"因逃逸致人死亡"，是指行为人在交通肇事后为逃避法律追究而逃跑，致使被害人因得不到救助而死亡的情形。**编者注：**这种情况主要是指行为人主观上并不希望发生被害人死亡的后果，但是没有救助被害人或者未采取得力的救助措施，导致发生被害人死亡的结果。

　　行为人在交通肇事后为逃避法律追究，将被害人带离事故现场后隐藏或者遗弃，致使被害人无法得到救助而死亡或者严重残疾的，应当分别依照第二百三十二条（故意杀人罪）、第二百三十四条第二款（故意伤害致人重伤）的规定，以故意杀人罪或者故意伤害罪定罪处罚。**编者注：**转化犯。

〔237〕**《量刑指导意见（试行）》：**（一）交通肇事罪　1.（3）因逃逸致一人死亡的，可以在七年至八年有期徒刑幅度内确定量刑起点。2. 在量刑起点的基础上，可以根据责任程度、致人重伤、死亡的人数或者财产损失的数额以及逃逸等其他影响犯罪构成的犯罪事实增加刑罚量，确定基准刑。

〔238〕**《最高人民法院关于印发醉酒驾车犯罪法律适用问题指导意见及相关典型案例的通知》（2009 年 9 月 11 日）**

〔239〕**编者注：**我国刑诉法规定，逮捕针对的必须是可能判处徒刑以上刑罚的罪名，故本罪不适用逮捕措施。

处罚。

第一百三十四条（刑六）【重大责任事故罪】 在生产、作业中违反有关安全管理的规定，因而发生重大伤亡事故或者造成其他

> **《最高人民法院、最高人民检察院关于办理危害矿山生产安全刑事案件具体应用法律若干问题的解释》（法释〔2007〕5号，2007年3月1日）：** 党的十六届六中全会进一步强调了"安全发展"的重要理念，要求完善法律法规，落实责任，坚决遏制重、特大安全事故。
>
> **第一条** 刑法第一百三十四条第一款规定的犯罪主体，包括对矿山生产、作业负有组织、指挥或者管理职责的负责人、管理人员、实际控制人、投资人等人员，以及直接从事矿山生产、作业的人员。**编者注：** 1. 根据安全生产法（2002年制定，2009年修订）和国务院《关于预防煤矿生产安全事故的特别规定》，煤矿企业的实际控制人与煤矿企业负责人一样对预防煤矿生产安全事故负主要责任。2. 投资人对劳动安全设施或者安全生产条件的投入和维护负有资金投入义务。基于投资权益，投资人享有生产经营管理权，理应对生产安全事故负责。但考虑到实际生活中投资人的情况非常复杂，需限定其范围，即仅对负有组织、指挥或者管理职责的投资人、实际控制人追究刑事责任。3. 本款和第二款的犯罪主体有所不同，本款的犯罪主体还包括直接从事生产、作业的人员，即具体从事矿山生产作业的工人等人员。第二款的犯罪主体限于生产、作业中的管理人员。原因是在矿山特定岗位直接从事具体劳动安全生产工作的人员，如电工、瓦斯检查工等，对矿山的安全生产设施或者安全生产条件是否符合国家规定也负有直接责任，从有利于提高此类工作人员的工作责任心和方便司法实

严重后果的^{〔240〕}，处三年以下有期徒刑或者拘役；情节特别恶劣的，处三年以上七年以下有期徒刑。

【强令违章冒险作业罪】 强令^{〔241〕}他人违章冒险作业，因而发

践操作的角度出发，也纳入犯罪主体范围。4.《安全生产法》有关规定：第十八条　生产经营单位应当具备的安全生产条件所必需的资金投入，由生产经营单位的决策机构、主要负责人或者个人经营的投资人予以保证，并对由于安全生产所必需的资金投入不足导致的后果承担责任。第十九条　矿山、建筑施工单位和危险物品的生产、经营、储存单位，应当设置安全生产管理机构或者配备专职安全生产管理人员。前款规定以外的其他生产经营单位，从业人员超过三百人的，应当设置安全生产管理机构或者配备专职安全生产管理人员；从业人员在三百人以下的，应当配备专职或者兼职的安全生产管理人员，或者委托具有国家规定的相关专业技术资格的工程技术人员提供安全生产管理服务。生产经营单位依照前款规定委托工程技术人员提供安全生产管理服务的，保证安全生产的责任仍由本单位负责。

〔240〕《立案标准（一）》：**第八条**　在生产、作业中违反有关安全管理的规定，涉嫌下列情形之一的，应予立案追诉：（一）造成死亡一人以上，或者重伤三人以上；（二）造成直接经济损失五十万元以上的；（三）发生矿山生产安全事故，造成直接经济损失一百万元以上的；（四）其他造成严重后果的情形。

〔241〕**法释〔2007〕5号：第二条**　刑法第一百三十四条第二款规定的犯罪主体，包括对矿山生产、作业负有组织、指挥或者管理职责的负责人、管理人员、实际控制人、投资人等人员。

生重大伤亡事故或者造成其他严重后果的〔242〕，处五年以下有期徒刑或者拘役；情节特别恶劣的，处五年以上有期徒刑。

第一百三十五条〔243〕（刑六）**【重大劳动安全事故罪】** 安全生产设施或者安全生产条件〔244〕不符合国家规定，因而发生重大伤亡事故或者造成其他严重后果的〔245〕，对直接责任的主管人员和其他直接责任人员〔246〕，处三年以下有期徒刑或者拘役；情节特别恶劣的，处三年以上七年以下有期徒刑。

---

〔242〕《立案标准（一）》：**第九条** 强令他人违章冒险作业，涉嫌下列情形之一的，应予立案追诉：（一）造成死亡一人以上，或者重伤三人以上；（二）造成直接经济损失五十万元以上的；（三）发生矿山生产安全事故，造成直接经济损失一百万元以上的；（四）其他造成严重后果的情形。

〔243〕编者注：1. 原条文：工厂、矿山、林场、建筑企业或者其他企业、事业单位的劳动安全设施不符合国家规定，经有关部门或者单位职工提出后，对事故隐患仍不采取措施，因而发生重大伤亡事故或者造成其他严重后果的，对直接责任人员，处三年以下有期徒刑或者拘役；情节特别恶劣的，处三年以上七年以下有期徒刑。2. 量刑未改，只是修改了犯罪构成要件。当重大劳动安全事故罪与重大责任事故罪竞合时，按照罪名评价的最相符合性考虑确定罪名。当两罪情形基本相当时，对于实际控制人、投资人，他们对安全生产设施或者安全生产条件是否符合国家规定负有直接责任，在无法查清对生产、作业是否负有组织、指挥或者管理规定时，以重大劳动安全事故定罪量刑，如果对生产、作业同时负有组织、指挥或者管理职责时，为了司法实践的统一，一般仍以重大劳动安全事故罪定罪为宜，而将"生产、作业中违反有关安全管理的规定"的行为作为从

重处罚的情节；对于负责人、管理人员，他们既对生产、作业负有组织、指挥或者管理职责，又对安全生产设施或者安全生产条件是否符合国家规定负有直接责任。出于同样的考虑，对他们一般也以重大劳动安全事故罪定罪为宜，而将"在生产、作业中违反有关安全管理的规定"作为从重处罚的情节。

〔244〕**编者注**：原为"劳动安全设施"，现修改为"安全生产设施或者安全生产条件"，范围有所扩大。安全生产设施，是指用于保护劳动者人身安全的各种设施，如隔离栏、防护网、危险标志、紧急逃生通道等。安全生产条件，主要是指保障劳动者安全生产、作业必不可少的安全防护用品和措施，如用于防毒、绝缘、避雷、防火、通风等的用品和措施。

〔245〕**《立案标准（一）》：第十条**　安全生产设施或者安全生产条件不符合国家规定，涉嫌下列情形之一的，应予立案追诉：（一）造成死亡一人以上，或者重伤三人以上的；（二）造成直接经济损失五十万元以上的；（三）发生矿山生产安全事故，造成直接经济损失一百万元以上的；（四）其他造成严重后果的情形。

〔246〕**编者注**：原条文为"直接责任人员"，现修改为"直接负责的主管人员和其他直接责任人员"，使应对重大伤亡事故负责的责任人员的范围更加明确。

　　法释〔2007〕5号：第三条　刑法第一百三十五条规定的"直接负责的主管人员和其他直接责任人员"，是指对矿山安全生产设施或者安全生产条件不符合国家规定负有直接责任的矿山生产经营单位负责人、管理人员、实际控制人、投资人，以及对安全生产设施或者安全生产条件负有管理、维护职责的电工、瓦斯检查工等人员。

第一百三十五条之一　（刑六）【**大型群众性活动重大安全事故罪**】举办大型群众性活动违反安全管理规定，因而发生重大伤亡事故或者造成其他严重后果的[247]，对直接负责的主管人员和其他直接责任人员，处三年以下有期徒刑或者拘役；情节特别恶劣的，处三年以上七年以下有期徒刑。

第一百三十六条　【**危险物品肇事罪**】违反爆炸性、易燃性、放射性、毒害性、腐蚀性物品的管理规定，在生产、储存、运输、使用中发生重大事故，造成严重后果的[248]，处三年以下有期徒刑或者拘役；后果特别严重的，处三年以上七年以下有期徒刑。

第一百三十七条　【**工程重大安全事故罪**】建设单位、设计单位、施工单位、工程监理单位违反国家规定，降低工程质量标准，造成重大安全事故的[249]，对直接责任人员，处五年以下有期徒刑

---

[247]《立案标准（一）》：**第十一条**　举办大型群众性活动违反安全管理规定，涉嫌下列情形之一的，应予立案追诉：（一）造成死亡一人以上，或者重伤三人以上；（二）造成直接经济损失五十万元以上的；（三）其他造成严重后果的情形。

[248]《立案标准（一）》：**第十二条**　违反爆炸性、易燃性、放射性、毒害性、腐蚀性物品的管理规定，在生产、储存、运输、使用中发生重大事故，涉嫌下列情形之一的，应予立案追诉：（一）造成死亡一人以上，或者重伤三人以上；（二）造成直接经济损失五十万元以上的；（三）其他造成严重后果的情形。**编者注**：本罪与投放危险物质罪的区别，在于本罪发生在特定过程中，且为过失犯罪，而投放危险物质罪为故意犯罪。

[249]《立案标准（一）》：**第十三条**　建设单位、设计单位、施工单位、工程监理单位违反国家规定，降低工程质量标准，涉嫌下列情形之一的，应予立案追诉：（一）造成死亡一人以上，或者重伤三人以上；（二）造成直接经济损失五十万元以上的；（三）其他造成严重后果的情形。

或者拘役，并处罚金；后果特别严重的，处五年以上十年以下有期徒刑，并处罚金。

第一百三十八条 【教育设施重大安全事故罪】 明知校舍或者教育教学设施有危险，而不采取措施或者不及时报告，致使发生重大伤亡事故的[250]，对直接责任人员，处三年以下有期徒刑或者拘役；后果特别严重的，处三年以上七年以下有期徒刑。

第一百三十九条 【消防责任事故罪】 违反消防管理法规，经消防监督机构通知采取改正措施而拒绝执行，造成严重后果的[251]，对直接责任人员，处三年以下有期徒刑或者拘役；后果特别严重的，处三年以上七年以下有期徒刑。

第一百三十九条之一（刑六）**【不报、谎报安全事故罪】** 在安全事故发生后，负有报告职责的人员[252]不报或者谎报事故情况，

---

[250]《立案标准（一）》：**第十四条**　明知校舍或者教育教学设施有危险，而不采取措施或者不及时报告，涉嫌下列情形之一的，应予立案追诉：（一）造成死亡一人以上、重伤三人以上或者轻伤十人以上的；（二）其他致使发生重大伤亡事故的情形。

[251]《立案标准（一）》：**第十五条**　违反消防管理法规，经消防监督机构通知采取改正措施而拒绝执行，涉嫌下列情形之一的，应予立案追诉：（一）造成死亡一人以上，或者重伤三人以上；（二）造成直接经济损失五十万元以上的；（三）造成森林火灾，过火有林地面积二公顷以上，或者过火疏林地、灌木林地、未成林地、苗圃地面积四公顷以上的；（四）其他造成严重后果的情形。

[252]法释〔2007〕5号：**第五条**　刑法第一百三十九条之一规定的"负有报告职责的人员"，是指矿山生产经营单位的负责人、实际控制人、负责生产经营管理的投资人以及其他负有

贻误事故抢救，情节严重的[253]，处三年以下有期徒刑或者拘役；情节特别恶劣的[254]，处三年以上七年以下有期徒刑。

报告职责的人员。**编者注：**全国人大法工委刑法室认为，刑法第三百九十七条是第一百三十九条之一的特别规定，对国家工作人员有此行为者，应按滥用职权罪或玩忽职守罪处罚。

[253]**法释〔2007〕5号：第六条**　在矿山生产安全事故发生后，负有报告职责的人员不报或者谎报事故情况，贻误事故抢救，具有下列情形之一的，应当认定为刑法第一百三十九条之一规定的"情节严重"：（一）导致事故后果扩大，增加死亡一人以上，或者增加重伤三人以上，或者增加直接经济损失一百万元以上的；（二）实施下列行为之一，致使不能及时有效开展事故抢救的：1. 决定不报、谎报事故情况或者指使、串通有关人员不报、谎报事故情况的；2. 在事故抢救期间擅离职守或者逃匿的；3. 伪造、破坏事故现场，或者转移、藏匿、毁灭遇难人员尸体，或者转移、藏匿受伤人员的；4. 毁灭、伪造、隐匿与事故有关的图纸、记录、计算机数据等资料以及其他证据的；（三）其他严重的情节。

[254]**法释〔2007〕5号：第六条第二款**　具有下列情形之一的，应当认定为刑法第一百三十九条之一规定的"情节特别严重"：（一）导致事故后果扩大，增加死亡三人以上，或者增加重伤十人以上，或者增加直接经济损失三百万元以上的；（二）采用暴力、胁迫、命令等方式阻止他人报告事故情况导致事故后果扩大的；（三）其他特别严重的情节。

第三章 破坏社会主义市场经济秩序罪[255]

第一节[256] 生产、销售[257] 伪劣产品罪

第一百四十条【生产、销售伪劣产品罪】生产者、销售者[258]在

---

[255] **1.**《最高人民检察院、公安部关于公安机关管辖的刑事案件立案追诉标准的规定（一）》（公通字〔2008〕36号，2008年6月25日）；**2.**《最高人民检察院、公安部关于公安机关管辖的刑事案件立案追诉标准的规定（二）》（公通字〔2010〕23号，2010年5月7日）；**3.**《最高人民检察院、公安部关于公安机关管辖的刑事案件立案追诉标准的规定（二）的补充规定》（公通字〔2011〕47号，2011年11月21日）。**编者注**：本章犯罪由公安机关管辖。生产、销售伪劣商品案件（严重危害社会秩序和国家利益的除外）属于由人民法院直接受理的"被害人有证据证明的轻微刑事案件"。

[256]《最高人民法院、最高人民检察院关于办理生产、销售伪劣商品刑事案件具体应用法律若干问题的解释》（法释〔2001〕10号，2001年4月10日）：**第十条** 实施生产、销售伪劣商品犯罪，同时构成侵犯知识产权、非法经营等其他犯罪的，依照处罚较重的规定定罪处罚。

第十一条 实施刑法第一百四十条至第一百四十八条规定的犯罪，又以暴力、威胁方法抗拒查处，构成其他犯罪的，依照数罪并罚的规定处罚。

产品中掺杂、掺假[259]，以假充真[260]，以次充好[261]或者以不合格产品[262]冒充合格产品，销售金额五万元以上不满二十万元的[263]，

第十二条　国家机关工作人员参与生产、销售伪劣商品犯罪的，从重处罚。

《最高人民法院、最高人民检察院关于办理非法生产、销售烟草专卖品等刑事案件具体应用法律若干问题的解释》（法释〔2010〕7 号，2010 年 3 月 26 日）

[257]**编者注**：对产品、商品的有偿转让的行为通常称之为"销售"，而对于通常不允许买卖的物品，则常常使用"倒卖、贩卖"一语。

[258]**法释〔2001〕10 号：第九条**　知道他人实施生产、销售伪劣产品罪，而为其提供贷款、资金、帐号、发票、证明、许可证件，或者提供生产、经营场所或者运输、仓储、保管、邮寄等便利条件，或者提供制假生产技术的，以本罪的共犯论处。**编者注**：张明楷教授指出，行为人"应当知道"他人实施本罪，而提供各种帮助行为，不应以共犯论处，因为"应当知道"而不知道的，不具备故意的认识因素。

[259]**法释〔2001〕10 号：第一条第一款**　掺杂、掺假：在产品中掺入杂质或者异物，致使产品质量不符合国家法律、法规或者产品明示质量标准规定的质量要求，降低、失去应有使用性能的行为。

[260]**法释〔2001〕10 号：第一条第二款**　以假充真：以不具有某种使用性能的产品冒充具有该种使用性能的产品的行为。

[261]**法释〔2001〕10 号：第一条第三款**　以次充好，是指以低等级、低档次产品冒充高等级、高档次产品，或者以残次、废旧零配件组合、拼装后冒充正品或者新产品的行为。

〔262〕**法释〔2001〕10 号：第一条第四款** 刑法第一百四十条规定的"不合格产品"，是指不符合《中华人民共和国产品质量法》第二十六条第二款规定的质量要求的产品。《产品质量法》第二十六条第二款规定：产品质量应当符合下列要求：（一）不存在危及人身、财产安全的不合理的危险，有保障人体健康和人身、财产安全的国家标准、行业标准的，应当符合该标准；（二）具备产品应当具备的使用性能，但是，对产品存在使用性能的瑕疵作出说明的除外；（三）符合在产品或者其包装上注明采用的产品标准，符合以产品说明、实物样品等方式表明的质量状况。

《最高人民法院关于审理生产、销售伪劣商品刑事案件有关鉴定问题的通知》（法〔2001〕70 号，2001 年 5 月 21 日）： 由于涉案产品是否"以假充真"、"以次充好"、"以不合格产品冒充合格产品"，直接影响到对被告人的定罪及处刑，为准确适用刑法和《最高人民法院、最高人民检察院关于办理生产、销售伪劣商品刑事案件具体应用法律若干问题的解释》（以下简称《解释》），严惩假冒伪劣商品犯罪，不放纵和轻纵犯罪分子，现就审理生产、销售伪劣商品、假冒商标和非法经营等严重破坏社会主义市场经济秩序的犯罪案件中可能涉及的假冒伪劣商品的有关鉴定问题通知如下：

一、对于提起公诉的生产、销售伪劣产品、假冒商标、非法经营等严重破坏社会主义市场经济秩序的犯罪案件，所涉生产、销售的产品是否属于"以假充真"、"以次充好"、"以不合格产品冒充合格产品"难以确定的，应当根据《解释》第一条第五款的规定，由公诉机关委托法律、行政法规规定的产品质量检验机构进行鉴定。

二、根据《解释》第三条和第四条的规定，人民法院受理（**编者注：自诉案件**）的生产、销售假药犯罪案件和生产、销售不符合卫生标准的食品犯罪案件，均需有"省级以上药品监督管理部门设置或者确定的药品检验机构"和"省级以上卫生行政部门确定的机构"出具的鉴定结论。

处二年以下有期徒刑或者拘役，并处或者单处销售金额[264]百分之五十以上二倍以下罚金；使生产遭受重大损失的，处三年以上七年以下有期徒刑，并处销售金额百分之五十以上二倍以下罚金；使生产遭受特别重大损失的，处七年以上有期徒刑或者无期徒刑，并处销售金额百分之五十以上二倍以下罚金或者没收财产。

三、经鉴定确系伪劣商品，被告人的行为既构成生产、销售伪劣产品罪，又构成生产、销售假药罪或者生产、销售不符合卫生标准的食品罪，或者同时构成侵犯知识产权、非法经营等其他犯罪的，根据刑法第一百四十九条第二款和《解释》第十条的规定，应当依照处罚较重的规定定罪处罚。

法释〔2013〕12号：第十条 生产、销售不符合食品安全标准的食品添加剂，用于食品的包装材料、容器、洗涤剂、消毒剂，或者用于食品生产经营的工具、设备等，构成犯罪的，依照刑法第一百四十条的规定以生产、销售伪劣产品罪定罪处罚。

[263]**《立案标准（一）》：第十六条** 生产者、销售者在产品中掺杂、掺假，以假充真，以次充好或者以不合格产品冒充合格产品，涉嫌下列情形之一的，应予立案追诉：（一）伪劣产品销售金额五万元以上的；（二）伪劣产品尚未销售，货值金额十五万元以上的；（三）伪劣产品销售金额不满五万元，但将已销售金额乘以三倍后，与尚未销售的伪劣产品货值金额合计十五万元以上的。

[264]**法释〔2001〕10号：第二条** "销售金额"，是指生产者、销售者出售伪劣产品后所得和应得的全部违法收入。伪劣产品尚未销售，货值金额达到刑法第一百四十条规定的销售金额三倍以上的，以生产、销售伪劣产品罪（未遂）定罪处罚。货值金额以违法生产、销售的伪劣产品的标价计算；没有标价的，按照同类合格产品的市场中间价格计算。货值金额难以确定的，按照国家计划委员会、最高人民法院、最高人民检察院、公安部于1997年4月22日联合发布的《扣押、追缴、没收物品估价管理办法》的规定，委托指定的估价机构确定。多次实施生产、销售伪劣产品行为，未经

　　第一百四十一条[265]（刑八）**【生产、销售假药罪】**生产、销售假药的[266]，处三年以下有期徒刑或者拘役，并处罚金；对人

处理的，伪劣产品的销售金额或者货值金额累计计算。**《国家工商行政管理局关于〈反不正当竞争法〉第二十三条和第三十条"质次价高"、"滥收费用"及"违法所得"认定问题的答复》（工商公字〔1999〕313号，1999年12月1日）：**"质次价高商品"是指被指定的经营者所销售的商品属于不合格商品，或者质量与价格明显不符的合格商品，即商品虽然合格，但其价格明显高于同类商品的通常市场价格，而同类商品的通常市场价格是指政府定价、政府指导价或者同期市场同类商品的中等市场价格。这一解释的实质意义就是将"质次"和"价高"这两者有机地结合起来认定"以次充好"。**编者注：**此前的最高人民法院、最高人民检察院司法解释均采用了"违法所得"，现以"销售金额"取而代之，体现了立法技术的进步，也体现了刑法将犯罪行为的本质界定为侵犯了利益，而不在于得到了利益。（标价＞同类产品中间价＞估价）销售金额是指所得和应得的全部违法收入，无论是"所得"还是"应得"均是以真实的交易价格为依据的，而尚未销售的伪劣产品按货值金额计算，而货值金额则以标价为准，其潜在前提是假设标价是真实的。如果标价是虚假的，那么就不宜按标价计算，而应参照其他证据予以确定，否则有失公正。

[265]**《最高人民法院、最高人民检察院关于办理生产、销售假药、劣药刑事案件具体应用法律若干问题的解释》（法释〔2009〕9号，2009年5月27日）**

[266]**《立案标准（一）》：第十七条**　生产（包括配制）、销售假药，涉嫌下列情形之一的，应予立案追诉：（一）含有超标准的有毒有害物质的；（二）不含所标明的有效成分，可能贻误诊治的；（三）所标明的适应症或者功能主治超出规定范围，可能造成贻误诊治的；（四）缺乏所标明的急救必需的有

体健康造成严重危害或者有其他严重情节的，处三年以上十年以下有期徒刑，并处罚金；致人死亡或者有其他特别严重情节的，处十年以上有期徒刑、无期徒刑或者死刑，并处罚金或者没收财产。

本条所称假药，是指依照《中华人民共和国药品管理法》的规定属于假药和按假药处理的药品、非药品。

第一百四十二条【生产、销售劣药罪】生产、销售劣药[267]，对人体健康造成严重危害的[268]，处三年以上十年以下有期徒刑，并处销售金额百分之五十以上二倍以下罚金；后果特别严重的，处十年以上有期徒刑或者无期徒刑，并处销售金额百分之五十以上二倍以下罚金或者没收财产。

本条所称劣药，是指依照《中华人民共和国药品管理法》的规定属于劣药的药品。

第一百四十三条[269]（刑八）**【生产、销售不符合安全标准的**

效成份的；（五）其他足以严重危害人体健康或者对人体健康造成严重危害的情形。

[267]《中华人民共和国药品管理法》第四十九条规定：劣药是指，药品成份的含量不符合国家药品的标准。1. 未标明有效期或者更改有效期；2. 不注明或者更改生产批号；3. 超过有效期的；直接接触药品的包装材料或容器未经批准；4. 擅自添加着色剂、防腐剂和香料；5. 其他情况。

[268]《立案标准（一）》：第十八条 生产（包括配制）、销售劣药，涉嫌下列情形之一的，应予立案追诉：（一）造成人员轻伤、重伤或者死亡的；（二）其他对人体健康造成严重危害的情形。

[269]《最高人民法院、最高人民检察院关于办理危害食品安全刑事案件适用法律若干问题的解释》（法释〔2013〕12号，2013年5月4日）：第十三条 生产、销售不符合食品安全标

食品罪】生产、销售不符合食品安全标准的食品，足以造成严重食物中毒事故或者其他严重食源性疾病的[270]，处三年以下有期徒刑[271]或者拘役，并处罚金[272]；对人体健康造成严重危害[273]或者有其他严重情节的[274]，处三年以上七年以下有期徒刑，并处罚金；后果特别严重的[275]，处七年以上有期徒刑或者无期徒刑，并处罚金或者没收财产。

准的食品，有毒、有害食品，符合刑法第一百四十三条、第一百四十四条规定的，以生产、销售不符合安全标准的食品罪或者生产、销售有毒、有害食品罪定罪处罚。同时构成其他犯罪的，依照处罚较重的规定定罪处罚。

生产、销售不符合食品安全标准的食品，无证据证明足以造成严重食物中毒事故或者其他严重食源性疾病，不构成生产、销售不符合安全标准的食品罪，但是构成生产、销售伪劣产品罪等其他犯罪的，依照该其他犯罪定罪处罚。

第十四条 明知他人生产、销售不符合食品安全标准的食品，有毒、有害食品，具有下列情形之一的，以生产、销售不符合安全标准的食品罪或者生产、销售有毒、有害食品罪的共犯论处：（一）提供资金、贷款、账号、发票、证明、许可证件的；（二）提供生产、经营场所或者运输、贮存、保管、邮寄、网络销售渠道等便利条件的；（三）提供生产技术或者食品原料、食品添加剂、食品相关产品的；（四）提供广告等宣传的。

第十九条 单位实施本解释规定的犯罪的，依照本解释规定的定罪量刑标准处罚。

[270]**《立案标准（一）》：第十九条** 生产、销售不符合卫生标准的食品，涉嫌下列情形之一的，应予立案追诉：（一）含有可能导致严重食物中毒事故或者其他严重食源性疾患的超标准的有害细菌的；（二）含有可能导致严重食物中毒事故或者

其他严重食源性疾患的超标准的其他污染物的。

法释〔2013〕12号：第一条 生产、销售不符合食品安全标准的食品，具有下列情形之一的，应当认定为刑法第一百四十三条规定的"足以造成严重食物中毒事故或者其他严重食源性疾病"：（一）含有严重超出标准限量的致病性微生物、农药残留、兽药残留、重金属、污染物质以及其他危害人体健康的物质的；（二）属于病死、死因不明或者检验检疫不合格的畜、禽、兽、水产动物及其肉类、肉类制品的；（三）属于国家为防控疾病等特殊需要明令禁止生产、销售的；（四）婴幼儿食品中生长发育所需营养成分严重不符合食品安全标准的；（五）其他足以造成严重食物中毒事故或者严重食源性疾病的情形。

第八条 在食品加工、销售、运输、贮存等过程中，违反食品安全标准，超限量或者超范围滥用食品添加剂，足以造成严重食物中毒事故或者其他严重食源性疾病的，依照刑法第一百四十三条的规定以生产、销售不符合安全标准的食品罪定罪处罚。

在食用农产品种植、养殖、销售、运输、贮存等过程中，违反食品安全标准，超限量或者超范围滥用添加剂、农药、兽药等，足以造成严重食物中毒事故或者其他严重食源性疾病的，适用前款的规定定罪处罚。

〔271〕**法释〔2013〕12号：第十八条** 对实施本解释规定之犯罪的犯罪分子，应当依照刑法规定的条件严格适用缓刑、免予刑事处罚。根据犯罪事实、情节和悔罪表现，对于符合刑法规定的缓刑适用条件的犯罪分子，可以适用缓刑，但是应当同时宣告禁止令，禁止其在缓刑考验期限内从事食品生产、销售及相关活动。

〔272〕**法释〔2013〕12号：第十七条** 犯生产、销售不符合安

全标准的食品罪，生产、销售有毒、有害食品罪，一般应当依法判处生产、销售金额二倍以上的罚金。

[273]**法释〔2013〕12号：第二条** 生产、销售不符合食品安全标准的食品，具有下列情形之一的，应当认定为刑法第一百四十三条规定的"对人体健康造成严重危害"：（一）造成轻伤以上伤害的；（二）造成轻度残疾或者中度残疾的；（三）造成器官组织损伤导致一般功能障碍或者严重功能障碍的；（四）造成十人以上严重食物中毒或者其他严重食源性疾病的；（五）其他对人体健康造成严重危害的情形。

[274]**法释〔2013〕12号：第三条** 生产、销售不符合食品安全标准的食品，具有下列情形之一的，应当认定为刑法第一百四十三条规定的"其他严重情节"：（一）生产、销售金额二十万元以上的；（二）生产、销售金额十万元以上不满二十万元，不符合食品安全标准的食品数量较大或者生产、销售持续时间较长的；（三）生产、销售金额十万元以上不满二十万元，属于婴幼儿食品的；（四）生产、销售金额十万元以上不满二十万元，一年内曾因危害食品安全违法犯罪活动受过行政处罚或者刑事处罚的；（五）其他情节严重的情形。

[275]**法释〔2013〕12号：第四条** 生产、销售不符合食品安全标准的食品，具有下列情形之一的，应当认定为刑法第一百四十三条规定的"后果特别严重"：（一）致人死亡或者重度残疾的；（二）造成三人以上重伤、中度残疾或者器官组织损伤导致严重功能障碍的；（三）造成十人以上轻伤、五人以上轻度残疾或者器官组织损伤导致一般功能障碍的；（四）造成三十人以上严重食物中毒或者其他严重食源性疾病的；（五）其他特别严重的后果。

第一百四十四条（刑八）【生产、销售有毒、有害食品罪】在
生产、销售的食品中掺入有毒、有害的非食品原料的，或者销售明
知掺有有毒、有害的非食品原料的食品的[276]，处五年以下有期
徒刑，并处罚金；对人体健康造成严重危害[277]或者有其他严重
情节的[278]，处五年以上十年以下有期徒刑，并处罚金；致人死
亡或者有其他特别严重情节的[279]，依照本法第一百四十一条
（生产、销售假药罪）的规定处罚。[280]

---

[276]**法释〔2013〕12号：第九条** 在食品加工、销售、运
输、贮存等过程中，掺入有毒、有害的非食品原料，或者使
用有毒、有害的非食品原料加工食品的，依照刑法第一百四
十四条的规定以生产、销售有毒、有害食品罪定罪处罚。在
食用农产品种植、养殖、销售、运输、贮存等过程中，使用
禁用农药、兽药等禁用物质或者其他有毒、有害物质的，适
用前款的规定定罪处罚。在保健食品或者其他食品中非法添
加国家禁用药物等有毒、有害物质的，适用第一款的规定定
罪处罚。

第二十条 下列物质应当认定为"有毒、有害的非食品
原料"：（一）法律、法规禁止在食品生产经营活动中添加、
使用的物质；（二）国务院有关部门公布的《食品中可能违
法添加的非食用物质名单》《保健食品中可能非法添加的物质
名单》上的物质；（三）国务院有关部门公告禁止使用的农
药、兽药以及其他有毒、有害物质；（四）其他危害人体健康
的物质。

第二十一条 "足以造成严重食物中毒事故或者其他严重
食源性疾病""有毒、有害非食品原料"难以确定的，司法机
关可以根据检验报告并结合专家意见等相关材料进行认定。必
要时，人民法院可以依法通知有关专家出庭作出说明。

〔277〕**法释〔2013〕12号：第五条** 生产、销售有毒、有害食品，具有本解释第二条规定情形之一的，应当认定为刑法第一百四十四条规定的"对人体健康造成严重危害"。

〔278〕**法释〔2013〕12号：第六条** 生产、销售有毒、有害食品，具有下列情形之一的，应当认定为刑法第一百四十四条规定的"其他严重情节"：（一）生产、销售金额二十万元以上不满五十万元的；（二）生产、销售金额十万元以上不满二十万元，有毒、有害食品的数量较大或者生产、销售持续时间较长的；（三）生产、销售金额十万元以上不满二十万元，属于婴幼儿食品的；（四）生产、销售金额十万元以上不满二十万元，一年内曾因危害食品安全违法犯罪活动受过行政处罚或者刑事处罚的；（五）有毒、有害的非食品原料毒害性强或者含量高的；（六）其他情节严重的情形。

〔279〕**法释〔2013〕12号：第七条** 生产、销售有毒、有害食品，生产、销售金额五十万元以上，或者具有本解释第四条规定的情形之一的，应当认定为刑法第一百四十四条规定的"致人死亡或者有其他特别严重情节"。

〔280〕**《立案标准（一）》：第二十条** 在生产、销售的食品中掺入有毒、有害的非食品原料的，或者销售明知掺有有毒、有害的非食品原料的食品的，应予立案追诉。使用盐酸克仑特罗（俗称"瘦肉精"）等禁止在饲料和动物饮用水中使用的药品或者含有该类药品的饲料养殖供人食用的动物，或者销售明知是使用该类药品或者含有该类药品的饲料养殖的供人食用的动物的，应予立案追诉。明知是使用盐酸克仑特罗等禁止在饲料和动物饮用水中使用的药品或者含有该类药品的饲料养殖的供人食用的动物，而提供屠宰等加工服务，或者销售其制品的，应予立案追诉。

第一百四十五条[281] (刑四)[282] 【生产、销售不符合标准的医用器材罪】生产不符合保障人体健康的国家标准、行业标准的医疗器械、医用卫生材料，或者销售[283]明知是不符合保障人体健康的国家标准、行业标准的医疗器械、医用卫生材料，足以严重危

---

[281]**编者注**：刑法修正案（四）之前条文：生产不符合保障人体健康的国家标准、行业标准的医疗器械、医用卫生材料，或者销售明知是不符合保障人体健康的国家标准、行业标准的医疗器械、医用卫生材料，"对人体健康造成严重危害的"，处五年以下有期徒刑，并处销售金额百分之五十以上二倍以下罚金；后果特别严重的，处五年以上十年以下有期徒刑，并处销售金额百分之五十以上二倍以下罚金，其中情节特别恶劣的（修改后无此情节），处十年以上有期徒刑或者无期徒刑，并处销售金额百分之五十以上二倍以下罚金或者没收财产。

[282]**编者注**：将这一罪由结果犯改为危险犯，可以防患于未然，不至于发生难以挽回的损失，这是加强保护公民生命和身体健康的要求。另外，由于有些病症有一定的潜伏期，发病时间与使用时间之间可以有一段较长的时间，证明起来有障碍，所以有必要将结果犯改为危险犯。依危险和结果来分别确定量刑幅度。这次修改没有将一般危险犯和一般结果犯规定为犯罪，而留给了行政机关处理。

[283]**法释〔2001〕10号：第六条第四款**　医疗机构或者个人知道或者应当知道是不符合保障人体健康的国家标准、行业标准的医疗器械、医用卫生材料而购买、使用，对人体健康造成严重危害的，以销售不符合标准的医用器材罪定罪处罚。

害人体健康的[284]，处三年以下有期徒刑或者拘役，并处销售金额百分之五十以上二倍以下罚金；对人体健康造成严重危害的[285]，处三年以上十年以下有期徒刑，并处销售金额百分之五十以上二倍以下罚金；后果特别严重的，处十年以上有期徒刑或者无期徒刑，并处销售金额百分之五十以上二倍以下罚金或者没收财产。

第一百四十六条 【生产、销售不符合安全标准的产品罪】 生产不符合保障人身、财产安全的国家标准、行业标准的电器、压力容器、易燃易爆产品或者其他不符合保障人身、财产安全的国家标准、行业标准的产品，或者销售明知是以上不符合保障人身、财产安全的国家标准、行业标准的产品，造成严重后果的[286]，处五

---

[284]《立案标准（一）》：**第二十一条** 涉嫌下列情形之一的，应予立案追诉：（一）进入人体的医疗器械的材料中含有超过标准的有毒有害物质的；（二）进入人体的医疗器械的有效性指标不符合标准要求，导致治疗、替代、调节、补偿功能部分或者全部丧失，可能造成贻误诊治或者人体严重损伤的；（三）用于诊断、监护、治疗的有源医疗器械的安全指标不合符强制性标准要求，可能对人体构成伤害或者潜在危害的；（四）用于诊断、监护、治疗的有源医疗器械的主要性能指标不合格，可能造成贻误诊治或者人体严重损伤的；（五）未经批准，擅自增加功能或者适用范围，可能造成贻误诊治或者人体严重损伤的；（六）其他足以严重危害人体健康或者对人体健康造成严重危害的情形。

[285]法释〔2001〕10号：**第六条第一款** 生产、销售不符合标准的医疗器械、医用卫生材料，致人轻伤或者其他严重后果的，应认定为刑法第一百四十五条规定的"对人体健康造成严重危害"。

[286]《立案标准（一）》：**第二十二条** 涉嫌下列情形之一的，应予立案追诉：（一）造成人员重伤或者死亡的；（二）造成直接经济损失十万元以上的；（三）其他造成严重后果的情形。

年以下有期徒刑，并处销售金额百分之五十以上二倍以下罚金；后果特别严重的，处五年以上有期徒刑，并处销售金额百分之五十以上二倍以下罚金。

第一百四十七条 【生产、销售伪劣农药、兽药、化肥、种子罪】 生产假农药、假兽药、假化肥，销售明知是假的或者失去使用效能的农药、兽药、化肥、种子，或者生产者、销售者以不合格的农药、兽药、化肥、种子冒充合格的农药、兽药、化肥、种子，使生产遭受较大损失的[287]，处三年以下有期徒刑或者拘役，并处或者单处销售金额百分之五十以上二倍以下罚金；使生产遭受重大损失的，处三年以上七年以下有期徒刑，并处销售金额百分之五十以上二倍以下罚金；使生产遭受特别重大损失的，处七年以上有期徒刑或者无期徒刑，并处销售金额百分之五十以上二倍以下罚金或者没收财产。

第一百四十八条 【生产、销售不符合卫生标准的化妆品罪】 生产不符合卫生标准的化妆品，或者销售明知是不符合卫生标准的化妆品，造成严重后果的[288]，处三年以下有期徒刑或者拘役，并处或者单处销售金额百分之五十以上二倍以下罚金。

第一百四十九条 【对生产、销售伪劣商品行为的法条适用原则】 生产、销售本节第一百四十一条至第一百四十八条所列产品，

---

[287] 《立案标准（一）》：第二十三条　涉嫌下列情形之一的，应予立案追诉：（一）使生产遭受损失二万元以上的；（二）其他使生产遭受较大损失的情形。

[288] 《立案标准（一）》：第二十四条　生产不符合卫生标准的化妆品，或者销售明知是不符合卫生标准的化妆品，涉嫌下列情形之一的，应予立案追诉：（一）造成他人容貌毁损或者皮肤严重损伤的；（二）造成他人器官组织损伤导致严重功能障碍的；（三）致使他人精神失常或者自杀、自残造成重伤、死亡的；（四）其他造成严重后果的情形。

不构成各该条规定的犯罪，但是销售金额在五万元以上的，依照本节第一百四十条的规定定罪处罚。

生产、销售本节第一百四十一条至第一百四十八条所列产品，构成各该条规定的犯罪，同时又构成本节第一百四十条规定之罪的，依照处罚较重的规定定罪处罚〔289〕。

第一百五十条　【单位犯本节规定之罪的处罚规定】　单位犯本节第一百四十条至第一百四十八条规定之罪的，对单位判处罚金，并对其直接负责的主管人员和其他直接责任人员，依照各该条的规定处罚。

第二节　走　私　罪〔290〕

第一百五十一条　（刑八）　【走私武器、弹药罪、走私核材料罪、走私假币罪】　走私武器、弹药〔291〕、核材料或者伪造的货

---

〔289〕编者注：不是按照特殊法条优先于一般法条的原则处理，而是按照重法条优于轻法条的原则处理。特别注意的是，生产、销售伪劣商品罪，只需要销售额达到 5 万元以上即可，而本节其他罪有的是结果犯，有些是危险犯或行为犯，在没有产生结果或危险时，如果销售数额达到 5 万元以上，即可按照生产销售伪劣商品罪论处。

〔290〕1. 《最高人民法院关于审理走私刑事案件具体应用法律若干问题的解释》（法释〔2000〕30 号，2000 年 10 月 8 日）；2. 《最高人民法院关于审理走私刑事案件具体应用法律若干问题的解释（二）》（法释〔2006〕9 号，2006 年 11 月 16 日）；3. 《最高人民法院、最高人民检察院、海关总署关于办理走私刑事案件适用法律若干问题的意见》（法〔2002〕139 号，2002 年 7 月 8 日）。

币[292]的，处七年以上有期徒刑，并处罚金或者没收财产；情节特别严重的[293]，处无期徒刑或者死刑，并处没收财产；情节较轻的[294]，处三年以上七年以下有期徒刑，并处罚金。

　　法释〔2006〕9号：第五条　对在走私的普通货物、物品或者废物中藏匿刑法第一百五十一条、第一百五十二条、第三百四十七条、第三百五十条规定的货物、物品，构成犯罪的，以实际走私的货物、物品定罪处罚；构成数罪的，实行数罪并罚。

　　第十条　本解释施行后，最高人民法院法释〔2000〕30号《关于审理走私刑事案件具体应用法律若干问题的解释》中有关中走私固体废物犯罪的规定不再执行。

　　[291]**编者注**：走私武器，弹药属行为犯。**法释〔2000〕30号：第一条第二款**　走私武器、弹药，具有下列情节之一的，处七年以上有期徒刑，并处罚金或者没收财产：（一）走私军用枪支一支或者军用子弹五十发以上不满一百发的；（二）走私非军用枪支五支以上不满十支或者非军用子弹五百发以上不满一千发的；（三）走私武器、弹药达到本条第一款规定的数量标准，并具有其他恶劣情节的。

　　法释〔2006〕9号：第一条　走私各种口径在六十毫米以下常规炮弹、手榴弹或者枪榴弹等分别或者合计不满五枚的，属于刑法第一百五十一条第一款规定的"情节较轻"，以走私弹药罪判处三年以上七年以下有期徒刑，并处罚金。走私各种口径在六十毫米以下常规炮弹、手榴弹或者枪榴弹等分别或者合计达到五枚以上不满十枚，或者走私各种口径超过六十毫米以上常规炮弹合计不满五枚的，依照刑法第一百五十一条第一款规定，以走私弹药罪判处七年以上有期徒刑，并处罚金或者没收财产。

（刑八）**【走私文物罪、走私贵重金属罪、走私珍贵动物、珍贵动物制品罪】**[295]走私国家禁止出口的文物[296]、黄金、白银和其他贵重金属或者国家禁止进出口的珍贵动物及其制品的，处五年以上十年以下有期徒刑，并处罚金；情节特别严重的，处十年以上有期徒刑或者无期徒刑，并处没收财产；情节较轻的，处五年以下有期徒刑，并处罚金。

　　第二条　走私各种弹药的弹头、弹壳，构成犯罪的，依照刑法第一百五十一条第一款规定，以走私弹药罪定罪处罚。走私报废或者无法组装并使用的各种弹药的弹头、弹壳，构成犯罪的，以走私普通货物、物品罪定罪处罚；经国家有关技术部门鉴定为废物的，以走私废物罪定罪处罚。走私的各种弹药的弹头、弹壳是否属于"报废或者无法组装并使用"的，可由国家有关技术部门进行鉴定。**编者注：关键在于不能使用，这是排除成立走私弹药罪的前提。**

　　第三条　走私各种炮弹、手榴弹、枪榴弹的弹头、弹壳的定罪量刑数量标准，按照本解释第一条规定的定罪量刑数量标准的五倍执行。走私军用子弹、非军用子弹的弹头、弹壳的定罪量刑数量标准，按照最高人民法院法释〔2000〕30号《关于审理走私刑事案件具体应用法律若干问题的解释》第一条规定的关于走私军用子弹或者非军用子弹的定罪量刑数量标准的五倍执行。

　　第四条　实施本解释第一条、第二条规定的走私犯罪行为，符合最高人民法院法释〔2000〕30号《关于审理走私刑事案件具体应用法律若干问题的解释》第一条的第一款第（三）项、第二款第（三）项、第三款第（三）项和第（四）项规定的相应情形的，按照该解释有关规定的处罚原则处理。

（刑七、刑八）【**走私国家禁止进出口的货物、物品罪**】[297]
走私珍稀植物及其制品等国家禁止进出口的其他货物、物品的，处
五年以下有期徒刑或者拘役，并处或者单处罚金；情节严重的，处
五年以上有期徒刑，并处罚金。

单位犯本条规定之罪的，对单位判处罚金，并对其直接负责的
主管人员和其他直接责任人员，依照本条各款的规定处罚。

---

[292]**法释〔2000〕30号：第二条** 刑法第一百五十一条第一
款规定的"货币"，是指可在国内市场流通或者兑换的人民币、
境外货币。走私伪造的货币，具有下列情节之一的，处七年以
上有期徒刑，并处罚金或者没收财产：（一）走私伪造的货币，
总面额二万元以上不足二十万元或者币量二千张（枚）以上不
足二万张（枚）的；（二）走私伪造的货币并流入市场，面额
达到本条第二款规定的数量标准的。

[293]**法释〔2000〕30号：第一条第三款** 具有下列情节之一
的，属于走私武器、弹药罪"情节特别严重"，处无期徒刑或
者死刑，并处没收财产：（一）走私军用枪支二支以上或者军
用子弹一百发以上的；（二）走私非军用枪支十支以上或者非
军用子弹一千发以上的；（三）犯罪集团的首要分子或者使用
特种车，走私武器、弹药达到本条第二款规定的数量标准的；
（四）走私武器、弹药达到本条第二款规定的数量标准，并具
有其他恶劣情节的。

法释〔2006〕9号：第一条第三款 走私本条第二款规定
的各种弹药，数量超过该款规定的数量标准，或者走私具有巨
大杀伤力的非常规炮弹一枚以上的，属于刑法第一百五十一条
第四款规定的"情节特别严重"，以走私弹药罪判处无期徒刑或
者死刑，并处没收财产。

第一百五十二条【走私淫秽物品罪】〔298〕以牟利或者传播为目的〔299〕，走私淫秽的影片、录像带、录音带、图片、书刊或者

　　法释〔2000〕30号：第二条第四款　具有下列情节之一的，属于走私假币罪"情节特别严重"，处无期徒刑或者死刑，并处没收财产：（一）走私伪造的货币，总面额二十万元以上或者币量二万张（枚）以上的；（二）走私伪造的货币并流入市场，面额达到本条第三款第（一）项规定的数量标准的；（三）走私伪造的货币达到本条第三款规定的数量标准，并具有是犯罪集团的首要分子或者使用特种车进行走私等严重情节的。货币面额以人民币计。走私伪造的境外货币的，其面额以案发时国家外汇管理机关公布的外汇牌价折合人民币计算。

　　〔294〕**法释〔2000〕30号：第一条第一款**　根据刑法第一百五十一条第一款的规定，具有下列情节之一的，属于走私武器、弹药罪"情节较轻"，处三年以上七年以下有期徒刑，并处罚金：（一）走私军用子弹十发以上不满五十发的；（二）走私非军用枪支二支以上不满五支或者非军用子弹一百发以上不满五百发的；（三）走私武器、弹药虽未达到上述数量标准，但具有走私的武器、弹药被用于实施其他犯罪等恶劣情节的。

　　走私伪造的货币，总面额二千元以上不足二万元或者币量二百张（枚）以上不足二千张（枚）的，属于走私假币罪"情节较轻"，处三年以上七年以下有期徒刑，并处罚金。**编者注**：依《立案标准（二）》：**第二条**　走私伪造的货币，总面额在二千元以上或者币量在二百张（枚）以上的，应予立案追诉。

其他淫秽物品〔300〕的，处三年以上十年以下有期徒刑，并处罚金；情节严重的，处十年以上有期徒刑或者无期徒刑，并处罚金或者没收财产；情节较轻的〔301〕，处三年以下有期徒刑、拘役或者管制，并处罚金。

---

〔295〕**编者注**：原第二款为："走私国家禁止出口的文物、黄金、白银和其他贵重金属或者国家禁止进出口的珍贵动物及其制品的，处五年以上有期徒刑，并处罚金；情节较轻的，处五年以下有期徒刑，并处罚金。"

〔296〕**编者注**：如果走私的只是普通文物，并非国家禁止出口的文物，不构成走私文物罪，数额达到较大，只构成走私普通货物罪。

〔297〕**编者注**：原第三款为："走私国家禁止进出口的珍稀植物及其制品的，处五年以下有期徒刑，并处或者单处罚金；情节严重的，处五年以上有期徒刑，并处罚金。"

〔298〕**编者注**：这一走私行为无法计算应缴税款，所以就不便于参照其他走私行为量刑，而必须单独予以规定。

〔299〕**编者注**：虽然规定具有牟利或者传播为目的，但该目的是否实现并不影响本罪的成立。

〔300〕**法释〔2000〕30号**：**第五条** 刑法第一百五十二条规定的"其他淫秽物品"，是指除淫秽的影片、录像带、录音带、图片、书刊以外的，通过文字、声音、形象等形式表现淫秽内容的影碟、音碟、电子出版物等物品。

〔301〕**《立案标准（一）》：第二十五条** 以牟利或者传播为目的，走私淫秽的影片、录像带、录音带、图片、书刊或者其他通过文字、声音、形象等形式表现淫秽内容的影碟、音碟、电子出版物等物品，涉嫌下列情形之一的，应予立案追诉：（一）走私淫秽录像带、影碟

（刑四）【走私废物罪】 逃避海关监管将境外固体废物、液态废物和气态废物运输进境，情节严重的[302]，处五年以下有期徒刑，并处或者单处罚金；情节特别严重的，处五年以上有期徒刑，并处罚金。

单位犯前款罪的，对单位判处罚金，并对其直接负责的主管人员和其他直接责任人员，依照前两款的规定处罚。

五十盘（张）以上的；（二）走私淫秽录音带、音碟一百盘（张）以上的；（三）走私淫秽扑克、书刊、画册一百副（册）以上的；（四）走私淫秽照片、画片五百张以上的；（五）走私其他淫秽物品相当于上述数量的；（六）走私淫秽物品数量虽未达到本条第（一）项至第（四）项规定标准，但分别达到其中两项以上标准的百分之五十以上的。

[302]**法释〔2006〕9 号：第六条** 逃避海关监管，走私国家禁止进口的废物或者国家限制进口的可用作原料的废物，具有下列情形之一的，属于刑法第一百五十二条第二款规定的"情节严重"，以走私废物罪判处五年以下有期徒刑，并处或者单处罚金：（一）走私国家禁止进口的危险性固体废物、液态废物分别或者合计达到一吨以上不满五吨的；（二）走私国家禁止进口的非危险性固体废物、液态废物分别或者合计达到五吨以上不满二十五吨的；（三）未经许可，走私国家限制进口的可用作原料的固体废物、液态废物分别或者合计达到二十吨以上不满一百吨的；（四）走私国家禁止进口的废物并造成重大环境污染事故。

第七条 走私国家禁止进口的废物或者国家限制进口的可用作原料的废物的数量，超过本解释第六条规定的数量标准，或者达到了规定的数量标准并造成重大环境污染事故，或者虽未达到规定的数量标准但造成重大环境污染事故且后果特别严重的，

第一百五十三条 （刑八）【**走私普通货物、物品罪**】走私本法第一百五十一条、第一百五十二条、第三百四十七条规定以外的货物、物品的[303]，根据情节轻重，分别依照下列规定处罚：

（一）走私货物、物品偷逃应缴税额[304]较大或者一年内曾因走私被给予二次行政处罚后又走私的，处三年以下有期徒刑或者拘役，并处偷逃应缴税额一倍以上五倍以下罚金。

属于刑法第一百五十二条第二款规定的"情节特别严重"，以走私废物罪判处五年以上有期徒刑，并处罚金。

[303]**法释〔2000〕30 号：第一条第六款**　走私管制刀具、仿真枪支构成犯罪的，依照刑法第一百五十三条的规定定罪处罚。

第五条第五款　走私非淫秽的影片、影碟、录像带、录音带、音碟、图片、书刊、电子出版物等物品的，依照刑法第一百五十三条的规定定罪处罚。

[304]**法释〔2000〕30 号：第六条**　刑法第一百五十三条规定的"应缴税额"，是指进出口货物、物品应当缴纳的进出口关税和进口环节海关代征税的税额。走私货物、物品所偷逃的应缴税额，应当以走私行为案发时所适用的税则、税率、汇率和海关审定的完税价格计算，并以海关出具的证明为准。

法释〔2006〕9 号：第八条　经许可进口国家限制进口的可用作原料的废物时，偷逃应缴税额，构成犯罪的，应当依照刑法第一百五十三条规定，以走私普通货物罪定罪处罚；既未经许可，又偷逃应缴税额，同时构成走私废物罪和走私普通货物罪的，应当按照刑法处罚较重的规定定罪处罚。虽经许可，但超过许可数量进口国家限制进口的可用作原料的废物，超过部分以未经许可论。

（二）走私货物、物品偷逃应缴税额巨大或者有其他严重情节的，处三年以上十年以下有期徒刑，并处偷逃应缴税额一倍以上五倍以下罚金。

（三）走私货物、物品偷逃应缴税额特别巨大或者有其他特别严重情节的，处十年以上有期徒刑或者无期徒刑，并处偷逃应缴税额一倍以上五倍以下罚金或者没收财产。

单位犯前款罪的，对单位判处罚金，并对其直接负责的主管人员和其他直接责任人员，处三年以下有期徒刑或者拘役；情节严重的，处三年以上十年以下有期徒刑；情节特别严重的，处十年以上有期徒刑[305]。

对多次走私未经处理的[306]，按照累计走私货物、物品的偷逃应缴税额处罚。

第一百五十四条【特殊形式的走私普通货物、物品罪】 下列走私行为，根据本节规定构成犯罪的，依照本法第一百五十三条的规定定罪处罚：

（一）未经海关许可并且未补缴应缴税额，擅自将批准进口的来料加工、来件装配、补偿贸易的原材料、零件、制成品、设备等

法释〔2000〕30号：第九条 走私置于容器中的气态废物的，参照本解释规定的有关固体废物、液态废物的定罪数量标准和处罚原则处理。国家限制进口的可用作原料的废物的具体种类，按照国家有关部门规定执行。

[305]**编者注：** 相对而言，自然人犯本罪最高可判处死刑，而单位犯本罪，直接责任人员最高只能判处十五年有期徒刑。

[306]**法释〔2000〕30号：第六条第三款** 刑法第一百五十三条第三款规定的"对多次走私未经处理的"，是指对多次走私未经行政处罚处理的。**编者注：** 也应包括未受到刑事处罚，所以未经处理，实则为未经任何处理。

保税货物[307]，在境内销售牟利的[308]；

（二）未经海关许可并且未补缴应缴税额，擅自将特定减税、免税进口的货物、物品[309]，在境内销售牟利的。

---

[307]**法释〔2000〕30号：第七条** 刑法第一百五十四条规定的"保税货物"，是指经海关批准，未办理纳税手续进境，在境内储存、加工、装配后应予复运出境的货物。保税货物包括通过加工贸易、补偿贸易等方式进口的货物，以及在保税仓库、保税工厂、保税区或者免税商店内等储存、加工、寄售的货物。

《最高人民检察院关于擅自销售进料加工保税货物的行为法律适用问题解释》（高检发释字〔2000〕3号，2000年10月16日）： 保税货物是指经海关批准未办理纳税手续进境，在境内储存、加工、装配后复运出境的货物。

经海关批准进口的进料加工的货物属于保税货物。未经海关许可并且未补缴应缴税额，擅自将批准进口的进料加工的原材料、零件、制成品、设备等保税货物，在境内销售牟利，偷逃应缴税额在五万元以上的，依照刑法第一百五十四条、第一百五十三条的规定，以走私普通货物、物品罪追究刑事责任。

[308]**法〔2002〕139号：** 十三、关于刑法第一百五十四条规定的"销售牟利"的理解问题 刑法第一百五十四条第（一）、（二）项规定的"销售牟利"，是指行为人主观上为了牟取非法利益而擅自销售海关监管的保税货物、特定减免税货物。该种行为是否构成犯罪，应当根据偷逃的应缴税额是否达到刑法第一百五十三条及相关司法解释规定的数额标准予以认定。实际获利与否或者获利多少并不影响其定罪。

[309]**编者注：** 所谓特定减税、免税进口的货物、物品，是指1.经济特区等特定地区进口的货物。2.三资企业等特定企业进口的货物。3.有特定用途的进口的货物、物品；凡是特定减免税进口的货物、物品，只能用于特定地区或特定企业，不得转为他用。

第一百五十五条[310] **【间接走私行为以相应走私犯罪论处的规定】** 下列行为，以走私罪论处，依照本节的有关规定处罚：

（一）直接向走私人非法收购国家禁止进口物品的，或者直接向走私人非法收购走私进口的其他货物、物品，数额较大的[311]；

（二）在内海[312]、领海、界河、界湖[313]运输、收购、贩卖

---

[310] **编者注：**《刑法修正案（四）》之前条文：（二）在内海、领海运输、收购、贩卖国家禁止进出口物品的，或者运输、收购、贩卖国家限制进出口货物、物品，数额较大，没有合法证明的；（三）逃避海关监管将境外固体废物运输进境的。

[311] **法释〔2000〕30号：第八条** 刑法第一百五十五条规定的"直接向走私人非法收购走私进口的其他货物、物品，数额较大的"，是指明知是走私行为人而向其非法收购走私进口的其他货物、物品，应缴税额为五万元以上的。直接向走私人非法收购国家禁止进口物品的（**编者注：无数额要求**），或者在内海、领海运输、收购、贩卖国家禁止进出口物品的，应当按照走私物品的种类，分别适用刑法第一百五十一条、第一百五十二条、第三百四十七条的规定定罪处罚。直接向走私人非法收购走私进口的国家非禁止进口货物、物品，数额较大的，或者在内海、领海运输、收购、贩卖国家限制进出口货物、物品，数额较大，没有合法证明的，应当适用刑法第一百五十三条的规定定罪处罚。

[312] **法释〔2000〕30号：第八条第四款** 刑法第一百五十五条第二项规定的"内海"，包括内河的入海口水域。

[313] **编者注：** 将以走私罪论处的行为范围扩大到界河和界湖。2000年海关法第83条已作了修改，在内海、领海、界河、界湖、船舶及所载人员运输、收购、贩卖国家禁止或者限制进出境的货物、物品，或者运输、收购、贩卖依法应缴纳税款的货物，

国家禁止进出口物品的，或者运输、收购、贩卖国家限制进出口货物、物品，数额较大，没有合法证明的[314]。

第一百五十六条（刑四）【走私共犯】 与走私罪犯通谋[315]为其提供贷款、资金、帐号、发票、证明，或者为其提供运输、保管、邮寄或者其他方便的，以走私罪的共犯论处。

第一百五十七条[316]**（刑八）【武装掩护走私、抗拒缉私的处罚规定】** 武装掩护走私的，依照本法第一百五十一条第一款的规定从重处罚。

以暴力、威胁方法抗拒缉私的，以走私罪和本法第二百七十七条（妨害公务罪）规定的阻碍国家机关工作人员依法执行职务罪，依照数罪并罚的规定处罚。

没有合法证明的，以走私行为论处，构成犯罪的，依法追究刑事责任。

[314]**编者注：** 没有合法证明，是指行为人在内海、领海运输、收购、贩卖国家禁止或者限制进出口的物品而没有国家指定的机关出具的必要证明。

[315]**法〔2002〕139号：** 十五、关于刑法第一百五十六条规定的"与走私罪犯通谋"的理解问题　通谋是指犯罪行为人之间事先或者事中形成的共同的走私故意。下列情形可以认定为通谋：（一）对明知他人从事走私活动而同意为其提供贷款、资金、账号、发票、证明、海关单证，提供运输、保管、邮寄或者其他方便的；（二）多次为同一走私犯罪分子的走私行为提供前项帮助的。

[316]**编者注：**《刑法修正案（八）》之前条文的第一款为："武装掩护走私的，依照本法第一百五十一条第一款、第四款的规定从重处罚。"

第三节　妨害对公司、企业的管理秩序罪

第一百五十八条【虚报注册资本罪】 申请公司登记使用虚假证明文件或者采取其他欺诈手段虚报注册资本，欺骗公司登记主管部门，取得公司登记，虚报注册资本[317]数额巨大、后果严重或者有其他严重情节的[318]处三年以下有期徒刑或者拘役，并处或者单处虚报注册资本金额百分之一以上百分之五以下罚金。

---

[317]**编者注**：虚报注册资本，是指公司股东的实际出资额低于申请公司登记的法定最低出资额而谎称已经达到了法定出资额的情形。这是规避强制性规定。

[318]**《立案标准（二）》：第三条**　申请公司登记使用虚假证明文件或者采取其他欺诈手段虚报注册资本，欺骗公司登记主管部门，取得公司登记，涉嫌下列情形之一的，应予立案追诉：（一）超过法定出资期限，实缴注册资本不足法定注册资本最低限额，有限责任公司虚报数额在三十万元以上并占其应缴出资数额百分之六十以上的，股份有限公司虚报数额在三百万元以上并占其应缴出资数额百分之三十以上的。（二）超过法定出资期限，实缴注册资本达到法定注册资本最低限额，但仍虚报注册资本，有限责任公司虚报数额在一百万元以上并占其应缴出资数额百分之六十以上的，股份有限公司虚报数额在一千万元以上并占其应缴出资数额百分之三十以上的。（三）造成投资者或者其他债权人直接经济损失累计数额在十万元以上的。（四）虽未达到上述数额标准，但具有下列情形之一的：1.两年内因虚报注册资本受过行政处罚二次以上，又虚报注册资本的；2.向公司登记主管人员行贿的；3.为进行违法活动而注册的。（五）其他后果严重或者有其他严重情节的情形。

单位犯前款罪的，对单位判处罚金，并对其直接负责的主管人员和其他直接责任人员，处三年以下有期徒刑或者拘役。

第一百五十九条【虚假出资、抽逃出资罪】公司发起人、股东违反公司法的规定未交付货币、实物或者未转移财产权，虚假出资，或者在公司成立后又抽逃其出资[319]，数额巨大、后果严重或者有其他严重情节的[320]，处五年以下有期徒刑或者拘役，并

---

〔319〕《最高人民法院关于适用〈中华人民共和国公司法〉若干问题的规定（三）》（法释〔2011〕3号，2011年2月26）：第十二条　公司成立后，公司、股东或者公司债权人以相关股东的行为符合下列情形之一且损害公司权益为由，请求认定该股东抽逃出资的，人民法院应予支持：（一）将出资款项转入公司账户验资后又转出；（二）通过虚构债权债务关系将其出资转出；（三）制作虚假财务会计报表虚增利润进行分配；（四）利用关联交易将出资转出；（五）其他未经法定程序将出资抽回的行为。

〔320〕《立案标准（二）》：第四条　公司发起人、股东违反公司法的规定未交付货币、实物或者未转移财产权，虚假出资，或者在公司成立后又抽逃其出资，涉嫌下列情形之一的，应予立案追诉：（一）超过法定出资期限，有限责任公司股东虚假出资数额在三十万元以上并占其应缴出资数额百分之六十以上的，股份有限公司发起人、股东虚假出资数额在三百万元以上并占其应缴出资数额百分之三十以上的。（二）有限责任公司股东抽逃出资数额在三十万元以上并占其实缴出资数额百分之六十以上的，股份有限公司发起人、股东抽逃出资数额在三百万元以上并占其实缴出资数额百分之三十以上的。（三）造成公司、股东、债权人的直接经济损失累计数额在十万元以上的。（四）虽未达到上述数额标准，但具有下列情形之一的：1.致使公司资不抵债或者无法正常经营的；2.公司发起人、股东合谋虚假出资、抽逃出资的；3.两年内因虚假出资、抽逃出资受

处或者单处虚假出资金额或者抽逃出资金额百分之二以上百分之十以下罚金。

单位犯前款罪的，对单位判处罚金，并对其直接负责的主管人员和其他直接责任人员，处五年以下有期徒刑或者拘役。

第一百六十条【欺诈发行股票、债券罪】　在招股说明书、认股书、公司、企业债券募集办法中隐瞒重要事实或者编造重大虚假内容，发行股票或者公司、企业债券，数额巨大、后果严重或者有其他严重情节的[321]，处五年以下有期徒刑或者拘役，并处或者单处非法募集资金金额百分之一以上百分之五以下罚金。

单位犯前款罪的，对单位判处罚金，并对其直接负责的主管人员和其他直接责任人员，处五年以下有期徒刑或者拘役。

过行政处罚二次以上，又虚假出资、抽逃出资的；4. 利用虚假出资、抽逃出资所得资金进行违法活动的。（五）其他后果严重或者有其他严重情节的情形。**编者注：**注意处理本罪与职务侵占罪的关系，张明楷教授认为，实施本罪行为触犯职务侵占罪或挪用资金罪，属于想象竞合犯，从一重罪论处。

〔321〕**《立案标准（二）》：第五条**　在招股说明书、认股书、公司、企业债券募集办法中隐瞒重要事实或者编造重大虚假内容，发行股票或者公司、企业债券，涉嫌下列情形之一的，应予立案追诉：（一）发行数额在五百万元以上的；（二）伪造、变造国家机关公文、有效证明文件或者相关凭证、单据的；（三）利用募集的资金进行违法活动的；（四）转移或者隐瞒所募集资金的；（五）其他后果严重或者有其他严重情节的情形。

第一百六十一条[322]（刑六）【**违规披露、不披露重要信息罪**】依法负有信息披露义务的公司、企业向股东和社会公众提供虚假的或者隐瞒重要事实的财务会计报告，或者对依法应当披露的其他重要信息不按照规定披露，严重损害股东或者其他人利益的，或者有其他严重情节的[323]，对其直接负责的主管人员和其他直接

---

[322]**编者注**：《刑法修正案（六）》之前条文：公司向股东和社会公众提供虚假的或者隐瞒重要事实的财务会计报告，严重损害股东或者其他人利益的，对其直接负责的主管人员和其他直接责任人员，处三年以下有期徒刑或者拘役，并处或者单处二万元以上二十万元以下罚金。

[323]《**立案标准（二）**》：第六条［违规披露、不披露重要信息案（刑法第一百六十一条）］依法负有信息披露义务的公司、企业向股东和社会公众提供虚假的或者隐瞒重要事实的财务会计报告，或者对依法应当披露的其他重要信息不按照规定披露，涉嫌下列情形之一的，应予立案追诉：（一）造成股东、债权人或者其他人直接经济损失数额累计在五十万元以上的；（二）虚增或者虚减资产达到当期披露的资产总额百分之三十以上的；（三）虚增或者虚减利润达到当期披露的利润总额百分之三十以上的；（四）未按照规定披露的重大诉讼、仲裁、担保、关联交易或者其他重大事项所涉及的数额或者连续十二个月的累计数额占净资产百分之五十以上的；（五）致使公司发行的股票、公司债券或者国务院依法认定的其他证券被终止上市交易或者多次被暂停上市交易的；（六）致使不符合发行条件的公司、企业骗取发行核准并且上市交易的；（七）在公司财务会计报告中将亏损披露为盈利，或者将盈利披露为亏损的；（八）多次提供虚假的或者隐瞒重要事实的财务会计报告，或者多次对依法应当披露的其他重要信息不按照规定披露的；（九）其他严重损害股东、债权人或者其他人利益，或者有其他严重情节的情形。

责任人员[324]，处三年以下有期徒刑或者拘役，并处或者单处二万元以上二十万元以下罚金。

第一百六十二条【妨害清算罪】公司、企业进行清算时，隐匿财产，对资产负债表或者财产清单作虚伪记载或者在未清偿债务前分配公司、企业财产，严重损害债权人或者其他人利益的[325]，对其直接负责的主管人员和其他直接责任人员，处五年以下有期徒刑或者拘役，并处或者单处二万元以上二十万元以下罚金。

第一百六十二条之一（1999 年修正案）**【隐匿、故意销毁会计凭证、会计账簿、财务会计报告罪】**隐匿或者故意销毁依法应当保存的会计凭证、会计账簿、财务会计报告，情节严重的[326]，处五

---

[324] **编者注：**本罪是单位犯罪，但实行单罚制，即只处罚直接责任人员。如果处罚单位，会连累无辜，损害股东利益。

[325]《立案标准（二）》：**第七条**　公司、企业进行清算时，隐匿财产，对资产负债表或者财产清单作虚伪记载或者在未清偿债务前分配公司、企业财产，涉嫌下列情形之一的，应予立案追诉：（一）隐匿财产价值在五十万元以上的；（二）对资产负债表或者财产清单作虚伪记载涉及金额在五十万元以上的；（三）在未清偿债务前分配公司、企业财产价值在五十万元以上的；（四）造成债权人或者其他人直接经济损失数额累计在十万元以上的；（五）虽未达到上述数额标准，但应清偿的职工的工资、社会保险费用和法定补偿金得不到及时清偿，造成恶劣社会影响的；（六）其他严重损害债权人或者其他人利益的情形。

[326]《立案标准（二）》：**第八条**　隐匿或者故意销毁依法应当保存的会计凭证、会计账簿、财务会计报告，涉嫌下列情形之一的，应予立案追诉：（一）隐匿、故意销毁的会计凭证、会计账簿、财务会计报告涉及金额在五十万元以上的；（二）依法应当向司法机关、行政机关、有关主管部门等提供而隐匿、故意销毁

年以下有期徒刑或者拘役，并处或者单处二万元以上二十万元以下罚金。

单位犯前款罪的，对单位判处罚金，并对其直接负责的主管人员和其他直接责任人员，依照前款的规定处罚。

第一百六十二条之二（刑六）【虚假破产罪】公司、企业通过隐匿财产、承担虚构的债务或者以其他方法转移、处分财产，实施虚假破产，严重损害债权人或者其他人利益的[327]，对其直接负责的主管人员和其他直接责任人员，处五年以下有期徒刑或者拘役，并处或者单处二万元以上二十万元以下罚金。

或者拒不交出会计凭证、会计账簿、财务会计报告的；（三）其他情节严重的情形。

[327]**《立案标准（二）》：第九条**　公司、企业通过隐匿财产、承担虚构的债务或者以其他方法转移、处分财产，实施虚假破产，涉嫌下列情形之一的，应予立案追诉：（一）隐匿财产价值在五十万元以上的；（二）承担虚构的债务涉及金额在五十万元以上的；（三）以其他方法转移、处分财产价值在五十万元以上的；（四）造成债权人或者其他人直接经济损失数额累计在十万元以上的；（五）虽未达到上述数额标准，但应清偿的职工的工资、社会保险费用和法定补偿金得不到及时清偿，造成恶劣社会影响的；（六）其他严重损害债权人或者其他人利益的情形。**编者注：**本罪属于结果犯，故以给债权人或者其他人直接遭受的财产损毁、减少的实际价值的总和计算。但只要实施本罪规定的行为，数额巨大的，就已经严重损害了债权人或者其他人的利益，也应追究其刑事责任，只是两者在数额上按1:5来处理。

第一百六十三条[328]（刑六）**【非国家工作人员受贿罪】**公司、企业或者其他单位[329]的工作人员[330]利用职务上的便利[331]，索取

---

[328]《**最高人民法院、最高人民检察院关于办理商业贿赂刑事案件适用法律若干问题的意见**》（**法发〔2008〕33号，2008年11月20日**）：一、商业贿赂犯罪涉及刑法规定的以下八种罪名：（1）非国家工作人员受贿罪（刑法第一百六十三条）；（2）对非国家工作人员行贿罪（刑法第一百六十四条）；（3）受贿罪（刑法第三百八十五条）；（4）单位受贿罪（刑法第三百八十七条）；（5）行贿罪（刑法第三百八十九条）；（6）对单位行贿罪（刑法第三百九十一条）；（7）介绍贿赂罪（刑法第三百九十二条）；（8）单位行贿罪（刑法第三百九十三条）。**编者注：**商业贿赂犯罪并非刑法规定的独立罪名或类罪名，而是对与商业活动有关的贿赂犯罪的统称。商业活动既包括平等主体之间的商业交易活动，也包括行政管理人对相对人的商业管理活动。

[329]**法发〔2008〕33号：**二、刑法第一百六十三条、第一百六十四条规定的"其他单位"，既包括事业单位、社会团体、村民委员会、居民委员会、村民小组等常设性的组织，也包括为组织体育赛事、文艺演出或者其他正当活动而成立的组委会、筹委会、工程承包队等非常设性的组织。**编者注：**刑法中的单位，既有作为犯罪主体的犯罪单位，也有作为被害人的被害单位。本条"其他单位"是被告人所在的单位，可以视作为被害单位。犯罪单位和被害单位两者在外延和内涵上不尽相同，被害单位的成立条件、形式要件较之作为犯罪主体的单位相对宽松，因而范围更广泛。目前无法全面、准确地抽象出其一般性特征，不能作出一般性定义，故只能采取列举的方式加以规定，对于没有明确列举的临时性组织，如债权人会议、清算组等是否属于其他单位，需要在实践中具体把握。

[330]**法发〔2008〕33号：**三、刑法第一百六十三条、第一百

六十四条规定的"公司、企业或者其他单位的工作人员"，包括国有公司、企业以及其他国有单位中的非国家工作人员。

〔331〕**编者注**：《刑法修正案（六）》新增构成要件。准确区分利用"职务"还是提供"劳务"或"技术服务"，是正确把握罪与非罪的关键。认定思路可借鉴《全国法院审理经济犯罪案件工作座谈会纪要》（法〔2003〕167号），该会议纪要指出："从事公务，是指代表国家机关、国有公司、企业、事业单位、人民团体等履行组织、领导、监督、管理等职责。公务主要表现为与职权相联系的公共事务以及监督、管理国有财产的职务活动。如国家机关工作人员依法履行职责，国有公司的董事、经理、监事、会计、出纳人员等管理、监督国有财产等活动，属于从事公务。那些不具有职权内容的劳务活动、技术服务工作，如售货员、售票员等所从事的工作，一般不认为是公务。

法发〔2008〕33号（**编者注**：本司法解释规定了几种不易把握的"利用职务之便"的情形）：四、医疗机构中的国家工作人员，在药品、医疗器械、医用卫生材料等医药产品采购活动中，利用职务上的便利，索取销售方财物，或者非法收受销售方财物，为销售方谋取利益，构成犯罪的，依照刑法第三百八十五条的规定，以受贿罪定罪处罚。医疗机构中的非国家工作人员，有前款行为，数额较大的，依照刑法第一百六十三条的规定，以非国家工作人员受贿罪定罪处罚。医疗机构中的医务人员，利用开处方的职务便利，以各种名义非法收受药品、医疗器械、医用卫生材料等医药产品销售方财物，为医药产品销售方谋取利益，数额较大的，依照刑法第一百六十三条的规定，以非国家工作人员受贿罪定罪处罚。**编者注**：医生的处方行为虽然是一种职务行为，但不具有从事公务的性质，因而不符合受贿罪的主体特征，应当按非国家工作人员受贿论处。但这里的处方行为，不包括在国有医院的科室主任等担任领导职务的人员在接受医药产品销售方请托向院里推荐或者建议采购该医药产品的行为，这种行为属于从事公务的行为。

五、学校及其他教育机构中的国家工作人员，在教材、教具、校服或者其他物品的采购等活动中，利用职务上的便利，索取销售方财物，或者非法收受销售方财物，为销售方谋取利益，构成犯罪的，依照刑法第三百八十五条的规定，以受贿罪定罪处罚。学校及其他教育机构中的非国家工作人员，有前款行为，数额较大的，依照刑法第一百六十三条的规定，以非国家工作人员受贿罪定罪处罚。学校及其他教育机构中的教师，利用教学活动的职务便利，以各种名义非法收受教材、教具、校服或者其他物品销售方财物，为教材、教具、校服或者其他物品销售方谋取利益，数额较大的，依照刑法第一百六十三条的规定，以非国家工作人员受贿罪定罪处罚。

六、依法组建的评标委员会、竞争性谈判采购中谈判小组、询价采购中询价小组的组成人员，在招标、政府采购等事项的评标或者采购活动中，索取他人财物或者非法收受他人财物，为他人谋取利益，数额较大的，依照刑法第一百六十三条的规定，以非国家工作人员受贿罪定罪处罚。依法组建的评标委员会、竞争性谈判采购中谈判小组、询价采购中询价小组中国家机关或者其他国有单位的代表有前款行为的，依照刑法第三百八十五条的规定，以受贿罪定罪处罚。**编者注：评审专家均是根据法律的授权，以个人身份而非职权为采购人提供决策依据的，故统一按刑法第163条处理可以防止非代表国有单位的专家因身份不同而在定罪量刑中出现同罪不同罚的问题。**

非国家工作人员与国家工作人员通谋，共同收受他人财物，构成共同犯罪的，根据双方利用职务便利的具体情形分别定罪追究刑事责任：（1）利用国家工作人员的职务便利为他人谋取利益的，以受贿罪追究刑事责任。（2）利用非国家工作人员的职务便利为他人谋取利益的，以非国家工作人员受贿罪追究刑事

他人财物或者非法收受他人财物[332]，为他人谋取利益[333]，数额

责任。(3) 分别利用各自的职务便利为他人谋取利益的，按照主犯的犯罪性质追究刑事责任，不能分清主从犯的，可以受贿罪追究刑事责任。**编者注：**1. 理论上，主犯与从犯的区分，反映的是同一犯罪活动中各被告人的地位和作用，它解决量刑问题，而不解决犯罪的性质问题，不是定罪的根据，根据主犯行为定罪，无法反映全案犯罪的基本特征。并且在实践中，有些共同犯罪人的地位、作用难以区分，在分别构成犯罪且都是主犯的情况下，按哪个主犯的性质定罪将会陷入左右为难的境地。**《最高人民法院关于审理贪污、职务侵占案件如何认定共同犯罪几个问题的解释》（法释〔2000〕15 号 2000 年 7 月 8 日）：**为依法审理贪污或者职务侵占犯罪案件，现就这类案件如何认定共同犯罪问题解释如下：**第三条** 公司、企业或者其他单位中，不具有国家工作人员身份的人与国家工作人员勾结，分别利用各自的职务便利，共同将本单位财物非法占为己有的，按照主犯的犯罪性质定罪。

《全国法院审理经济犯罪案件工作座谈会纪要》（法发〔2003〕167 号，2003 年 11 月 13 日）：（三）国家工作人员与非国家工作人员勾结共同非法占有单位财物行为的认定：对于国家工作人员与他人勾结，共同非法占有单位财物的行为，应当按照《最高人民法院关于审理贪污、职务侵占案件如何认定共同犯罪几个问题的解释》的规定定罪处罚。对于在公司、企业或者其他单位中，非国家工作人员与国家工作人员勾结，分别利用各自的职务便利，共同将本单位财物非法占有的，应当尽量区分主从犯，按照主犯的犯罪性质定罪。司法实践中，如果根据案件的实际情况。各共同犯罪人在共同犯罪中的地位、作用相当，难以区分主从犯的，可以贪污罪定罪处罚。

[332]**编者注：**《联合国反腐败公约》规定的贿赂包括任何不正

当好处，其字面含义明显宽于我国刑法规定，既包括财产性收益，也包括非财产性收益。我国有关法律也有类似规定，如 1.《招标投标法》表述为"财物或者其他好处"；2.《反不正当竞争法》表述为"财物或者其他手段"；3.《政府采购法》表述为"贿赂或者获取其他不正当利益"。从反腐败角度考虑有必要从立法层面上扩大财物的范围，但刑事司法解释在坚持贿赂仅为财物的同时，有一定的突破，部分可以直接物化的财产性收益可视具体情况被认定为贿赂。至于非财产性收益一般仍不被视为贿赂。

　　法发〔2008〕33 号：七、商业贿赂中的财物，既包括金钱和实物，也包括可以用金钱计算数额的财产性利益，如提供房屋装修、含有金额的会员卡、代币卡（券）、旅游费用等。具体数额以实际支付的资费为准。

　　八、收受银行卡的，不论受贿人是否实际取出或者消费，卡内的存款数额一般应全额认定为受贿数额。使用银行卡透支的，如果由给予银行卡的一方承担还款责任，透支数额也应当认定为受贿数额。

　　十、办理商业贿赂犯罪案件，要注意区分贿赂与馈赠的界限。主要应当结合以下因素全面分析、综合判断：（1）发生财物往来的背景，如双方是否存在亲友关系及历史上交往的情形和程度；（2）往来财物的价值；（3）财物往来的缘由、时机和方式，提供财物方对于接受方有无职务上的请托；（4）接受方是否利用职务上的便利为提供方谋取利益。

〔333〕**编者注**：《刑法修正案（六）》增加了其他单位的人员，这意味着医院工作人员采购药品收取回扣将以商业贿赂犯罪被追究刑事责任。《刑法修正案（六）》以前的罪名为"公司、企业人员行贿罪"。张明楷教授指出，有人将本条与第三百八十五条作同一理解，即索贿不需要为他人谋取利益。但他认为，

较大的，处五年以下有期徒刑或者拘役；数额巨大的，处五年以上有期徒刑，可以并处没收财产。

公司、企业或者其他单位的工作人员在经济往来中，利用职务上的便利，违反国家规定，收受各种名义的回扣[334]、手续费，归个人所有的[335]，依照前款的规定处罚。

国有公司、企业或者其他国有单位中从事公务的人员和国有公司、企业或者其他国有单位委派到非国有公司、企业以及其他单位从事公务的人员有前两款行为的，依照本法第三百八十五条（受贿罪）、第三百八十六条（对受贿罪的处罚规定）的规定定罪处罚。

为他人谋取利益同时适用于索取他人财物与非法收受他人财物。为他人谋取利益，只是一种允诺行为，而不要求行为人实际上为他人谋取了利益。

[334]《中华人民共和国反不正当竞争法》第八条第一款　经营者不得采用财物或者其他手段进行贿赂以销售或购买商品。在帐外暗中给予对方单位或者个人回扣的，以行贿论处；对方单位或者个人在帐外暗中接受回扣的，以受贿论处。

《国家工商行政管理局关于禁止商业贿赂行为的暂行规定》(中华人民共和国国家工商行政管理局令第60号，1996年11月15日) 回扣，是指经营者销售商品时在帐外暗中以现金、实物或者其他方式退给对方单位或者个人的一定比例的商品价款；帐外暗中，是指未在依法设立的反映其生产经营活动或者行政事业经费收支的财务帐上按照财务会计制度规定明确如实记载，包括不记入财务帐、转入其他财务帐或者做假帐等。回扣是指未入帐的财物，如果是已入帐的财产，则定贪污罪，未入帐的财物则定受贿罪。

[335]《立案标准（二）》：第十条　公司、企业或者其他单位的工作人员利用职务上的便利，索取他人财物或者非法收受他人财物，为他人谋取利益，或者在经济往来中，利用职务上的

第一百六十四条（刑六）〔336〕【对非国家工作人员行贿罪】为谋取不正当利益〔337〕，给予公司、企业或者其他单位的工作人员以财物，数额较大的〔338〕，处三年以下有期徒刑或者拘役；数额巨大的，处三年以上十年以下有期徒刑，并处罚金。

（刑八）【对外国公职人员、国际公共组织官员行贿罪】为谋取不正当商业利益，给予外国公职人员或者国际公共组织官员以财物的〔339〕依照前款的规定处罚。

便利，违反国家规定，收受各种名义的回扣、手续费，归个人所有，数额在五千元以上的，应予立案追诉。

〔336〕**编者注**：刑法修正案（六）增加了其他单位。原罪名为"公司、企业人员受贿罪"。

〔337〕**法发〔2008〕33号**：九、在行贿犯罪中，"谋取不正当利益"，是指行贿人谋取违反法律、法规、规章或者政策规定的利益，或者要求对方违反法律、法规、规章、政策、行业规范的规定提供帮助或者方便条件。在招标投标、政府采购等商业活动中，违背公平原则，给予相关人员财物以谋取竞争优势的，属于"谋取不正当利益"。至于实际上是否获得了不正当利益，则不影响本罪的成立。**编者注**：1. 与《最高人民法院、最高人民检察院关于在办理受贿犯罪大要案的同时要严肃查处严重行贿犯罪分子的通知》（高检发〔1999〕1号，1999年3月4日）相比，本解释扩大了违反的规定的范围，即加上了行业规范，其次对于"国家政策和国务院各部门规章"一语修改为"规章、政策"，使其外延有所扩张，一些地方政策和地方规章也成为评价利益是否正当的依据。2. 对招标投标、政府采购这两类商业活动，则从程序上判断是否属于谋取不正当利益的标准。

〔338〕**《立案标准（二）》：第十一条**　为谋取不正当利益，给予公司、企业或者其他单位的工作人员以财物，个人行贿数额在一万元以上的，单位行贿数额在二十万元以上的，应予立案追诉。

单位犯前两款罪的，对单位判处罚金，并对其直接负责的主管人员和其他直接责任人员，依照第一款的规定处罚。

行贿人在被追诉前主动交待行贿行为的，可以减轻处罚或者免除处罚。

第一百六十五条【非法经营同类营业罪】 国有公司、企业的董事、经理利用职务便利，自己经营或者为他人经营与其所任职公司、企业同类的营业，获取非法利益，数额巨大的[340]，处三年以下有期徒刑或者拘役，并处或者单处罚金；数额特别巨大的，处三年以上七年以下有期徒刑，并处罚金。

第一百六十六条[341]**【为亲友非法牟利罪】** 国有公司、企业、事业单位的工作人员[342]，利用职务便利，有下列情形之一，使国家利益遭受重大损失的[343]，处三年以下有期徒刑或者拘役，并

---

[339]《立案标准（二）补充》：为谋取不正当商业利益，给予外国公职人员或者国际公共组织官员以财物，个人行贿数额在一万元以上的，单位行贿数额在二十万元以上的，应予立案追诉。

[340]《立案标准（二）》：第十二条　国有公司、企业的董事、经理利用职务便利，自己经营或者为他人经营与其所任职公司、企业同类的营业，获取非法利益，数额在十万元以上的，应予立案追诉。**编者注：** 本标准考虑到此处的非法利益是指因行为人的非法经营同类营业行为而获得的利润，与使国家利益遭受直接经济损失不同，后者的数额一般都大于前者。同时，此种行为又与直接将国有公司、企业的财产占为己有的情况不同，其所获利益虽然是非法的，但毕竟还是通过经营行为获得的，故没有提高该数额标准。

[341]**编者注：** 本罪在旧中国刑法及其他国家中称为"背信罪"或"背任罪"。

处或者单处罚金；致使国家利益遭受特别重大损失的，处三年以上七年以下有期徒刑，并处罚金：

（一）将本单位的盈利业务交由自己的亲友进行经营的；

（二）以明显高于市场的价格向自己的亲友经营管理的单位采购商品或者以明显低于市场的价格向自己的亲友经营管理的单位销售商品的；

（三）向自己的亲友经营管理的单位采购不合格商品的。

第一百六十七条[344] **【签订、履行合同失职被骗罪】**国有公司、企业、事业单位直接负责的主管人员[345]，在签订、履行合同过程中，因严重不负责任被诈骗[346]，致使国家利益遭受重大损失的[347]，处

---

[342]**编者注：**本罪的犯罪主体具有特点，区别于非法经营同类营业罪，本罪的犯罪主体为国有公司、企业、事业单位的工作人员，不限于董事和经理，而为工作人员。另外包括事业单位。

[343]**编者注：**本罪为结果犯，即使实施了法定的三种行为，但未造成法定结果，也不构成本罪。

《立案标准（二）》：第十三条　国有公司、企业、事业单位的工作人员，利用职务便利，为亲友非法牟利，涉嫌下列情形之一的，应予立案追诉：（一）造成国家直接经济损失数额在十万元以上的；（二）使其亲友非法获利数额在二十万元以上的；（三）造成有关单位破产、停业、停产六个月以上，或者被吊销许可证和营业执照、责令关闭、撤销、解散的；（四）其他致使国家利益遭受重大损失的情形。

[344]**《全国人大常委会关于惩治骗购外汇、逃汇和非法买卖外汇犯罪的决定》第七条**　金融机构、从事对外贸易经营活动的公司、企业的工作人员严重不负责任，造成大量外汇被骗购或者逃汇，致使国家利益遭受重大损失的，依本条处理。

三年以下有期徒刑或者拘役；致使国家利益遭受特别重大损失的，处三年以上七年以下有期徒刑。

第一百六十八条[348]（1999 年修正案）**【国有公司、企业、事业单位人员失职罪；国有公司、企业、事业单位人员滥用职权罪】** 国有公司、企业的工作人员[349]，由于严重不负责任[350]或者滥用职权[351]，造成国有公司、企业破产或者严重损失，致

[345]**编者注：** 前罪的主体是工作人员，而本罪的主体是直接负责的主管人员。

[346]**编者注：** "诈骗"，是指对方当事人的行为已经涉嫌诈骗犯罪，不以对方当事人已经被人民法院判决构成诈骗犯罪作为立案追诉的前提。

[347]**编者注：** 本罪是结果犯。如果行为人与对方当事人恶意串通，合伙诈骗国有公司、企业、事业单位的财产，则是诈骗的共同犯罪而不再是本罪。

《立案标准（二）》：第十四条 国有公司、企业、事业单位直接负责的主管人员，在签订、履行合同过程中，因严重不负责任被诈骗，涉嫌下列情形之一的，应予立案追诉：（一）造成国家直接经济损失数额在五十万元以上的；（二）造成有关单位破产、停业、停产六个月以上，或者被吊销许可证和营业执照、责令关闭、撤销、解散的；（三）其他致使国家利益遭受重大损失的情形。金融机构、从事对外贸易经营活动的公司、企业的工作人员严重不负责任，造成一百万美元以上外汇被骗购或者逃汇一千万美元以上的，应予立案追诉。

[348]**编者注：【徇私舞弊造成破产、亏损罪】**（已取消）国有公司、企业直接负责的主管人员，徇私舞弊，造成国有公司、企业破产或者严重亏损，致使国家利益遭受重大损失的，处三年以下有期徒刑或者拘役。

〔349〕**《最高人民法院关于如何认定国有控股、参股股份有限公司中的国有公司、企业人员的解释》（法释〔2005〕10 号，2005 年 8 月 11 日）：** 为准确认定刑法分则第 3 章第 3 节中的国有公司、企业人员，现对国有控股、参股的股份有限公司中的国有公司、企业人员解释如下：国有公司、企业委派到国有控股、参股公司从事公务的人员，以国有公司、企业人员论。**编者注：** 受国有单位委派到国有控股、参股公司、企业从事公务的人员具有双重身份，负有双重职责。一方面，对任职公司的财产行使监管、管理职能，属于任职公司的工作人员。另一方面，受国有公司、企业委派代表国家对任职公司中的国有资产行使监督、管理权，也属于国有公司、企业的工作人员。上述人员在工作中严重失职或滥用职权，致使其任职公司、企业的利益遭受严重损失，事实上必然导致作为股东的国有公司、企业的利益也遭受严重损失，致使国家利益遭受严重损失。对上述人员认定为国有公司、企业的工作人员，对其渎职行为依法追究刑事责任，即符合刑法第三章国有公司、企业人员渎职犯罪的构成要件，也符合刑法对国有资产予以突出保护的立法意图。根据《全国法院审理经济犯罪案件工作座谈会纪要》规定，委派有多种形式，如任命、指派、提名、批准。其次，委派内容具有公务性，即行使组织、领导、监督和管理等职责，才具有受委派的实质内容。虽然表面上董事长之类的高管的任命可能是出于国有控股、参股股份有限公司股东大会或董事会的决议或依照公司章程选举，但只要实质上符合受委派从事公务的情形，就应认定为国有公司、企业工作人员。

〔350〕**《立案标准（二）》：第十五条** 国有公司、企业、事业单位的工作人员，严重不负责任，涉嫌下列情形之一的，应予立案追诉：（一）造成国家直接经济损失数额在五十万元以上的；（二）造成有关单位破产、停业、停产一年以上，或者被吊销许可证和营业执照、责令关闭、撤销、解散的；（三）其他致使国家利益遭受重大损失的情形。

使国家利益遭受重大损失的[352]，处三年以下有期徒刑或者拘役；致使国家利益遭受特别重大损失的，处三年以上七年以下有期徒刑。

国有事业单位的工作人员有前款行为，致使国家利益遭受重大损失的，依照前款的规定处罚。

国有公司、企业、事业单位的工作人员，徇私舞弊，犯前两款罪的，依照第一款的规定从重处罚。

第一百六十九条【徇私舞弊低价折股、出售国有资产罪】 国有公司、企业或者其上级主管部门直接负责的主管人员，徇私舞弊，将国有资产低价折股或者低价出售，致使国家利益遭受重大损失的[353]

---

[351]《立案标准（二）》：第十六条 国有公司、企业、事业单位的工作人员，滥用职权，涉嫌下列情形之一的，应予立案追诉：（一）造成国家直接经济损失数额在三十万元以上的；（二）造成有关单位破产，停业、停产六个月以上，或者被吊销许可证和营业执照、责令关闭、撤销、解散的；（三）其他致使国家利益遭受重大损失的情形。

[352]法释〔2000〕12号：第六条 国有电信企业的工作人员，由于严重不负责任或者滥用职权，造成国有电信企业破产或者严重损失，致使国家利益遭受重大损失的，依照刑法第一百六十八条的规定定罪处罚。

[353]《立案标准（二）》：第十七条 国有公司、企业或者其上级主管部门直接负责的主管人员，徇私舞弊，将国有资产低价折股或者低价出售，涉嫌下列情形之一的，应予立案追诉：（一）造成国家直接经济损失数额在三十万元以上的；（二）造成有关单位破产，停业、停产六个月以上，或者被吊销许可证和营业执照、责令关闭、撤销、解散的；（三）其他致使国家利益遭受重大损失的情形。

处三年以下有期徒刑或者拘役；致使国家利益遭受特别重大损失的，处三年以上七年以下有期徒刑。

第一百六十九条之一（刑六）【背信损害上市公司利益罪】 上市公司的董事、监事、高级管理人员违背对公司的忠实义务，利用职务便利，操纵上市公司从事下列行为之一，致使上市公司利益遭受重大损失的[354]，处三年以下有期徒刑或者拘役，并处或者单处罚金；致使上市公司利益遭受特别重大损失的，处三年以上七年以下有期徒刑，并处罚金：

（一）无偿向其他单位或者个人提供资金、商品、服务或者其他资产的；

---

[354]《立案标准（二）》：**第十八条** 上市公司的董事、监事、高级管理人员违背对公司的忠实义务，利用职务便利，操纵上市公司从事损害上市公司利益的行为，以及上市公司的控股股东或者实际控制人，指使上市公司董事、监事、高级管理人员实施损害上市公司利益的行为，涉嫌下列情形之一的，应予立案追诉：（一）无偿向其他单位或者个人提供资金、商品、服务或者其他资产，致使上市公司直接经济损失数额在一百五十万元以上的；（二）以明显不公平的条件，提供或者接受资金、商品、服务或者其他资产，致使上市公司直接经济损失数额在一百五十万元以上的；（三）向明显不具有清偿能力的单位或者个人提供资金、商品、服务或者其他资产，致使上市公司直接经济损失数额在一百五十万元以上的；（四）为明显不具有清偿能力的单位或者个人提供担保，或者无正当理由为其他单位或者个人提供担保，致使上市公司直接经济损失数额在一百五十万元以上的；（五）无正当理由放弃债权、承担债务，致使上市公司直接经济损失数额在一百五十万元以上的；（六）致使公司发行的股票、公司债券或者国务院依法认定的其他证券被终止上市交易或者多次被暂停上市交易的；（七）其他致使上市公司利益遭受重大损失的情形。

（二）以明显不公正的条件，提供或者接受资金、商品、服务或者其他资产的；

（三）向明显不具有清偿能力的单位或者个人提供资金、商品、服务或者其他资产的；

（四）为明显不具有清偿能力的单位或者个人提供担保，或者无正当理由为其他单位或者个人提供担保的；

（五）无正当理由放弃债权、承担债务的；

（六）采用其他方式损害上市公司利益的[355]。

上市公司的控股股东或者实际控制人，指使上市公司董事、监事、高级管理人实施前款行为的，依照前款的规定处罚。

犯前款罪的上市公司的控股股东或者实际控制人是单位的，对单位判处罚金，并对直接负责的主管人员和其他直接责任人员，依照第一款的规定处罚。

第四节　破坏金融管理秩序罪[356]

第一百七十条[357]**【伪造货币罪】**伪造货币[358]的[359]，处三

---

[355]**编者注**：通过列举加概括的方式规定各种情况，在适用本兜底条款时，要结合构成本罪的前提条件，即是否构成违背对公司的忠实义务来综合判断。显然，上市公司的董事、监事、高级管理人员基于对市场判断的错误，单纯决策上的错误，虽然给上市公司利益造成损害，也不能以本条追究其刑事责任。

[356]《全国法院审理金融犯罪案件工作座谈会纪要》（法发〔2000〕8号，2001年1月21日）。

[357]1.《最高人民法院关于审理伪造货币等案件具体应用法律若干问题的解释》（法释〔2000〕26号，2000年9月14日）（对应第170～173条）；2.《中国人民银行假币收缴、鉴定管

理办法》（〔2003〕第 4 号，2003 年 7 月 1 日）；3.《最高人民法院、最高人民检察院和公安部关于严厉打击假币犯罪活动的通知》（公通字〔2009〕45 号，2009 年 9 月 15 日）；4.《最高人民法院关于审理伪造货币等案件具体应用法律若干问题的解释（二）》（法释〔2010〕14 号，2010 年 10 月 20 日）。

　　法释〔2010〕14 号：第三条 以正在流通的境外货币为对象的假币犯罪，依照刑法第一百七十条至第一百七十三条的规定定罪处罚。假境外货币犯罪的数额，按照案发当日中国外汇交易中心或者中国人民银行授权机构公布的人民币对该货币的中间价折合成人民币计算。中国外汇交易中心或者中国人民银行授权机构未公布汇率中间价的境外货币，按照案发当日境内银行人民币对该货币的中间价折算成人民币，或者该货币在境内银行、国际外汇市场对美元汇率，与人民币对美元汇率中间价进行套算。（法释〔2000〕26 号：本解释所称"货币"是指可在国内市场流通或者兑换的人民币和境外货币。货币面额应当以人民币计算，其他币种以案发时国家外汇管理机关公布的外汇牌价折算成人民币。贵金属纪念币的面额以中国人民银行授权中国金币总公司的初始发售价格为准。）**编者注：**伪造货币和诈骗两者在最终目的即非法占有他人财物方式上并无不同，在理论上，将伪造货币并使用的行为理解为一种特殊的诈骗行为并无不当，但对诈骗罪追究伪造货币并使用的行为的刑事责任的情形务必严格控制。

〔358〕**法释〔2010〕14 号：第一条第一款** 仿照真货币的图案、形状、色彩等特征非法制造假币，冒充真币的行为，应当认定为刑法第一百七十条规定的"伪造货币"。**编者注：**1. 伪造货币应以"仿照真货币"为前提，如果仿照的货币不存在，则可以涉嫌诈骗犯罪。2. 本解释未对伪造币的外观特征作出限定，因为能否成立伪造货币罪，关键在于是否仿照真币，只要在图

案、形状、色彩等方面具备了真币的基本要素，即可成立伪造货币罪。至于实际伪造出来的假币的外观效果和逼真程度如何，不应成为伪造货币罪的定罪要件，既不能因为伪造货币尚未制成成品，也不能因为做工粗糙而否认行为人实施了或者正在实施伪造货币行为。3. 冒充真币要件，间接说明了伪造货币应以意图流通或者使用为目的，如仅为炫耀技术或者提供鉴赏、教学、科研而不进入流通领域的，不属于伪造货币行为。

第二条 同时采用伪造和变造手段，制造真伪拼凑货币的行为，依照刑法第一百七十条的规定，以伪造货币罪定罪处罚。**编者注**：想象竞合犯择一重罪处罚。

第四条 以中国人民银行发行的普通纪念币和贵金属纪念币为对象的假币犯罪，依照刑法第一百七十条至第一百七十三条的规定定罪处罚。假普通纪念币犯罪的数额，以面额计算；假贵金属纪念币犯罪的数额，以贵金属纪念币的初始发售价格计算。

〔359〕**法释〔2000〕26号：第二条** 伪造货币并出售或者运输伪造的货币的，依照本法第一百七十条（伪造货币罪）的规定定罪从重处罚。如果伪造的假币与出售、运输的假币不具有同一性时，仍然实行数罪并罚。**编者注**：关于吸收犯理论，张明楷教授认为，虽然刑法理论界认为有三种情形，即重行为吸收轻行为、实行行为吸收预备行为、主行为吸收从行为，但只有重行为吸收轻行为才具有独立意义，其他两种不具备独立意义。然而，虽然重行为吸收轻行为，以一罪论处，但是否从重处罚，需要研究，但本条明文规定了从重处罚。总之，伪造货币又有出售、持有、使用、运输伪造的货币的，只定伪造货币罪，上述行为可以作为从重的量刑情节考虑。行为人制造货币版样或者与他人事先通谋，为他人伪造货币提供版样的，以伪造货币罪定罪量刑。

《立案标准（二）》：第十九条 伪造货币，涉嫌下列情形之一的，应予立案追诉：（一）伪造货币，总面额在二千元以上

年以上十年以下有期徒刑，并处五万元以上五十万元以下罚金；有
下列情形之一的，处十年以上有期徒刑、无期徒刑或者死刑，并处
五万元以上五十万元以下罚金或者没收财产：

（一）伪造货币集团的首要分子；

（二）伪造货币数额特别巨大的；

（三）有其他特别严重情节的。

第一百七十一条【出售、购买、运输假币罪】 出售、购买伪造
的货币[360]或者明知是伪造的货币而运输[361]，数额较大的[362]，
处三年以下有期徒刑或者拘役，并处二万元以上二十万元以下罚
金；数额巨大的，处三年以上十年以下有期徒刑，并处五万元以上

或者币量在二百张（枚）以上的；（二）制造货币版样或者为
他人伪造货币提供版样的；（三）其他伪造货币应予追究刑事
责任的情形。

[360]**法释〔2000〕26号：第二条** 行为人购买假币后使用，
构成犯罪的，依照刑法第一百七十一条的规定，以购买假币罪
定罪，从重处罚。行为人出售、运输假币构成犯罪，同时有使
用假币行为的，依照刑法第一百七十一条（出售假币罪）、第
一百七十二条（使用假币罪）的规定，实行数罪并罚。

[361]**编者注：** 运输假币的行为自然也以明知系假币为前提，
但刑法规定运输行为主观方面的认识因素，是为了强调，这是
一种注意规定。

[362]**《立案标准（二）》：第二十条** 出售、购买伪造的货币或者
明知是伪造的货币而运输，总面额在四千元以上或者币量在四百张
（枚）以上的，应予立案追诉。在出售假币时被抓获的，除现场查
获的假币应认定为出售假币的数额外，现场之外在行为人住所或者
其他藏匿地查获的假币，也应认定为出售假币的数额。

五十万元以下罚金；数额特别巨大的，处十年以上有期徒刑或者无期徒刑，并处五万元以上五十万元以下罚金或者没收财产。

【金融工作人员购买假币、以假币换取货币罪】[363] 银行或者其他金融机构的工作人员购买伪造的货币或者利用职务上的便利，以伪造的货币换取货币的，处三年以上十年以下有期徒刑，并处二万元以上二十万元以下罚金；数额巨大或者有其他严重情节的，处十年以上有期徒刑或者无期徒刑，并处二万元以上二十万元以下罚金或者没收财产；情节较轻的[364]，处三年以下有期徒刑或者拘役，并处或者单处一万元以上十万元以下罚金。

伪造货币并出售或者运输伪造的货币的，依照本法第一百七十条（伪造货币罪）的规定定罪从重处罚[365]。

第一百七十二条[366] **【持有、使用假币罪】** 明知是伪造的货币

---

[363]**编者注**：虽然同为购买假币的行为，由于犯罪主体不同，则构成不同罪名。普通人员购买假币的行为成立购买假币罪，而金融工作人员购买假币则成立本罪。而且普通的购买假币罪有数额较大的要求，但金融工作人员购买假币没有数额要求。

[364]**《立案标准（二）》：第二十一条** 银行或者其他金融机构的工作人员购买伪造的货币或者利用职务上的便利，以伪造的货币换取货币，总面额在二千元以上或者币量在二百张（枚）以上的，应予立案追诉。

[365]**编者注**：吸收犯一般不从重处罚，但本款规定从重处罚。

[366]**编者注**：本罪较之前罪的量刑较轻，一是财产刑为并处或单处，且罚金数额较少。

[367]**编者注**：张明楷教授认为，即使出于收藏的目的而持有假币的行为也应定罪，但量刑时应当考虑从轻。

而持有〔367〕、使用〔368〕，数额较大的〔369〕，处三年以下有期徒刑或者拘役，并处或者单处一万元以上十万元以下罚金；数额巨大的，处三年以上十年以下有期徒刑，并处二万元以上二十万元以下罚金；数额特别巨大的，处十年以上有期徒刑，并处五万元以上五十万元以下罚金或者没收财产。

第一百七十三条【变造货币罪】 变造货币〔370〕，数额较大的〔371〕，处三年以下有期徒刑或者拘役，并处或者单处一万元以上十万元以下罚金；数额巨大的，处三年以上十年以下有期徒刑，并处二万元以上二十万元以下罚金。

---

〔368〕**编者注**：使用假币者，只是使用方明知假币，而接受方并不知道，但出售假币时，买卖双方都知道标的物是假币。使用假币可以用于合法用途，也可以用于非法用途。如果某人将假币作为证明自己资信的手段而向他人显示，是否为使用，张明楷教授认为，使用应是指将假币作为真正的货币用于流通的行为，故这种行为不是使用假币的行为，但可能成立持有假币罪。

〔369〕**《立案标准（二）》：第二十二条** 明知是伪造的货币而持有、使用，总面额在四千元以上或者币量在四百张（枚）以上的，应予立案追诉。

〔370〕**法释〔2010〕14号：第一条第二款** 对真货币采用剪贴、挖补、揭层、涂改、移位、重印等方法加工处理，改变真币形态、价值的行为，应当认定为刑法第一百七十三条规定的"变造货币"。**编者注**：将"升值"修改为"改变价值"，变造货币的行为特征在于改变真币形态，危害实质在于侵害货币的公共信用，多数变造货币行为的动机固然是为了非法获利，但不排除其他动机。

〔371〕**《立案标准（二）》：第二十三条** 变造货币，总面额在二千元以上或者币量在二百张（枚）以上的，应予立案追诉。

第一百七十四条（1999 年修正案）【擅自设立金融机构罪】
未经国家有关主管部门批准，擅自设立商业银行、证券交易所、期货交易所、证券公司、期货经纪公司、保险公司或者其他金融机构的[372]，处三年以下有期徒刑或者拘役，并处或者单处二万元以上二十万元以下罚金；情节严重的，处三年以上十年以下有期徒刑，并处五万元以上五十万元以下罚金。

【伪造、变造、转让金融机构经营许可证、批准文件罪】 伪造、变造、转让商业银行、证券交易所、期货交易所、证券公司、期货经纪公司、保险公司或者其他金融机构的经营许可证或者批准文件的[373]，依照前款的规定处罚。

单位犯前两款罪的，对单位判处罚金，并对其直接负责的主管人员和其他直接责任人员，依照第一款的规定处罚。

第一百七十五条【高利转贷罪】以转贷牟利为目的，套取金融机构信贷资金高利转贷他人，违法所得数额较大的[374]，处三年以下有期徒刑或者拘役，并处违法所得一倍以上五倍以下罚金；数额巨大的，处三年以上七年以下有期徒刑，并处违法所得一倍以上五倍以下罚金。

---

[372]《立案标准（二）》：第二十四条 未经国家有关主管部门批准，擅自设立金融机构，涉嫌下列情形之一的，应予立案追诉：（一）擅自设立商业银行、证券交易所、期货交易所、证券公司、期货公司、保险公司或者其他金融机构的；（二）擅自设立商业银行、证券交易所、期货交易所、证券公司、期货公司、保险公司或者其他金融机构筹备组织的。

[373]《立案标准（二）》：第二十五条 伪造、变造、转让商业银行、证券交易所、期货交易所、证券公司、期货公司、保险公司或者其他金融机构的经营许可证或者批准文件的，应予立案追诉。

单位犯前款罪的，对单位判处罚金，并对其直接负责的主管人员和其他直接责任人员，处三年以下有期徒刑或者拘役。

第一百七十五条之一（刑六）【**骗取贷款、票据承兑、金融票证罪**】以欺骗手段取得银行或者其他金融机构贷款、票据承兑、信用证、保函等，给银行或者其他金融机构造成重大损失或者有其他严重情节的[375]，处三年以下有期徒刑或者拘役，并处或者单处罚金；给银行或者其他金融机构造成特别重大损失或者有其他特别严重情节的，处三年以上七年以下有期徒刑，并处罚金。

---

[374]《立案标准（二）》：第二十六条 以转贷牟利为目的，套取金融机构信贷资金高利转贷他人，涉嫌下列情形之一的，应予立案追诉：（一）高利转贷，违法所得数额在十万元以上的；（二）虽未达到上述数额标准，但两年内因高利转贷受过行政处罚二次以上，又高利转贷的。

[375]《立案标准（二）》：第二十七条 以欺骗手段取得银行或者其他金融机构贷款、票据承兑、信用证、保函等，涉嫌下列情形之一的，应予立案追诉：（一）以欺骗手段取得贷款、票据承兑、信用证、保函等，数额在一百万元以上的；（二）以欺骗手段取得贷款、票据承兑、信用证、保函等，给银行或者其他金融机构造成直接经济损失数额在二十万元以上的；（三）虽未达到上述数额标准，但多次以欺骗手段取得贷款、票据承兑、信用证、保函等的；（四）其他给银行或者其他金融机构造成重大损失或者有其他严重情节的情形。**编者注**：本罪区别于第一百九十三条贷款诈骗罪，由于本罪不具有非法占有为目的，故其量刑轻于贷款诈骗罪。

单位犯前款罪的，对单位判处罚金，并对直接负责的主管人员和其他直接责任人员，依照前款的规定处罚。

第一百七十六条[376] **【非法吸收公众存款罪】** 非法吸收公众存款或者变相吸收公众存款[377]，扰乱金融秩序的[378]，处三年

---

[376]《非法金融机构和非法金融业务活动取缔办法》（国务院令〔1998〕第 247 号，1998 年 6 月 30 日通过，2011 年 1 月 8 日修订）**编者注**：本罪与擅自发行股票、债券罪以及集资诈骗罪的区别在于，本罪是不具有金融职能的单位或者个人违法吸收公众存款，行为人不具备非法占有的目的，而只有非法牟利的目的，而擅自发行股票、债券罪不具有吸收公众存款的目的和行为，其侵犯的是国家对股票、债券的管理制度，而集资诈骗行为人主观上具有非法占有的目的。

[377]《非法金融机构和非法金融业务活动取缔办法》：**第四条第二款** 本办法所称非法金融业务活动，是指未经中国人民银行批准，擅自从事的下列活动：（一）非法吸收公众存款或者变相吸收公众存款；（二）未经依法批准，以任何名义向社会不特定对象进行的非法集资；（三）非法发放贷款、办理结算、票据贴现、资金拆借、信托投资、金融租赁、融资担保、外汇买卖；（四）中国人民银行认定的其他非法金融业务活动。前款所称非法吸收公众存款，是指未经中国人民银行批准，向社会不特定对象吸收资金，出具凭证，承诺在一定期限内还本付息的活动；所称变相吸收公众存款，是指未经中国人民银行批准，不以吸收公众存款的名义，向社会不特定对象吸收资金，但承诺履行的义务与吸收公众存款性质相同的活动。

《最高人民法院关于审理非法集资刑事案件具体应用法律若干问题的解释》（法释〔2010〕18 号，2011 年 1 月 4 日）：**第一条** 违反国家金融管理法律规定，向社会公众（包括单位

和个人）吸收资金的行为，同时具备下列四个条件的，除刑法另有规定的以外，应当认定为刑法第一百七十六条规定的"非法吸收公众存款或者变相吸收公众存款"：（一）未经有关部门依法批准或者借用合法经营的形式吸收资金；（**编者注：原来规定主体适格就不构成本罪，现已修改，故规定借用合法经营的形式吸收资金仍然构成本罪。如果将非法限定为未经有关部门依法批准，就意味着仅考虑程序上的非法性，而忽视了实体上的非法性。故非法集资，是指违反了法律、法规、规章有关集资的实体规定或程序规定，而不限于"未经有关部门依法批准"。**）（二）通过媒体、推介会、传单、手机短信等途径向社会公开宣传；（三）承诺在一定期限内以货币、实物、股权等方式还本付息或者给付回报；（四）向社会公众即社会不特定对象吸收资金。未向社会公开宣传，在亲友或者单位内部针对特定对象吸收资金的，不属于非法吸收或者变相吸收公众存款。

第二条 实施下列行为之一，符合本解释第一条第一款规定的条件的，应当依照刑法第一百七十六条的规定，以非法吸收公众存款罪定罪处罚：（一）不具有房产销售的真实内容或者不以房产销售为主要目的，以返本销售、售后包租、约定回购、销售房产份额等方式非法吸收资金的；（二）以转让林权并代为管护等方式非法吸收资金的；（三）以代种植（养殖）、租种植（养殖）、联合种植（养殖）等方式非法吸收资金的；（四）不具有销售商品、提供服务的真实内容或者不以销售商品、提供服务为主要目的，以商品回购、寄存代售等方式非法吸收资金的；（五）不具有发行股票、债券的真实内容，以虚假转让股权、发售虚构债券等方式非法吸收资金的；（六）不具有募集基金的真实内容，以假借境外基金、发售虚构基金等方式非法吸收资金的；（七）不具有销售保险的真实内容，以假冒保险公司、伪造保险单据等方式非法吸收资金的；（八）以投资入股的方式非法吸收资金的；（九）以委托理财的方式非法吸收资金的；（十）利用民间"会"、"社"等组织非法吸收资金的；（十一）其他非法吸收资金的行为。

[378]**编者注**：关于扰乱金融秩序的认定，根据《全国法院审理金融犯罪案件工作座谈会纪要》（法〔2001〕8号，2001年1月21日），非法吸收公众存款的，要从非法吸收公众存款的数额，范围以及给存款人造成的损失等方面来判定扰乱金融秩序造成危害的程度。

《立案标准（二）》：第二十八条 非法吸收公众存款或者变相吸收公众存款，扰乱金融秩序，涉嫌下列情形之一的，应予立案追诉：（一）个人非法吸收或者变相吸收公众存款数额在二十万元以上的，单位非法吸收或者变相吸收公众存款数额在一百万元以上的；（二）个人非法吸收或者变相吸收公众存款三十户以上的，单位非法吸收或者变相吸收公众存款一百五十户以上的；（三）个人非法吸收或者变相吸收公众存款给存款人造成直接经济损失数额在十万元以上的，单位非法吸收或者变相吸收公众存款给存款人造成直接经济损失数额在五十万元以上的；（四）造成恶劣社会影响的；（五）其他扰乱金融秩序情节严重的情形。

编者注：1. 立案标准（二）较之《全国法院审理金融犯罪案件工作座谈会纪要》增加后两个情形，以体现加大打击力度，严惩破坏金融秩序犯罪的国家意志。2. 有论者认为，扰乱金融秩序的表述是对行为性质的阐述，而不是作为构成要件的犯罪结果。本罪是行为犯，即只要行为人实施了非法吸收公众存款或者变相吸收公众存款的行为，且达到扰乱金融秩序的程度，即为本案的既遂。具体而言，只要其向社会不特定多数人开展非法吸收公众存款业务，且为后者知晓，即构成既遂，无论其是否现实地吸纳了存款。3. 原来的"损失"概念比较笼统，故改为"直接经济损失"。4. 个人犯罪数额和单位犯罪数额按1:5计算。

以下有期徒刑或者拘役，并处或者单处二万元以上二十万元以下罚金；数额巨大或者有其他严重情节的[379]，处三年以上十年以下有期徒刑，并处五万元以上五十万元以下罚金。

　　单位犯前款罪的，对单位判处罚金，并对其直接负责的主管人员和其他直接责任人员，依照前款的规定处罚。

　　第一百七十七条[380]　**【伪造、变造金融票证罪】**有下列情形之一，伪造、变造金融票证的[381]，处五年以下有期徒刑或者拘役，并处或者单处二万元以上二十万元以下罚金；情节严重的，处

---

[379]**法释〔2010〕18号：第三条第二款**　具有下列情形之一的，属于刑法第一百七十六条规定的"数额巨大或者有其他严重情节"：（一）个人非法吸收或者变相吸收公众存款，数额在100万元以上的，单位非法吸收或者变相吸收公众存款，数额在500万元以上的；（二）个人非法吸收或者变相吸收公众存款对象100人以上的，单位非法吸收或者变相吸收公众存款对象500人以上的；（三）个人非法吸收或者变相吸收公众存款，给存款人造成直接经济损失数额在50万元以上的，单位非法吸收或者变相吸收公众存款，给存款人造成直接经济损失数额在250万元以上的；（四）造成特别恶劣社会影响或者其他特别严重后果的。非法吸收或者变相吸收公众存款的数额，以行为人所吸收的资金全额计算。案发前后已归还的数额，可以作为量刑情节酌情考虑。非法吸收或者变相吸收公众存款，主要用于正常的生产经营活动，能够及时清退所吸收资金，可以免予刑事处罚；情节显著轻微的，不作为犯罪处理。

[380]**《最高人民法院、最高人民检察院关于办理妨害信用卡管理刑事案件具体应用法律若干问题的解释》（法释〔2009〕19号，2009年12月19日）**

五年以上十年以下有期徒刑，并处五万元以上五十万元以下罚金；情节特别严重的，处十年以上有期徒刑或者无期徒刑，并处五万元以上五十万元以下罚金或者没收财产：

（一）伪造、变造汇票、本票、支票的；

（二）伪造、变造委托收款凭证、汇款凭证、银行存单等其他银行结算凭证的；

（三）伪造、变造信用证或者附随的单据、文件的；

（四）伪造信用卡的[382]。

---

〔381〕《立案标准（二）》：第二十九条　伪造、变造金融票证，涉嫌下列情形之一的，应予立案追诉：（一）伪造、变造汇票、本票、支票，或者伪造、变造委托收款凭证、汇款凭证、银行存单等其他银行结算凭证，或者伪造、变造信用证或者附随的单据、文件，总面额在一万元以上或者数量在十张以上的；（二）伪造信用卡一张以上，或者伪造空白信用卡十张以上的。

〔382〕**编者注**：变造也属于伪造行为。**法释〔2009〕19 号第一条**复制他人信用卡、将他人信用卡信息资料写入磁条介质、芯片或者以其他方法伪造信用卡 1 张以上的，应当认定为刑法第一百七十七条第一款第（四）项规定的"伪造信用卡"，以伪造金融票证罪定罪处罚。伪造空白信用卡 10 张以上的，应当认定为刑法第一百七十七条第一款第（四）项规定的"伪造信用卡"，以伪造金融票证罪定罪处罚。**编者注**：1. 伪造信用卡可以通过多次写卡而形成不同信用卡，伪造一张信用卡即具有严重的社会危害性。2. 由于本法第一百七十七条之一规定了明知是伪造的空白信用卡而持有、运输的行为构成犯罪，而本法第一百七十七条并未规定伪造空白的信用卡是否构成犯罪，故本解释将伪造空白的信用卡也规定为犯罪，以便与本法第一百七十七条之一的规定相协调，另伪造空白的信用卡是整个伪造信用卡过程中的重要一环，故将该行为规定为犯罪，但考虑到伪造空白信用卡

单位犯前款罪的，对单位判处罚金，并对其直接负责的主管人员和其他直接责任人员，依照前款的规定处罚。

第一百七十七条之一 （刑五）【妨害信用卡管理罪】 有下列情形之一，妨害信用卡管理的[383]，处三年以下有期徒刑或者拘役，并处或者单处一万元以上十万元以下罚金；数量巨大[384]或者有其他严重情节的，处三年以上十年以下有期徒刑，并处二万元以上十万元以下罚金。

行为的社会危害性略小于伪造信用卡行为，故规定了10张的数量标准。

伪造信用卡，有下列情形之一的，应当认定为刑法第一百七十七条规定的"情节严重"：（一）伪造信用卡5张以上不满25张的；（二）伪造的信用卡内存款余额、透支额度单独或者合计数额在20万元以上不满100万元的；（三）伪造空白信用卡50张以上不满250张的；（四）其他情节严重的情形。

伪造信用卡，有下列情形之一的，应当认定为刑法第一百七十七条规定的"情节特别严重"：（一）伪造信用卡25张以上的；（二）伪造的信用卡内存款余额、透支额度单独或者合计数额在100万元以上的；（三）伪造空白信用卡250张以上的；（四）其他情节特别严重的情形。本条所称"信用卡内存款余额、透支额度"，以信用卡被伪造后发卡行记录的最高存款余额、可透支额度计算。**编者注：** 由于被伪造信用卡的持卡人或持伪卡的人可能取现或者消费，卡内存款余额、透支额度处于变动之中，为了从严惩处此类犯罪，按最高存款余额、可透支额度计算"信用卡内存款余额、透支额度"。

[383]《立案标准（二）》：**第三十条** 妨害信用卡管理，涉嫌下列情形之一的，应予立案追诉：（一）明知是伪造的信用卡而持有、运输的；（二）明知是伪造的空白信用卡而持有、运

（一）明知是伪造的信用卡而持有、运输的，或者明知是伪造的空白信用卡而持有、运输，数量较大的[385]；

（二）非法持有他人信用卡，数量较大的[386]；

（三）使用虚假的身份证明骗领信用卡的[387]；

（四）出售、购买、为他人提供伪造的信用卡或者以虚假的身份证明骗领信用卡的。

输，数量累计在十张以上的；（三）非法持有他人信用卡，数量累计在五张以上的；（四）使用虚假的身份证明骗领信用卡的；（五）出售、购买、为他人提供伪造的信用卡或者以虚假的身份证明骗领的信用卡的。

[384]**法释〔2009〕19号：第二条第二款** 有下列情形之一的，应当认定为刑法第一百七十七条之一第一款规定的"数量巨大"：（一）明知是伪造的信用卡而持有、运输10张以上的；（二）明知是伪造的空白信用卡而持有、运输100张以上的；（三）非法持有他人信用卡50张以上的；（四）使用虚假的身份证明骗领信用卡10张以上的；（五）出售、购买、为他人提供伪造的信用卡或者以虚假的身份证明骗领的信用卡10张以上的。**编者注：**以起刑点的10倍为标准。

[385]**法释〔2009〕19号：第二条第一款** 明知是伪造的空白信用卡而持有、运输10张以上不满100张的，应当认定为刑法第一百七十七条之一第一款第（一）项规定的"数量较大"。

[386]**法释〔2009〕19号：第二条第一款** 非法持有他人信用卡5张以上不满50张的，应当认定为刑法第一百七十七条之一第一款第（二）项规定的"数量较大"。

[387]**法释〔2009〕19号：第二条第三款** 违背他人意愿，使用其居民身份证、军官证、士兵证、港澳居民往来内地通行证、

【窃取、收买、非法提供信用卡信息罪】 窃取、收买或者非法提供他人信用卡信息资料的，依照前款规定[388]处罚。

银行或者其他金融机构的工作人员利用职务上的便利，犯第二款罪的，从重处罚。

第一百七十八条　【伪造、变造国家有价证券罪】 伪造、变造国库券或者国家发行的其他有价证券，数额较大的[389]，处三年以下有期徒刑或者拘役，并处或者单处二万元以上二十万元以下罚金；数额巨大的，处三年以上十年以下有期徒刑，并处五万元以上五十万元以下罚金；数额特别巨大的，处十年以上有期徒刑或者无期徒刑，并处五万元以上五十万元以下罚金或者没收财产。

台湾居民来往大陆通行证、护照等身份证明申领信用卡的，或者使用伪造、变造的身份证明申领信用卡的，应当认定为"使用虚假的身份证明骗领信用卡"。**编者注：** 1. 申请信用卡通常需要提交身份证明和资信证明，本款针对的是身份证明，而非资信证明。2. 本款从实质角度强调了"违背他人意愿"，这样的限制性条件，既可以防止不合理地扩大打击面，又更符合实际情况，便于操作。

[388]**法释〔2009〕19号：第三条**　窃取、收买、非法提供他人信用卡信息资料，足以伪造可进行交易的信用卡（有磁交易），或者足以使他人以信用卡持卡人名义进行交易（无磁交易），涉及信用卡1张以上不满5张的，依照刑法第一百七十七条之一第二款的规定，以窃取、收买、非法提供信用卡信息罪定罪处罚；涉及信用卡5张以上的，应当认定为刑法第一百七十七条之一第一款规定的"数量巨大"。

《立案标准（二）》：第三十一条　窃取、收买或者非法提供他人信用卡信息资料，足以伪造可进行交易的信用卡，或者足以使他人以信用卡持卡人名义进行交易，涉及信用卡一张以上的，应予立案追诉。

【伪造、变造股票、公司、企业债券罪】 伪造、变造股票或者公司、企业债券，数额较大的[390]，处三年以下有期徒刑或者拘役，并处或者单处一万元以上十万元以下罚金；数额巨大的，处三年以上十年以下有期徒刑，并处二万元以上二十万元以下罚金。

单位犯前两款罪的，对单位判处罚金，并对其直接负责的主管人员和其他直接责任人员，依照前两款的规定处罚。

第一百七十九条【擅自发行股票、公司、企业债券罪】 未经国家有关主管部门批准，擅自发行股票或者公司、企业债券，数额巨大、后果严重或者有其他严重情节的[391]，处五年以下有期徒刑或者拘役，并处或者单处非法募集资金金额百分之一以上百分之五以下罚金。

单位犯前款罪的，对单位判处罚金，并对其直接负责的主管人员和其他直接责任人员，处五年以下有期徒刑或者拘役。

---

〔389〕《立案标准（二）》：第三十二条 伪造、变造国库券或者国家发行的其他有价证券，总面额在二千元以上的，应予立案追诉。

〔390〕《立案标准（二）》：第三十三条 伪造、变造股票或者公司、企业债券，总面额在五千元以上的，应予立案追诉。

〔391〕《立案标准（二）》：第三十四条 未经国家有关主管部门批准，擅自发行股票或者公司、企业债券，涉嫌下列情形之一的，应予立案追诉：（一）发行数额在五十万元以上的；（二）虽未达到上述数额标准，但擅自发行致使三十人以上的投资者购买了股票或者公司、企业债券的；（三）不能及时清偿或者清退的；（四）其他后果严重或者有其他严重情节的情形。

　　第一百八十条〔392〕（1999年修正案、刑七）【内幕交易、泄露内幕信息罪】证券、期货交易内幕信息的知情人员或者非法获取证券、期货交易内幕信息的人员〔393〕，在涉及证券的发行，证券、期货交易或者其他对证券、期货交易价格有重大影响的信息尚未公开前，买入或者卖出该证券，或者从事与该内幕信息有关的期货交易，或者泄露该信息，或者明示、暗示他人从事上述交易活动〔394〕，情节严重的〔395〕，处五年以下有期徒刑或者拘役，并处或者单处违法所得〔396〕一倍以上五倍以下罚金；情节特别严重的〔397〕，处五年以上十年以下有期徒刑，并处违法所得一倍以上五倍以下罚金。

---

〔392〕《最高人民法院、最高人民检察院关于办理内幕交易、泄露内幕信息刑事案件具体应用法律若干问题的解释》（法释〔2012〕6号，2012年6月1日）

〔393〕法释〔2012〕6号：**第二条**　具有下列行为的人员应当认定为刑法第一百八十条第一款规定的"非法获取证券、期货交易内幕信息的人员"：（一）利用窃取、骗取、套取、窃听、利诱、刺探或者私下交易等手段获取内幕信息的；（二）内幕信息知情人员的近亲属或者其他与内幕信息知情人员关系密切的人员，在内幕信息敏感期内，从事或者明示、暗示他人从事，或者泄露内幕信息导致他人从事与该内幕信息有关的证券、期货交易，相关交易行为明显异常，且无正当理由或者正当信息来源的；（三）在内幕信息敏感期内，与内幕信息知情人员联络、接触，从事或者明示、暗示他人从事，或者泄露内幕信息导致他人从事与该内幕信息有关的证券、期货交易，相关交易行为明显异常，且无正当理由或者正当信息来源的。第三条本解释第二条第二项、第三项规定的"相关交易行为明显异常"，要综合以下情形，从时间吻合程度、交易背离程度和利益关联程度等方面予以认定：（一）开户、销户、激活资金账户或者指

定交易（托管）、撤销指定交易（转托管）的时间与该内幕信息形成、变化、公开时间基本一致的；（二）资金变化与该内幕信息形成、变化、公开时间基本一致的；（三）买入或者卖出与内幕信息有关的证券、期货合约时间与内幕信息的形成、变化和公开时间基本一致的；（四）买入或者卖出与内幕信息有关的证券、期货合约时间与获悉内幕信息的时间基本一致的；（五）买入或者卖出证券、期货合约行为明显与平时交易习惯不同的；（六）买入或者卖出证券、期货合约行为，或者集中持有证券、期货合约行为与该证券、期货公开信息反映的基本面明显背离的；（七）账户交易资金进出与该内幕信息知情人员或者非法获取人员有关联或者利害关系的；（八）其他交易行为明显异常情形。

第五条 本解释所称"内幕信息敏感期"是指内幕信息自形成至公开的期间。证券法第六十七条第二款所列"重大事件"的发生时间，第七十五条规定的"计划"、"方案"以及期货交易管理条例第八十五条第十一项规定的"政策"、"决定"等的形成时间，应当认定为内幕信息的形成之时。影响内幕信息形成的动议、筹划、决策或者执行人员，其动议、筹划、决策或者执行初始时间，应当认定为内幕信息的形成之时。内幕信息的公开，是指内幕信息在国务院证券、期货监督管理机构指定的报刊、网站等媒体披露。**编者注**：内幕信息敏感期的第一种情形是一般情形，而第二种情形是特殊情况，从而将内幕信息的形成时间提前，避免放纵犯罪。

〔394〕刑法修正案（七）新增。法释〔2012〕6号：第四条
具有下列情形之一的，不属于刑法第一百八十条第一款规定的从事与内幕信息有关的证券、期货交易：（一）持有或者通过协议、其他安排与他人共同持有上市公司百分之五以上股份的自然人、法人或者其他组织收购该上市公司股份的；（二）按照事先订立的书面合同、指令、计划从事相关证券、期货交易

的；（三）依据已被他人披露的信息而交易的；（四）交易具有其他正当理由或者正当信息来源的。

〔395〕**《立案标准（二）》：第三十五条** 证券、期货交易内幕信息的知情人员、单位或者非法获取证券、期货交易内幕信息的人员、单位，在涉及证券的发行，证券、期货交易或者其他对证券、期货交易价格有重大影响的信息尚未公开前，买入或者卖出该证券，或者从事与该内幕信息有关的期货交易，或者泄露该信息，或者明示、暗示他人从事上述交易活动，涉嫌下列情形之一的，应予立案追诉：（一）证券交易成交额累计在五十万元以上的；（二）期货交易占用保证金数额累计在三十万元以上的；（三）获利或者避免损失数额累计在十五万元以上的；（四）多次进行内幕交易、泄露内幕信息的；（五）其他情节严重的情形。

法释〔2012〕6号：第六条 在内幕信息敏感期内从事或者明示、暗示他人从事或者泄露内幕信息导致他人从事与该内幕信息有关的证券、期货交易，具有下列情形之一的，应当认定为刑法第一百八十条第一款规定的"情节严重"：（一）证券交易成交额在五十万元以上的；（二）期货交易占用保证金数额在三十万元以上的；（三）获利或者避免损失数额在十五万元以上的；（四）三次以上的；（五）具有其他严重情节的。

〔396〕**法释〔2012〕6号：第九条** 同一案件中，成交额、占用保证金额、获利或者避免损失额分别构成情节严重、情节特别严重的，按照处罚较重的数额定罪处罚。构成共同犯罪的，按照共同犯罪行为人的成交总额、占用保证金总额、获利或者避免损失总额定罪处罚，但判处各被告人罚金的总额应掌握在获利或者避免损失总额的一倍以上五倍以下。

第十条 刑法第一百八十条第一款规定的"违法所得"，是指通过内幕交易行为所获利益或者避免的损失。

单位犯前款罪的[398]，对单位判处罚金，并对其直接负责的主管人员和其他直接责任人员，处五年以下有期徒刑或者拘役。

内幕信息[399]、知情人员[400]的范围，依照法律、行政法规的规定确定[401]。

内幕信息的泄露人员或者内幕交易的明示、暗示人员未实际从事内幕交易的，其罚金数额按照因泄露而获悉内幕信息人员或者被明示、暗示人员从事内幕交易的违法所得计算。

[397]**法释〔2012〕6号：第七条** 在内幕信息敏感期内从事或者明示、暗示他人从事或者泄露内幕信息导致他人从事与该内幕信息有关的证券、期货交易，具有下列情形之一的，应当认定为刑法第一百八十条第一款规定的"情节特别严重"：（一）证券交易成交额在二百五十万元以上的；（二）期货交易占用保证金数额在一百五十万元以上的；（三）获利或者避免损失数额在七十五万元以上的；（四）具有其他特别严重情节的。

[398]**法释〔2012〕6号：第十一条** 单位实施刑法第一百八十条第一款规定的行为，具有本解释第六条规定情形之一的，按照刑法第一百八十条第二款的规定定罪处罚。

[399]**《中华人民共和国证券法》第七十五条** [内幕信息] 证券交易活动中，涉及公司的经营、财务或者对该公司证券的市场价格有重大影响的尚未公开的信息，为内幕信息。下列信息皆属内幕信息：（一）本法第六十七条第二款所列重大事件；（二）公司分配股利或者增资的计划；（三）公司股权结构的重大变化；（四）公司债务担保的重大变更；（五）公司营业用主要资产的抵押、出售或者报废一次超过该资产的百分之三十；（六）公司的董事、监事、高级管理人员的行为可能依法承担重大损害赔偿责任；（七）上市公司收购的有关方案；（八）国务院证券监督管理机构认定的对证券交易价格有显著影响的其他重要信息。

第六十七条 [临时报告制度] 发生可能对上市公司股票交易

价格产生较大影响的重大事件，投资者尚未得知时，上市公司应当立即将有关该重大事件的情况向国务院证券监督管理机构和证券交易所报送临时报告，并予公告，说明事件的起因、目前的状态和可能产生的法律后果。下列情况为前款所称重大事件：（一）公司的经营方针和经营范围的重大变化；（二）公司的重大投资行为和重大的购置财产的决定；（三）公司订立重要合同，可能对公司的资产、负债、权益和经营成果产生重要影响；（四）公司发生重大债务和未能清偿到期重大债务的违约情况；（五）公司发生重大亏损或者重大损失；（六）公司生产经营的外部条件发生的重大变化；（七）公司的董事、三分之一以上监事或者经理发生变动；（八）持有公司百分之五以上股份的股东或者实际控制人，其持有股份或者控制公司的情况发生较大变化；（九）公司减资、合并、分立、解散及申请破产的决定；（十）涉及公司的重大诉讼，股东大会、董事会决议被依法撤销或者宣告无效；（十一）公司涉嫌犯罪被司法机关立案调查，公司董事、监事、高级管理人员涉嫌犯罪被司法机关采取强制措施；（十二）国务院证券监督管理机构规定的其他事项。

〔400〕**《中华人民共和国证券法》第七十四条〔知情人〕**证券交易内幕信息的知情人包括：（一）发行人的董事、监事、高级管理人员；（二）持有公司百分之五以上股份的股东及其董事、监事、高级管理人员，公司的实际控制人及其董事、监事、高级管理人员；（三）发行人控股的公司及其董事、监事、高级管理人员；（四）由于所任公司职务可以获取公司有关内幕信息的人员；（五）证券监督管理机构工作人员以及由于法定职责对证券的发行、交易进行管理的其他人员；（六）保荐人、承销的证券公司、证券交易所、证券登记结算机构、证券服务机构的有关人员；（七）国务院证券监督管理机构规定的其他人。

〔401〕**编者注：**修正前内幕信息和知情人员分两款规定，现合并为一款。**法释〔2012〕6号：第一条** 下列人员应当认定为

（刑七）【**利用未公开信息交易罪**】证券交易所、期货交易所、证券公司、期货经纪公司、基金管理公司、商业银行、保险公司等金融机构的从业人员以及有关监管部门或者行业协会的工作人员，利用因职务便利获取的内幕信息以外的其他未公开的信息，违反规定，从事与该信息相关的证券、期货交易活动，或者明示、暗示他人从事相关交易活动，情节严重的[402]，依照第一款的规定处罚。

第一百八十一条（1999 年修正案）【**编造并传播证券、期货交易虚假信息罪**】编造并且传播影响证券、期货交易的虚假信息，扰乱证券、期货交易市场，造成严重后果的[403]，处五年以下有期徒刑或者拘役，并处或者单处一万元以上十万元以下罚金。

刑法第一百八十条第一款规定的"证券、期货交易内幕信息的知情人员"：（一）证券法第七十四条规定的人员；（二）期货交易管理条例第八十五条第十二项规定的人员。

[402]《立案标准（二）》：**第三十六条** 证券交易所、期货交易所、证券公司、期货公司、基金管理公司、商业银行、保险公司等金融机构的从业人员以及有关监管部门或者行业协会的工作人员，利用因职务便利获取的内幕信息以外的其他未公开的信息，违反规定，从事与该信息相关的证券、期货交易活动，或者明示、暗示他人从事相关交易活动，涉嫌下列情形之一的，应予立案追诉：（一）证券交易成交额累计在五十万元以上的；（二）期货交易占用保证金数额累计在三十万元以上的；（三）获利或者避免损失数额累计在十五万元以上的；（四）多次利用内幕信息以外的其他未公开信息进行交易活动的；（五）其他情节严重的情形。**编者注：俗称"老鼠仓"。**

【**诱骗投资者买卖证券、期货合约罪**】证券交易所、期货交易所、证券公司、期货经纪公司的从业人员，证券业协会、期货业协会或者证券期货监督管理部门的工作人员，故意提供虚假信息或者伪造、变造、销毁交易记录，诱骗投资者买卖证券、期货合约，造成严重后果的[404]，处五年以下有期徒刑或者拘役，并处或者单处一万元以上十万元以下罚金；情节特别恶劣的，处五年以上十年以下有期徒刑，并处二万元以上二十万元以下罚金。

单位犯前两款罪的，对单位判处罚金，并对其直接负责的主管人员和其他直接责任人员，处五年以下有期徒刑或者拘役。

---

[403]《立案标准（二）》：第三十七条　编造并且传播影响证券、期货交易的虚假信息，扰乱证券、期货交易市场，涉嫌下列情形之一的，应予立案追诉：（一）获利或者避免损失数额累计在五万元以上的；（二）造成投资者直接经济损失数额在五万元以上的；（三）致使交易价格和交易量异常波动的；（四）虽未达到上述数额标准，但多次编造并且传播影响证券、期货交易的虚假信息的；（五）其他造成严重后果的情形。

[404]《立案标准（二）》：第三十八条　证券交易所、期货交易所、证券公司、期货公司的从业人员，证券业协会、期货业协会或者证券期货监督管理部门的工作人员，故意提供虚假信息或者伪造、变造、销毁交易记录，诱骗投资者买卖证券、期货合约，涉嫌下列情形之一的，应予立案追诉：（一）获利或者避免损失数额累计在五万元以上的；（二）造成投资者直接经济损失数额在五万元以上的；（三）致使交易价格和交易量异常波动的；（四）其他造成严重后果的情形。

第一百八十二条（1999年修正案、刑六）【操纵证券、期货市场罪】有下列情形之一，操纵证券、期货市场，情节严重的[405]，处

---

[405]《立案标准（二）》：**第三十九条** 操纵证券、期货市场，涉嫌下列情形之一的，应予立案追诉：（一）单独或者合谋，持有或者实际控制证券的流通股份数达到该证券的实际流通股份总量百分之三十以上，且在该证券连续二十个交易日内联合或者连续买卖股份数累计达到该证券同期总成交量百分之三十以上的；（二）单独或者合谋，持有或者实际控制期货合约的数量超过期货交易所业务规则限定的持仓量百分之五十以上，且在该期货合约连续二十个交易日内联合或者连续买卖期货合约数累计达到该期货合约同期总成交量百分之三十以上的；（三）与他人串通，以事先约定的时间、价格和方式相互进行证券或者期货合约交易，且在该证券或者期货合约连续二十个交易日内成交量累计达到该证券或者期货合约同期总成交量百分之二十以上的；（四）在自己实际控制的账户之间进行证券交易，或者以自己为交易对象，自买自卖期货合约，且在该证券或者期货合约连续二十个交易日内成交量累计达到该证券或者期货合约同期总成交量百分之二十以上的；（五）单独或者合谋，当日连续申报买入或者卖出同一证券、期货合约并在成交前撤回申报，撤回申报量占当日该种证券总申报量或者该种期货合约总申报量百分之五十以上的；（六）上市公司及其董事、监事、高级管理人员、实际控制人、控股股东或者其他关联人单独或者合谋，利用信息优势，操纵该公司证券交易价格或者证券交易量的；（七）证券公司、证券投资咨询机构、专业中介机构或者从业人员，违背有关从业禁止的规定，买卖或者持有相关证券，通过对证券或者其发行人、上市公司公开作出评价、预测或者投资建议，在该证券的交易中谋取利益，情节严重的；（八）其他情节严重的情形。

五年以下有期徒刑或者拘役，并处或者单处罚金；情节特别严重的，处五年以上十年以下有期徒刑，并处罚金：

（一）单独或者合谋，集中资金优势、持股或者持仓优势或者利用信息优势联合或者连续买卖，操纵证券、期货交易价格或者证券、期货量的；

（二）与他人串通，以事先约定的时间、价格和方式相互进行证券、期货交易，影响证券、期货交易价格或者证券、期货交易量的；

（三）在自己实际控制的帐户之间进行证券交易，或者以自己为交易对象，自买自卖期货合约，影响证券、期货交易价格或者证券、期货交易量的；

（四）以其他方法操纵证券、期货市场的。

单位犯前款罪的，对单位判处罚金，并对其直接负责的主管人员和其他直接责任人员，依照前款的规定处罚。

第一百八十三条【职务侵占罪】 保险公司的工作人员利用职务上的便利，故意编造未曾发生的保险事故进行虚假理赔，骗取保险金归自己所有的，依照本法第二百七十一条（职务侵占罪）的规定定罪处罚。

国有保险公司工作人员和国有保险公司委派到非国有保险公司从事公务的人员有前款行为的，依照本法第三百八十二条（贪污罪的定罪）、第三百八十三条（贪污罪的量刑）的规定定罪处罚。

第一百八十四条【非国家工作人员受贿罪】 银行或者其他金融机构的工作人员在金融业务活动中索取他人财物或者非法收受他人财物，为他人谋取利益的，或者违反国家规定，收受各种名义的回扣、手续费，归个人所有的，依照本法第一百六十三条（非国家工作人员受贿罪）的规定定罪处罚。

国有金融机构工作人员和国有金融机构委派到非国有金融机构从事公务的人员有前款行为的，依照本法第三百八十五条（受贿罪）、第三百八十六条（对受贿罪的处罚）的规定定罪处罚。

第一百八十五条（1999年修正案）【挪用资金罪】商业银行、证券交易所、期货交易所、证券公司、期货经纪公司、保险公司或者其他金融机构的工作人员利用职务上的便利，挪用本单位或者客户资金的，依照本法第二百七十二条（挪用资金罪）的规定定罪处罚。

国有商业银行、证券交易所、期货交易所、证券公司、期货经纪公司、保险公司或者其他国有金融机构的工作人员和国有商业银行、证券交易所、期货交易所、证券公司、期货经纪公司、保险公司或者其他国有金融机构委派到前款规定中的非国有机构从事公务的人员有前款行为的，依照本法第三百八十四条（挪用公款罪）的规定定罪处罚。

第一百八十五条之一（刑六）【背信运用受托财产罪】商业银行、证券交易所、期货交易所、证券公司、期货经纪公司[406]、保险公司或者其他金融机构，违背受托义务[407]，擅自运用客户资金或者其他委托、信托的财产，情节严重的[408]，对单位判处罚金，并对其直接负责的主管人员和其他直接责任人员，处三年以下有期徒刑或者拘役，并处三万元以上三十万元以下罚金；情节特别严重的，处三年以上十年以下有期徒刑，并处五万元以上五十万元罚金。

---

[406]编者注：《期货交易管理条例》（2007年2月7日通过，原《期货交易管理暂行条例》废止；2012年9月12日修订）将"期货经纪公司"改称"期货公司"。

[407]编者注：不能简单地限定为约定义务，首先是违反了法定义务。委托与信托是不同的法律关系，受托人首先应当遵守法律、行政法规、规章规定的法定义务以及与委托人约定的具体义务才真正构成受托义务的完整内容。

【**违法运用资金罪**】 社会保障基金管理机构、住房公积金管理等公众资金管理机构，以及保险公司、保险资产管理公司、证券投资基金管理公司，违反国家规定运用资金的[409]，对其直接负责的主管人员和其他直接责任人员，依照前款的规定处罚。

第一百八十六条（刑六）【**违法发放贷款罪**】 银行或者其他金融机构的工作人员[410]违反国家规定发放贷款，数额巨大或者造成重大损失的[411]，处五年以下有期徒刑或者拘役，并处一万元以上十万元以下罚金；数额特别巨大或者造成特别重大损失的，处五年以上有期徒刑，并处二万元以上二十万元以下罚金。[412]

----

[408]《**立案标准（二）**》：**第四十条** 商业银行、证券交易所、期货交易所、证券公司、期货公司、保险公司或者其他金融机构，违背受托义务，擅自运用客户资金或者其他委托、信托的财产，涉嫌下列情形之一的，应予立案追诉：（一）擅自运用客户资金或者其他委托、信托的财产数额在三十万元以上的；（二）虽未达到上述数额标准，但多次擅自运用客户资金或者其他委托、信托的财产，或者擅自运用多个客户资金或者其他委托、信托的财产的；（三）其他情节严重的情形。

[409]《**立案标准（二）**》：**第四十一条** 社会保障基金管理机构、住房公积金管理机构等公众资金管理机构，以及保险公司、保险资产管理公司、证券投资基金管理公司，违反国家规定运用资金，涉嫌下列情形之一的，应予立案追诉：（一）违反国家规定运用资金数额在三十万元以上的；（二）虽未达到上述数额标准，但多次违反国家规定运用资金的；（三）其他情节严重的情形。**编者注**：注意本罪与挪用资金罪的区别。

[410]《**最高人民法院关于农村合作基金会从业人员犯罪如何定性问题的批复**》（**法释〔2000〕10号，2000年5月12日**）：农村合作基金会从业人员，除具有金融机构现职工作人员身份

的以外，不属于金融机构工作人员，对其实施的犯罪行为，应当依照刑法的有关规定定罪处罚。

〔411〕《立案标准（二）》：第四十二条　银行或者其他金融机构及其工作人员违反国家规定发放贷款，涉嫌下列情形之一的，应予立案追诉：（一）违法发放贷款，数额在一百万元以上的；（二）违法发放贷款，造成直接经济损失数额在二十万元以上的。

〔412〕《刑法修正案（六）》。编者注：本罪最初源自于《全国人大常委会关于惩治破坏金融秩序犯罪的决定》（1995年6月30日）第9条。1997年刑法对此全面吸收，但删去了第2款中"玩忽职守或者滥用职权"这一要件，增加了有关关系人范围的规定。1997年刑法原条文：〔违法向关系人发放贷款罪〕银行或者其他金融机构的工作人员违反法律、行政法规规定，向关系人发放信用贷款或者发放担保贷款的条件优于其他借款人同类贷款的条件，造成较大损失的，处五年以下有期徒刑或者拘役，并处一万元以上十万元以下罚金；造成重大损失的，处五年以上有期徒刑，并处二万元以上二十万元以下罚金。原罪名为违法向关系人发放贷款罪。〔违法发放贷款罪〕银行或者其他金融机构的工作人员违反法律、行政法规规定，向关系人以外的其他人发放贷款，造成重大损失的，处五年以下有期徒刑或者拘役，并处一万元以上十万元以下罚金；造成特别重大损失的，处五年以上有期徒刑，并处二万元以上二十万元以下罚金。《刑法修正案（六）》对上述两罪作了如下修订：1. 将"违反法律、行政法规规定"修改为"违反国家规定"；2. 对犯罪构成作了修改，将违反国家规定发放贷款，"造成较大损失"修改为"数额巨大或者造成重大损失"。

银行或者其他金融机构的工作人员违反国家规定，向关系人发放贷款，依照前款的规定从重处罚。

单位犯前两款罪的，对单位判处罚金，并对其直接负责的主管人员和其他直接责任人员，依照前两款的规定处罚。

关系人的范围，依照《中华人民共和国商业银行法》和有关金融法规确定。

第一百八十七条（刑六）[413]**【吸收客户资金不入账罪】**银行或者其他金融机构的工作人员吸收客户资金不入账[414]，数额巨大或者造成重大损失的[415]，处五年以下有期徒刑或者拘役，并处二万元以上二十万元以下罚金；数额特别巨大或者造成特别重大损失的，处五年以上有期徒刑，并处五万元以上五十万元以下罚金。

---

[413]**编者注**：1997年到1号法条：银行或者其他金融机构的工作人员以牟利为目的，采取吸收客户资金不入账的方式，将资金用于非法拆借、发放贷款，造成重大损失的，处五年以下有期徒刑或者拘役，并处二万元以上二十万元以下罚金；造成特别重大损失的，处五年以上有期徒刑，并处五万元以上五十万元以下罚金。原罪名为用账外客户资金非法拆借、发放贷款罪。构成本罪，有两个要求：一个是以牟利为目的，二是要造成严重后果。区分本罪与违法发放贷款罪的界限，区别在于，本罪使用的是账外客户资金，而后者使用的是账内资金，本罪以牟利为目的，而违法发放贷款罪则不以牟利为目的。

法发〔2001〕8号：3. 用账外客户资金非法拆借、发放贷款行为的认定和处罚：银行或者其他金融机构及其工作人员以牟利为目的，采取吸收客户资金不入账的方式，将客户资金用于非法拆借、发放贷款，造成重大损失的，构成用账外客户资金非法拆借、发放贷款罪。以牟利为目的，是指金融机构及其工作人员为本单位或者个人牟利，不具有这种目的，不构成该罪。

这里的"牟利",一般是指谋取用账外客户资金非法拆借、发放贷款所产生的非法收益,如利息、差价等。对于用款人为取得贷款而支付的回扣、手续费等,应根据具体情况分别处理:银行或者其他金融机构用账外客户资金非法拆借、发放贷款,收取的回扣、手续费等,应认定为"牟利";银行或者其他金融机构的工作人员利用职务上的便利,用账外客户资金非法拆借、发放贷款,收取回扣、手续费等,数额较小的,以"牟利"论处;银行或者其他金融机构的工作人员将用款人支付给单位的回扣、手续费秘密占为己有,数额较大的,以贪污罪定罪处罚;银行或者其他金融机构的工作人员利用职务便利,用账外客户资金非法拆借、发放贷款,索取用款人的财物,或者非法收受其他财物,或者收取回扣、手续费等,数额较大的,以受贿罪定罪处罚。

审理银行或者其他金融机构及其工作人员用账外客户资金非法拆借、发放贷款案件,要注意将用账外客户资金非法拆借、发放贷款的行为与挪用公款罪和挪用资金罪区别开来。对于利用职务上的便利,挪用已经记入金融机构法定存款账户的客户资金归个人使用的,或者吸收客户资金不入账,却给客户开具银行存单,客户也认为将款已存入银行,该款却被行为人以个人名义借贷给他人的,均应认定为挪用公款罪或者挪用资金罪。

〔414〕**法发〔2001〕8号**:3. 采取吸收客户资金不入帐,指不记入金融机构的法定存款帐目,以逃避国家金融监管。至于是否记入法定账目之外设立的账目,不影响该罪成立。

〔415〕**《立案标准(二)》:第四十三条** 银行或者其他金融机构及其工作人员吸收客户资金不入账,涉嫌下列情形之一的,应予立案追诉:(一)吸收客户资金不入账,数额在一百万元以上的;(二)吸收客户资金不入账,造成直接经济损失数额在二十万元以上的。

单位犯前款罪的，对单位判处罚金，并对其直接负责的主管人员和其他直接责任人员，依照前款的规定处罚。

第一百八十八条（刑六）【违规出具金融票证罪】银行或者其他金融机构的工作人员违反规定，为他人出具信用证或者其他保函、票据、存单、资信证明，情节严重的，处五年以下有期徒刑或者拘役；情节特别严重的[416]，处五年以上有期徒刑。

单位犯前款罪的，对单位判处罚金，并对其直接负责的主管人员和其他直接责任人员，依照前款的规定处罚。

第一百八十九条【对违法票据承兑、付款、保证罪】银行或者其他金融机构的工作人员在票据业务中，对违反票据法规定的票据予以承兑、付款或者保证，造成重大损失的[417]，处五年以下有期徒刑或者拘役；造成特别重大损失的，处五年以上有期徒刑。

---

[416]**编者注**：《刑法修正案（六）》将"造成重大损失"修改为"情节严重"。**《立案标准（二）》：第四十四条**　银行或者其他金融机构及其工作人员违反规定，为他人出具信用证或者其他保函、票据、存单、资信证明，涉嫌下列情形之一的，应予立案追诉：（一）违反规定为他人出具信用证或者其他保函、票据、存单、资信证明，数额在一百万元以上的；（二）违反规定为他人出具信用证或者其他保函、票据、存单、资信证明，造成直接经济损失数额在二十万元以上的；（三）多次违规出具信用证或者其他保函、票据、存单、资信证明的；（四）接受贿赂违规出具信用证或者其他保函、票据、存单、资信证明的；（五）其他情节严重的情形。

[417]**《立案标准（二）》：第四十五条**　银行或者其他金融机构及其工作人员在票据业务中，对违反票据法规定的票据予以承兑、付款或者保证，造成直接经济损失数额在二十万元以上的，应予立案追诉。

单位犯前款罪的，对单位判处罚金，并对其直接负责的主管人员和其他直接责任人员，依照前款的规定处罚。

第一百九十条[418] **【逃汇罪】** 公司、企业或者其他单位，违反国家规定，擅自将外汇存放境外，或者将境内的外汇非法转移到境外，数额较大的[419]，对单位判处逃汇数额百分之五以上百分之三十以下罚金，并对其直接负责的主管人员和其他直接责任人员处五年以下有期徒刑或者拘役；数额巨大或者有其他严重情节的，对单位判处逃汇数额百分之五以上百分之三十以下罚金，并对其直接负责的主管人员和其他直接责任人员处五年以上有期徒刑。

【骗购外汇罪】[420] 有下列情形之一，骗购外汇，数额较大的[421]，处五年以下有期徒刑或者拘役，并处骗购外汇数额百分

---

[418] **编者注：**《全国人民代表大会常务委员会关于惩治骗购外汇、逃汇和非法买卖外汇犯罪的决定》（1998 年 12 月 29 日）修订本条，对本罪的犯罪主体取消了"国有的"这一限制，从而扩大了本罪犯罪主体的外延。本罪只能由单位构成，系纯正的单位犯罪。

[419]《立案标准（二）》：**第四十六条** 公司、企业或者其他单位，违反国家规定，擅自将外汇存放境外，或者将境内的外汇非法转移到境外，单笔在二百万美元以上或者累计数额在五百万美元以上的，应予立案追诉。

[420]《全国人民代表大会常务委员会关于惩治骗购外汇、逃汇和非法买卖外汇犯罪的决定》规定本罪。

[421]《立案标准（二）》规定：**第四十七条** ［骗购外汇案（全国人民代表大会常务委员会《关于惩治骗购外汇、逃汇和非法买卖外汇犯罪的决定》第一条）］骗购外汇，数额在五十万美元以上的，应予立案追诉。

之五以上百分之三十以下罚金；数额巨大或者有其他严重情节的，处五年以上十年以下有期徒刑，并处骗购外汇数额百分之五以上百分之三十以下罚金；数额特别巨大或者有其他特别严重情节的，处十年以上有期徒刑或者无期徒刑，并处骗购外汇数额百分之五以上百分之三十以下罚金或者没收财产：

（一）使用伪造、变造的海关签发的报关单、进口证明、外汇管理部门核准件等凭证和单据的；

（二）重复使用海关签发的报关单、进口证明、外汇管理部门核准件等凭证和单据的；

（三）以其他方式骗购外汇的。

伪造、变造海关签发的报关单、进口证明、外汇管理部门核准件等凭证和单据，并用于骗购外汇的，依照前款的规定从重处罚。

明知用于骗购外汇而提供人民币资金的，以共犯论处。

单位犯前三款罪的，对单位依照第一款的规定判处罚金，并对其直接负责的主管人员和其他直接责任人员，处五年以下有期徒刑或者拘役；数额巨大或者有其他严重情节的，处五年以上十年以下有期徒刑；数额特别巨大或者有其他特别严重情节的，处十年以上有期徒刑或者无期徒刑。

第一百九十一条[422]（刑三、刑六）**【洗钱罪】**明知[423]是毒

---

[422]《最高人民法院关于审理洗钱等刑事案件具体应用法律若干问题的解释》（法释〔2009〕15号，2009年11月11日）。

[423]**法释〔2009〕15号：第一条**　刑法第一百九十一条、第三百一十二条规定的"明知"，应当结合被告人的认知能力，接触他人犯罪所得及其收益的情况，犯罪所得及其收益的种类、数额，犯罪所得及其收益的转换、转移方式以及被告人的供述等主、客观因素进行认定。具有下列情形之一的，可以认定被

品犯罪、黑社会性质的组织犯罪、恐怖活动犯罪、走私犯罪、贪污贿赂犯罪、破坏金融管理秩序犯罪、金融诈骗犯罪的违法所得及其产生的收益，为掩饰、隐瞒其来源和性质，有下列行为之一的[424]，没收实施以上犯罪的违法所得及其产生的收益，处五年以下有期徒刑或者拘役，并处或者单处洗钱数额百分之五以上百分之二十以下罚金；情节严重的，处五年以上十年以下有期徒刑，并处洗钱数额百分之五以上百分之二十以下罚金：

告人明知系犯罪所得及其收益，但有证据证明确实不知道的除外：（一）知道他人从事犯罪活动，协助转换或者转移财物的；（二）没有正当理由，通过非法途径协助转换或者转移财物的；（三）没有正当理由，以明显低于市场的价格收购财物的；（四）没有正当理由，协助转换或者转移财物，收取明显高于市场的"手续费"的；（五）没有正当理由，协助他人将巨额现金散存于多个银行账户或者在不同银行账户之间频繁划转的；（六）协助近亲属或者其他关系密切的人转换或者转移与其职业或者财产状况明显不符的财物的；（七）其他可以认定行为人明知的情形。被告人将刑法第一百九十一条规定的某一上游犯罪的犯罪所得及其收益误认为刑法第一百九十一条规定的上游犯罪范围内的其他犯罪所得及其收益的，不影响刑法第一百九十一条规定的"明知"的认定。

[424]**《立案标准（二）》：第四十八条** 明知是毒品犯罪、黑社会性质的组织犯罪、恐怖活动犯罪、走私犯罪、贪污贿赂犯罪、破坏金融管理秩序犯罪、金融诈骗犯罪的所得及其产生的收益，为掩饰、隐瞒其来源和性质，涉嫌下列情形之一的，应予立案追诉：（一）提供资金账户的；（二）协助将财产转换为现金、金融票据、有价证券的；（三）通过转账或者其他结算方式协助资金转移的；（四）协助将资金汇往境外的；（五）以其他方法掩饰、隐瞒犯罪所得及其收益的来源和性质的。

（一）提供资金账户的；

（二）协助将财产转换为现金、金融票据、有价证券的；

（三）通过转账或者其他结算方式协助资金转移的；

（四）协助将资金汇往境外的；

（五）以其他方法掩饰、隐瞒犯罪的违法所得及其收益的性质和来源的。[425]

单位犯前款罪的，对单位判处罚金，并对其直接负责的主管人员和其他直接责任人员，处五年以下有期徒刑或者拘役。情节严重的，处五年以上十年以下有期徒刑。

第五节　金融诈骗罪

第一百九十二条　【集资诈骗罪】以非法占有为目的[426]，使用

---

[425]**法释〔2009〕15号：第二条**　具有下列情形之一的，可以认定为刑法第一百九十一条第一款第（五）项规定的"以其他方法掩饰、隐瞒犯罪所得及其收益的来源和性质"：（一）通过典当、租赁、买卖、投资等方式，协助转移、转换犯罪所得及其收益的；（二）通过与商场、饭店、娱乐场所等现金密集型场所的经营收入相混合的方式，协助转移、转换犯罪所得及其收益的；（三）通过虚构交易、虚设债权债务、虚假担保、虚报收入等方式，协助将犯罪所得及其收益转换为"合法"财物的；（四）通过买卖彩票、奖券等方式，协助转换犯罪所得及其收益的；（五）通过赌博方式，协助将犯罪所得及其收益转换为赌博收益的；（六）协助将犯罪所得及其收益携带、运输或者邮寄出入境的；（七）通过前述规定以外的方式协助转移、转换犯罪所得及其收益的。

[426]**法发〔2001〕8号：**实践中关于非法占有为目的的认定

金融诈骗犯罪都是以非法占有为目的的犯罪。在司法实践中，

认定是否具有非法占有为目的，应当坚持主客观相一致的原则，既要避免单纯根据损失结果客观归罪，也不能仅凭被告人自己的供述，而应当根据案件具体情况具体分析。根据司法实践，对于行为人通过诈骗的方法非法获取资金，造成数额较大资金不能归还，并具有下列情形之一的，可以认定为具有非法占有的目的：（1）明知没有归还能力而大量骗取资金的；（2）非法获取资金后逃跑的；（3）肆意挥霍骗取资金的；（4）使用骗取的资金进行违法犯罪活动的；（5）抽逃、转移资金、隐匿财产，以逃避返还资金的；（6）隐匿、销毁账目，或者搞假破产、假倒闭，以逃避返还资产的；（7）其他非法占有资金、拒不返还的行为。但是，在处理具体案件的时候，对于有证据证明行为人不具有非法占有为目的的，不能单纯以财产不能返还就按金融诈骗罪处罚。

编者注：本节各罪只有第一百九十二条和第一百九十三条明确规定了"以非法占有为目的"。其他各条都未规定这一主观目的，但这并不意味着其他各罪并不需要这一主观目的，而属于立法技术上的省略方式，因为其他各罪属于特殊类型的诈骗犯罪行为，自然具有诈骗的基本特征，其中必然包括"以非法占有为目的"这一主观构成要件。第一百九十二条和第一百九十三条之所以明确规定了"以非法占有为目的"是因为非法集资罪与贷款诈骗罪容易与经济纠纷、贷款纠纷以及非法吸收公众存款等罪相混淆。需要注意的是，以非法占有为目的，侵犯的是公私财产的所有权。

法释〔2010〕18号：第四条 以非法占有为目的，使用诈骗方法实施本解释第二条规定所列行为的，应当依照刑法第一百九十二条的规定，以集资诈骗罪定罪处罚。使用诈骗方法非法集资，具有下列情形之一的，可以认定为"以非法占有为目的"：（一）集资后不用于生产经营活动或者用于生产经营活动与筹集资金规模明显不成比例，致使集资款不能返还的；（二）肆意挥霍集资款，致使集资款不能返还的；（三）携带集资款逃匿的；（四）将集资款用于违法犯罪活动的；（五）抽逃、转移资金、隐匿财产，逃避返还资金的；（六）隐匿、销毁账目，或者搞假破产、假倒闭，逃避返还资金的；（七）拒不交代资金去向，逃避返还资金的；（八）其他可以认定非法占有目的的情形。集资诈骗罪中的非法占有目的，应当区分情形进行具体认定。行为人部分非法集资行为具有非法占有目的的，对该部分非法集资行为所涉集资款以集资诈骗罪定罪处罚；非法集资共同犯罪中部分行为人具有非法占有目的，其他行为人没有非法占有集资款的共同故意和行为的，对具有非法占有目的的行为人以集资诈骗罪定罪处罚。**编者注**：1. 行为人是就事实进行欺骗，还是就价值进行欺骗，均不影响欺骗行为的性质。对集资诈骗行为的"诈骗方法"只能进行实质的限定，而不可能穷尽其具体表现，故不能人为地将集资诈骗的欺骗行为局限为上文几种特定的手段。2. 由于故意、非法占有目的都是与行为同时存在的主观要素，故按照行为后的事实所证明或推定的结论，是可能被相反证据推翻的。行为人不能返还非法集资款，只是一种结果。这种结果本身并不能证明行为人具有集资诈骗的故意与非法占有的目的，不能证明募集资金的行为属于集资诈骗，正如死亡结果不能证明行为人有杀人故意一样，故需仔细考察行为人不能返还的原因。3.《解释》既坚持了主客观相一致原则，又体现了部分犯罪共同说的理论成果。

〔427〕**《最高人民法院关于非法集资刑事案件性质认定问题的通知》（法〔2011〕262 号，2011 年 8 月 18 日）** 为依法、准确、及时审理非法集资刑事案件，现就非法集资性质认定的有关问题通知如下：一、行政部门对于非法集资的性质认定，不是非法集资案件进入刑事程序的必经程序。行政部门未对非法集资作出性质认定的，不影响非法集资刑事案件的审判。二、人民法院应当依照刑法和最高人民法院《关于审理非法集资刑事案件具体应用法律若干问题的解释》等有关规定认定案

诈骗方法非法集资^[427]，数额较大的^[428]，处五年以下有期徒刑或者拘役，并处二万元以上二十万元以下罚金；数额巨大或者有其他严重情节的，处五年以上十年以下有期徒刑，并处五万元以上五十万元以下罚金；数额特别巨大或者有其他特别严重情节的，处十年以上有期徒刑或者无期徒刑，并处五万元以上五十万元以下罚金或者没收财产。

第一百九十三条^[429] **【贷款诈骗罪】** 有下列情形之一，以非法占有为目的，诈骗银行或者其他金融机构的贷款，数额较大的^[430]，处五年以下有期徒刑或者拘役，并处二万元以上二十万元

件事实的性质，并认定相关行为是否构成犯罪。三、对于案情复杂、性质认定疑难的案件，人民法院可以在有关部门关于是否符合行业技术标准的行政认定意见的基础上，根据案件事实和法律规定作出性质认定。四、非法集资刑事案件的审判工作涉及领域广、专业性强，人民法院在审理此类案件当中要注意加强与有关行政主（监）管部门以及公安机关、人民检察院的配合。审判工作中遇到重大问题难以解决的，请及时报告最高人民法院。

〔428〕《立案标准（二）》：**第四十九条** 以非法占有为目的，使用诈骗方法非法集资，涉嫌下列情形之一的，应予立案追诉：（一）个人集资诈骗，数额在十万元以上的；（二）单位集资诈骗，数额在五十万元以上的。

〔429〕**编者注**：本罪虽然也有单位实施，但只是自然人犯罪，不是单位犯罪。

〔430〕《立案标准（二）》：**第五十条** 以非法占有为目的，诈骗银行或者其他金融机构的贷款，数额在二万元以上的，应予立案追诉。

以下罚金；数额巨大或者有其他严重情节的，处五年以上十年以下有期徒刑，并处五万元以上五十万元以下罚金；数额特别巨大或者有其他特别严重情节的，处十年以上有期徒刑或者无期徒刑，并处五万元以上五十万元以下罚金或者没收财产：

（一）编造引进资金、项目等虚假理由的；

（二）使用虚假的经济合同的；

（三）使用虚假的证明文件的；

（四）使用虚假的产权证明作担保或者超出抵押物价值重复担保的；

（五）以其他方法诈骗贷款的。

第一百九十四条 【票据诈骗罪】[431] 有下列情形之一，进行金融票据诈骗活动，数额较大的[432]，处五年以下有期徒刑或者拘役，并处二万元以上二十万元以下罚金；数额巨大或者有其他严重情节的，处五年以上十年以下有期徒刑，并处五万元以上五十万元以下罚金；数额特别巨大或者有其他特别严重情节的，处十年以上有期徒刑或者无期徒刑，并处五万元以上五十万元以下罚金或者没收财产：

（一）明知是伪造、变造的汇票、本票、支票而使用的；

（二）明知是作废的汇票、本票、支票而使用的；

（三）冒用他人的汇票、本票、支票的；

（四）签发空头支票或者与其预留印鉴不符的支票，骗取财物的；

（五）汇票、本票的出票人签发无资金保证的汇票、本票或者在出票时作虚假记载，骗取财物的。

---

[431] **编者注：**如为单位犯罪，则对直接责任人员只处本条所规定的有期徒刑，而不对其判处财产刑。

[432] **《立案标准（二）》：第五十一条** 进行金融票据诈骗活动，涉嫌下列情形之一的，应予立案追诉：（一）个人进行金融

【金融凭证诈骗罪】 使用伪造、变造的委托收款凭证、汇款凭证、银行存单等其他银行结算凭证的[433]，依照前款的规定处罚。

第一百九十五条 【信用证诈骗罪】 有下列情形之一，进行信用证诈骗活动的[434]，处五年以下有期徒刑或者拘役，并处二万元以上二十万元以下罚金；数额巨大或者有其他严重情节的，处五年以上十年以下有期徒刑，并处五万元以上五十万元以下罚金；数额特别巨大或者有其他特别严重情节的，处十年以上有期徒刑或者无期徒刑，并处五万元以上五十万元以下罚金或者没收财产：

（一）使用伪造、变造的信用证或者附随的单据、文件的；

（二）使用作废的信用证的；

（三）骗取信用证的；

（四）以其他方法进行信用证诈骗活动的。

票据诈骗，数额在一万元以上的；（二）单位进行金融票据诈骗，数额在十万元以上的。

[433] **《立案标准（二）》：第五十二条** 使用伪造、变造的委托收款凭证、汇款凭证、银行存单等其他银行结算凭证进行诈骗活动，涉嫌下列情形之一的，应予立案追诉：（一）个人进行金融凭证诈骗，数额在一万元以上的；（二）单位进行金融凭证诈骗，数额在十万元以上的。

[434] **《立案标准（二）》：第五十三条** 进行信用证诈骗活动，涉嫌下列情形之一的，应予立案追诉：（一）使用伪造、变造的信用证或者附随的单据、文件的；（二）使用作废的信用证的；（三）骗取信用证的；（四）以其他方法进行信用证诈骗活动的。

第一百九十六条[435] （刑五）【信用卡诈骗罪】有下列情形之一，进行信用卡[436]诈骗活动，数额较大的[437]，处五年以下有期徒刑或者拘役，并处二万元以上二十万元以下罚金；数额巨大[438]或者有其他严重情节的，处五年以上十年以下有期徒刑，并处五万元以上五十万元以下罚金；数额特别巨大[439]或者有其他特别严重情节的，处十年以上有期徒刑或者无期徒刑，并处五万元以上五十万元以下罚金或者没收财产：

（一）使用伪造的信用卡的；或者使用以虚假的身份证明骗领信用卡的[440]；

（二）使用作废的信用卡的；

（三）冒用他人信用卡的[441]；

（四）恶意透支的[442]。

---

[435]《最高人民法院、最高人民检察院关于办理妨害信用卡管理刑事案件具体应用法律若干问题的解释》（法释〔2009〕19 号，2009 年 12 月 16 日）。

[436]编者注：刑法规定的"信用卡"，是指由商业银行或者其他金融机构发行的具有消费支付、信用贷款、转账结算、存取现金等全部功能或部分功能的电子支付卡。

[437]法释〔2009〕19 号：第五条 使用伪造的信用卡、以虚假的身份证明骗领的信用卡、作废的信用卡或者冒用他人信用卡，进行信用卡诈骗活动，数额在 5000 元以上不满 5 万元的，应当认定为刑法第一百九十六条规定的"数额较大"。

《立案标准（二）》：第五十四条 进行信用卡诈骗活动，涉嫌下列情形之一的，应予立案追诉：（一）使用伪造的信用卡，或者使用以虚假的身份证明骗领的信用卡，或者使用作废的信用卡，或者冒用他人信用卡，进行诈骗活动，数额在五千元以上的；（二）恶意透支，数额在一万元以上的。

〔438〕**法释〔2009〕19号：第五条** 使用伪造的信用卡、以虚假的身份证明骗领的信用卡、作废的信用卡或者冒用他人信用卡，进行信用卡诈骗活动，数额在5万元以上不满50万元的，应当认定为刑法第一百九十六条规定的"数额巨大"。

〔439〕**法释〔2009〕19号：第五条** 使用伪造的信用卡、以虚假的身份证明骗领的信用卡、作废的信用卡或者冒用他人信用卡，进行信用卡诈骗活动，数额在50万元以上的，应当认定为刑法第一百九十六条规定的"数额特别巨大"。

〔440〕**编者注：** 本项后一部分是2005年2月28日《刑法修正案（五）》所增加的。同一修正案的内容之一就是将以虚假的身份证明骗领信用卡的数量较大的行为认定为犯罪。

〔441〕**《最高人民检察院关于拾得他人信用卡并在自动柜员机（ATM）上使用的行为如何定性的问题的批复》（高检发释字〔2008〕1号，2008年4月18日）：** 拾得他人信用卡并在自动柜台机（ATM机）上使用的行为，属于刑法第一百九十六条第一款第（三）项规定的"冒用他人信用卡"的情形，构成犯罪的，以信用卡诈骗罪追究刑事责任。

　　法释〔2009〕19号：第五条第二款 刑法第一百九十六条第一款第（三）项所称"冒用他人信用卡"，包括以下情形：（一）拾得他人信用卡并使用的；（二）骗取他人信用卡并使用的；（三）窃取、收买、骗取或者以其他非法方式获取他人信用卡信息资料，并通过互联网、通讯终端等使用的；（四）其他冒用他人信用卡的情形。

〔442〕**法释〔2009〕19号：第七条** 违反国家规定，使用销售点终端机具（POS机）等方法，以虚构交易、虚开价格、现金退货等方式向信用卡持卡人直接支付现金，情节严重的，应当依据刑法第二百二十五条的规定，以非法经营罪定罪处罚。持卡人以非法占有为目的，采用上述方式恶意透支，应当追究刑事责任的，依照刑法第一百九十六条的规定，以信用卡诈骗罪定罪处罚。

　　前款所称恶意透支，是指持卡人以非法占有为目的[443]，超过规定限额或者规定期限透支[444]，并且经发卡银行催收后仍不归还的行为。

---

[443]**法释〔2009〕19 号：第六条第二款**　有以下情形之一的，应当认定为刑法第一百九十六条第二款规定的"以非法占有为目的"：（一）明知没有还款能力而大量透支，无法归还的；（二）肆意挥霍透支的资金，无法归还的；（三）透支后逃匿、改变联系方式，逃避银行催收的；（四）抽逃、转移资金，隐匿财产，逃避还款的；（五）使用透支的资金进行违法犯罪活动的；（六）其他非法占有资金，拒不归还的行为。

[444]**法释〔2009〕19 号：第六条第一款**　持卡人以非法占有为目的，超过规定限额或者规定期限透支，并且经发卡银行两次催收后超过 3 个月仍不归还的，应当认定为刑法第一百九十六条规定的"恶意透支"。恶意透支，数额在 1 万元以上不满 10 万元的，应当认定为刑法第一百九十六条规定的"数额较大"；数额在 10 万元以上不满 100 万元的，应当认定为刑法第一百九十六条规定的"数额巨大"；数额在 100 万元以上的，应当认定为刑法第一百九十六条规定的"数额特别巨大"。恶意透支的数额，是指在第一款规定的条件下持卡人拒不归还的数额或者尚未归还的数额。不包括复利、滞纳金、手续费等发卡银行收取的费用。恶意透支应当追究刑事责任，但在公安机关立案后人民法院判决宣告前已偿还全部透支款息的，可以从轻处罚，情节轻微的，可以免除处罚。恶意透支数额较大，在公安机关立案前已偿还全部透支款息，情节显著轻微的，可以依法不追究刑事责任。**编者注：** 1. 为了从严掌握恶意透支的定罪量刑标准，故将其标准按普通信用卡诈骗的 2 倍计算。2. 由于复利、滞纳金、手续费等发卡银行收取的费用，具有民事违约金的性质，并且不同银行对其规定的数额不同，作为恶意透

盗窃信用卡并使用的[445]，依照本法第二百六十四条（盗窃罪）的规定定罪处罚。

第一百九十七条【有价证券诈骗罪】 使用伪造、变造的国库券或者国家发行的其他有价证券，进行诈骗活动，数额较大的[446]，处五年以下有期徒刑或者拘役，并处二万元以上二十万元以下罚金；数额巨大或者有其他严重情节的，处五年以上十年以下有期徒刑，并处五万元以上五十万元以下罚金；数额特别巨大或者有其他特别严重情节的，处十年以上有期徒刑或者无期徒刑，并处五万元以上五十万元以下罚金或者没收财产。

第一百九十八条【保险诈骗罪】 有下列情形之一，进行保险诈骗活动[447]，数额较大的[448]，处五年以下有期徒刑或者拘役，

支数额予以认定不尽合理，故《解释》作了排除性规定，客观上明确了构成犯罪的数额认定标准。

〔445〕**编者注：** 这一种情况中的信用卡应该是真实有效的信用卡，如果盗窃伪造或作废的信用卡并使用的，应认定为信用卡诈骗。其盗窃数额应当根据行为人盗窃信用卡使用的数额认定。如果定盗窃罪，则被害人为信用卡的主人，而不是银行。信用卡的主人就为自己保管不善负责。

〔446〕**《立案标准（二）》：第五十五条** 使用伪造、变造的国库券或者国家发行的其他有价证券进行诈骗活动，数额在一万元以上的，应予立案追诉。

〔447〕**《最高人民检察院法律政策研究室关于保险诈骗未遂能否按犯罪处理问题的答复》（高检研发〔1998〕第20号，1998年11月27日）：** 行为人已经着手实施保险诈骗行为，但由于其意志以外的原因未能获得保险赔偿的，是诈骗未遂，情节严重的，应依法追究刑事责任。

〔448〕**《立案标准（二）》：第五十六条** 进行保险诈骗活动，涉

并处一万元以上十万元以下罚金；数额巨大或者有其他严重情节的，处五年以上十年以下有期徒刑，并处二万元以上二十万元以下罚金；数额特别巨大或者有其他特别严重情节的，处十年以上有期徒刑，并处二万元以上二十万元以下罚金或者没收财产：

（一）投保人故意虚构保险标的，骗取保险金的；

（二）投保人、被保险人或者受益人对发生的保险事故编造虚假的原因或者夸大损失的程度，骗取保险金的；

（三）投保人、被保险人或者受益人编造未曾发生的保险事故，骗取保险金的；

（四）投保人、被保险人故意造成财产损失的保险事故，骗取保险金的；

（五）投保人、受益人故意造成被保险人死亡、伤残或者疾病，骗取保险金的。

有前款第四项、第五项所列行为，同时构成其他犯罪的，依照数罪并罚的规定处罚。

单位犯第一款罪的，对单位判处罚金，并对其直接负责的主管人员和其他直接责任人员，处五年以下有期徒刑或者拘役；数额巨大或者有其他严重情节的，处五年以上十年以下有期徒刑；数额特别巨大或者有其他特别严重情节的，处十年以上有期徒刑。

保险事故的鉴定人、证明人、财产评估人故意提供虚假的证明文件，为他人诈骗提供条件的，以保险诈骗的共犯论处。

第一百九十九条[449]（刑八）**【部分金融诈骗罪的死刑规定】**

嫌下列情形之一的，应予立案追诉：（一）个人进行保险诈骗，数额在一万元以上的；（二）单位进行保险诈骗，数额在五万元以上的。**编者注：**从立案标准来看，个人和单位的犯罪数额是1:5。

[449]**编者注：**刑法修正案（八）废除了票据诈骗罪、金融凭证诈骗罪和信用证诈骗罪的死刑。

犯本节第一百九十二条（集资诈骗罪）规定之罪，数额特别巨大并且给国家和人民利益造成特别重大损失的，处无期徒刑或者死刑，并处没收财产。

第二百条（刑八）【单位犯金融诈骗罪的处罚规定】单位犯本节第一百九十二条（集资诈骗罪）、第一百九十四条（票据诈骗罪）、第一百九十五条（信用证诈骗罪）规定之罪的，对单位判处罚金，并对其直接负责的主管人员和其他直接责任人员，处五年以下有期徒刑或者拘役，可以并处罚金；数额巨大或者有其他严重情节的，处五年以上十年以下有期徒刑，并处罚金；数额特别巨大或者有其他特别严重情节的，处十年以上有期徒刑或者无期徒刑，并处罚金[450]。

第六节　危害税收征管罪

第二百零一条[451]**（刑七）【逃税罪】**纳税人采取欺骗、隐瞒手段[452]进行虚假纳税申报或者不申报[453]，逃避缴纳税款数额较大并且占应纳税额[454]百分之十以上的[455]，处三年以下有期徒刑或者拘役，并处罚金；数额巨大并且占应纳税额百分之三十以上的，处三年以上七年以下有期徒刑，并处罚金。

扣缴义务人采取前款所列手段，不缴或者少缴已扣、已收税款，数额较大[456]的，依照前款的规定处罚。

---

[450]编者注：《刑法修正案（八）》增加了"并处罚金"。

[451]《最高人民法院关于审理偷税抗税刑事案件具体应用法律若干问题的解释》（法释〔2002〕33 号，2002 年 11 月 7 日）。

[452]编者注：《刑法修正案（七）》之前条文的表述为"采取伪造、变造、擅自销毁账簿、记账凭证、在账簿上多列支出或

者不列、不列收入",修改为"采取欺骗、隐瞒手段",不再具体说明行为,而是抽象地概括其本质特征。

〔453〕**编者注:**因不申报而成立逃税罪的,不需要采取欺骗、隐瞒手段,但张明楷教授认为,对此就作限制解释,即只有经税务机关通过申报而不申报的,才能认定为逃税罪。

〔454〕**《公安部关于如何理解刑法第二百零一条规定的"应纳税款"问题的批复》(公复字〔1999〕4 号,1999 年 11 月 23 日):**应纳税款,是指某一法定纳税期限或者税务机关依法核定的纳税期间内应纳税额的总和。逃税行为涉及两个以上税种的,只要其中一个税种的逃税数额、比例达到法定标准的,即构成逃税罪,其他税种的逃税数额应累计计算。

〔455〕**《立案标准(二)》:第五十七条** 逃避缴纳税款,涉嫌下列情形之一的,应予立案追诉:(一)纳税人采取欺骗、隐瞒手段进行虚假纳税申报或者不申报,逃避缴纳税款,数额在五万元以上并且占各税种应纳税总额百分之十以上,经税务机关依法下达追缴通知后,不补缴应纳税款、不缴纳滞纳金或者不接受行政处罚的;(二)纳税人五年内因逃避缴纳税款受过刑事处罚或者被税务机关给予二次以上行政处罚,又逃避缴纳税款,数额在五万元以上并且占各税种应纳税总额百分之十以上的;纳税人在公安机关立案后再补缴应纳税款、缴纳滞纳金或者接受行政处罚的,不影响刑事责任的追究。

〔456〕**编者注:**《刑法修正案(七)》之前条文的表述为"占应纳税额百分之十以上的并且数额在一万元以上的",为避免重复而使用了"数额较大"一语,以示简洁。《立案标准(二)》:第五十七条第(三)项扣缴义务人采取欺骗、隐瞒手段,不缴或者少缴已扣、已收税款,数额在五万元以上的。

对多次实施前两款行为，未经处理的[457]，按照累计数额计算。

（刑七）有第一款行为，经税务机关依法下达追缴通知后，补缴应纳税款，缴纳滞纳金，已受行政处罚的，不予追究刑事责任[458]；但是，五年内因逃避缴纳税款受过刑事处罚或者被税务机关给予二次以上行政处罚的除外。

第二百零二条[459] **【抗税罪】** 以暴力、威胁方法拒不缴纳税款的[460]，处三年以下有期徒刑或者拘役，并处拒缴税款一倍以上

---

[457]**法释〔2002〕33号：第二条第四款** 刑法第二百零一条第三款规定的"未经处理"，是指纳税人或者扣缴义务人在五年内多次实施偷税行为，但每次偷税数额均未达到刑法第二百零一条规定的构成犯罪的数额标准，且未受行政处罚的情形。纳税人、扣缴义务人因同一偷税犯罪行为受到行政处罚，又被移送起诉的，人民法院应当依法受理。依法定罪并判处罚金的，行政罚款折抵罚金。

[458]**编者注：** 《刑法修正案（七）》增加本款，仅适用于逃税罪的初犯，开创了刑事立法上入罪与出罪相结合的先例，在行为已构成犯罪的情况下，只要行为人满足了法律规定的条件，就不予追究刑事责任，这契合了当前构建和谐社会的大背景，从立法上体现了宽严相济的刑事政策，既有利于税款征收，又极大地节约了司法资源。

[459]**编者注：** 妨害公务罪只有一个量刑幅度，而抗税罪根据情节严重而多规定了一个量刑档，同包庇罪与包庇涉毒犯罪分子一样。抗税罪只能由自然人构成。

[460]**《立案标准（二）》：第五十八条** 以暴力、威胁方法拒不缴纳税款，涉嫌下列情形之一的，应予立案追诉：（一）造成税务工作人员轻微伤以上的；（二）以给税务工作人员及其

五倍以下罚金；情节严重的[461]，处三年以上七年以下有期徒刑，并处拒缴税款一倍以上五倍以下罚金。

第二百零三条【逃避追缴欠税罪】 纳税人欠缴应纳税款，采取转移或者隐匿财产的手段，致使税务机关无法追缴欠缴的税款，数额在一万元以上不满十万元的[462]，处三年以下有期徒刑或者拘役，并处或者单处欠缴税款一倍以上五倍以下罚金；数额在十万元以上的，处三年以上七年以下有期徒刑，并处欠缴税款一倍以上五倍以下罚金。

第二百零四条[463]**【骗取出口退税罪】** 以假报出口[464]或者其他欺骗手段[465]，骗取国家出口退税款，数额较大的[466]，处五年以下有期徒刑或者拘役，并处骗取税款一倍以上五倍以下罚金；数额巨大[467]或者有其他严重情节的[468]，处五年以上十年以下有期徒刑，并处骗取税款一倍以上五倍以下罚金；数额特别巨大[469]或者有其他特别严重情节的[470]，处十年以上有期徒刑或无期徒刑，并处骗取税款一倍以上五倍以下罚金或者没收财产。

纳税人缴纳税款后，采取前款规定的欺骗方法，骗取所缴纳的税款的，依照本法第二百零一条（逃税罪）的规定定罪处罚；骗取税款超过所缴纳的税款部分，依照前款的规定处罚。[471]

亲友的生命、健康、财产等造成损害为威胁，抗拒缴纳税款的；（三）聚众抗拒缴纳税款的；（四）以其他暴力、威胁方法拒不缴纳税款的。

[461]**法释〔2002〕33号：第五条** 实施抗税行为具有下列情形之一的，属于刑法第二百零二条规定的"情节严重"：（一）聚众抗税的首要分子；（二）抗税数额在十万元以上的；（三）多次抗税的；（四）故意伤害致人轻伤的；（五）具有其他严重情节。实施抗税行为致人重伤、死亡，构成故意伤害罪、故意杀人罪的，分别依照刑法第二百三十四条第二款、第二百三十二条

的规定定罪处罚（**编者注：转化犯**）。与纳税人或者扣缴义务人共同实施抗税行为的，以抗税罪的共犯依法处罚。

〔462〕**《立案标准（二）》：第五十九条** 纳税人欠缴应纳税款，采取转移或者隐匿财产的手段，致使税务机关无法追缴欠缴的税款，数额在一万元以上的，应予立案追诉。

〔463〕**《最高人民法院关于审理骗取出口退税刑事案件具体应用法律若干问题的解释》（法释〔2002〕30号，2002年9月23日）：第七条** 实施骗取国家出口退税行为，没有实际取得出口退税款的，可以比照既遂犯从轻或者减轻处罚。

　　第八条 国家工作人员参与实施骗取出口退税犯罪活动的，依照刑法第二百零四条第一款的规定从重处罚。

〔464〕**法释〔2002〕30号：第一条** 刑法第二百零四条规定的"假报出口"，是指以虚构已税货物出口事实为目的，具有下列情形之一的行为：（一）伪造或者签订虚假的买卖合同；（二）以伪造、变造或者其他非法手段取得出口货物报关单、出口收汇核销单、出口货物专用缴款书等有关出口退税单据、凭证；（三）虚开、伪造、非法购买增值税专用发票或者其他可以用于出口退税的发票；（四）其他虚构已税货物出口事实的行为。

〔465〕**法释〔2002〕30号：第二条** 具有下列情形之一的，应当认定为刑法第二百零四条规定的"其他欺骗手段"：（一）骗取出口货物退税资格的；（二）将未纳税或者免税货物作为已税货物出口的；（三）虽有货物出口，但虚构该出口货物的品名、数量、单价等要素，骗取未实际纳税部分出口退税款的；（四）以其他手段骗取出口退税款的。

　　第六条 有进出口经营权的公司、企业，明知他人意欲骗取国家出口退税款，仍违反国家有关进出口经营的规定，允许他人自带客户、自带货源、自带汇票并自行报关，骗取国家出口退税款的，依照刑法第二百零四条第一款、第二百一十一条（单位犯罪）的规定定罪处罚。

〔466〕**法释〔2002〕30 号：第三条** 骗取国家出口退税款 5 万元以上的，为刑法第二百零四条规定的"数额较大"。

《立案标准（二）》：第六十条 以假报出口或者其他欺骗手段，骗取国家出口退税款，数额在五万元以上的，应予立案追诉。

〔467〕**法释〔2002〕30 号：第三条** 骗取国家出口退税款 50 万元以上的，为刑法第二百零四条规定的"数额巨大"。

〔468〕**法释〔2002〕30 号：第四条** 具有下列情形之一的，属于刑法第二百零四条规定的"其他严重情节"：（一）造成国家税款损失 30 万元以上并且在第一审判决宣告前无法追回的；（二）因骗取国家出口退税行为受过行政处罚，两年内又骗取国家出口退税款数额在 30 万元以上的；（三）情节严重的其他情形。

〔469〕**法释〔2002〕30 号：第三条** 骗取国家出口退税款 250 万元以上的，为刑法第二百零四条规定的"数额特别巨大"。

〔470〕**法释〔2002〕30 号：第五条** 具有下列情形之一的，属于刑法第二百零四条规定的"其他特别严重情节"：（一）造成国家税款损失 150 万元以上并且在第一审判决宣告前无法追回的；（二）因骗取国家出口退税行为受过行政处罚，两年内又骗取国家出口退税款数额在 150 万元以上的；（三）情节特别严重的其他情形。

〔471〕**编者注**：本款似乎是对特殊的想象竞合犯以数罪论处。行为人的一个行为触犯了两个罪名，但刑法规定实行了并罚，即以偷税罪和骗取出口退税罪，实行数罪并罚，而不是以一罪论处。

第二百零五条[472] （刑八）【**虚开增值税专用发票、用于骗取出口退税、抵扣税款发票罪**】虚开增值税专用发票或者虚开用于骗取出口退税、抵扣税款的其他发票的[473]，处三年以下有期徒刑或者拘役，并处二万元以上二十万元以下罚金；虚开的税款数额较大或者有其他严重情节的，处三年以上十年以下有期徒刑，并处五万元以上五十万元以下罚金；虚开的税款数额巨大或者有其他特别严重情节的，处十年以上有期徒刑或者无期徒刑，并处五万元以上五十万元以下罚金或者没收财产。

单位犯本条规定之罪的，对单位判处罚金，并对其直接负责的主管人员和其他直接责任人员，处三年以下有期徒刑或者拘役；虚开的税款数额较大或者有其他严重情节的，处三年以上十年以下有期徒刑；虚开的税款数额巨大或者有其他特别严重情节的，处十年以上有期徒刑或者无期徒刑。

虚开增值税专用发票或者虚开用于骗取出口退税、抵扣税款的其他发票，是指有为他人虚开、为自己虚开、让他人为自己虚开、介绍他人虚开行为之一的。

第二百零五条之一 （刑八）【**虚开发票罪**】虚开本法第二百零五条规定以外的其他发票，情节严重的[474]，处二年以下有期徒刑、拘役或者管制，并处罚金；情节特别严重的，处二年以上七年以下有期徒刑，并处罚金。

---

[472]编者注：《刑法修正案（八）》仅废除了本罪的死刑，而并未修改本罪的犯罪构成。

[473]《立案标准（二）》：第六十一条 虚开增值税专用发票或者虚开用于骗取出口退税、抵扣税款的其他发票，虚开的税款数额在一万元以上或者致使国家税款被骗数额在五千元以上的，应予立案追诉。

[474]《最高人民检察院、公安部关于公安机关管辖的刑事案件立案追诉标准的规定（二）的补充规定》（以下简称《立案标准

单位犯前款罪的，对单位判处罚金，并对其直接负责的主管人员和其他直接责任人员，依照前款的规定处罚。

第二百零六条[475]（刑八）**【非法出售增值税专用发票罪】**伪造或者出售伪造的增值税专用发票的[476]，处三年以下有期徒刑、拘役或者管制，并处二万元以上二十万元以下罚金；数量较大或者有其他严重情节的，处三年以上十年以下有期徒刑，并处五万元以上五十万元以下罚金；数量巨大或者有其他特别严重情节的，处十年以上有期徒刑或者无期徒刑，并处五万元以上五十万元以下罚金或者没收财产。

单位犯本条规定之罪的，对单位判处罚金，并对其直接负责的主管人员和其他直接责任人员，处三年以下有期徒刑、拘役或者管制；数量较大或者有其他严重情节的，处三年以上十年以下有期徒刑；数量巨大或者有其他特别严重情节的，处十年以上有期徒刑或者无期徒刑。

第二百零七条【非法出售增值税专用发票罪】非法出售增值税专用发票的[477]，处三年以下有期徒刑、拘役或者管制，并处二万元以上二十万元以下罚金；数量较大的，处三年以上十年以下有期徒

（二）》补充）：虚开刑法第二百零五条规定以外的其他发票，涉嫌下列情形之一的，应予立案追诉：（一）虚开发票一百份以上或者虚开金额累计在四十万元以上的；（二）虽未达到上述数额标准，但五年内因虚开发票行为受过行政处罚二次以上，又虚开发票的；（三）其他情节严重的情形。

[475]**编者注**：《刑法修正案（八）》只是废除了本罪的死刑，而并未修改本罪的犯罪构成。

[476]**《立案标准（二）》：第六十二条**伪造或者出售伪造的增值税专用发票二十五份以上或者票面额累计在十万元以上的，应予立案追诉。

刑，并处五万元以上五十万元以下罚金；数量巨大的，处十年以上有期徒刑或者无期徒刑，并处五万元以上五十万元以下罚金或者没收财产。

第二百零八条 【非法购买增值税专用发票、购买伪造的增值税专用发票罪】 非法购买增值税专用发票或者购买伪造的增值税专用发票的[478]，处五年以下有期徒刑或者拘役，并处或者单处二万元以上二十万元以下罚金。

非法购买增值税专用发票或者购买伪造的增值税专用发票又虚开或者出售的，分别依照本法第二百零五条（虚开增值税专用发票罪）、第二百零六条（出售伪造的专用发票罪）、第二百零七条（非法出售增值税专用发票罪）的规定定罪处罚。

第二百零九条 【非法制造、出售非法制造的用于骗取出口退税、抵扣税款发票罪】 伪造、擅自制造或者出售伪造、擅自制造的可以用于骗取出口退税、抵扣税款的其他发票的[479]，处三年以下有期徒刑、拘役或者管制，并处二万元以上二十万元以下罚金；数量巨大的，处三年以上七年以下有期徒刑，并处五万元以上五十万元以下罚金；数量特别巨大的，处七年以上有期徒刑，并处五万元以上五十万元以下罚金或者没收财产。

【非法制造、出售非法制造的发票罪】 伪造、擅自制造或者出售伪造、擅自制造的前款规定以外的其他发票的[480]，处二年以下

---

〔477〕**《立案标准（二）》：第六十三条** 非法出售增值税专用发票二十五份以上或者票面额累计在十万元以上的，应予立案追诉。

〔478〕**《立案标准（二）》：第六十四条** 非法购买增值税专用发票或者购买伪造的增值税专用发票二十五份以上或者票面额累计在十万元以上的，应予立案追诉。

〔479〕**《立案标准（二）》：第六十五条** 伪造、擅自制造或者出售伪造、擅自制造的可以用于骗取出口退税、抵扣税款的非增值税专用发票五十份以上或者票面额累计在二十万元以上的，

有期徒刑、拘役或者管制，并处或者单处一万元以上五万元以下罚金；情节严重的，处二年以上七年以下有期徒刑，并处五万元以上五十万元以下罚金。

【非法出售用于骗取出口退税、抵扣税款发票罪】非法出售可以用于骗取出口退税、抵扣税款的其他发票的[481]，依照第一款的规定处罚。

【非法出售发票罪】非法出售第三款规定以外的其他发票的[482]，依照第二款的规定处罚。

第二百一十条【盗窃罪、诈骗罪】盗窃增值税专用发票或者可以用于骗取出口退税、抵扣税款的其他发票的，依照本法第二百六十四条（盗窃罪）的规定定罪处罚。

使用欺骗手段骗取增值税专用发票或者可以用于骗取出口退税、抵扣税款的其他发票的，依照本法第二百六十六条（诈骗罪）的规定定罪处罚。

第二百一十条之一（刑八）【持有伪造的发票罪】明知是伪造的发票而持有，数量较大的[483]，处二年以下有期徒刑、拘役或者

应予立案追诉。

〔480〕《立案标准（二）》：第六十六条 伪造、擅自制造或者出售伪造、擅自制造的不具有骗取出口退税、抵扣税款功能的普通发票一百份以上或者票面额累计在四十万元以上的，应予立案追诉。

〔481〕《立案标准（二）》：第六十七条 非法出售可以用于骗取出口退税、抵扣税款的非增值税专用发票五十份以上或者票面额累计在二十万元以上的，应予立案追诉。

〔482〕《立案标准（二）》：第六十八条 非法出售普通发票一百份以上或者票面额累计在四十万元以上的，应予立案追诉。

〔483〕《立案标准（二）补充》第三条：明知是伪造的发票而持有，具有下列情形之一的，应予立案追诉：（一）持有伪造的

管制，并处罚金；数量巨大的，处二年以上七年以下有期徒刑，并处罚金。

单位犯前款罪的，对单位判处罚金，并对其直接负责的主管人员和其他直接责任人员，依照前款的规定处罚。

第二百一十一条【单位犯危害税收征管罪的处罚规定】单位犯本节第二百零一条（逃税罪）、第二百零三条（逃避追缴欠税罪）、第二百零四条（骗取出口退税罪）、第二百零七条（非法出售增值税专用发票罪）、第二百零八条（非法购买增值税专用发票罪、购买伪造的增值税专用发票罪）、第二百零九条（非法制造、出售非法制造的用于骗取出口退税、抵扣税款发票罪）规定之罪的，对单位判处罚金，并对其直接负责的主管人员和其他直接责任人员，依照各该条的规定处罚。

第二百一十二条【税务机关征缴优先原则】犯本节第二百零一条至第二百零五条规定之罪，被判处罚金、没收财产的，在执行前，应当先由税务机关追缴税款和所骗取的出口退税款。

第七节　侵犯知识产权罪[484]

第二百一十三条【假冒注册商标罪】未经注册商标所有人许可，

增值税专用发票五十份以上或者票面额累计在二十万元以上的，应予立案追诉；（二）持有伪造的可以用于骗取出口退税、抵扣税款的其他发票一百份以上或者票面额累计在四十万元以上的，应予立案追诉；（三）持有伪造的第（一）项、第（二）项规定以外的其他发票二百份以上或者票面额累计在八十万元以上的，应予立案追诉。

[484]1.《最高人民法院、最高人民检察院关于办理侵犯知识产权刑事案件具体应用法律若干问题的解释》（法释〔2004〕19号，2004年12月22日）；2.《最高人民法院、最高人民检

在同一种商品[485]上使用[486]与其注册商标相同的商标[487]，情节

察院关于办理侵犯知识产权刑事案件具体应用法律若干问题的解释（二）》（法释〔2007〕6号，2007年4月5日）；3.《最高人民法院关于审理反不正当竞争民事案件应用法律若干问题的解释》（法释〔2007〕2号，2007年2月1日）；4.《最高人民法院 最高人民检察院 公安部印发〈关于办理侵犯知识产权刑事案件适用法律若干问题的意见〉的通知》（法发〔2011〕3号，2011年1月10日）。

　　法释〔2007〕6号：第三条　侵犯知识产权犯罪，符合刑法规定的缓刑条件的，依法适用缓刑。有下列情形之一的，一般不适用缓刑：（一）因侵犯知识产权被刑事处罚或者行政处罚后，再次侵犯知识产权构成犯罪的；（二）不具有悔罪表现的；（三）拒不交出违法所得的；（四）其他不宜适用缓刑的情形。

　　第四条　对于侵犯知识产权犯罪的，人民法院应当综合考虑犯罪的违法所得、非法经营数额、给权利人造成的损失、社会危害性等情节，依法判处罚金。罚金数额一般在违法所得的一倍以上五倍以下，或者按照非法经营数额的50%以上一倍以下确定。

　　第五条　被害人有证据证明的侵犯知识产权刑事案件，直接向人民法院起诉的，人民法院应当依法受理；严重危害社会秩序和国家利益的侵犯知识产权刑事案件，由人民检察院依法提起公诉。

　　编者注：侵犯知识产权罪，同时也侵犯了财产权，但并未将其归入侵犯财产罪，而是规定在破坏市场经济秩序罪之中，故其保护的法益强调的是市场秩序。在知识产权法律体系中，反不正当竞争法是一般法，而专利法、著作权法和商标法则属于特别法。

[485]**法发〔2011〕3号：**五、关于刑法第二百一十三条规定的

严重的[488]，处三年以下有期徒刑或者拘役,并处或者单处罚金;情节特别严重的,处三年以上七年以下有期徒刑,并处罚金。

"同一种商品"的认定问题　名称相同的商品以及名称不同但指同一事物的商品，可以认定为"同一种商品"。"名称"是指国家工商行政管理总局商标局在商标注册工作中对商品使用的名称，通常即《商标注册用商品和服务国际分类》中规定的商品名称。"名称不同但指同一事物的商品"是指在功能、用途、主要原料、消费对象、销售渠道等方面相同或者基本相同，相关公众一般认为是同一种事物的商品。认定"同一种商品"，应当在权利人注册商标核定使用的商品和行为人实际生产销售的商品之间进行比较。

[486] **法释〔2004〕19 号：第八条第二款**　使用，是指将注册商标或者假冒的注册商标用于商品、商品包装或者容器以及产品说明书、商品交易文书，或者将注册商标或者假冒的注册商标用于广告宣传、展览以及其他商业活动等行为。

[487] **法释〔2004〕19 号：第八条第一款**　相同的商标，是指与被假冒的注册商标完全相同，或者与被假冒的注册商标在视觉上基本无差别、足以对公众产生误导的商标。

　　法发〔2011〕3 号：六、关于刑法第二百一十三条规定的"与其注册商标相同的商标"的认定问题　具有下列情形之一，可以认定为"与其注册商标相同的商标"：（一）改变注册商标的字体、字母大小写或者文字横竖排列，与注册商标之间仅有细微差别的；（二）改变注册商标的文字、字母、数字等之间的间距，不影响体现注册商标显著特征的；（三）改变注册商标颜色的；（四）其他与注册商标在视觉上基本无差别、足以对公众产生误导的商标。

[488] **《立案标准（二）》：第六十九条**　未经注册商标所有人

第二百一十四条【销售假冒注册商标的商品罪】 销售[489]明知[490]是假冒注册商标的商品，销售金额数额较大的[491]，处三年以下有期徒刑或者拘役，并处或者单处罚金；销售金额数额巨大的，处三年以上七年以下有期徒刑，并处罚金。

许可，在同一种商品上使用与其注册商标相同的商标，涉嫌下列情形之一的，应予立案追诉：（一）非法经营数额在五万元以上或者违法所得数额在三万元以上的；（二）假冒两种以上注册商标，非法经营数额在三万元以上或者违法所得数额在二万元以上的；（三）其他情节严重的情形。

[489]**编者注：** 假冒注册商标的犯罪人销售自己假冒注册商标的商品的，属于吸收犯，只成立假冒注册商标罪，不成立本罪。但如果行为人在此商品上假冒他人注册商标，同时又销售他人假冒注册商标的商品，则成立假冒注册商标罪和销售假冒注册商标的商品罪，实行数罪并罚。因此，销售假冒注册商标的商品罪的主体，只能是本犯以外的自然人或单位。

[490]**法释〔2004〕19 号：第九条第二款** 具有下列情形之一，应当认定为属于刑法第 214 条规定的"明知"：1. 知道自己销售的商品上的注册商标被涂改、调换或者覆盖的；2. 因销售假冒注册商标的商品受到过行政处罚或者承担过民事责任、又销售同一种假冒注册商标的商品的；3. 伪造、涂改商标注册人授权文件或者知道该文件被伪造、涂改的；4. 其他知道或者应当知道是假冒注册商标的商品的情形。

[491]**编者注：** 起刑点同假冒注册商标罪。**《立案标准（二）》：第七十条** 销售明知是假冒注册商标的商品，涉嫌下列情形之一的，应予立案追诉：（一）销售金额在五万元以上的；（二）尚未销售，货值金额在十五万元以上的；（三）销售金额不满五万元，但已销售金额与尚未销售的货值金额合计在十五万元以上的。

第二百一十五条 【非法制造、销售非法制造的注册商标标识罪】伪造、擅自制造他人注册商标标识或者销售伪造、擅自制造的注册商标标识,情节严重的[492],处三年以下有期徒刑、拘役或者管制,并处或者单处罚金;情节特别严重的,处三年以上七年以下有期徒刑,并处罚金。

第二百一十六条 【假冒专利罪】假冒他人专利[493],情节严重的[494],处三年以下有期徒刑或者拘役,并处或者单处罚金。

---

[492]《立案标准(二)》:第七十一条 伪造、擅自制造他人注册商标标识或者销售伪造、擅自制造的注册商标标识,涉嫌下列情形之一的,应予立案追诉:(一)伪造、擅自制造或者销售伪造、擅自制造的注册商标标识数量在二万件以上,或者非法经营数额在五万元以上,或者违法所得数额在三万元以上的;(二)伪造、擅自制造或者销售伪造、擅自制造两种以上注册商标标识数量在一万件以上,或者非法经营数额在三万元以上,或者违法所得数额在二万元以上的;(三)其他情节严重的情形。

[493]**法释〔2004〕19号:第十条** 实施下列行为之一的,属于《刑法》第二百一十六条规定的"假冒他人专利"的行为:1. 未经许可,在其制造或者销售的产品、产品的包装上标注他人专利号的;2. 未经许可,在广告或者其他宣传材料中使用他人的专利号,使公众将所涉及的技术误认为是他人专利技术的;3. 未经许可,在合同中使用他人的专利号,使公众将合同涉及的技术误认为是他人的专利技术;4. 伪造或者变造他人的专利证书、专利文件或者专利申请文件的。**编者注:**旧的《专利法实施细则》第八十四条和第八十五条将假冒他人专利和以非专利产品或方法冒充专利产品或方法分别加以规定。但《专利法实施细则》(2009年12月30日第三次修订)第84条将两者合并于同一法条中。虽然如此,但目前后者仍然不构成犯罪。

　　第二百一十七条【侵犯著作权罪】 以营利为目的^{〔495〕}，有下列侵犯著作权情形之一，违法所得数额较大或者有其他严重情节的^{〔496〕}，

---

〔494〕**《立案标准（二）》：第七十二条**　假冒他人专利，涉嫌下列情形之一的，应予立案追诉：（一）非法经营数额在二十万元以上或者违法所得数额在十万元以上的；（二）给专利权人造成直接经济损失在五十万元以上的；（三）假冒两项以上他人专利，非法经营数额在十万元以上或者违法所得数额在五万元以上的；（四）其他情节严重的情形。**编者注：** 本罪立案标准中的违法所得与直接经济损失之间按 1:5 的比例计算，而侵犯商业秘密罪的立案标准按 1:1 的标准计算。

〔495〕**法释〔2004〕19 号：第十一条**　以刊登收费广告等方式直接或者间接收取费用的情形，属于刑法第 217 条规定的"以营利为目的"。

　　法发〔2011〕3 号： 十、关于侵犯著作权犯罪案件"以营利为目的"的认定问题除销售外，具有下列情形之一的，可以认定为"以营利为目的"：（一）以在他人作品中刊登收费广告、捆绑第三方作品等方式直接或者间接收取费用的；（二）通过信息网络传播他人作品，或者利用他人上传的侵权作品，在网站或者网页上提供刊登收费广告服务，直接或者间接收取费用的；（三）以会员制方式通过信息网络传播他人作品，收取会员注册费或者其他费用的；（四）其他利用他人作品牟利的情形。

〔496〕**《立案标准（一）》：第二十六条**　〔侵犯著作权案（刑法第二百七十一条）〕以营利为目的，未经著作权人许可，复制发行其文字作品、音乐、电影、电视、录像作品、计算机软件及其他作品，或者出版他人享有专有出版权的图书，或者未经录音录像制作者许可，复制发行其制作的录音录像，或者制作、出售假冒他人署名的美术作品，涉嫌下列情形之一的，应予立案追诉：

（一）违法所得数额三万元以上的（**编者注：原为五万元**）；（二）非法经营数额五万元以上的；（三）未经著作权人许可，复制发行其文字作品、音乐、电影、电视、录像作品、计算机软件及其他作品，复制品数量合计五百张（份）以上的；（四）未经录音录像制作者许可，复制发行其制作的录音录像制品，复制品数量合计五百张（份）以上的；（五）其他情节严重的情形。以刊登收费广告等方式直接或者间接收取费用的情形，属于本条规定的"以营利为目的"。本条规定的"未经著作权人许可"，是指没有得到著作权人授权或者伪造、涂改著作权人授权许可文件或者超出授权许可范围的情形。本条规定的"复制发行"，包括复制、发行或者既复制又发行的行为。通过信息网络向公众传播他人文字作品、音乐、电影、电视、录像作品、计算机软件及其他作品，或者通过信息网络传播他人制作的录音录像制品的行为，应当视为本条规定的"复制发行"。侵权产品的持有人通过广告、征订等方式推销侵权产品的，属于本条规定的"发行"。本条规定的"非法经营数额"，是指行为人在实施侵犯知识产权行为过程中，制造、储存、运输、销售侵权产品的价值。已销售的侵权产品的价值，按照实际销售的价格计算。制造、储存、运输和未销售的侵权产品的价值，按照标价或者已经查清的侵权产品的实际销售平均价格计算。侵权产品没有标价或者无法查清其实际销售价格的，按照被侵权产品的市场中间价格计算。

具有下列情形之一的，属于"有其他严重情节"：（一）因侵犯著作权曾经两次以上被追究行政责任或者民事责任，两年内又实施刑法第二百一十七条所列侵犯著作权行为之一的；（二）个人非法经营数额在二十万元以上（**编者注：改为五万元**），单位非法经营数额在一百万元以上的（**编者注：改为十五万元**）；（三）造成其他严重后果的。**编者注：作为情节犯，没有既遂和未遂的区别，而只有构成与不构成的区别。**

处三年以下有期徒刑或者拘役，并处或者单处罚金；违法所得数额巨大[497]或者有其他特别严重情节的，处三年以上七年以下有期徒刑，并处罚金：

法释〔2007〕6号：第一条 以营利为目的，未经著作权人许可，复制发行其文字作品、音乐、电影、电视、录像作品、计算机软件及其他作品，复制品数量合计在五百张（份）以上的，属于刑法第二百一十七条规定的"有其他严重情节"；复制品数量在二千五百张（份）以上的，属于刑法第二百一十七条规定的"有其他特别严重情节"。**编者注：**《最高人民法院、最高人民检察院关于办理侵犯知识产权刑事案件具体应用法律若干问题的解释（一）》规定的"有其他严重情节"和"有其他特别严重情节"的标准分别为一千张（分），五千张（分）。《最高人民法院、最高人民检察院关于办理侵犯知识产权刑事案件具体应用法律若干问题的解释（二）》将上述标准分别下调一半，大幅提高了立案标准。

法发〔2011〕3号： 十三、关于通过信息网络传播侵权作品行为的定罪处罚标准问题 以营利为目的，未经著作权人许可，通过信息网络向公众传播他人文字作品、音乐、电影、电视、美术、摄影、录像作品、录音录像制品、计算机软件及其他作品，具有下列情形之一的，属于刑法第二百一十七条规定的"其他严重情节"：（一）非法经营数额在五万元以上的；（二）传播他人作品的数量合计在五百件（部）以上的；（三）传播他人作品的实际被点击数达到五万次以上的；（四）以会员制方式传播他人作品，注册会员达到一千人以上的；（五）数额或者数量虽未达到第（一）项至第（四）项规定标准，但分别达到其中两项以上标准一半以上的；（六）其他严重情节的情形。实施前款规定的行为，数额或者

（一）未经著作权人许可[498]，复制发行[499]其文字作品、音乐、电影、电视、录像作品、计算机软件及其他作品的；

数量达到前款第（一）项至第（五）项规定标准五倍以上的，属于刑法第二百一十七条规定的"其他特别严重情节"。

[497]**法释〔2004〕19号**：个人违法所得数额在15万元（**编者注**：原为20万元）以上，单位违法所得数额在15×3，即45万元（**编者注**：原为100万元）以上的，属于"违法所得数额巨大"。

[498]**法释〔2004〕19号：第十一条第二款**　未经著作权人许可，是指没有得到著作权人授权或者伪造、涂改著作权人授权许可文件或者超出授权许可范围的情形。

　　法发〔2011〕3号：十一、关于侵犯著作权犯罪案件"未经著作权人许可"的认定问题　　"未经著作权人许可"一般应当依据著作权人或者其授权的代理人、著作权集体管理组织、国家著作权行政管理部门指定的著作权认证机构出具的涉案作品版权认证文书，或者证明出版者、复制发行者伪造、涂改授权许可文件或者超出授权许可范围的证据，结合其他证据综合予以认定。在涉案作品种类众多且权利人分散的案件中，上述证据确实难以一一取得，但有证据证明涉案复制品系非法出版、复制发行的，且出版者、复制发行者不能提供获得著作权人许可的相关证明材料的，可以认定为"未经著作权人许可"。但是，有证据证明权利人放弃权利、涉案作品的著作权不受我国著作权法保护，或者著作权保护期限已经届满的除外。

[499]1.**《中华人民共和国著作权法》第十条第一款**　复制权，即以印刷、复印、拓印、录音、录像、翻录、翻拍等方式将作品

制作一份或者多份的权利；发行权，即以出售或者赠予方式向公众提供作品的原件或者复制件的权利。

法释〔1998〕30 号：第三条　刑法第二百一十七条第（一）项中规定的"复制发行"，是指行为人以营利为目的，未经著作权人许可而实施的复制、发行或者既复制又发行其文字作品、音乐、电影、电视、录像作品、计算机软件及其他作品的行为。

法释〔2004〕19 号：第十一条第三款　通过信息网络向公众传播他人文字作品、音乐、电影、电视、录像作品、计算机软件及其他作品的行为，应当视为刑法第二百一十七条规定的"复制发行"。**编者注：**《中华人民共和国著作权法》2001 年 10 月 27 日修订时新增了信息网络传播权的概念，即第十条规定了（十二）信息网络传播权，即以有线或者无线方式向公众提供作品，使公众可以在其个人选定的时间和地点获得作品的权利；同时《中华人民共和国著作权法》第四十八条第（四）项规定，未经录音录像制作者许可，复制、发行、通过信息网络向公众传播其制作的录音录像制品的行为，系在线盗版，属于侵权行为，构成犯罪的，依法追究刑事责任。

法释〔2007〕6 号：第二条　刑法第二百一十七条侵犯著作权罪中的"复制发行"，包括复制、发行或者既复制又发行的行为。侵权产品的持有人通过广告、征订等方式推销侵权产品的，属于刑法第二百一十七条规定的"发行"。非法出版、复制、发行他人作品，侵犯著作权构成犯罪的，按照侵犯著作权罪定罪处罚。**编者注：**1. 本条在于确定行为人持有侵权产品，同时又通过广告、征订等方式推销侵权产品，在两方面的证据都存在的情形下，行为人侵犯知识产权的行为比较明显。2. 复制权和发行权都是法律规定属于著作权人的权利，未经著作权人许可，不论是实施复制行为，还是发行行为，或者是既有复制行为又有发行行为，均侵犯了著作权人的著作权。故从

（二）出版他人享有专有出版权的图书；

（三）未经录音录像制作者许可，复制发行[500]其制作的录音录像的；

（四）制作、出售假冒他人署名的美术作品的[501]。

保护著作权人的角度，作上述解释。3. 统一了罪名的适用。侵犯著作权罪与非法经营罪属于特殊法和一般法的关系，按照侵犯著作权罪定罪处罚，更加符合这种犯罪行为侵犯著作权的性质，也避免了非法经营罪成为"口袋罪"。不过，对于依照著作权法第四条（2010 年修订该条），不受保护的作品的复制发行行为，仍然按非法经营罪定罪处罚。

法发〔2011〕3 号：十二、关于刑法第二百一十七条规定的"发行"的认定及相关问题。"发行"，包括总发行、批发、零售、通过信息网络传播以及出租、展销等活动。非法出版、复制、发行他人作品，侵犯著作权构成犯罪的，按照侵犯著作权罪定罪处罚，不认定为非法经营罪等其他犯罪。

[500]《最高人民法院、最高人民检察院关于办理侵犯著作权刑事案件中涉及录音录像制品有关问题的批复》（法释〔2005〕12 号，2005 年 10 月 18 日）：未经录音录像制作者许可，通过信息网络传播其制作的录音录像制品的行为，应当视为刑法第二百一十七条第三项规定的"复制发行"。以营利为目的，未经录音录像制作者许可，复制发行其制作的录音录像制品的行为，复制品的数量标准分别适用《最高人民法院、最高人民检察院关于办理侵犯知识产权刑事案件具体应用法律若干问题的解释》第五条第一款第二项、第二款第二项的规定。

[501]**编者注**：属于邻接权（related rights）。此行为虽有诈骗性质，但不定诈骗罪。

第二百一十八条〔502〕【销售侵权复制品罪】以营利为目的，销售明知是本法第二百一十七条规定的侵权复制品，违法所得数额巨大的〔503〕，处三年以下有期徒刑或者拘役，并处或者单处罚金。

第二百一十九条〔504〕【侵犯商业秘密罪】有下列侵犯商业秘密行为之一，给商业秘密的权利人造成〔505〕重大损失的〔506〕，处

---

〔502〕**法释〔2004〕19号：第十四条** 实施《刑法》第二百一十七条规定的侵犯著作权犯罪，又销售该侵权复制品，构成犯罪的，应当依照《刑法》第二百一十七条的规定，以侵犯著作权罪定罪处罚。实施《刑法》第二百一十七条规定的侵犯著作权犯罪，又销售明知是他人的侵权复制品，构成犯罪的，应当实行数罪并罚。

〔503〕**《立案标准（一）》：第二十七条** 以营利为目的，销售明知是刑法第二百一十七条规定的侵权复制品，涉嫌下列情形之一的，应予立案追诉：（一）违法所得数额十万元以上的；（二）违法所得数额虽未达到上述数额标准，但尚未销售的侵权复制品货值金额达到三十万元以上的。

〔504〕**编者注：** 本条规定的犯罪构成与《反不正当竞争法》第十条完全一致。

〔505〕**编者注：** 只是单纯地以不正当手段获取了权利人的商业秘密，既没有披露，也没有使用或者允许他人使用，权利人依然可以继续使用该商业秘密，那么该行为就不可能给权利人造成重大损失。总之，单纯获取商业秘密的行为，并不是侵犯商业秘密罪的实行行为。真正的实行行为是行为人使用、允许他人使用或者披露商业秘密。

〔506〕**《最高人民法院关于审理反不正当竞争民事案件应用法律若干问题的解释》（法释〔2007〕2号，2007年2月1日）：第十七条** 确定反不正当竞争法第十条规定的侵犯商业秘密行

三年以下有期徒刑或者拘役，并处或者单处罚金；造成特别严重后果的[507]，处三年以上七年以下有期徒刑，并处罚金：

（一）以盗窃、利诱、胁迫或者其他不正当手段[508]获取权利

为的损害赔偿额，可以参照确定侵犯专利权的损害赔偿额的方法进行；确定反不正当竞争法第五条、第九条、第十四条规定的不正当竞争行为的损害赔偿额，可以参照确定侵犯注册商标专用权的损害赔偿额的方法进行。因侵权行为导致商业秘密已为公众所知悉的，应当根据该项商业秘密的商业价值确定损害赔偿额。商业秘密的商业价值，根据其研究开发成本、实施该项商业秘密的收益、可得利益、可保持竞争优势的时间等因素确定。

《立案标准（二）》：第七十三条 侵犯商业秘密，涉嫌下列情形之一的，应予立案追诉：（一）给商业秘密权利人造成损失数额在五十万元以上的；**（编者注：将"直接经济损失"修改为"损失"。）**（二）因侵犯商业秘密违法所得数额在五十万元以上的；**（编者注：本项系新增。）**（三）致使商业秘密权利人破产的；（四）其他给商业秘密权利人造成重大损失的情形。**编者注：**认定损失需综合考虑各种因素：1. 该商业秘密占领市场份额的大小；2. 该商业秘密权利人的数量；3. 侵权人的生产能力；4. 被侵权人的生产能力；5. 该商业秘密的生命周期；6. 研发该商业秘密的成本；7. 侵权人在侵权期间因侵权而获取的利润。

[506]**法释〔2004〕19号：第七条第二款** 给商业秘密权利人造成损失数额在二百五十万元以上的，即属于"造成特别严重后果"。

[507]**编者注：**对于以上述几种非法手段获得他人商业秘密，然后使用该商业秘密制造产品并假冒他人注册商标的，原则上应以侵犯商业秘密罪和假冒注册商标罪实行并罚。对于单纯非法使用他人商业秘密制造产品并假冒他人注册商标的，应认定为想象竞合犯，从一重处。

人的商业秘密的；

（二）披露[508]、使用或者允许他人使用以前项手段获取的权利人的商业秘密的；

（三）违反约定或者违反权利人有关保守商业秘密的要求，披露、使用或者允许他人[509]使用其所掌握的商业秘密的。

明知或者应知[510]前款所列行为，获取、使用或者披露他人的商业秘密的，以侵犯商业秘密论。

本条所称商业秘密，是指不为公众所知悉[511]，能为权利人带来经济利益，具有实用性[512]并经权利人采取保密措施[513]的技术信息和经营信息[514]。

本条所称权利人[515]，是指商业秘密的所有人和经商业秘密所有人许可的商业秘密使用人。

---

〔508〕**编者注**：此处用词不当，不应为披露，而应为泄露。同义词有泄露、披露和揭露。前两者是法律用语，后者是政治词汇。

〔509〕**编者注**：在甲乙共同拥有商业秘密的情况下，甲擅自使用该商业秘密的，不成立本罪，但其违反约定，披露、允许他人使用该商业秘密，导致乙遭受重大损失的，则构成本罪。

〔510〕**编者注**：本罪的责任形式为故意，"应知"不是应当知道，而是推定行为人已经知道。张明楷教授曾认为，在"应知"的情况下，可以包括过失。

〔511〕**法释〔2007〕2号：第九条** 有关信息不为其所属领域的相关人员普遍知悉和容易获得，应当认定为反不正当竞争法第十条第三款规定的"不为公众所知悉"。具有下列情形之一的，可以认定有关信息不构成不为公众所知悉：（一）该信息为其所属技术或者经济领域的人的一般常识或者行业惯例；（二）该信息仅涉及产品的尺寸、结构、材料、部件的简单组合等内容，进入市场后相关公众通过观察产品即可直接获得；

（三）该信息已经在公开出版物或者其他媒体上公开披露；（四）该信息已通过公开的报告会、展览等方式公开；（五）该信息从其他公开渠道可以获得；（六）该信息无需付出一定的代价而容易获得。**编者注：**不为公众所知悉由两个要件构成，一是不为普遍知悉，二是并非"容易获得"，前者具有相对性，即只有相关技术或者经营领域内不为相关人员普遍知悉即可。后者则指一项信息要构成商业秘密，不仅要处于一般的保密状态，而且获得该项信息要有一定的难度。

〔512〕**法释〔2007〕2号：第十条**　有关信息具有现实的或者潜在的商业价值，能为权利人带来竞争优势的，应当认定为反不正当竞争法第十条第三款规定的"能为权利人带来经济利益、具有实用性"。**编者注：**这个要件具有相对性。信息分为积极信息和消极信息。通常而言积极信息对权利人有应用价值，而消极信息对权利人已无价值，对该消极信息对竞争对手仍有应用价值。

〔513〕**法释〔2007〕2号：第十一条**　权利人为防止信息泄漏所采取的与其商业价值等具体情况相适应的合理保护措施，应当认定为反不正当竞争法第十条第三款规定的"保密措施"。人民法院应当根据所涉信息载体的特性、权利人保密的意愿、保密措施的可识别程度、他人通过正当方式获得的难易程度等因素，认定权利人是否采取了保密措施。具有下列情形之一，在正常情况下足以防止涉密信息泄漏的，应当认定权利人采取了保密措施：（一）限定涉密信息的知悉范围，只对必须知悉的相关人员告知其内容；（二）对于涉密信息载体采取加锁等防范措施；（三）在涉密信息的载体上标有保密标志；（四）对于涉密信息采用密码或者代码等；（五）签订保密协议；（六）对于涉密的机器、厂房、车间等场所限制来访者或者提出保密要求；（七）确保信息秘密的其他合理措施。由于在司法实践中认定侵犯商业秘密比较困难，故本司法解释适当地

降低了保密措施的要求，以便更好地认定商业秘密，上述 7 种具体的保密措施，都应当达到在正常情况下足以防止涉密信息泄露的要求，这是认定权利人采取了保密措施的前提条件。

〔514〕**《关于禁止侵犯商业秘密行为的若干规定》（1995 年 11 月 23 日国家工商行政管理局令第 41 号公布，1998 年 12 月 3 日国家工商行政管理局令第 86 号修订，1998 年 12 月 3 日实施）：第一条**　本规定所称技术信息和经营信息，包括设计、程序、产品配方、制作工艺、制作方法、管理诀窍、客户名单、货源情报、产销策略、招投标中的标底及标书内容等信息。

　　法释〔2007〕2 号：第十三条　商业秘密中的客户名单，一般是指客户的名称、地址、联系方式以及交易习惯、意向、内容等构成的区别于相关公知信息的特殊客户信息，包括汇集众多客户的客户名册，以及保持长期稳定交易关系的特定客户。客户基于对职工个人的信赖而与职工所在单位进行市场交易，该职工离职后，能够证明客户自愿选择与自己或者其新单位进行市场交易的，应当认定没有采用不正当手段，但职工与原单位另有约定的除外。**编者注：**由于经营信息并非利用自然法则创作的成果，故性质上无法申请专利，只能通过保密方式加以保护。客户信息不应是简单的客户信息，而应是深度信息。后半段主要针对律师、医生这类职业特殊的群体，其客户往往是基于对律师、医生等的个人能力和品德的信赖，而且流动性也很强，如果他们离开原单位，其原先的客户不再与其有业务往来，有失公平。

〔515〕**编者注：**只有商业秘密的合法权利人才有权确定商业秘密，故在审查是否构成商业秘密之前，首先应确定商业秘密占有人是否是合法占有者。这是前提，无权利则无商业秘密可言，

第二百二十条【单位犯侵犯知识产权罪的处罚规定】单位犯本节第二百一十三条至第二百一十九条规定之罪的[516]，对单位判处罚金，并对其直接负责的主管人员和其他直接责任人员，依照本节各该条的规定处罚。

权利是商业秘密的前提。**法释〔2007〕2 号：第十二条**　通过自行开发研制或者反向工程等方式获得的商业秘密，不认定为反不正当竞争法第十条第（一）、（二）项规定的侵犯商业秘密行为。前款所称"反向工程"，是指通过技术手段对从公开渠道取得的产品进行拆卸、测绘、分析等而获得该产品的有关技术信息。当事人以不正当手段知悉了他人的商业秘密之后，又以反向工程为由主张获取行为合法的，不予支持。

[516]**法释〔2007〕6 号：第六条**　单位实施刑法第二百一十三条至第二百一十九条规定的行为，按照《最高人民法院、最高人民检察院关于办理侵犯知识产权刑事案件具体应用法律若干问题的解释》和本解释规定的相应个人犯罪的定罪量刑标准定罪处罚。**编者注：**单位犯罪和个人犯罪定罪量刑标准是否统一，一直备受争议，有的统一，有的不统一，不统一的差别通常是 5 倍或 3 倍。通常而言，有所区别是应该的，但鉴于单位侵犯知识产权犯罪现象比较普遍，其定罪量刑的标准从最初的 5 倍降低到 2004 年的 3 倍，本解释则完全与个人持平，进一步加大了对单位侵犯知识产权犯罪的打击力度。

第八节 扰乱市场秩序罪

第二百二十一条[517]**【损害商业信誉、商品声誉罪】** 捏造并散布虚伪事实，损害他人的商业信誉、商品声誉，给他人造成重大损失或者有其他严重情节的[518]，处二年以下有期徒刑或者拘役，并处或者单处罚金。

第二百二十二条【虚假广告罪】 广告主、广告经营者、广告发布者违反国家规定，利用广告对商品或者服务作虚假宣传，情节严重的[519]，处二年以下有期徒刑或者拘役，并处或者单处罚金。

---

[517]**编者注**：损害商业信誉、商品声誉罪实属商业诽谤行为，同诽谤罪的行为方式基本相同，都是捏造虚假事实并加以散布的行为。和诽谤罪的区别在于，诽谤罪侵害的是自然人，而损害商业信誉、商品声誉罪则以单位为对象。

[518]《立案标准（二）》：第七十四条 捏造并散布虚伪事实，损害他人的商业信誉、商品声誉，涉嫌下列情形之一的，应予立案追诉：（一）给他人造成直接经济损失数额在五十万元以上的。（二）虽未达到上述数额标准，但具有下列情形之一的：1. 利用互联网或者其他媒体公开损害他人商业信誉、商品声誉的；2. 造成公司、企业等单位停业、停产六个月以上，或者破产的。（三）其他给他人造成重大损失或者有其他严重情节的情形。

[519]《立案标准（二）》：第七十五条 广告主、广告经营者、广告发布者违反国家规定，利用广告对商品或者服务作虚假宣传，涉嫌下列情形之一的，应予立案追诉：（一）违法所得数额在十万元以上的；（二）给单个消费者造成直接经济损失数额在五万元以上的，或者给多个消费者造成直接经济损失数额累计在二十万元以上的；（三）假借预防、控制突发事件的名义，利用

第二百二十三条　【串通投标罪】投标人相互串通投标报价，损害招标人或者其他投标人利益，情节严重的[520]，处三年以下有期徒刑或者拘役，并处或者单处罚金。

投标人与招标人串通投标，损害国家、集体、公民的合法利益的，依照前款的规定处罚。

第二百二十四条　【合同诈骗罪】有下列情形之一，以非法占有为目的，在签订、履行合同[521]过程中，骗取对方当事人财物，数

广告作虚假宣传，致使多人上当受骗，违法所得数额在三万元以上的；（四）虽未达到上述数额标准，但两年内因利用广告作虚假宣传，受过行政处罚二次以上，又利用广告作虚假宣传的；（五）造成人身伤残的；（六）其他情节严重的情形。

《最高人民法院关于审理非法集资刑事案件具体应用法律若干问题的解释》（法释〔2010〕18号，2011年1月4日）：第八条　广告经营者、广告发布者违反国家规定，利用广告为非法集资活动相关的商品或者服务作虚假宣传，具有下列情形之一的，依照刑法第二百二十二条的规定，以虚假广告罪定罪处罚：（一）违法所得数额在十万元以上的；（二）造成严重危害后果或者恶劣社会影响的；（三）二年内利用广告作虚假宣传，受过行政处罚二次以上的；（四）其他情节严重的情形。明知他人从事欺诈发行股票、债券，非法吸收公众存款，擅自发行股票、债券，集资诈骗或者组织、领导传销活动等集资犯罪活动，为其提供广告等宣传的，以相关犯罪的共犯论处。

《最高人民法院、最高人民检察院关于办理危害食品安全刑事案件适用法律若干问题的解释》（法释〔2013〕12号，2013年5月4日）：第十五条　广告主、广告经营者、广告发布者违反国家规定，利用广告对保健食品或者其他食品作虚假宣传，情节严重的，依照刑法第二百二十二条的规定以虚假广告罪定罪处罚。

[520]《立案标准（二）》：**第七十六条**　投标人相互串通投标

额较大的[522]，处三年以下有期徒刑或者拘役，并处或者单处罚金；数额巨大或者有其他严重情节的，处三年以上十年以下有期徒刑，并处罚金；数额特别巨大或者有其他特别严重情节的，处十年以上有期徒刑或者无期徒刑，并处罚金或者没收财产：

（一）以虚构的单位或者冒用[523]他人名义签订合同的；

（二）以伪造、变造、作废的票据或者其他虚假的产权证明作担保的；

（三）没有实际履行能力，以先履行小额合同或者部分履行合同的方法，诱骗对方当事人继续签订和履行合同的；

（四）收受对方当事人给付的货物、货款、预付款或者担保财产后逃匿的[524]；

（五）以其他方法骗取对方当事人财物的。

报价，或者投标人与招标人串通投标，涉嫌下列情形之一的，应予立案追诉：（一）损害招标人、投标人或者国家、集体、公民的合法利益，造成直接经济损失数额在五十万元以上的；（二）违法所得数额在十万元以上的；（三）中标项目金额在二百万元以上的；（四）采取威胁、欺骗或者贿赂等非法手段的；（五）虽未达到上述数额标准，但两年内因串通投标，受过行政处罚二次以上，又串通投标的；（六）其他情节严重的情形。收受对方当事人给付的货物、货款、预付款和担保财产之后才产生的非法占有目的，则不能成立本罪。行为人收受对方当事人给付的货物、货款、预付款或者担保财产之后，才产生非法占有目的，但仅仅是逃匿，而没有采取虚构事实、隐瞒真相的手段使对方免除其债务的，难以认定为合同诈骗罪。

[521]**编者注**：区分合同诈骗罪与普通诈骗罪，不能简单地以有无合同为标准。合同诈骗罪中的"合同"不限于书面合同，也包括口头合同，但就合同内容而言，宜限于经济合同，即合同的文字内容是通过市场行为获得利润，这是由本罪性质决定的。基于同样的理由，至少对方当事人应是从事经营活动的市

第二百二十四条之一[525]（刑七）【组织、领导传销活动罪】组织、领导[526]以推销商品、提供服务等经营活动为名，要求参加者以缴纳费用或者购买商品、服务等方式获得加入资格，并按照一定顺序组成层级，直接或者间接以发展人员的数量作为计酬或者返利依据，引诱、胁迫参加者继续发展他人参加，骗取财物，扰乱经济社会秩序的传销活动的[527]，处五年以下有期徒刑或者拘役，并处罚金；情节严重的，处五年以上有期徒刑，并处罚金。

场主体，否则也难以认定为合同诈骗罪。

[522]《立案标准（二）》：**第七十七条**　以非法占有为目的，在签订、履行合同过程中，骗取对方当事人财物，数额在二万元以上的，应予立案追诉。**编者注**：1. 统一了单位犯罪和自然人犯罪的立案标准。2. 适当提高立案标准，取 2001 年立案标准的上限，即 2 万元，以抵消近年来通货膨胀的影响。

[523]**编者注**：应注意区分"冒用"和"借用"的区别。借用产生民法上的连带责任。

[524]**编者注**：张明楷教授解释，这种情况仅限于行为人在收受对方当事人给付的货物、货款、预付款和担保财产之前便已产生了非法占有目的，而且对方之所以愿意给付货物、货款、预付款和担保财产，是由于行为人的诈骗行为所致。如果是在收受对方当事人给付的货物、货款、预付款和担保财产之后才产生的非法占有目的，则不能成立本罪。行为人收受对方当事人给付的货物、货款、预付款或者担保财产之后，才产生非法占有目的，但仅仅是逃匿，而没有采取虚构事实、隐瞒真相的手段使对方免除其债务的，难以认定为合同诈骗罪。

[525]《国务院关于禁止传销经营活动的通知》（国发〔1998〕10 号，1998 年 4 月 18 日）。

　《国务院办公厅转发工商局等部门关于严厉打击传销和变相传销等非法经营活动意见的通知》（国办发〔2000〕55 号，

2000 年 8 月 13 日)：二、工商行政管理机关对下列传销或变相传销行为，要采取有力措施；坚决予以取缔；对情节严重涉嫌犯罪的，要移送公安机关，按照司法程序对组织者依照《刑法》第二百二十五条的有关规定处理：（一）经营者通过发展人员、组织网络从事无店铺经营活动，参加者之间上线从下线的营销业绩中提取报酬的；（二）参加者通过交纳入门费或以认购商品（含服务，下同）等变相交纳入门费的方式，取得加入、介绍或发展他人加入的资格，并以此获取回报的；（三）先参加者从发展的下级成员所交纳费用中获取收益，且收益数额由其加入的先后顺序决定的；（四）组织者的收益主要来自参加者交纳的入门费或以认购商品等方式变相交纳的费用的；（五）组织者利用后参加者所交付的部分费用支付先参加者的报酬维持运作的；（六）其他通过发展人员、组织网络或以高额回报为诱饵招揽人员从事变相传销活动的。

　　《禁止传销条例》（国务院令第 444 号，2005 年 11 月 1 日)：**第七条**　下列行为，属于传销行为：（一）组织者或者经营者通过发展人员，要求被发展人员发展其他人员加入，对发展的人员以其直接或者间接滚动发展的人员数量为依据计算和给付报酬（包括物质奖励和其他经济利益，下同），牟取非法利益的；（二）组织者或者经营者通过发展人员，要求被发展人员交纳费用或者以认购商品等方式变相交纳费用，取得加入或者发展其他人员加入的资格，牟取非法利益的；（三）组织者或者经营者通过发展人员，要求被发展人员发展其他人员加入，形成上下线关系，并以下线的销售业绩为依据计算和给付上线报酬，牟取非法利益的。

　　编者注：刑法第二百二十四条之一规定的传销概念的外延窄于国务院《禁止传销条例》所界定的传销概念的外延：1. 突出地表现在刑法第二百二十四条之一要求传销活动"骗取财物"，而《禁止传销条例》所禁止的并不限于骗取财物类型的传销活动。2. 国务院《禁止传销条例》第二条在规定传销概念

第二百二十五条【非法经营罪】违反国家规定，有下列非法经营行为之一，扰乱市场秩序，情节严重的[528]，处五年以下有期徒刑或者拘役，并处或者单处违法所得一倍以上五倍以下罚金；情节特别严重的，处五年以上有期徒刑，并处违法所得一倍以上五倍以下罚金或者没收财产：

时使用了"等方式"的表述，而刑法第二百二十四条之一并未使用"等方式"的规定。3.《禁止传销条例》规定的日"团队计酬"的依据有两种，一是以发展人员的数量，二是所发展人员的经营业绩，而刑法规定的组织、领导传销活动罪仅将"以发展人员的数量日"作为计酬或者返利依据这一种情况作为犯罪构成要素加以明文规定。

[526]《立案标准（二）》：第七十八条第二款 组织者、领导者，是指在传销活动中起组织、领导作用的发起人、决策人、操纵人，以及在传销活动中担负策划、指挥、布置、协调等重要职责，或者在传销活动实施中起到关键作用的人员。

[527]《立案标准（二）》：第七十八条第一款 组织、领导以推销商品、提供服务等经营活动为名，要求参加者以缴纳费用或者购买商品、服务等方式获得加入资格，并按照一定顺序组成层级，直接或者间接以发展人员的数量作为计酬或者返利依据，引诱、胁迫参加者继续发展他人参加，骗取财物，扰乱经济社会秩序的传销活动，涉嫌组织、领导的传销活动人员在三十人以上且层级在三级以上的，对组织者、领导者，应予立案追诉。

[528]《立案标准（二）》：第七十九条 违反国家规定，进行非法经营活动，扰乱市场秩序，涉嫌下列情形之一的，应予立案追诉：（一）违反国家有关盐业管理规定，非法生产、储运、销售食盐，扰乱市场秩序，具有下列情形之一的：1. 非法经营食盐数量在二十吨以上的；2. 曾因非法经营食盐行为受过二次以上行政处罚又非法经营食盐，数量在十吨以上的。

（二）违反国家烟草专卖管理法律法规，未经烟草专卖行政主管部门许可，无烟草专卖生产企业许可证、烟草专卖批发企业许可证、特种烟草专卖经营企业许可证、烟草专卖零售许可证等许可证明，非法经营烟草专卖品，具有下列情形之一的：1. 非法经营数额在五万元以上，或者违法所得数额在二万元以上的；2. 非法经营卷烟二十万支以上的；3. 曾因非法经营烟草专卖品三年内受过二次以上行政处罚，又非法经营烟草专卖品且数额在三万元以上的。**编者注：另参见《最高人民法院、最高人民检察院关于办理非法生产、销售烟草专卖品等刑事案件具体应用法律若干问题的解释》**（法释〔2010〕7号，2010年3月26日）。

（四）非法经营外汇，具有下列情形之一的：1. 在外汇指定银行和中国外汇交易中心及其分中心以外买卖外汇，数额在二十万美元以上的，或者违法所得数额在五万元以上的；2. 公司、企业或者其他单位违反有关外贸代理业务的规定，采用非法手段，或者明知是伪造、变造的凭证、商业单据，为他人向外汇指定银行骗购外汇，数额在五百万美元以上或者违法所得数额在五十万元以上的；3. 居间介绍骗购外汇，数额在一百万美元以上或者违法所得数额在十万元以上的。

（五）出版、印刷、复制、发行严重危害社会秩序和扰乱市场秩序的非法出版物，具有下列情形之一的：1. 个人非法经营数额在五万元以上的，单位非法经营数额在十五万元以上的；2. 个人违法所得数额在二万元以上的，单位违法所得数额在五万元以上的；3. 个人非法经营报纸五千份或者期刊五千本或者图书二千册或者音像制品、电子出版物五百张（盒）以上的，单位非法经营报纸一万五千份或者期刊一万五千本或者图书五千册或者音像制品、电子出版物一千五百张（盒）以上的；4. 虽未达到上述数额标准，但具有下列情形之一的：（1）两年内因出版、印刷、复制、发行非法出版物受过行政处罚二次以上的，又出版、印刷、复制、发行非法出版物的；（2）因出版、印刷、复制、发行非法出版物造成恶劣社会影响或者其他严重后果的。

（六）非法从事出版物的出版、印刷、复制、发行业务，严重扰乱市场秩序，具有下列情形之一的：1. 个人非法经营数额在十五万元以上的，单位非法经营数额在五十万元以上的；2. 个人违法所得数额在五万元以上的，单位违法所得数额在十五万元以上的；3. 个人非法经营报纸一万五千份或者期刊一万五千本或者图书五千册或者音像制品、电子出版物一千五百张（盒）以上的，单位非法经营报纸五万份或者期刊五万本或者图书一万五千册或者音像制品、电子出版物五千张（盒）以上的；4. 虽未达到上述数额标准，两年内因非法从事出版物的出版、印刷、复制、发行业务受过行政处罚二次以上的，又非法从事出版物的出版、印刷、复制、发行业务的。**编者注：**另参见《最高人民法院关于审理非法出版物刑事案件具体应用法律若干问题的解释》（法释〔1998〕30号1998年12月23日）。

（七）采取租用国际专线、私设转接设备或者其他方法，擅自经营国际电信业务或者涉港澳台电信业务进行营利活动，扰乱电信市场管理秩序，具有下列情形之一的：1. 经营去话业务数额在一百万元以上的；2. 经营来话业务造成电信资费损失数额在一百万元以上的；3. 虽未达到上述数额标准，但具有下列情形之一的：（1）两年内因非法经营国际电信业务或者涉港澳台电信业务行为受过行政处罚二次以上，又非法经营国际电信业务或者涉港澳台电信业务的；（2）因非法经营国际电信业务或者涉港澳台电信业务行为造成其他严重后果的。**编者注：**另参见《最高人民法院关于审理扰乱电信市场管理秩序案件具体应用法律若干问题的解释》（法释〔2000〕12号，2000年5月24日）具有下列情形之一的，属于非法经营行为"情节特别严重"：（一）经营去话业务数额在五百万元以上的；（二）经营来话业务造成电信资费损失数额在五百万元以上的。

第十条 本解释所称"经营去话业务数额"，是指以行为人非法经营国际电信业务或者涉港澳台电信业务的总时长（分钟数）乘以行为人每分钟收取的用户使用费所得的数额。

本解释所称"电信资费损失数额"，是指以行为人非法经营国际电信业务或者涉港澳台电信业务的总时长（分钟数）乘以在

（一）未经许可经营法律、行政法规规定的专营、专卖物品或者其他限制买卖的物品的；

（二）买卖进出口许可证、进出口原产地证明以及其他法律、行政法规规定的经营许可证或者批准文件的；

（三）未经国家有关主管部门批准，非法经营证券、期货或者保险业务的（刑八），或者非法从事资金支付结算业务的；（1999年修正案、刑七）〔529〕

合法电信业务中我国应当得到的每分钟国际结算价格所得的数额。

〔529〕**编者注**：1999 年刑法修正案增加一项，作为第三项；刑法修正案（七）又增加本项后半段，意在打击"地下钱庄"。

《立案标准（二）》：**第七十九条（三）**未经国家有关主管部门批准，1. 非法经营证券、期货、保险业务，或者非法从事资金支付结算业务，具有下列情形之一的；2. 非法经营证券、期货、保险业务，数额在三十万元以上的；3. 非法从事资金支付结算业务，数额在二百万元以上的；4. 违反国家规定，使用销售点终端机具（POS 机）等方法，以虚构交易、虚开价格、现金退货等方式向信用卡持卡人直接支付现金，数额在一百万元以上的，或者造成金融机构资金二十万元以上逾期未还的，或者造成金融机构经济损失十万元以上的；违法所得数额在五万元以上的。

法释〔2009〕19 号：**第七条**违反国家规定，使用销售点终端机具（POS 机）等方法，以虚构交易、虚开价格、现金退货等方式向信用卡持卡人直接支付现金，情节严重的，应当依据刑法第二百二十五条的规定，以非法经营罪定罪处罚。实施前款行为，数额在 100 万元以上的，或者造成金融机构资金 20 万元以上逾期未还的，或者造成金融机构经济损失 10 万元以上的，应当认定为刑法第二百二十五条规定的"情节严重"；数额

（四）其他严重扰乱市场秩序的非法经营行为。[530]

在 500 万元以上的，或者造成金融机构资金 100 万元以上逾期未还的，或者造成金融机构经济损失 50 万元以上的，应当认定为刑法第二百二十五条规定的"情节特别严重"。

　　〔529〕《立案标准（二）》：**第七十九条**（八）从事其他非法经营活动，具有下列情形之一的：1. 个人非法经营数额在五万元以上，或者违法所得数额在一万元以上的；2. 单位非法经营数额在五十万元以上，或者违法所得数额在十万元以上的；3. 虽未达到上述数额标准，但两年内因同种非法经营行为受过二次以上行政处罚，又进行同种非法经营行为的；4. 其他情节严重的情形。

　　《最高人民法院关于审理非法出版物刑事案件具体应用法律若干问题的解释》（法释〔1998〕30 号，1998 年 12 月 23 日）：第十二条　个人实施本解释第十一条规定的行为，具有下列情形之一的，属于非法经营行为"情节严重"：（一）经营数额在五万元至十万元以上的；（二）违法所得数额在二万元至三万元以上的；（三）经营报纸五千份或者期刊五千本或者图书二千册或者音像制品、电子出版物五百张（盒）以上的。具有下列情形之一的，属于非法经营行为"情节特别严重"：（一）经营数额在十五万元至三十万元以上的；（二）违法所得数额在五万元至十万元以上的；（三）经营报纸一万五千份或者期刊一万五千本或者图书五千册或者音像制品、电子出版物一千五百张（盒）以上的。

　　第十三条　单位实施本解释第十一条规定的行为，具有下列情形之一的，属于非法经营行为"情节严重"：（一）经营数额在十五万元至三十万元以上的；（二）违法所得数额在五万元至十万元以上的；（三）经营报纸一万五千份或者期刊一万五千本或者图书五千册或者音像制品、电子出版物一千五百张

（盒）以上的。具有下列情形之一的，属于非法经营行为"情节特别严重"：（一）经营数额在五十万元至一百万元以上的；（二）违法所得数额在十五万元至三十万元以上的；（三）经营报纸五万份或者期刊五万本或者图书一万五千册或者音像制品、电子出版物五千张（盒）以上的。

第十四条 实施本解释第十一条规定的行为，经营数额、违法所得数额或者经营数量接近非法经营行为"情节严重"、"情节特别严重"的数额、数量起点标准，并具有下列情形之一的，可以认定为非法经营行为"情节严重"、"情节特别严重"：（一）两年内因出版、印刷、复制、发行非法出版物受过行政处罚两次以上的；（二）因出版、印刷、复制、发行非法出版物造成恶劣社会影响或者其他严重后果的。

第十五条 非法从事出版物的出版、印刷、复制、发行业务，严重扰乱市场秩序，情节特别严重，构成犯罪的，可以依照刑法第二百二十五条第（三）项（**编者注**：已改为第（四）项）的规定，以非法经营罪定罪处罚。

法释〔2005〕3号：第六条 未经国家批准擅自发行、销售彩票，构成犯罪的，依照刑法第二百二十五条第四项之规定，以非法经营罪定罪处罚。**编者注**：有的地方对这一类行为以赌博罪论处，但该罪只能判处三年以下徒刑，不足以充分实现罪刑相适应原则。另外，由于彩票是国家专营的，擅自发行彩票本身就是非法经营行为。

法释〔2013〕12号：第十一条 以提供给他人生产、销售食品为目的，违反国家规定，生产、销售国家禁止用于食品生产、销售的非食品原料，情节严重的，依照刑法第二百二十五条的规定以非法经营罪定罪处罚。

违反国家规定，生产、销售国家禁止生产、销售、使用的在国家规定的交易场所以外非法买卖外汇，扰乱市场秩序，情节严重的，依照刑法第二百二十五条的规定定罪处罚[531]。

单位犯前款罪的，依照刑法第二百三十一条的规定处罚。

第二百二十六条[532]（刑八）**【强迫交易**[533]**罪】**以暴力、

农药、兽药，饲料、饲料添加剂，或者饲料原料、饲料添加剂原料，情节严重的，依照前款的规定定罪处罚。实施前两款行为，同时又构成生产、销售伪劣产品罪，生产、销售伪劣农药、兽药罪等其他犯罪的，依照处罚较重的规定定罪处罚。

　　法释〔2013〕12号：第十二条　违反国家规定，私设生猪屠宰厂（场），从事生猪屠宰、销售等经营活动，情节严重的，依照刑法第二百二十五条的规定以非法经营罪定罪处罚。实施前款行为，同时又构成生产、销售不符合安全标准的食品罪，生产、销售有毒、有害食品罪等其他犯罪的，依照处罚较重的规定定罪处罚。

〔531〕《全国人大常务委员会关于惩治骗购外汇、逃汇和非法买卖外汇犯罪的决定》（1998年12月29日通过）。

〔532〕**编者注：**《刑法修正案（八）》之前条文的表述为："以暴力、威胁手段强买强卖商品、强迫他人提供服务或者强迫他人接受服务，情节严重的，处三年以下有期徒刑或者拘役，并处或者单处罚金。"《刑法修正案（八）》采用了省略的修辞方法，更为简洁。

〔533〕**法发〔2005〕8号：**九、界定强迫交易罪中的交易行为，应注意以下两点：一是交易的合法性问题。从强迫交易罪的条文表述看，并未对交易本身的合法性予以界定。强迫他人交易的是合法交易，成立本罪。而对于强买毒品的行为，应依照毒品犯罪的相关规定进行处理，对于强迫他人接受色情服务的行为，就依照具体行为手段，如非法拘禁、绑架、故意伤害等进

威胁手段[534]，处三年以下有期徒刑或者拘役，并处或者单处罚金；情节特别严重的[535]，处三年以上七年以下有期徒刑，并处罚金：

行处理。二是交易的真实性问题。本罪于破坏社会主义市场经济秩序罪，又规定其犯罪手段是暴力或威胁，这表明强迫交易罪侵犯了多个客体，包括商品、服务交易秩序，交易者的人身权利和其财产所有权。其中，商品、服务交易秩序为主要客体。对于以非法占有为目的，以买卖、交易、服务为幌子采用暴力、胁迫手段迫使他人交出与合理价格、费用相差悬殊的财物时，应以抢劫罪论处。这种情况下行为的危害性主要体现在对他人财产、人身的侵害方面，而非交易秩序。在具体认定是否存在真实交易时，可以从超出合理价钱、费用的绝对数额和超出合理价钱、费用的倍数两方面来进行综合判断。

[534]《最高人民法院关于审理抢劫、抢夺刑事案件适用法律若干问题的意见》（法发〔2005〕8号，2005年7月16日）：以暴力、胁迫手段索取超出正常交易价钱、费用的钱财的行为定性：从事正常商品买卖、交易或者劳动服务的人，以暴力、胁迫手段迫使他人交出与合理价钱、费用相差不大钱物，情节严重的，以强迫交易罪定罪处罚；以非法占有为目的，以买卖、交易、服务为幌子采用暴力、胁迫手段迫使他人交出与合理价钱、费用相差悬殊的钱物的，以抢劫罪定罪处刑。在具体认定时，既要考虑超出合理价钱、费用的绝对数额，还要考虑超出合理价钱、费用的比例，加以综合判断。**编者注**：这种观点试图通过价格、费用是否悬殊区分本罪与抢劫罪。其实本罪与抢劫罪、敲诈勒索罪之间不是对立关系，符合本罪的犯罪构成时，并不当然排除抢劫罪、敲诈勒索罪的成立。也不能因为刑法规定了强迫交易罪，就认定凡是有交易的行为都不成立抢劫罪或敲诈勒索罪，换言之，强迫交易罪完全

（一）强买强卖商品的；

（二）强迫他人提供或者接受服务的；

（三）强迫他人参与或者退出投标、拍卖的；

（四）强迫他人转让或者收购公司、企业的股份、债券或者其他资产的；

（五）强迫他人参与或者退出特定的经营活动的。

第二百二十七条【伪造、倒卖伪造的有价票证罪】 伪造[536] 或者倒卖伪造的车票、船票、邮票或者其他有价票证[537]，数额较大的[538]，处二年以下有期徒刑、拘役或者管制，并处或者单处票证价额一倍以上五倍以下罚金；数额巨大的，处二年以上七年以下有期徒刑，并处票证价额一倍以上五倍以下罚金。

可能同时触犯抢劫罪、敲诈勒索罪，因而属于想象竞合犯，应从一重罪论处。

[535]《立案标准（一）》：**第二十八条** 以暴力、威胁手段强买强卖商品、强迫他人提供服务或者强迫他人接受服务，涉嫌下列情形之一的，应予立案追诉：（一）造成被害人轻微伤或者其他严重后果的；（二）造成直接经济损失二千元以上的；（三）强迫交易三次以上或者强迫三人以上交易的；（四）强迫交易数额一万元以上，或者违法所得数额二千元以上的；（五）强迫他人购买伪劣商品数额五千元以上，或者违法所得数额一千元以上的；（六）其他情节严重的情形。

[536]**编者注：** 伪造和变造是两种性质不同的行为，刑法通常将两者并列明确规定，如有伪造货币罪和变造货币罪。但本罪中的伪造，是指广义的伪造，除通常的伪造行为外，还包括变造行为。**《最高人民法院关于对变造、倒卖变造邮票行为如何适用法律问题的解释》（法释〔2000〕41号，2000年12月9日）：** 对变造或者倒卖变造的邮票数额较大的，应当依照刑法第二百二十

【倒卖车票、船票罪】[539]倒卖车票、船票，情节严重的[540]，处三年以下有期徒刑、拘役或者管制，并处或者单处票证价额一倍以上五倍以下罚金。

七条第一款的规定定罪处罚。**编者注：**如果将变造或者倒卖变造的邮票的行为认定为诈骗罪，行为人最高可判处无期徒刑，而如果按照本罪处罚，最高刑为 7 年。且诈骗罪是结果犯，还要求造成实际损失。综上所述，故该司法解释将变造邮票的行为以伪造、倒卖伪造的有价票证罪论处，而不是诈骗罪论处。

[537]《**最高人民检察院关于非法制作、出售、使用 IC 电话卡行为如何适用法律问题的答复**》（**高检研发（2003）10 号，2003 年 4 月 2 日**）：非法制作或者出售非法制作的 IC 卡，数额较大的，应当以刑法第二百二十七条第一款之规定，以伪造、倒卖伪造的有价票证罪追究刑事责任，犯罪数额可以根据销售数额认定。

[538]《**立案标准（一）》：第二十九条**伪造或者倒卖伪造的车票、船票、邮票或者其他有价票证，涉嫌下列情形之一的，应予立案追诉：（一）车票、船票票面数额累计二千元以上，或者数量累计五十张以上的；（二）邮票票面数额累计五千元以上，或者数量累计一千枚以上的；（三）其他有价票证价额累计五千元以上，或者数量累计一百张以上的；（四）非法获利累计一千元以上的；（五）其他数额较大的情形。

[539]《**最高人民法院关于审理倒卖车票刑事案件有关问题的解释**》（**法释〔1999〕17 号，1999 年 9 月 14 日**）。**编者注：**2013 年春运讨论了代买火车票并收取 5 元劳务费是否构成本罪的讨论，值得关注和深思，法律本乎人情。

[540]《**立案标准（一）》：第三十条**倒卖车票、船票或者倒卖车票坐席、卧铺签字号以及订购车票、船票凭证，涉嫌下列

第二百二十八条 【非法转让、倒卖土地使用权罪】 以牟利为目的，违反土地管理法规[541]，非法转让、倒卖土地使用权，情节严重的[542]，处三年以下有期徒刑或者拘役，并处或者单处非

情形之一的，应予立案追诉：（一）票面数额累计五千元以上的；（二）非法获利累计二千元以上的；（三）其他情节严重的情形。

　　法释〔1999〕17 号：第一条　变价、变相加价倒卖车票或者倒卖坐席、卧铺签字号及订购车票凭证，票面数额在五千元以上，或者非法获利数额在二千元以上的，构成刑法第二百二十七条第二款规定的"倒卖车票情节严重"。

　　第二条　对于铁路职工倒卖车票或者与其他人员勾结倒卖车票；组织倒卖车票的首要分子；曾因倒卖车票受过治安处罚两次以上或者被劳动教养一次以上，两年内又倒卖车票，构成倒卖车票罪的，依法从重处罚。

　　编者注：本罪的既遂和未遂标准，不以车票是否已经售出，应认定为既遂，但在量刑上应当有所区别。为了出卖而买的行为就已经属于倒卖行为了，犯罪既遂。

〔541〕《全国人大常委会关于刑法第二百二十八条、第三百四十二条、第四百一十条的解释》**（2001 年 8 月 31 日第九届全国人大常委会第二十三次会议通过）**："违反土地管理法规"，是指违反土地管理法、森林法、草原法等法律以及有关行政法规中关于土地管理的规定。

〔542〕《立案标准（二）》：**第八十条**　以牟利为目的，违反土地管理法规，非法转让、倒卖土地使用权，涉嫌下列情形之一的，应予立案追诉：（一）非法转让、倒卖基本农田五亩以上的；（二）非法转让、倒卖基本农田以外的耕地十亩以上的；（三）非法转让、倒卖其他土地二十亩以上的；（四）违法所得数额在五十万元以上的；（五）虽未达到上述数额标准，但因

法转让、倒卖土地使用权价额百分之五以上百分之二十以下罚金；情节特别严重的，处三年以上七年以下有期徒刑，并处非法转让、倒卖土地使用权价额百分之五以上百分之二十以下罚金。

第二百二十九条【提供虚假证明文件罪】承担资产评估、验资、验证、会计、审计、法律服务等职责的中介组织的人员故意提供虚假证明文件，情节严重的，处五年以下有期徒刑或者拘役，并处罚金。

前款规定的人员，索取他人财物或者非法收受他人财物[543]，犯前款罪的，处五年以上十年以下有期徒刑，并处罚金。

【出具证明文件重大失实罪】第一款规定的人员[544]，严重不

非法转让、倒卖土地使用权受过行政处罚，又非法转让、倒卖土地的；（六）其他情节严重的情形。

[543]**编者注：**牵连犯，索贿和受贿，这是法定的一罪，不实行数罪并罚，从重处罚。第三百九十九条也是如此处理。

《**立案标准（二）》：第八十一条**　承担资产评估、验资、验证、会计、审计、法律服务等职责的中介组织的人员故意提供虚假证明文件，涉嫌下列情形之一的，应予立案追诉：（一）给国家、公众或者其他投资者造成直接经济损失数额在五十万元以上的；（二）违法所得数额在十万元以上的；（三）虚假证明文件虚构数额在一百万元且占实际数额百分之三十以上的；（四）虽未达到上述数额标准，但具有下列情形之一的：1.在提供虚假证明文件过程中索取或者非法接受他人财物的；2.两年内因提供虚假证明文件，受过行政处罚二次以上，又提供虚假证明文件的。（五）其他情节严重的情形。

[544]《**最高人民检察院关于公证员出具公证书有重大失实行为如何适用法律问题的批复》（高检发释字〔2009〕1号2009年1月15日）：**《公证法》施行以后，公证员在履行公证职责

负责任，出具的证明文件有重大失实，造成严重后果的[545]，处三年以下有期徒刑或者拘役，并处或者单处罚金。

第二百三十条【逃避商检罪】 违反进出口商品检验法的规定，逃避商品检验，将必须经商检机构检验的进口商品未报经检验而擅自销售、使用，或者将必须经商检机构检验的出口商品未报经检验

过程中，严重不负责任，出具的公证书有重大失实，造成严重后果的，依照刑法第二百二十九条第三款的规定，以出具证明文件重大失实罪追究刑事责任。

[545]《立案标准（二）》：**第八十二条** 承担资产评估、验资、验证、会计、审计、法律服务等职责的中介组织的人员严重不负责任，出具的证明文件有重大失实，涉嫌下列情形之一的，应予立案追诉：（一）给国家、公众或者其他投资者造成直接经济损失数额在一百万元以上的；（二）其他造成严重后果的情形。

法释〔2009〕19 号：第四条第二款 承担资产评估、验资、验证、会计、审计、法律服务等职责的中介组织或其人员，为信用卡申请人提供虚假的财产状况、收入、职务等资信证明材料，应当追究刑事责任的，依照刑法第二百二十九条的规定，分别以提供虚假证明文件罪和出具证明文件重大失实罪定罪处罚。

合格而擅自出口，情节严重的[546]，处三年以下有期徒刑或者拘役，并处或者单处罚金。

第二百三十一条【单位犯扰乱市场秩序罪的处罚规定】 单位犯本节第二百二十一条至第二百三十条规定之罪的，对单位判处罚金，并对其直接负责的主管人员和其他直接责任人员，依照本节各该条的规定处罚。

---

[546]《立案标准（二）》：第八十三条 违反进出口商品检验法的规定，逃避商品检验，将必须经商检机构检验的进口商品未报经检验而擅自销售、使用，或者将必须经商检机构检验的出口商品未报经检验合格而擅自出口，涉嫌下列情形之一的，应予立案追诉：（一）给国家、单位或者个人造成直接经济损失数额在五十万元以上的；（二）逃避商检的进出口货物货值金额在三百万元以上的；（三）导致病疫流行、灾害事故的；（四）多次逃避商检的；（五）引起国际经济贸易纠纷，严重影响国家对外贸易关系，或者严重损害国家声誉的；（六）其他情节严重的情形。

第四章　侵犯公民人身权利[547]、 民主权利罪[548]

[547]《中华人民共和国刑事诉讼法》　第九十九条【附带民事诉讼的提起】被害人由于被告人的犯罪行为而遭受物质损失的，在刑事诉讼过程中，有权提起附带民事诉讼。被害人死亡或者丧失行为能力的，被害人的法定代理人、近亲属有权提起附带民事诉讼。

　　法释〔2012〕21号：第一百三十八条　被害人因人身权利受到犯罪侵犯或者财物被犯罪分子毁坏而遭受物质损失的，有权在刑事诉讼过程中提起附带民事诉讼；被害人死亡或者丧失行为能力的，其法定代理人、近亲属有权提起附带民事诉讼。因受到犯罪侵犯，提起附带民事诉讼或者单独提起民事诉讼要求赔偿精神损失的，人民法院不予受理。

[548]《中华人民共和国刑事诉讼法》　第五编　第二章　当事人和解的公诉案件诉讼程序第二百七十七条【适用范围】下列公诉案件，犯罪嫌疑人、被告人真诚悔罪，通过向被害人赔偿损失、赔礼道歉等方式获得被害人谅解，被害人自愿和解的，双方当事人可以和解：（一）因民间纠纷引起，涉嫌刑法分则第四章、第五章规定的犯罪案件，可能判处三年有期徒刑以下刑罚的；（二）除渎职犯罪以外的可能判处七年有期徒刑以下刑罚的过失犯罪案件。犯罪嫌疑人、被告人在五年以内曾经故意犯罪的，不适用本章规定的程序。

第二百三十二条【故意杀人罪】[549]故意杀人的，处死刑、无期徒刑或者十年以上有期徒刑；情节较轻的，处三年以上十年以下有期徒刑。

第二百三十三条【过失致人死亡罪】过失致人死亡的，处三年以上七年以下有期徒刑；情节较轻的，处三年以下有期徒刑。本法另有规定的，依照规定。[550]

编者注：本章犯罪中，对被告人可能判处三年以下有期徒刑的其他轻微刑事案件，属于由人民法院直接受理的"被害人有证据证明的轻微刑事案件"。1979 年刑法中的妨害婚姻家庭罪全部转移至侵犯公民人身权利、民主权利罪这一类罪。

[549]**编者注：**故意杀人罪应注意拟制规定。例如，对非法拘禁使用暴力致人死亡的，刑讯逼供或暴力取证致人死亡的，虐待被监管人致人死亡的，聚众"打砸抢"致人死亡的，聚众斗殴致人死亡的，均系拟制规定。

《最高人民法院、最高人民检察院关于办理邪教组织司法解释（一）》（法释〔1998〕18 号，1999 年 10 月 20 日）：**第四条** 组织和利用邪教组织制造、散布迷信邪说，指使、胁迫其成员或其他人实施自杀或自伤行为的，以故意杀人罪和故意伤害罪论处。

《最高人民法院、最高人民检察院关于办理组织和利用邪教组织犯罪案件具体应用法律若干问题的解释（二）》（法释〔2001〕19 号，2011 年 6 月 11 日）：**第九条** 组织、策划、煽动、教唆、帮助邪教组织人员自杀、自残的，依照刑法第二百三十二条、第二百三十四条的规定，以故意杀人罪、故意伤害罪定罪处罚。

[550]**编者注：**失火罪、交通肇事罪。需要注意的是，过失致人死亡罪的最低刑期为 3 年以上有期徒刑，而同为过失致人死亡的交通肇事罪的最高刑期为 3 年以下有期徒刑。1997 年刑法在一定程度上解决了这个问题，将因逃逸致人死亡的刑期提高到 7 年以上有期徒刑。

第二百三十四条 **【故意伤害罪】** 故意伤害他人身体的，处三年以下有期徒刑[551]、拘役或者管制。[552]

犯前款罪，致人重伤的，处三年以上十年以下有期徒刑[553]；致人死亡[554]或者以特别残忍手段致人重伤造成严重残疾的，处十年以上有期徒刑[555]、无期徒刑或者死刑。本法另有规定的[556]，依照规定。

---

[551]《量刑指导意见（试行）》：四、（二）故意伤害罪 1.（1）故意伤害致一人轻伤的，可以在六个月至一年六个月有期徒刑幅度内确定量刑起点。

[552]编者注：故意伤害案（轻伤）属于由人民法院直接受理的"被害人有证据证明的轻微刑事案件"。表面、偶然的背后，蕴含着本质、必然。行为人的拳击行为，其本质是一种故意伤害行为，其必然后果是对被害人造成一定的伤害，至于是死亡、重伤、轻伤或者轻微伤，则是偶然的。

[553]《量刑指导意见（试行）》：四、（二）故意伤害罪 1.（2）故意伤害致一人重伤的，可以在三年至四年有期徒刑幅度内确定量刑起点。

[554]编者注：1. 刑法对故意伤害致人死亡的法定刑，是以故意伤害行为系被害人死亡的直接原因，甚至是唯一原因作为标准配置的。2. 只能对致人死亡的结果持过失心态，否则就直接定故意杀人罪，而不是故意伤害致死。

[555]《量刑指导意见（试行）》：四、（二）故意伤害罪 1.（3）以特别残忍手段故意伤害致一人重伤，造成六级严重残疾的，可以在十年至十二年有期徒刑幅度内确定量刑起点。依法应当判处无期徒刑以上刑罚的除外。（4）故意伤害致一人死亡的，可以在十年至十五年有期徒刑幅度内确定量刑起点。依法应当判处无期徒刑以上刑罚的除外。2. 在量刑起点的基础上，可以根据伤亡后果、伤残等级、手段的残忍程度等其他影响犯罪构成

第二百三十四条之一（刑八）**【组织出卖人体器官罪】** 组织他人出卖人体器官的，处五年以下有期徒刑，并处罚金；情节严重的，处五年以上有期徒刑，并处罚金或者没收财产。

未经本人同意摘取其器官，或者摘取不满十八周岁的人的器官，或者强迫、欺骗他人捐献器官的，依照本法第二百三十四条（故意伤害罪）、第二百三十二条（故意杀人罪）的规定定罪处罚。

违背本人生前意愿摘取其尸体器官，或者本人生前未表示同意，违反国家规定，违背其近亲属意愿摘取其尸体器官的，依照本法第三百零二条（盗窃、侮辱尸体罪）的规定定罪处罚。

第二百三十五条【过失致人重伤罪】 过失伤害他人致人重伤的，处三年以下有期徒刑或者拘役。本法另有规定的[557]，依照规定。

第二百三十六条【强奸罪】 以暴力、胁迫或者其他手段强奸妇女的，处三年以上十年以下有期徒刑[558]。

奸淫不满十四周岁的幼女的，以强奸论，从重处罚。

强奸妇女、奸淫幼女，有下列情形之一的，处十年以上有期徒刑[559]、无期徒刑或者死刑：

的犯罪事实增加刑罚量，确定基准刑。

[556]《量刑指导意见（试行）》：（二）故意伤害罪 3. 雇佣他人实施伤害行为的，可以增加基准刑的20%以下。4. 有下列情节之一的，可以减少基准刑的20%以下：（1）因婚姻家庭、邻里纠纷等民间矛盾激化引发的；（2）因被害人的过错引发犯罪或对矛盾激化引发犯罪负有责任的；（3）犯罪后积极抢救被害人的。

[557]**编者注：** 如过失爆炸罪，危险物品肇事罪。

[558]《量刑指导意见（试行）》：（三）强奸罪 1.（1）强奸妇女、奸淫幼女一人一次的，可以在三年至五年有期徒刑幅度内确定量刑起点。

[559]《量刑指导意见（试行）》：（三）强奸罪 1.（2）有下列情形

（一）强奸妇女、奸淫幼女情节恶劣的；

（二）强奸妇女、奸淫幼女多人的；

（三）在公共场所当众强奸妇女的；

（四）二人以上轮奸的；

（五）致使被害人重伤、死亡或者造成其他严重后果的。

第二百三十七条 【强制猥亵、侮辱妇女罪】 以暴力、胁迫或者其他方法[560]强制猥亵妇女或者侮辱妇女的[561]，处五年以下有期徒刑或者拘役。

聚众或者在公共场所当众犯前款罪的，处五年以上有期徒刑。

之一的，可以在十年至十二年有期徒刑幅度内确定量刑起点：强奸妇女、奸淫幼女情节恶劣的；强奸妇女、奸淫幼女三人的；在公共场所当众强奸妇女的；二人以上轮奸妇女的；强奸致被害人重伤或者造成其他严重后果的。依法应当判处无期徒刑以上刑罚的除外。2. 在量刑起点的基础上，可以根据强奸人数、次数、致人伤亡后果等其他影响犯罪构成的犯罪事实增加刑罚量，确定基准刑。

[560]**编者注：** 强奸罪和强制猥亵、侮辱妇女罪中的"以暴力、胁迫或者其他方法"应作出相同的解释。德国刑法将这两个行为规定在同一个罪名之中。

[561]**编者注：** 强制猥亵、侮辱妇女罪与侮辱罪的区别，从实体法来讲，两罪的客体不同，后罪侵犯的客体是他人的名誉权，而前罪侵犯的是妇女的性的自主决定权，两者相比，前者的法益重于后者的法益，因此，不管出于什么动机与目的，不管在什么场所，强制剥光妇女衣裤的行为，都属于强制猥亵、侮辱妇女罪。前罪不要求情节严重，而后罪要求情节严重；前者不要求公然进行（如果当众，则为结果加重犯），而后者要求公然进行。前者必须要求使用暴力、胁迫等暴力行为，而后者则

【猥亵儿童罪】猥亵儿童的[562]，依照前两款的规定从重处罚。

　　第二百三十八条[563]**【非法拘禁罪】**非法拘禁他人或者以其他方法非法剥夺他人人身自由的[564]，处三年以下有期徒刑[565]、拘役、管制或者剥夺政治权利。具有殴打[566]、侮辱情节的，从重

不需要。从程序法来讲，前者属于公诉罪，而后者属于告诉才处理的犯罪。侮辱罪要求针对特定的妇女，而强制猥亵罪则无此要求，只要求是妇女即可。

〔562〕**编者注：**和强制猥亵、侮辱妇女罪不同，猥亵儿童罪不要求使用强制手段，即不论行为人采取什么手段，也不论儿童是否同意，都构成本罪。

〔563〕**编者注：**量刑幅度完全与妨害公务罪相同。

〔564〕**编者注：**非法拘禁罪是指以拘禁或者其他方法非法剥夺他人人身自由的行为。

〔565〕**《量刑指导意见（试行）》：**（四）非法拘禁罪 1.（1）未造成伤害后果的，可在三个月拘役至六个月有期徒刑幅度内确定量刑起点。

〔566〕**《最高人民检察院关于渎职侵权犯罪案件立案标准的规定》（高检发释字〔2006〕2号，2006年7月27日）：**二、国家机关工作人员利用职权实施的侵犯公民人身权利、民主权利犯罪案件（一）国家机关工作人员利用职权实施的非法拘禁案（第二百三十八条）非法拘禁中的殴打，应当以故意致人轻伤为限。如果行为人的非法拘禁行为过失造成被害人重伤、死亡的，属于非法拘禁罪的结果加重犯，应当以非法拘禁罪定罪处罚。如果在非法拘禁过程中，行为人故意造成被害人重伤或者故意杀害被害人的，其行为超出了非法拘禁罪的犯罪构成要件范畴，

处罚[567]。

犯前款罪，致人重伤的，处三年以上十年以下有期徒刑[568]；致人死亡的，处十年以上有期徒刑[569]。使用暴力致人伤残、死亡的，依照本法第二百三十四条（故意伤害罪）、第二百三十二条（故意杀人罪）的规定定罪处罚。

为索取债务[570]非法扣押、拘禁他人的，依照前两款的规定处罚[571]。

应当以故意伤害罪或者故意杀人罪处罚。

[567]《量刑指导意见（试行）》：（四）非法拘禁罪3.（1）具有殴打、侮辱情节的，可以增加基准刑的20%以下。

[568]《量刑指导意见（试行）》：（四）非法拘禁罪1.（2）致一人重伤的，可以在三年至四年有期徒刑幅度内确定量刑起点。

[569]《量刑指导意见（试行）》：（四）非法拘禁罪3.（3）致一人死亡的，可以在十年至十二年有期徒刑幅度内确定量刑起点。在量刑起点的基础上，可以根据非法拘禁人数、次数、拘禁时间、致人伤亡后果等其他影响犯罪构成的犯罪事实增加刑罚量，确定基准刑。

[570]《最高人民法院关于对为索取法律不予以保护的债务非法拘禁他人行为如何定罪问题的解释》（法释〔2000〕19号，2000年7月19日）：行为人为索取高利贷、赌债等法律不予保护的债务，非法扣押、拘禁他人的，依照刑法第二百三十八条的规定定罪处罚。**编者注**：非法拘禁罪与绑架罪区别不在于有无拘禁行为和要求财物行为，而在于是否凭空勒索，还是原本存在债务。

国家机关工作人员利用职权犯前三款罪的，依照前三款的规定从重处罚[572]。[573]

---

〔571〕**《量刑指导意见（试行）》**：（四）非法拘禁罪 4. 为索取合法债务、争取合法权益而非法扣押、拘禁他人的，可以减少基准刑的 30% 以下。

〔572〕**《量刑指导意见（试行）》**：（四）非法拘禁罪 3.（2）国家机关工作人员利用职权非法扣押、拘禁他人的，可以增加基准刑的 20% 以下。

〔573〕**编者注**：虽不定为渎职罪，但本罪由检察机关立案侦查。**高检发释字〔2006〕2 号**：国家机关工作人员利用职权非法拘禁，涉嫌下列情形之一的，应予立案：1. 非法剥夺他人人身自由 24 小时以上的；2. 非法剥夺他人人身自由，并使用械具或者捆绑等恶劣手段，或者实施殴打、侮辱、虐待行为的；3. 非法拘禁，造成被拘禁人轻伤、重伤、死亡的；4. 非法拘禁，情节严重，导致被拘禁人自杀、自残造成重伤、死亡，或者精神失常的；5. 非法拘禁 3 人次以上的；6. 司法工作人员对明知是没有违法犯罪事实的人而非法拘禁的；7. 其他非法拘禁应予追究刑事责任的情形。

编者注：如果行为人虽有非法拘禁行为，但是情节显著轻微，则不应当以犯罪论处。关于非法拘禁的既遂和未遂问题。本罪应当属于行为犯，如果在未达到剥夺他人行动自由程度时由于行为人意志以外的原因未得逞，就是犯罪的未遂。非法拘禁一旦既遂，其持续时间的长短并不影响行为的性质，但可能对量刑产生影响。

第二百三十九条[574]（刑七）【绑架罪】以勒索财物为目的绑架他人的，或者绑架他人作为人质的，处十年以上有期徒刑或者无期徒刑，并处罚金或者没收财产；情节较轻的，处五年以上十年以下有期徒刑，并处罚金[575]。

---

[574]《最高人民法院关于审理抢劫、抢夺刑事案件适用法律若干问题的意见》（法发〔2005〕8号，2005年6月8日）九、关于抢劫罪与相似犯罪的界限3.　抢劫罪与绑架罪的界限：绑架罪是侵害他人人身自由权利的犯罪，其与抢劫罪的区别在于：第一，主观方面不尽相同。抢劫罪中，行为人一般出于非法占有他人财物的故意实施抢劫行为，绑架罪中，行为人既可能为勒索他人财物而实施绑架行为，也可能出于其它非经济目的实施绑架行为；第二，行为手段不尽相同。抢劫罪表现为行为人劫取财物一般应在同一时间、同一地点，具有"当场性"；绑架罪表现为行为人以杀害、伤害等方式向被绑架人的亲属或其他人或单位发出威胁，索取赎金或提出其他非法要求，劫取财物一般不具有"当场性"。绑架过程中又当场劫取被害人随身携带财物的，同时触犯绑架罪和抢劫罪两罪名，应择一重罪定罪处罚。

编者注：绑架罪与抢劫罪都在客观上使用暴力，绑架行为和抢劫行为都可能导致被害人重伤、死亡，主观上具有取财的目的，但两罪分属不同类罪，这说明两罪有着本质区别。两罪的本质区别在于，绑架罪对人身自由和生命健康的侵犯重于抢劫罪，所以不以取财为既遂的标准，而抢劫罪虽然使用了暴力，但这种暴力一般不具有持续性，多为一次性的、短暂的。而绑架行为则直接将被害人置于自己的控制之下，其生命任由行为人处置，因此其罪质更重。正因为这一区别，所以才将两罪分列不同类罪，并且规定了不同的既遂标准。

[575]本条系刑法修正案（七）增加的。《关于〈中华人民共和

国刑法修正案（七）（草案）〉的说明》：刑法第二百三十九条规定，以勒索财物为目的绑架他人的，或者绑架他人作为人质的，处十年以上有期徒刑或者无期徒刑，并处罚金或者没收财产；致使被绑架人死亡或者杀害被绑架人的，处死刑，并处没收财产。最高人民法院和公安部提出，从实践中看，刑法对该罪设定的刑罚层次偏少，不能完全适应处理这类情况复杂的案件的需要，建议对绑架罪法定刑的设置作适当调整。有些全国人大代表建议规定，对绑架他人后主动放人的，从轻处罚。经同最高人民法院、最高人民检察院、公安部研究认为，绑架罪严重危及公民人身安全，应予严惩；同时，考虑到实际发生的这类案件的具体情况比较复杂，在刑罚设置上适当增加档次，有利于按照罪刑相适应的原则惩治犯罪。据此，建议在刑法第二百三十九条规定的绑架罪中增加一档刑罚：情节较轻的，处三年以上十年以下有期徒刑，并处罚金。

　　编者注：现在的绑架手段多样化，相对于变化了的客观环境，绑架罪较高的法定刑起点显得罪责刑不相适应。同时绑架罪法定刑的层次性不足，对实践中出现的多种常见的并有明显差异的情况没有体现出区别对待，如绑架过程中有无使用暴力，有无实施多次绑架或一次绑架多人的情况，是否有致使被绑架人重伤或者死亡的后果，勒索金额大小等情节，目前绑架罪的刑罚档次设置难以适应复杂的犯罪情况。建议对绑架他人后没有对人质进行人身伤害，又主动释放的，规定较轻刑罚。旧条文将"致使被绑架人死亡或者杀害被绑架人的，处死刑"的规定过于绝对。在实际生活中，被绑架人死亡的原因比较复杂，既有被绑架人因受到惊吓心脏病发作而死亡的，也有被绑架人试图跳楼逃离而摔死的。行为人对死亡的后果在主观上可能是间接故意或过失，不加区分地与直接撕票杀害被绑架人的情形一样对待，一律处以死刑是不合理的。另外，将本罪的最低刑犯前款罪，致使被绑架人死亡或者杀害被绑架人的[576]，处死刑，并处没收财产。

以勒索财物为目的偷盗婴幼儿的，依照前两款的规定处罚。

第二百四十条[577] **【拐卖妇女、儿童罪】** 拐卖妇女、儿童的，处五年以上十年以下有期徒刑，并处罚金；有下列情形之一的，处十年以上有期徒刑或者无期徒刑，并处罚金或者没收财产；情节特别严重的，处死刑，并处没收财产：[578]

定于五年有期徒刑，防止对绑架罪这种重罪适用缓刑。

[576]**编者注：** 在实践中，杀害被绑架人未遂，是否一律判处死刑，有争论。以故意伤害罪为例，以特别残忍手段致人重伤造成严重残疾的，处十年以上有期徒刑、无期徒刑或者死刑。虽未造成死亡结果，仍有可能适用死刑。而绑架罪较之故意伤害罪危害更为严重，法定刑的设置自然比故意伤害罪重。从罪过形式看，致使被绑架人死亡，可能包括行为人过失致人死亡，而杀害被绑架人，则指对被绑架人实施故意杀害的行为，其主观恶性明显高于前者，自然也应该适用死刑。从文义解释来看，杀害并不等于杀死。

[577]**1.《最高人民法院关于审理拐卖妇女案件适用法律有关问题的解释》（法释〔2000〕1 号，2000 年 1 月 25 日）。编者注：** 1979 年刑法将此种行为规定为拐卖人口罪，1997 年刑法将其改为拐卖妇女、儿童罪，从而将成年男子排除在外。**2.《最高人民法院、最高人民检察院、公安部、司法部关于依法惩治拐卖妇女儿童犯罪的意见》（法发〔2010〕7 号，2010 年 3 月 15 日）。**

[578]**法释〔2000〕1 号：第一条** 刑法第二百四十条规定的拐卖妇女罪中的"妇女"，既包括具有中国国籍的妇女，也包括具有外国国籍和无国籍的妇女。被拐卖的外国妇女没有身份

（一）拐卖妇女、儿童集团的首要分子；

（二）拐卖妇女、儿童三人以上的；

（三）奸淫被拐卖的妇女的；

（四）诱骗、强迫被拐卖的妇女卖淫或者将被拐卖的妇女卖给他人迫使其卖淫的；

（五）以出卖为目的，使用暴力、胁迫或者麻醉方法绑架妇女、儿童的；

（六）以出卖为目的，偷盗婴幼儿的[579]；

（七）造成被拐卖的妇女、儿童或者其亲属重伤、死亡或者其他严重后果的[580]；

（八）将妇女、儿童卖往境外的。

拐卖妇女、儿童是指以出卖为目的，有拐骗、绑架、收买、贩卖、接送、中转妇女、儿童的行为之一的。

证明的，不影响对犯罪分子的定罪处罚。

　　第二条　外国人或者无国籍人拐卖外国妇女到我国境内被查获的，应当根据刑法第六条的规定，适用我国刑法定罪处罚。
编者注： 此处遵照"地域管辖"原则。

　　第三条　对于外国籍被告人身份无法查明或者其国籍国拒绝提供有关身份证明，人民检察院根据刑事诉讼法第一百二十八条第二款（自报的姓名）的规定起诉的案件，人民法院应当依法受理。

[579]**编者注：** 同样是偷盗婴幼儿的行为，但目的不同，成立的犯罪不同，如果是以勒索财物为目的，则定绑架罪，如果以拐卖为目的，则定为拐卖儿童罪，但需要指出的是，两罪的量刑是一致的。

[580]**编者注：** 如果是故意伤害或故意杀人，则实行数罪并罚，而不是结果加重犯。

第二百四十一条[581] **【收买被拐卖的妇女、儿童罪】** 收买被拐卖的妇女、儿童的，处三年以下有期徒刑、拘役或者管制。

收买被拐卖的妇女，强行与其发生性关系的，依照本法第二百三十六条（强奸罪）的规定定罪处罚。

收买被拐卖的妇女、儿童，非法剥夺、限制其人身自由或者有伤害、侮辱等犯罪行为的，依照本法的有关规定定罪处罚。

收买被拐卖的妇女、儿童，并有第二款、第三款规定的犯罪行为的，依照数罪并罚的规定处罚。

收买被拐卖的妇女、儿童又出卖的，依照本法第二百四十条（拐卖妇女、儿童罪）的规定定罪处罚。

收买被拐卖的妇女、儿童，按照被买妇女的意愿，不阻碍其返回原居住地的，对被买儿童没有虐待行为，不阻碍对其进行解救的[582]，可以不追究刑事责任[583]。

第二百四十二条 【妨害公务罪】 以暴力、威胁方法阻碍国家机关工作人员解救被收买的妇女、儿童的，依照本法第二百七十七条（妨害公务罪）的规定定罪处罚。

【聚众阻碍解救被收买的妇女、儿童罪】 聚众阻碍国家机关工作人员解救被收买的妇女、儿童的首要分子，处五年以下有期徒刑或者拘役；其他参与者使用暴力、威胁方法的，依照前款（妨害公务罪）的规定处罚。

---

[581]**编者注：** 本罪并未要求"不以出卖为目的"，但教科书均将该目的解释在内，属于不成文的构成要件要素。

[582]**编者注：** 由于儿童身心发育未成熟，在许多情况下不一定产生返回原居住地的意愿，所以不规定这一条。

[583]**编者注：** "可以不追究其刑事责任"，应该是指不追究收买被拐卖的妇女、儿童罪的刑事责任，如果对被拐卖的妇女、儿童罪有强奸或非法拘禁的行为，仍然要追究其刑事责任。

第二百四十三条【诬告陷害罪】[584] 捏造事实诬告陷害他人[585]，意图使他人受刑事追究，情节严重的[586]，处三年以下有期徒刑、拘役或者管制；造成严重后果的[587]，处三年以上十年以下有期徒刑。

---

[584]**编者注**：本罪通常发生在立案之前，常常是立案的原因。诬告陷害罪所指向的是整个犯罪事实，而伪证罪只是案件中的重要事实。本罪客观方面必须同时具备三个条件：一是行为人所捏造的事实必须是涉及犯罪的事实而非一般违法、不道德的行为；二是诬告陷害必须有特定的，即有具体明确的被害人（这一点和侮辱罪和诽谤罪相同）；三是行为人必须把所捏造的犯罪事实向司法机关或有关单位告发。诬告陷害罪与报复陷害罪的区别，二者都表现为陷害他人，但两者不同：1. 诬告陷害罪侵害的是他人的人身权利，而报复陷害罪侵害的是公民的民主权利。2. 对象不同，诬告陷害罪可以针对任何公民，而报复陷害罪只针对控告人、申诉人、批评人与举报人。3. 主体不同，诬告陷害罪的主体是一般主体，而报复陷害罪的主体是国家机关工作人员。4. 目的不同，诬告陷害罪的目的，是意图使他人受到刑事追究，而报复陷害罪的目的，在于报复目的。当然国家机关工作人员为了报复陷害控告人等人，利用职权，捏造犯罪事实，并向有关机关告发的，符合诬告陷害罪的特征，应定诬告陷害罪，不以报复陷害罪论处。

[585]**编者注**：他人必须特定化，否则不构成本罪。另外他人不一定要求具有刑事责任能力，因为诬告陷害行为可以使特定之他人受到刑事追究，失去正常生活。足以引起司法机关的追究活动，至于造成严重后果，则是本罪加重处罚的理由。

[586]**编者注**：诬告陷害罪的既遂标准，在于诬告陷害他人，足以引起司法机关的追究活动，至于造成严重后果，则是本罪加重处罚的理由。

国家机关工作人员犯前款罪的，从重处罚。

不是有意诬陷，而是错告，或者检举失实的，不适用前两款的规定。

第二百四十四条（刑八）【强迫劳动罪】 以暴力、威胁或者限制人身自由的方法强迫他人劳动的[588]，处三年以下有期徒刑或者拘役，并处罚金；情节严重的，处三年以上十年以下有期徒刑，并处罚金。

明知他人实施前款行为，为其招募、运送人员或者有其他协助强迫他人劳动行为的，依照前款的规定处罚。

单位犯前两款罪的，对单位判处罚金，并对其直接负责的主管人员和其他直接责任人员，依照第一款的规定处罚。

第二百四十四条之一（刑四）【雇用童工从事危重劳动罪】 违反劳动管理法规，雇用[589]未满十六周岁的未成年人从事超强度

---

[587]**编者注**：造成严重后果，主要是指诬告陷害行为已经引起了司法机关对被诬告陷害人的刑事追究活动。

[588]**《立案标准（一）》：第三十一条** 用人单位违反劳动管理法规，以限制人身自由方法强迫职工劳动，涉嫌下列情形之一的，应予立案追诉：（一）强迫他人劳动，造成人员伤亡或者患职业病的；（二）采用殴打、胁迫、扣发工资、扣留身份证件等手段限制人身自由，强迫他人劳动的；（三）强迫妇女从事井下劳动、国家规定的第四级体力劳动强度的劳动或者其他禁忌从事的劳动，或者强迫处于经期、孕期和哺乳期妇女从事国家规定的第三级体力劳动强度以上的劳动或者其他禁忌从事的劳动的；（四）强迫已满十六周岁未满十八周岁的未成年人从事国家规定的第四级体力劳动强度的劳动，或者从事高空、井下劳动，或者在爆炸性、易燃性、放射性、毒害性等危险环境下从事劳动的；（五）其他情节严重的情形。

[589]**编者注**：这里用"雇用"，而非"使用"一词，其意在强调，

体力劳动的，或者从事高空、井下作业的，或者在爆炸性、易燃性、放射性、毒害性等危险环境下从事劳动，情节严重的[590]，对直接责任人员，处三年以下有期徒刑或者拘役，并处罚金；情节特别严重的，处三年以上七年以下有期徒刑，并处罚金。

有前款行为，造成事故，又构成其他犯罪的，依照数罪并罚的规定处罚。

第二百四十五条 【非法搜查罪；非法侵入他人住宅罪[591]】 非法搜查他人身体、住宅[592]，或者非法侵入他人住宅的[593]，处

雇用者与受雇的未成年人之间要形成比较固定的劳动关系。这与学生在假期勤工俭学，参加有偿劳动，或者由于家庭经济比较困难，缺乏劳动力，出于养家糊口需要，以及出于本人或者家长的自愿或者请求，未成年人利用节假日到一些用人单位参加劳动获取报酬，甚至要求用人单位正式招用，用人单位与被雇用者所形成的劳动关系的目的是完全不同的。

[590]《立案标准（一）》：**第三十二条** 涉嫌下列情形之一的，应予立案追诉：（一）造成未满十六周岁的未成年人伤亡或者对其身体健康造成严重危害的；（二）雇用未满十六周岁的未成年人三人以上的；（三）以强迫、欺骗等手段雇用未满十六周岁的未成年人从事危重劳动的；（四）其他情节严重的情形。

[591]**编者注**：非法侵入他人住宅案，属于由人民法院直接受理的"被害人有证据证明的轻微刑事案件"。

[592]**高检发释字〔2006〕2号**：二、国家机关工作人员利用职权实施的侵犯公民人身权利、民主权利犯罪案件（二）国家机关工作人员利用职权实施的非法搜查案（第二百四十五条）

三年以下有期徒刑或者拘役。

　　司法工作人员滥用职权，犯前款罪的，从重处罚[594]。

　　第二百四十六条【侮辱罪；诽谤罪】以暴力或者其他方法[595]公然侮辱他人[596]或者捏造事实诽谤他人，情节严重的，处

非法搜查罪是指非法搜查他人身体、住宅的行为。国家机关工作人员利用职权非法搜查，涉嫌下列情形之一的，应予立案：1. 非法搜查他人身体、住宅，并实施殴打、侮辱等行为的；2. 非法搜查，情节严重，导致被搜查人或者其近亲属自杀、自残造成重伤、死亡，或者精神失常的；3. 非法搜查，造成财物严重损坏的；4. 非法搜查3人（户）次以上的；5. 司法工作人员对明知是与涉嫌犯罪无关的人身、住宅非法搜查的；6. 其他非法搜查应予追究刑事责任的情形。

[593]**编者注：**非法侵入他人住宅的行为有两种，一是非法强行闯入他人住宅，二是经请求无理拒不退出他人住宅。非法侵入住宅罪，规定在侵犯人身权一章，住宅权是一种物权，物权是财产权，而住宅安宁权则属于人身权。

[594]**编者注：**本罪由检察机关立案侦查。

[595]**法释〔1998〕30号：第六条**　在出版物中公然侮辱他人或者捏造事实诽谤他人，情节严重的，依照刑法第二百四十六条的规定，分别以侮辱罪或者诽谤罪定罪处罚。

[596]**编者注：**本罪的性质是侵犯他人的名誉。名誉有三种含义，一是外部的名誉，即社会的名誉，社会对人的价值评判；二是内部的名誉，指客观存在的人的内部价值；三是主观的名誉，本人对自己所具有的价值意识、感情。作为侮辱罪和诽谤罪的法益应限于外部的名誉。侮辱行为客观上必须是败坏他人名誉的行为。侮辱行为的方式必须是公然进行的；侮辱

三年以下有期徒刑、拘役、管制或者剥夺政治权利。

前款罪，告诉的才处理，但是严重危害社会秩序和国家利益的除外。

第二百四十七条 【刑讯逼供罪，暴力取证罪；故意伤害罪；故意杀人罪】 司法工作人员对犯罪嫌疑人、被告人实行刑讯逼供[597]或者使用暴力逼取证人[598]证言的，处三年以下有期徒刑或者拘役。致人伤残、死亡的，依照本法第二百三十四条、第二百三十二条的规定定罪从重处罚。

对象必须是特定的人，死者和法人不能成为本罪的犯罪对象。

[597]**高检发释字〔2006〕2号：** 刑讯逼供案（第二百四十七条）刑讯逼供罪是指司法工作人员对犯罪嫌疑人、被告人使用肉刑或者变相肉刑逼取口供的行为。涉嫌下列情形之一的，应予立案：1. 以殴打、捆绑、违法使用械具等恶劣手段逼取口供的；2. 以较长时间冻、饿、晒、烤等手段逼取口供，严重损害犯罪嫌疑人、被告人身体健康的；3. 刑讯逼供造成犯罪嫌疑人、被告人轻伤、重伤、死亡的；4. 刑讯逼供，情节严重，导致犯罪嫌疑人、被告人自杀、自残造成重伤、死亡，或者精神失常的；5. 刑讯逼供，造成错案的；6. 刑讯逼供3人次以上的；7. 纵容、授意、指使、强迫他人刑讯逼供，具有上述情形之一的；8. 其他刑讯逼供应予追究刑事责任的情形。

[598]**高检发释字〔2006〕2号：** 暴力取证案（第二百四十七条）暴力取证罪是指司法工作人员以暴力逼取证人证言的行为。涉嫌下列情形之一的，应予立案：1. 以殴打、捆绑、违法使用

第二百四十八条[599] 【**虐待被监管人员罪；故意伤害罪；故意杀人罪**】监狱、拘留所、看守所等监管机构的监管人员对被监管人进行殴打或者体罚虐待，情节严重的[600]，处三年以下有期

械具等恶劣手段逼取证人证言的；2. 暴力取证造成证人轻伤、重伤、死亡的；3. 暴力取证，情节严重，导致证人自杀、自残造成重伤、死亡，或者精神失常的；4. 暴力取证，造成错案的；5. 暴力取证3人次以上的；6. 纵容、授意、指使、强迫他人暴力取证，具有上述情形之一的；其他暴力取证应予追究刑事责任的情形。

编者注：《最高人民检察院关于检察机关自侦案件立案标准》（高检发释字〔1999〕2号）本罪的对象不仅包括证人证言，还包括被害人陈述的行为。

[599]**编者注**：本罪由人民检察院管辖。虐待被监管人罪，是指监狱、拘留所、看守所、拘役所、劳教所等监管机构的监管人员对被监管人进行殴打或者体罚虐待，情节严重的行为。行为对象由行为人的身份决定。

[600]**高检发释字〔2006〕2号**：虐待被监管人案（第二百四十八条）虐待被监管人罪是指监狱、拘留所、看守所、拘役所、劳教所等监管机构的监管人员对被监管人进行殴打或者体罚虐待，情节严重的行为。涉嫌下列情形之一的，应予立案：1. 以殴打、捆绑、违法使用械具等恶劣手段虐待被监管人的；2. 以较长时间冻、饿、晒、烤等手段虐待被监管人，严重损害其身体健康的；3. 虐待造成被监管人轻伤、重伤、死亡的；4. 虐待被监管人，情节严重，导致被监管人自杀、自残造成重伤、死亡，或者精神失常的；5. 殴打或者体罚虐待3人次以上的；6. 指使被监管人殴打、体罚虐待其他被监

徒刑或者拘役；情节特别严重的，处三年以上十年以下有期徒刑。致人伤残、死亡的，依照本法第二百三十四条（故意伤害罪）、第二百三十二条（故意杀人罪）的规定定罪从重处罚。

监管人员指使被监管人[601]殴打或者体罚虐待其他被监管人的，依照前款的规定处罚。

第二百四十九条【煽动民族仇恨、民族歧视罪】煽动民族仇恨、民族歧视，情节严重的，处三年以下有期徒刑、拘役、管制或者剥夺政治权利；情节特别严重的，处三年以上十年以下有期徒刑。

第二百五十条【出版歧视、侮辱少数民族作品罪】在出版物中刊载歧视、侮辱少数民族的内容，情节恶劣，造成严重后果的，对直接责任人员，处三年以下有期徒刑、拘役或者管制。

管人，具有上述情形之一的；7. 其他情节严重的情形。**编者注**：新增拘役所和劳教所，是否包括强制戒毒所？

[601]**编者注**：被监管人受管人指使而体罚虐待其他被监管人的行为如何认定？究竟应该认定为破坏监管秩序罪，还是虐待被监管人员罪的共犯？张明楷教授修正了《刑法学》第1版的观点认为，在这种场合，监管人员是虐待被监管人罪的间接正犯；依法被关押的罪犯，其行为受监管人员的指使，似乎不存在破坏监管秩序的故意，宜作为虐待被监管人罪的共犯处理。当然，这个问题尚需进一步研究。但最好不以犯罪论处。编者认为，虽然被监管人处于受监管的地位，但其并没有完全丧失意志自由，其体罚虐待其他被监管人的行为，仍应作为犯罪处理，但应当从轻或减轻处罚。

第二百五十一条[602]【非法剥夺公民宗教信仰自由罪、侵犯少数民族风俗习惯罪】国家机关工作人员非法剥夺公民的宗教信仰自由和侵犯少数民族风俗习惯，情节严重的，处二年以下有期徒刑或者拘役。

第二百五十二条[603]【侵犯通信自由罪】隐匿、毁弃或者非法开拆他人信件，侵犯公民通信自由权利，情节严重的，处一年以下有期徒刑或者拘役。

第二百五十三条[604]【私自开拆、隐匿、毁弃邮件、电报罪】邮政工作人员私自开拆或者隐匿、毁弃邮件、电报的，处二年以下有期徒刑或者拘役。

---

[602]**编者注：**本罪虽然必属于国家机关工作人员利用职权实施的侵犯公民人身权利、民主权利罪这一类罪，但不由检察院管辖，而由公安机关管辖。

[603]**编者注：**本罪属于由人民法院直接受理的"被害人有证据证明的轻微刑事案件"。不过六部委规定将此罪的罪名写为妨害通信自由罪。目前国内首例盗窃QQ号的案件，被定性为侵犯通信自由罪，以前QQ号未被视为财产，所以无法对其加以保护。根据《全国人民代表大会常务委员会关于维护互联网安全的决定》（2000年12月28日通过）第4条第2项规定：非法截获、篡改、删除他人电子邮件或者其他数据资料，侵犯公民通信自由和通信秘密的，依照刑法有关规定追究刑事责任。

[604]**编者注：**本罪和侵犯通信自由罪的关键区别，在于本罪的犯罪主体是特定的，即邮政工作人员。1979年刑法将本罪规定在渎职罪中，理所当然要求行为人利用职务上的便利；如果犯本罪并窃取财物的，定贪污罪。1997年刑法将本罪规定在侵犯公民人身权利和民主权利罪，不再要求利用职务之便，如窃

犯前款罪而窃取财物的，依照本法第二百六十四条（盗窃罪）的规定定罪从重处罚。

第二百五十三条之一（刑七）【出售、非法提供公民个人信息罪】国家机关或者金融、电信、交通、教育、医疗等单位[605]的工作人员，违反国家规定，将本单位在履行职责或者提供服务过程中获得的公民个人信息[606]，出售或者非法提供给他人[607]，情节严重的，处三年以下有期徒刑或者拘役，并处或者单处罚金。

【非法获取公民个人信息罪】 窃取或者以其他方法非法获取上述信息，情节严重的，依照前款的规定处罚。

单位犯前两款罪的，对单位判处罚金，并对其直接负责的主管人员和其他直接责任人员，依照各该款的规定处罚。

第二百五十四条【报复陷害罪】国家机关工作人员滥用职权、假公济私，对控告人、申诉人、批评人、举报人实行报复陷害的[608]，处二年以下有期徒刑或者拘役；情节严重的，处二年以

取财产的，以盗窃罪论处。此外本罪的量刑较前一罪重一年。

[605]**编者注：**本罪是特殊主体，并非任何单位和个人都构成本罪，只有根据有关法律法规对公民的个人信息负有法定的保密义务的单位和个人才属于本罪主体。

[606]**编者注：**公民个人信息，包括姓名、职业、职务、年龄、婚姻状况、学历、专业资格、工作经历、家族住址、电话号码、信用卡号码、指纹、网上登录账号和密码等能够识别公民个人身份的信息。这些信息是单位在履行职责或者提供服务过程中获得的信息，即利用"公权力"或者提供公共服务过程中依法获得的信息。

[607]**编者注：**包括单位和个人。

[608]**高检发释字〔2006〕2号：**报复陷害案（第二百五十四条）

上七年以下有期徒刑。

　　第二百五十五条[609] **【打击报复会计、统计人员罪】** 公司、企业、事业单位、机关、团体的领导人，对依法履行职责、抵制违反会计法、统计法行为的会计、统计人员实行打击报复，情节恶劣的，处三年以下有期徒刑或者拘役。

　　第二百五十六条[610] **【破坏选举罪】** 在选举各级人民代表大会代表和[611]国家机关领导人员时，以暴力、威胁、欺骗、贿赂、伪造选举文件、虚报选举票数等手段破坏选举或者妨害选民和代表自由行使选举权和被选举权，情节严重的[612]，处三年以下有期徒刑、拘役或者剥夺政治权利。

报复陷害罪是指国家机关工作人员滥用职权、假公济私，对控告人、申诉人、批评人、举报人实行报复陷害的行为。属于检察院的自侦案件。涉嫌下列情形应予立案：1. 报复陷害，情节严重，导致控告人、申诉人、批评人、举报人或者其近亲属自杀、自残造成重伤、死亡，或者精神失常的；2. 致使控告人、申诉人、批评人、举报人或者其近亲属的其他合法权利受到严重损害的；3. 其他报复陷害应予追究刑事责任的情形。

[609]**编者注**：如果是国家机关领导人利用职权打击报复会计、统计人员的，不由检察院管辖，而由公安机关管辖。

[610]**编者注**：如果是国家机关工作人员利用职权实施的，本罪则由检察院管辖。

[611]**编者注**：并非并列关系，而是选择关系。

[612]**高检发释字**〔2006〕**2号**：国家机关工作人员利用职权实

第二百五十七条【暴力干涉婚姻自由罪】 以暴力干涉他人婚姻自由的，处二年以下有期徒刑或者拘役。

犯前款罪，致使被害人死亡的[613]，处二年以上七年以下有期徒刑。

第一款罪，告诉的才处理。

施的破坏选举案（第二百五十六条）破坏选举罪是指在选举各级人民代表大会代表和国家机关领导人员时，以暴力、威胁、欺骗、贿赂、伪造选举文件、虚报选举票数或者编造选举结果等手段破坏选举或者妨害选民和代表自由行使选举权和被选举权，情节严重的行为。国家机关工作人员利用职权破坏选举，涉嫌下列情形之一的，应予立案：1. 以暴力、威胁、欺骗、贿赂等手段，妨害选民、各级人民代表大会代表自由行使选举权和被选举权，致使选举无法正常进行，或者选举无效，或者选举结果不真实的；2. 以暴力破坏选举场所或者选举设备，致使选举无法正常进行的；3. 伪造选民证、选票等选举文件，虚报选举票数，产生不真实的选举结果或者强行宣布合法选举无效、非法选举有效的；4. 聚众冲击选举场所或者故意扰乱选举场所秩序，使选举工作无法进行的；5. 其他情节严重的情形。

[613] **编者注：** 对于强奸、非法拘禁、刑讯逼供、侮辱、诽谤、暴力干涉婚姻自由，导致被害人自杀的，行为人的行为与被害人的自杀结果之间存在因果关系，但是，从行为人的主观方面来看，其并没有剥夺他人生命的故意，因此不能以故意杀人罪处罚，应当依其行为定罪，同时将引起被害人自杀的结果作为该罪从重处罚的情节予以考虑。

第二百五十八条〔614〕【重婚罪】有配偶而重婚的，或者明知他人有配偶而与之结婚的，处二年以下有期徒刑或者拘役。

第二百五十九条【破坏军婚罪；强奸罪】明知是现役军人的配偶〔615〕而与之同居〔616〕或者结婚的，处三年以下有期徒刑或者拘役。

---

〔614〕编者注：本罪属于由人民法院直接受理的"被害人有证据证明的轻微刑事案件"。重婚罪所侵害的前一个婚姻必须是合法的婚姻，而不是一个事实婚，而侵犯行为可以是事实婚，也可以是"合法"婚姻。虽然事实婚在民法不予保护，但在刑法领域还是给予保护的。

〔615〕编者注：现役军人与其他现役军人的配偶结婚或者同居的，构成本罪。两个现役军人重婚或者同居，而他们的配偶都不是现役军人的，则不构成本罪。本罪的被害人应为现役军人，在本罪中，被害人的身份决定此罪与彼罪。

〔616〕编者注：据张明楷教授解释，同居是指在一定时期内与现役军人的配偶姘居且共同生活。同居以两性关系为基础，同时还有经济上或者其他生活方面的特殊关系。所应注意的是，一方面，不能将同居理解为事实婚姻，因为这不利于对军人婚姻的特殊保护，也使"同居"一词失去了独立的意义。另一方面，也不能将"同居"理解为通奸，因为这与立法机关特地使用"同居"一词以缩小打击面的意图相矛盾。最高人民法院的司法解释曾指出：对长期与现役军人的配偶通奸而给军人婚姻造成严重破坏后果的行为，直接以破坏军婚罪论处。1985年7月18日，最高人民法院关于《破坏军婚罪的四个案例的通知》。破坏军婚罪中的现役军人的配偶一般不构成本罪，但重婚罪中的对方只要符合构成要件也构成重婚罪。

利用职权、从属关系，以胁迫手段奸淫现役军人的妻子的，依照本法第二百三十六条（强奸罪）的规定定罪处罚[617]。

第二百六十条【虐待罪】 虐待家庭成员，情节恶劣的，处二年以下有期徒刑、拘役或者管制。

犯前款罪，致使被害人重伤[618]、死亡的，处二年以上七年以下有期徒刑。

第一款罪，告诉的才处理。

第二百六十一条[619]**【虐待罪】** 对于年老、年幼、患病或者[620]其他没有独立生活能力的人，负有扶养义务而拒绝扶养，情节恶劣的，处五年以下有期徒刑、拘役或者管制。

---

[617]**编者注：** 本款属于注意规定，而不是拟制规定。

[618]**编者注：** 虐待罪致人重伤是公诉罪，而暴力干涉婚姻自由罪的公诉案不包括致人重伤，只包括致人死亡。

[619]**编者注：** 遗弃罪，在1979年刑法中属于第七章妨害婚姻家庭的犯罪，通说认为本罪的本质是侵犯被害人受扶养的权利。1997年刑法将这一章整体转入侵犯公民人身权利和民主权利罪之中。因此，应当将遗弃罪的法益解释为生命、身体的安全。国外刑法一般将遗弃罪规定为对生命的犯罪。遗弃罪是使他人的生命、身体处于危险状态的犯罪。刑法规定本罪是为了保护生命与身体法益，遗弃罪的主体和对象都不应限定于家庭成员。国外刑法一般规定了遗弃罪的结果加重犯。我国刑法没有相应的规定，对于遗弃行为致人重伤或死亡的，也只能在上述法定刑内处罚。本罪属于由人民法院直接受理的"被害人有证据证明的轻微刑事案件"。

[620]**编者注：** 此处用"或者"一语不当，宜用"以及"。一般地讲，连接词在连接同位语成份时候，联合性关系使用"以

第二百六十二条 【拐骗儿童罪】拐骗不满十四周岁的未成年人，脱离家庭或者监护人的，处五年以下有期徒刑或者拘役。

第二百六十二条之一 （刑六）【组织残疾人、儿童乞讨罪】以暴力、胁迫手段组织残疾人或者不满十四周岁的未成年人乞讨的，处三年以下有期徒刑或者拘役，并处罚金；情节严重的，处三年以上七年以下有期徒刑，并处罚金。

第二百六十二条之二 （刑七）【组织未成年人进行违反治安管理活动罪】组织未成年人进行盗窃、诈骗、抢夺、敲诈勒索等违反治安管理活动的，处三年以下有期徒刑或者拘役，并处罚金；情节严重的，处三年以上七年以下有期徒刑，并处罚金。

及"，选择性关系使用"或者"。本处的"以及"所连接的前后两个部分在意义上相交织，"年老"、"患病"的人未必没有独立生活能力，就其表述的本意应是不相交叠的，同时又共同修饰"人"，因而连接词应为"以及"，而非"或者"。

第五章　侵犯财产罪[621]

第二百六十三条[622]【抢劫罪】以暴力、胁迫或者其他方法抢劫公私财物的[623]，处三年以上十年以下有期徒刑[624]，并处罚

---

[621]**编者注**：本章犯罪中对被告人可能判处三年以下有期徒刑的案件，属于由人民法院直接受理的"被害人有证据证明的轻微刑事案件"。

[622]1.《最高人民法院关于审理抢劫案件具体应用法律若干问题的解释》（法释〔2000〕35号，2000年11月28日）；2.《最高人民法院关于抢劫过程中故意杀人案件如何定罪问题的批复》（法释〔2001〕16号，2001年5月26日）；3.《最高人民法院关于审理抢劫、抢夺刑事案件适用法律若干问题的意见》（法发〔2005〕8号，2005年7月16日）。

[623]**编者注**：张明楷教授认为，抢劫罪原则上以被害人是否丧失对财物的控制为既遂的标准，即只要行为人强取财物的行为使被害人丧失了对财物的控制，就是抢劫既遂。在难以认定被害人是否丧失对财物的控制时，如果能够认定行为人控制了财物，也应认定为抢劫既遂。抢劫致人重伤、死亡的，属于结果加重犯，理论上仍然有成立未遂的余地，但由于发生了严重后果，即使抢劫财物未遂的，也可以不从轻或减轻处罚。犯罪未遂可以从轻或减轻处罚，而不是应当从轻或减轻处罚。不包括抢劫预备行为。

　　法发〔2005〕8号：七、关于抢劫特定财物的定性：以毒品、假币、淫秽物品等违禁品为对象，实施抢劫的，以抢劫罪

定罪；抢劫的违禁品数量作为量刑情节予以考虑。抢劫违禁品后又以违禁品实施其他犯罪的，应以抢劫罪与具体实施的其他犯罪实行数罪并罚。**编者注：**抢劫罪的对象并不仅仅是指他人的合法财产，他人违法持有、占有的、在法律意见上属于国家处理的违禁品，本质上仍然属于"他人财物"的范畴，也应属于抢劫罪的对象。应该注意的是，抢劫罪中的"他人财物"是相对于行为而言的，且范围不限于具体的个人物品，也包括单位、集体和国家的物品。无论行为人是否明知该物品的所有权属关系，只要其主观上明知该物品不属于自己所有或合法持有，以暴力或暴力威胁的方式非法占有，就符合抢劫罪的特征。在实践中，刑法第127条将抢劫枪支、弹药等行为规定为抢劫枪支、弹药罪。《最高人民法院院审理毒品犯罪案件工作座谈会纪要》也有相关规定。

抢劫赌资、犯罪所得的赃款财物的，以抢劫罪定罪，但行为人仅以其所输赌资或所赢赌债为抢劫对象，一般不以抢劫罪定罪处罚。构成其他犯罪的，依照刑法的相关规定处罚。**编者注：**所有权的权属变更必须依法进行，在这种既有状态未改变之前，任何个人在没有法律依据的情况下无权擅自改变。赌资或赌债虽应由国家没收，但对于仅以自己所赢或所输的财物为对象，毕竟不如抢劫罪以他人财物的性质认识那么清晰明确。

为个人使用，以暴力、胁迫等手段取得家庭成员或近亲属财产的，一般不以抢劫罪定罪处罚，构成其他犯罪的，依照刑法的相关规定处理；教唆或者伙同他人采取暴力、胁迫等手段劫取家庭成员或近亲属财产的，可以抢劫罪定罪处罚。**编者注：**家庭成员之间由于血亲关系，对财产有共同关系；从刑事政策来看，最好由家庭内部处理，法律尽量不加以干涉。盗窃罪的司法解释也有相同的规定。

〔624〕**《量刑指导意见（试行）》：**（五）抢劫罪 1.（1）抢劫一次的，可以在三年至五年有期徒刑幅度内确定量刑起点。

金；有下列情形之一的[625]，处十年以上有期徒刑[626]、无期徒刑或者死刑，并处罚金或者没收财产：

（一）入户抢劫的[627]；

---

[625]**法发〔2005〕8号**：十、抢劫罪的既遂、未遂的认定　抢劫罪侵犯的是复杂客体，既侵犯财产权利又侵犯人身权利，具备劫取财物或者造成他人轻伤以上后果两者之一的，均属抢劫既遂；既未劫取财物，又未造成他人人身伤害后果的，属抢劫未遂。据此，刑法第二百六十三条规定的八种处罚情节中除"抢劫致人重伤、死亡"这一结果加重情节之外，其余七种处罚情节同样存在既遂、未遂问题，其中属抢劫未遂的，应当根据刑法关于加重情节的法定刑规定，结合未遂犯的处理原则量刑。

[626]**《量刑指导意见（试行）》**：（五）抢劫罪1.（2）有下列情形之一的，可以在十年至十二年有期徒刑幅度内确定量刑起点：入户抢劫的；在公共交通工具上抢劫的；抢劫银行或者其他金融机构的；抢劫三次或者抢劫数额达到数额巨大起点的；抢劫致一人重伤，没有造成残疾的；冒充军警人员抢劫的；持枪抢劫的；抢劫军用物资或者抢险、救灾、救济物资的。2.在量刑起点的基础上，可以根据抢劫致人伤亡的后果、次数、数额、手段等其他影响犯罪构成的犯罪事实增加刑罚量，确定基准刑。

[627]**法释〔2000〕35号：第一条**　"入户抢劫"，是指为实施抢劫行为而进入他人生活的与外界相对隔离的住所，包括封闭的院落、牧民的帐篷、渔民作为家庭生活场所的渔船、为生活租用的房屋等进行抢劫的行为。对于入户盗窃，因被发现而当场使用暴力或者以暴力相威胁的行为，应当认定为入户抢劫。**编者注**：刑法将"入户抢劫"规定为抢劫罪的加重情节，其目的在于维护"家庭"这一社会生活中最为重要的法益。因为"户"

是保障公民生活自由和安宁的重要场所。对于商住两用的场所，应根据行为人实施抢劫时该场所所处的状态来定，如处于营业状态，则不定，如已关门歇业，成为生活和休息的场所，则属于"户"此时，行为人以购物为名骗开房门，入室抢劫，属于"入户抢劫"。

法发〔2005〕8 号： 一、关于"入户抢劫"的认定根据《抢劫解释》第一条规定，认定"入户抢劫"时，应当注意以下三个问题：一是"户"的范围。"户"在这里是指住所，其特征表现为供他人家庭生活和与外界相对隔离两个方面，前者为功能特征，后者为场所特征。一般情况下，集体宿舍、旅店宾馆、临时搭建工棚等不应认定为"户"，但在特定情况下，如果确实具有上述两个特征的，也可以认定为"户"。二是"入户"目的的非法性。进入他人住所须以实施抢劫等犯罪为目的。抢劫行为虽然发生在户内，但行为人不以实施抢劫等犯罪（**编者注**：将转化型抢劫包括在内）。为目的进入他人住所，而是在户内临时起意实施抢劫的，不属于"入户抢劫"。三是暴力或者暴力胁迫行为必须发生在户内。入户实施盗窃被发现，行为人为窝藏赃物、抗拒抓捕或者毁灭罪证而当场使用暴力或者以暴力相威胁的，如果暴力或者暴力胁迫行为发生在户内，可以认定为"入户抢劫"；如果发生在户外，不能认定为"入户抢劫"。**编者注**：如果劫财行为从户外发生，又延续到户内完成，应以入户抢劫论处。

编者注：（黄祥青：《抢劫罪情节加重犯的认定思路与方法》，载于《刑事审判参考》总第42集）抢劫罪的情节加重犯的原因，应该在于对于双重客体的严重侵害。将"入户抢劫"作为情节加重犯，其正当性在于，抢劫行为同时涉及非法侵犯住宅罪。有必要从三个方面限定"入户抢劫"的适用，一是严格限定"户"的范围；二是入户行为的非法侵入性；三是暴力发生在户内。其他情况，不必根据致人重伤、死亡来定，而不

（二）在公共交通工具上抢劫的[628]；

（三）抢劫银行或者其他金融机构的[629]；

必适用"入户抢劫"这一情节。准确认定抢劫罪情节加重犯的实质和重点，是在尚未造成严重实害的抢劫罪（即一般危害程度的抢劫罪）与十年有期徒刑以上的重刑之间寻找可靠的连接。

[628]**法释〔2000〕35号：第二条** "在公共交通工具上抢劫"，既包括在从事旅客运输的各种公共汽车，大、中型出租车、火车、船只、飞机等正在运营中的机动公共交通工具上对旅客、司售、乘务人员实施的抢劫，也包括对运行途中的机动公共交通工具加以拦截后，对公共交通工具上的人员实施的抢劫。

法发〔2005〕8号：二、关于"在公共交通工具上抢劫"的认定：公共交通工具承载的旅客具有不特定多数人的特点。在未运营中的大、中型公共交通工具上针对司售、乘务人员抢劫的，或者在小型出租车上抢劫的，不属于"在公共交通工具上抢劫"。**编者注：**强调正在运营，因为公共交通工具承载的旅客具有不特定多数的特点，只有在其运营时才具备公共交通的功能，未运营时不具备这种功能。另外，虽在公共交通工具上抢劫，但不具备"公然性"，仍然要定，因为只要在公共交通工具上实施了抢劫行为，就会在客观上造成极大的心理恐惧。设定这一加重情节的正当性在于，在侵害不特定公民的人身和财产权利的同时，还危害了公共交通运输安全。参见德国刑法第316A。

[629]**法释〔2000〕35号：第三条** "抢劫银行或者其他金融机构"，是指抢劫银行或者其他金融机构的经营资金、有价证券和客户的资金等。抢劫正在使用中的银行或者其他金融机构的运钞车的，视为"抢劫银行或者其他金融机构"。

（四）多次抢劫[630]或者抢劫数额巨大的[631]；

（五）抢劫致人重伤、死亡的[632]；

（六）冒充军警人员抢劫的；

---

〔630〕**法发〔2005〕8号：** 三、关于"多次抢劫"的认定 刑法第二百六十三条第（四）项中的"多次抢劫"是指抢劫三次以上。对于"多次"的认定，应以行为人实施的每一次抢劫行为均已构成犯罪为前提，综合考虑犯罪故意的产生、犯罪行为实施的时间、地点等因素，客观分析、认定。对于行为人基于一个犯意实施犯罪的，如在同一地点同时对在场的多人实施抢劫的；或基于同一犯意在同一地点实施连续抢劫犯罪的，如在同一地点连续地对途经此地的多人进行抢劫的；或在一次犯罪中对一栋居民楼房中的几户居民连续实施入户抢劫的，一般应认定为一次犯罪。**编者注：** 1. 没有将抢劫多人作为升格条件。2. 多次抢劫是连续犯，规定为法定刑升格的条件。"多次抢劫"的严重社会危害性，无疑是与刑法上的惯犯的属性密切联系。重视"多次抢劫"背后的惯犯属性，将基于一个概括的犯意而实施的抢劫"重复侵害行为"排除在外，是符合罪刑相当原则要求和本款应作缩小解释论立场的。

〔631〕**法释〔2000〕35号：第四条** "抢劫数额巨大"的认定标准，参照各地确定的盗窃罪数额巨大的认定标准执行。

〔632〕**《最高人民法院关于抢劫过程中故意杀人案件如何定罪问题的批复》（法释〔2001〕16号，2001年5月26日）：** 行为人为劫取财物而预谋故意杀人，或者在劫取财物过程中，为制服被害人反抗而故意杀人的，以抢劫罪定罪处罚。行为人实施抢劫后，为灭口故意杀人的，以抢劫罪和故意杀人罪定罪，实行数罪并罚。

（七）持枪抢劫的[633]；

（八）抢劫军用物资或者抢险、救灾、救济物资的。

第二百六十四条[634]（刑八）**【盗窃罪】** 盗窃公私财物[635]数额较大的[636]，或者多次盗窃[637]、入户盗窃[638]、携带凶器盗窃[639]、扒窃的[640]，处三年以下有期徒刑、拘役[641]或者管制，并处或者单处罚金[642]；数额巨大[643]或者有其他严重情节的，处三年以上十年以下有期徒刑[644]，并处罚金；数额特别巨大[645]或者有其他特别严重情节的，处十年以上有期徒刑[646]或者无期徒刑，并处罚金或者没收财产。

---

[633]**法释〔2000〕35号：第五条** "持枪抢劫"，是指行为人使用枪支或者向被害人显示持有、佩带的枪支进行抢劫的行为。"枪支"的概念和范围，适用《中华人民共和国枪支管理法》的规定。**编者注：** 行为人使用假枪进行抢劫，在客观上不可能借助枪支的功能给被害人施加伤害，虽然对被害人起到了精神威胁和恐吓。

[634]**《最高人民法院、最高人民检察院关于办理盗窃刑事案件适用法律若干问题的解释》（法释〔2013〕8号，2013年4月4日）：第一条** 各省、自治区、直辖市高级人民法院、人民检察院可以根据本地区经济发展状况，并考虑社会治安状况，在前款规定的数额幅度内，确定本地区执行的具体数额标准，报最高人民法院、最高人民检察院批准。在跨地区运行的公共交通工具上盗窃，盗窃地点无法查证的，盗窃数额是否达到"数额较大"、"数额巨大"、"数额特别巨大"，应当根据受理案件所在地省、自治区、直辖市高级人民法院、人民检察院确定的有关数额标准认定。盗窃毒品等违禁品，应当按照盗窃罪处理的，根据情节轻重量刑。

第十三条 单位组织、指使盗窃，符合刑法第二百六十四条及本解释有关规定的，以盗窃罪追究组织者、指使者、直接实施者的刑事责任。

　　第十五条　本解释发布实施后,《最高人民法院关于审理盗窃案件具体应用法律若干问题的解释》(法释〔1998〕4 号)同时废止;之前发布的司法解释和规范性文件与本解释不一致的,以本解释为准。

　　《最高人民法院关于审理破坏森林资源刑事案件具体应用法律若干问题的解释》(法释〔2000〕36 号,2000 年 12 月 11 日):
　　第九条　将国家、集体、他人所有并已经伐倒的树木窃为己有,以及偷砍他人房前屋后、自留地种植的零星树木,数额较大的,依照刑法第二百六十四条的规定,以盗窃罪定罪处罚。

　　第十五条　非法实施采种、采脂、挖笋、掘根、剥树皮等行为,牟取经济利益数额较大的,依照刑法第二百六十四条的规定,以盗窃罪定罪处罚。同时构成其他犯罪的,依照处罚较重的规定定罪处罚。

　　《最高人民检察院关于非法制作、出售、使用 IC 电话卡行为如何适用法律问题的答复》(高检研发(2003)10 号,2003 年 4 月 2 日):非法制作或者出售非法制作的 IC 电话卡,数额较大的,应当依照刑法第二百二十七条第一款的规定,以伪造、倒卖伪造的有价票证罪追究刑事责任,犯罪数额可以根据销售数额认定;明知是非法制作的 IC 电话卡而使用或者购买并使用,造成电信资费损失数额较大的,应当依照刑法第二百六十四条的规定,以盗窃罪追究刑事责任。

　　〔635〕**法释〔2013〕8 号:第四条**　盗窃的数额,按照下列方法认定:(一)被盗财物有有效价格证明的,根据有效价格证明认定;无有效价格证明,或者根据价格证明认定盗窃数额明显不合理的,应当按照有关规定委托估价机构估价;(二)盗窃外币的,按照盗窃时中国外汇交易中心或者中国人民银行授权机构公布的人民币对该货币的中间价折合成人民币计算;中国外汇交易中心或者中国人民银行授权机构未公布汇率中间价的外币,按照盗窃时境内银行人民币对该货币的中间价折算成

人民币，或者该货币在境内银行、国际外汇市场对美元汇率，与人民币对美元汇率中间价进行套算；（三）盗窃电力、燃气、自来水等财物，盗窃数量能够查实的，按照查实的数量计算盗窃数额；盗窃数量无法查实的，以盗窃前六个月月均正常用量减去盗窃后计量仪表显示的月均用量推算盗窃数额；盗窃前正常使用不足六个月的，按照正常使用期间的月均用量减去盗窃后计量仪表显示的月均用量推算盗窃数额；（四）明知是盗接他人通信线路、复制他人电信码号的电信设备、设施而使用的，按照合法用户为其支付的费用认定盗窃数额；无法直接确认的，以合法用户的电信设备、设施被盗接、复制后的月缴费额减去被盗接、复制前六个月的月均电话费推算盗窃数额；合法用户使用电信设备、设施不足六个月的，按照实际使用的月均电话费推算盗窃数额；（五）盗接他人通信线路、复制他人电信码号出售的，按照销赃数额认定盗窃数额。盗窃行为给失主造成的损失大于盗窃数额的，损失数额可以作为量刑情节考虑。

第五条 盗窃有价支付凭证、有价证券、有价票证的，按照下列方法认定盗窃数额：（一）盗窃不记名、不挂失的有价支付凭证、有价证券、有价票证的，应当按票面数额和盗窃时应得的孳息、奖金或者奖品等可得收益一并计算盗窃数额；（二）盗窃记名的有价支付凭证、有价证券、有价票证，已经兑现的，按照兑现部分的财物价值计算盗窃数额；没有兑现，但失主无法通过挂失、补领、补办手续等方式避免损失的，按照给失主造成的实际损失计算盗窃数额。

〔636〕**法释〔2013〕8 号：第一条** 盗窃公私财物价值一千元至三千元以上的，应当分别认定为刑法第二百六十四条规定的"数额较大"。

第二条 盗窃公私财物，具有下列情形之一的，"数额较大"的标准可以按照前条规定标准的百分之五十确定：（一）曾因盗窃受过刑事处罚的；（二）一年内曾因盗窃受过行政处罚的；（三）组织、控制未成年人盗窃的；（四）自然灾害、事故灾害、社会安全事件等突发事件期间，在事件发生地盗窃的；（五）盗窃残疾人、孤寡老人、丧失劳动能力人的财物的；（六）在医院盗窃病人或者其亲友财物的；（七）盗窃救灾、抢险、防汛、优抚、扶贫、移民、救济款物的；（八）因盗窃造成严重后果的。

第六条　盗窃公私财物，具有本解释第二条第三项至第八项规定情形之一，或者入户盗窃、携带凶器盗窃，数额达到本解释第一条规定的"数额巨大"、"数额特别巨大"百分之五十的，可以分别认定为刑法第二百六十四条规定的"其他严重情节"或者"其他特别严重情节"。

第七条　盗窃公私财物数额较大，行为人认罪、悔罪，退赃、退赔，且具有下列情形之一，情节轻微的，可以不起诉或者免予刑事处罚；必要时，由有关部门予以行政处罚：（一）具有法定从宽处罚情节的；（二）没有参与分赃或者获赃较少且不是主犯的；（三）被害人谅解的；（四）其他情节轻微、危害不大的。

第八条　偷拿家庭成员或者近亲属的财物，获得谅解的，一般可不认为是犯罪；追究刑事责任的，应当酌情从宽。

《量刑指导意见（试行）》：（六）盗窃罪3. 盗窃近亲属财物的，可以减少基准刑的50%以下。不作犯罪处理的除外。

法释〔2013〕8号：第九条　盗窃国有馆藏一般文物、三级文物、二级以上文物的，应当分别认定为刑法第二百六十四条规定的"数额较大"、"数额巨大"、"数额特别巨大"。盗窃多件不同等级国有馆藏文物的，三件同级文物可以视为一件高一级文物。盗窃民间收藏的文物的，根据本解释第四条第一款第一项的规定认定盗窃数额。

第十条　偷开他人机动车的，按照下列规定处理：（一）偷开机动车，导致车辆丢失的，以盗窃罪定罪处罚；（二）为盗窃其他财物，偷开机动车作为犯罪工具使用后非法占有车辆，或者将车辆遗弃导致丢失的，被盗车辆的价值计入盗窃数额；（三）为实施其他犯罪，偷开机动车作为犯罪工具使用后非法占有车辆，或者将车辆遗弃导致丢失的，以盗窃罪和其他犯罪数罪并罚；将车辆送回未造成丢失的，按照其所实施的其他犯罪从重处罚。

　　第十一条　盗窃公私财物并造成财物损毁的，按照下列规定处理：（一）采用破坏性手段盗窃公私财物，造成其他财物损毁的，以盗窃罪从重处罚；同时构成盗窃罪和其他犯罪的，择一重罪从重处罚；（二）实施盗窃犯罪后，为掩盖罪行或者报复等，故意毁坏其他财物构成犯罪的，以盗窃罪和构成的其他犯罪数罪并罚；（三）盗窃行为未构成犯罪，但损毁财物构成其他犯罪的，以其他犯罪定罪处罚。

　　第十二条　盗窃未遂，具有下列情形之一的，应当依法追究刑事责任：（一）以数额巨大的财物为盗窃目标的；（二）以珍贵文物为盗窃目标的；（三）其他情节严重的情形。盗窃既有既遂，又有未遂，分别达到不同量刑幅度的，依照处罚较重的规定处罚；达到同一量刑幅度的，以盗窃罪既遂处罚。

〔637〕**法释〔2013〕8号：第三条第一款**　二年内盗窃三次以上的，应当认定为"多次盗窃"。

〔638〕**法释〔2013〕8号：第三条第二款**　非法进入供他人家庭生活，与外界相对隔离的住所盗窃的，应当认定为"入户盗窃"。

〔639〕**法释〔2013〕8号：第三条第三款**　携带枪支、爆炸物、管制刀具等国家禁止个人携带的器械盗窃，或者为了实施违法犯罪携带其他足以危害他人人身安全的器械盗窃的，应当认定为"携带凶器盗窃"。

〔640〕**法释〔2013〕8号：第三条第四款**　在公共场所或者公共交通工具上盗窃他人随身携带的财物的，应当认定为"扒窃"。

第二百六十五条【盗窃罪】以牟利为目的，盗接他人通信线路、复制他人电信码号或者明知是盗接、复制的电信设备、设施而使用的，依照本法第二百六十四条（盗窃罪）的规定定罪处罚。

第二百六十六条[647]【诈骗罪】诈骗[648]公私财物，数额[649]较大的[650]，处三年以下有期徒刑、拘役或者管制，并处或者单处罚金；数额巨大[651]或者有其他严重情节的[652]处三年以上十年以下有期徒刑，并处罚金；数额特别巨大或者有其他特别严重情节的[653]，处十年以上有期徒刑或者无期徒刑，并处罚金或者没收财产。本法另有规定的，依照规定。

---

[641]《量刑指导意见（试行）》：（六）盗窃罪 1.（1）达到数额较大起点的，或者一年内入户盗窃或者在公共场所扒窃三次的，可以在三个月拘役至六个月有期徒刑幅度内确定量刑起点。

[642]法释〔2013〕8号：第十四条 因犯盗窃罪，依法判处罚金刑的，应当在一千元以上盗窃数额的二倍以下判处罚金；没有盗窃数额或者盗窃数额无法计算的，应当在一千元以上十万元以下判处罚金。

[643]法释〔2013〕8号：第一条 盗窃公私财物价值三万元至十万元以上，应当分别认定为刑法第二百六十四条规定的"数额巨大"。

[644]《量刑指导意见（试行）》：（六）盗窃罪 1.（2）达到数额巨大起点或者有其他严重情节的，可以在三年至四年有期徒刑幅度内确定量刑起点。

[645]法释〔2013〕8号：第一条 盗窃公私财物价值三十万元至五十万元以上的，应当分别认定为刑法第二百六十四条规定的"数额特别巨大"。

[646]《量刑指导意见（试行）》：（六）盗窃罪 1.（3）达数

额特别巨大起点或者有其他特别严重情节的，可以在十年至十二年有期徒刑幅度内确定量刑起点。在量刑起点的基础上，可以根据盗窃数额、次数、手段等其他影响犯罪构成的犯罪事实增加刑罚量，确定基准刑。

〔647〕**《最高人民法院关于办理诈骗刑事案件具体应用法律若干问题的解释》（法释〔2011〕7 号，2011 年 4 月 8 日）。编者注：**法释〔2011〕7 号司法解释对诈骗罪入罪的最低数额门槛只作了微调，将数额较大的最低认定标准由《最高人民法院关于审理诈骗案件具体应用法律的若干问题的解释》（法发〔1996〕32 号）规定的 2000 元修改为 3000 元，以期通过较低的入罪门槛充分发挥刑法惩治和预防诈骗犯罪、保障人民群众财产权益的重要作用。同时，对诈骗数额较大、数额巨大的最高认定标准以及数额特别巨大的认定标准作了较大幅度的调整，使其与经济社会发展基本相适应，使诈骗犯罪案件的量刑更加均衡，并与信用卡诈骗等其他诈骗类案件的量刑保持大体平衡。另外，本解释只针对诈骗犯罪，而不针对合同诈骗和金融诈骗犯罪。但鉴于合同诈骗罪和金融诈骗罪与诈骗罪有相似之处，故可参照新的司法解释执行。

法释〔2011〕7 号： **第六条** 诈骗既有既遂，又有未遂，分别达到不同量刑幅度的，依照处罚较重的规定处罚；达到同一量刑幅度的，以诈骗罪既遂处罚。**编者注：**该规定参照了《最高人民法院、最高人民检察院关于办理非法生产、销售烟草专卖品等刑事案件具体应用法律若干问题的解释》（以下简称《烟草解释》）第二条第二款关于生产、销售伪劣烟草专卖品，"销售金额和未销售货值金额分别达到不同的法定刑幅度或者均达到同一法定刑幅度的，在处罚较重的法定刑幅度内酌情从重处罚"的规定，明确"诈骗既有既遂，又有未遂，分别达到不同量刑幅度的，依照处罚较重的规定处罚；达到同一量刑幅度的，以诈骗罪既遂处罚"。

〔648〕《最高人民法院关于审理扰乱电信市场管理秩序案件具体应用法律若干问题的解释》（法释〔2000〕12 号，2000 年 5 月 24 日）　第九条　以虚假、冒用的身份证件办理入网手续并使用移动电话，造成电信资费损失数额较大的，依照刑法第二百六十六条的规定，以诈骗罪定罪处罚。

《最高人民法院关于审理伪造货币等案件具体应用法律若干问题的解释》（法释〔2010〕14 号，2010 年 11 月 3 日）第五条　以使用为目的，伪造停止流通的货币，或者使用伪造的停止流通的货币的，依照刑法第二百六十六条的规定，以诈骗罪定罪处罚。**编者注**：诈骗的对象必须是有意识和独立判断能力的自然人，而不能是自动售货机，因为自动售货机不可能基于错误认识而处分其财产。

〔649〕《最高人民法院、最高人民检察院关于办理盗窃刑事案件适用法律若干问题的解释》（法释〔2013〕8 号，2013 年 4 月 4 日）：第四条　盗窃的数额，按照下列方法认定：（一）被盗财物有有效价格证明的，根据有效价格证明认定；无有效价格证明，或者根据价格证明认定盗窃数额明显不合理的，应当按照有关规定委托估价机构估价；（二）盗窃外币的，按照盗窃时中国外汇交易中心或者中国人民银行授权机构公布的人民币对该货币的中间价折合成人民币计算；中国外汇交易中心或者中国人民银行授权机构未公布汇率中间价的外币，按照盗窃时境内银行人民币对该货币的中间价折算成人民币，或者该货币在境内银行、国际外汇市场对美元汇率，与人民币对美元汇率中间价进行套算；（三）盗窃电力、燃气、自来水等财物，盗窃数量能够查实的，按照查实的数量计算盗窃数额；盗窃数量无法查实的，以盗窃前六个月月均正常用量减去盗窃后计量仪表显示的月均用量推算盗窃数额；盗窃前正常使用不足六个

月的，按照正常使用期间的月均用量减去盗窃后计量仪表显示的月均用量推算盗窃数额；（四）明知是盗接他人通信线路、复制他人电信码号的电信设备、设施而使用的，按照合法用户为其支付的费用认定盗窃数额；无法直接确认的，以合法用户的电信设备、设施被盗接、复制后的月缴费额减去被盗接、复制前六个月的月均电话费推算盗窃数额；合法用户使用电信设备、设施不足六个月的，按照实际使用的月均电话费推算盗窃数额；（五）盗接他人通信线路、复制他人电信码号出售的，按照销赃数额认定盗窃数额。盗窃行为给失主造成的损失大于盗窃数额的，损失数额可以作为量刑情节考虑。

　　第五条　盗窃有价支付凭证、有价证券、有价票证的，按照下列方法认定盗窃数额：（一）盗窃不记名、不挂失的有价支付凭证、有价证券、有价票证的，应当按票面数额和盗窃时应得的孳息、奖金或者奖品等可得收益一并计算盗窃数额；（二）盗窃记名的有价支付凭证、有价证券、有价票证，已经兑现的，按照兑现部分的财物价值计算盗窃数额；没有兑现，但失主无法通过挂失、补领、补办手续等方式避免损失的，按照给失主造成的实际损失计算盗窃数额。

　　［650］法释〔2011〕7 号：第一条　诈骗公私财物价值 3000 元至 1 万元以上，为数额较大。

　　第三条　诈骗公私财物虽已达到本解释第一条规定的"数额较大"的标准，但具有下列情形之一，且行为人认罪、悔罪的，可以根据刑法第三十七条、刑事诉讼法第一百四十二条的规定不起诉或者免予刑事处罚：（一）具有法定从宽处罚情节的；（二）一审宣判前全部退赃、退赔的；（三）没有参与分赃或者获赃较少且不是主犯的；（四）被害人谅解的；（五）其他情节轻微、危害不大的。第四条诈骗近亲属的财物，近亲属谅解的，一般可不按犯罪处理。诈骗近亲属的财物，确有追究刑事责任必要的，具体处理也应酌情从宽。

《量刑指导意见（试行）》：（七）诈骗罪1.（1）达到数额较大起点的，可以在三个月拘役至六个月有期徒刑幅度内确定量刑起点。

〔651〕**法释〔2011〕7号**：诈骗公私财物价值3万元至10万元以上，为数额巨大。

《量刑指导意见（试行）》：（七）诈骗罪1.（2）达到数额巨大起点或者有其他严重情节的，可以在三年至四年有期徒刑幅度内确定量刑起点。

〔652〕**法释〔2011〕7号：第二条** 诈骗公私财物达到本解释第一条规定的数额标准，具有下列情形之一的，可以依照刑法第二百六十六条的规定酌情从严惩处：（一）通过发送短信、拨打电话或者利用互联网、广播电视、报刊杂志等发布虚假信息，对不特定多数人实施诈骗的；（二）诈骗救灾、抢险、防汛、优抚、扶贫、移民、救济、医疗款物的；（三）以赈灾募捐名义实施诈骗的；（四）诈骗残疾人、老年人或者丧失劳动能力人的财物的；（五）造成被害人自杀、精神失常或者其他严重后果的。诈骗数额接近本解释第一条规定的"数额巨大"、"数额特别巨大"的标准，并具有前款规定的情形之一或者属于诈骗集团首要分子的，应当分别认定为刑法第二百六十六条规定的"其他严重情节"、"其他特别严重情节"。

〔653〕**法释〔2011〕7号：第一条** 诈骗公私财物价值50万元以上的，为数额特别巨大。

第二条第二款 诈骗数额特别巨大是认定诈骗犯罪"情节特别严重"的一个重要内容，但不是唯一情节。诈骗数额在10万元以上，又具有下列情形之一的，也应认定为"情节特别严重"：（1）诈骗集团的首要分子或者共同诈骗犯罪中情节严重的主犯；（2）惯犯或者流窜作案危害严重的；（3）诈骗法人、其他组织或者个人急需的生产资料，严重影响生产或者造成

第二百六十七条[654] 【抢夺罪】抢夺公私财物，数额较大的[655]，处三年以下有期徒刑、拘役或者管制，并处或者单处罚金；数额巨大[656]或者有其他严重情节的，处三年以上十年以下有期徒刑，并处罚金；数额特别巨大或者有其他特别严重情节的，处十年以上有期徒刑或者无期徒刑，并处罚金或者没收财产。[657]

其他严重损失的；（4）诈骗救灾、抢险、防汛、优抚、救济、医疗款物，造成严重后果的；（5）挥霍诈骗的财物，致使诈骗的财物无法返还的；（6）使用诈骗的财物进行违法犯罪活动的；（7）曾因诈骗受过刑事处罚的；（8）导致被害人死亡、精神失常或者其他严重后果的；（9）具有其他严重情节的。

《量刑指导意见（试行）》：（七）诈骗罪（3）达到数额特别巨大起点或者有其他特别严重情节的，可以在十年至十二年有期徒刑幅度内确定量刑起点。依法应当判处无期徒刑的除外。在量刑起点的基础上，可以根据诈骗数额等其他影响犯罪构成的犯罪事实增加刑罚量，确定基准刑。

[654]《最高人民法院关于审理抢夺刑事案件具体应用法律若干问题的解释》（法释〔2002〕18号，2002年7月20日）：**第五条** 实施抢夺公私财物行为，构成抢夺罪，同时造成被害人重伤、死亡等后果，构成过失致人重伤罪、过失致人死亡罪等犯罪的，依照处罚较重的规定定罪处罚。

[655]法释〔2002〕18号：**第一条第一项** 抢夺公私财物价值人民币五百元至二千元以上的，为"数额较大"。

第二条 抢夺公私财物达到本解释第一条第（一）项规定的"数额较大"的标准，具有下列情形之一的，可以依照刑法第二百六十七条第一款的规定，以抢夺罪从重处罚：（一）抢夺残疾人、老年人、不满十四周岁未成年人的财物的；（二）抢夺救灾、抢险、防汛、优抚、扶贫、移民、救济等款物的；

（三）一年内抢夺三次以上的；（四）利用行驶的机动车辆抢夺的。抢夺公私财物，未经行政处罚处理，依法应当追诉的，抢夺数额累计计算。

第三条 抢夺公私财物虽然达到本解释第一条第（一）项规定的"数额较大"的标准，但具有下列情形之一的，可以视为刑法第三十七条规定的"犯罪情节轻微不需要判处刑罚"，免予刑事处罚：（一）已满十六周岁不满十八周岁的未成年人作案，属于初犯或者被教唆犯罪的；（二）主动投案、全部退赃或者退赔的；（三）被胁迫参加抢夺，没有分赃或者获赃较少的；（四）其他情节轻微，危害不大的。

《量刑指导意见（试行）》：抢夺罪达到数额较大起点的，可以在三个月拘役至一年有期徒刑幅度内确定量刑起点。在量刑起点的基础上，可以根据抢夺数额等其他影响犯罪构成的犯罪事实增加刑罚量，确定基准刑。

〔656〕**法释〔2002〕18号：第一条第二项** 抢夺公私财物价值人民币五千元至二万元以上的，为"数额巨大"。

《量刑指导意见（试行）》：（八）抢夺罪1.（2）达到数额巨大起点或者有其他严重情节的，可以在三年至四年有期徒刑幅度内确定量刑起点。

法释〔2002〕18号：第四条 抢夺公私财物，数额接近本解释第一条第（二）项、第（三）项规定的"数额巨大"、"数额特别巨大"的标准，并具有本解释第二条规定的情形之一的，可以分别认定为"其他严重情节"或者"其他特别严重情节"。

〔657〕**法释〔2002〕18号：第一条第三项** 抢夺公私财物价值人民币三万元至十万元以上的，为"数额特别巨大"。

携带凶器抢夺的[658]，依照本法第二百六十三条（抢劫罪）的规定定罪处罚。

第二百六十八条[659] **【聚众哄抢罪】** 聚众哄抢公私财物，数额较大或者有其他严重情节的，对首要分子和积极参加的，处三年以下有期徒刑、拘役或者管制，并处罚金；数额巨大或者有其他特别严重情节的，处三年以上十年以下有期徒刑，并处罚金。

《量刑指导意见（试行）》：（八）抢夺罪 1. （3）达到数额特别巨大起点或者有其他特别严重情节的，可以在十年至十二年有期徒刑幅度内确定量刑起点。依法应当判处无期徒刑的除外。

[658]**法释〔2000〕35 号：第六条** 刑法第二百六十七条第二款规定的"携带凶器抢夺"，是指行为人随身携带枪支、爆炸物、管制刀具等国家禁止个人携带的器械进行抢夺或者为了实施犯罪而携带其他器械进行抢夺的行为。

法发〔2005〕8 号： 关于"携带凶器抢夺"的认定：行为人随身携带国家禁止个人携带的器械以外的其他器械抢夺，但有证据证明该器械确实不是为了实施犯罪准备的，不以抢劫罪定罪；行为人将随身携带凶器有意加以显示、能为被害人察觉到的，直接适用刑法第二百六十三条（抢劫罪）的规定定罪处罚；行为人携带凶器抢夺后，在逃跑过程中为窝藏赃物、抗拒抓捕或者毁灭罪证而当场使用暴力或者以暴力相威胁的，适用刑法第二百六十七条第二款（携带凶器抢劫）的规定定罪处罚。**编者注：** 此处不是转化型抢劫。是否故意显示凶器，是区别抢劫罪和携带凶器抢劫的关键。

[659]**法释〔2000〕36 号：第十四条** 聚众哄抢林木五立方米以上

第二百六十九条【抢劫罪】 犯盗窃、诈骗、抢夺罪，为[660]窝藏赃物、抗拒抓捕或者毁灭罪证而当场使用暴力或者以暴力相威胁的[661]，依照本法第二百六十三条（抢劫罪）的规定定罪处罚。

第二百七十条【侵占罪】 将代为保管的他人财物非法占为己有，数额较大，拒不退还的，处二年以下有期徒刑、拘役或者罚金；数额巨大或者有其他严重情节的，处二年以上五年以下有期徒刑，并处罚金。

将他人的遗忘物或者埋藏物非法占为己有，数额较大，拒不交出的，依照前款的规定处罚。

本条罪，告诉的才处理。[662]

的，属于聚众哄抢"数额较大"；聚众哄抢林木二十立方米以上的，属于聚众哄抢"数额巨大"，对首要分子和积极参加的，依照刑法第二百六十八条的规定，以聚众哄抢罪定罪处罚。

[660]**编者注：** 此处不用"因"而是用"为"。

[661]**法发〔2005〕8号：** 关于转化抢劫的认定：行为人实施盗窃、诈骗、抢夺行为，未达到"数额较大"，为窝藏赃物、抗拒抓捕或者毁灭罪证当场使用暴力或者以暴力相威胁，情节较轻、危害不大的，一般不以犯罪论处；但具有下列情节之一的，可依照刑法第二百六十九条的规定，以抢劫罪定罪处罚。（1）盗窃、诈骗、抢夺接近"数额较大"标准的；（2）入户或在公共交通工具上盗窃、诈骗、抢夺后在户外或交通工具外实施上述行为的；（3）使用暴力致人轻微伤以上后果的；（4）使用凶器或以凶器相威胁的；（5）具有其他严重情节的。

[662]**编者注：** 在亲告罪中只有侵占罪没有例外，是绝对的亲告罪。

第二百七十一条^[663]【**职务侵占罪**】公司、企业或者其他单位的人员，利用职务上的便利，将本单位财物非法占为己有，数额较大的^[664]，处五年以下有期徒刑或者拘役^[665]；数额巨大的^[666]，处五年以上有期徒刑^[667]，可以并处没收财产。

---

[663]《**最高人民法院关于村民小组组长利用职务便利非法占有公共财物行为如何定性问题的批复**》（**法释〔1999〕12号，1999年7月3日**）：对村民小组组长利用职务上的便利，将村民小组集体财产非法占为己有，数额较大的行为，应当依照刑法第二百七十一条第一款的规定，以职务侵占罪定罪处罚。**编者注：** 村民小组组长既不是国家工作人员，也不是公司、企业人员，故只能认定为职务侵占罪，而不是贪污罪或非国家工作人员受贿罪，本解释只针对村民小组组长，他们可能是村委会成员，但对于不是组长的村委会成员的行为如何定性尚未作出明确规定。

《**最高人民法院关于对受委托管理、经营国有财产人员挪用国有资金行为如何定罪问题的批复**》（**法释〔2000〕5号，2000年2月24日**）：对于受国家机关、国有公司、企业、事业单位、人民团体委托，管理、经营国有财产的非国家工作人员，利用职务上的便利，挪用国有资金归个人使用的，应当依照刑法第二百七十一条第一款的规定定罪处罚。**编者注：** 有观点认为，从严打击的角度出发，并参照贪污罪的犯罪主体的有关规定，认为此类人员应认定为国家工作人员。否则同一个人既有贪污公款的行为又有挪用资金的行为，最终依不同的身份分别认定为贪污罪和挪用资金罪，则明显不合适。但贪污罪侵犯的是公共财产的所有权，而挪用类犯罪侵犯的只是公共财产的使用权，社会危害程度不同。如果挪用公款罪的犯罪主体参照贪污罪而予以扩大，那么受贿罪的主体是否也要作相应的扩大？最终根据罪刑法定原则，将此类受托管理、经营国有财产的人员不认定为国家工作人员。从逻辑上看，贪污罪的第一款和第二款是并列关系，这也说明受委托人员不包含在国家工作人员之中。

《最高人民法院关于在国有资本控股、参股的股份有限公司中从事管理工作的人员利用职务便利非法占有本公司财物如何定罪问题的批复》（法释〔2001〕17 号，2001 年 5 月 26 日）：在国有资本控股、参股的股份有限公司中从事管理工作的人员，除受国家机关、国有企业、公司、事业单位委派从事公务的以外，不属于国家工作人员。对其利用职务上的便利，将本单位财物非法占为己有，数额较大的，以职务侵占罪定罪处罚。**编者注**：1. 罪名的不同，一方面涉及量刑的轻重，还涉及案件的分工，必须加以明确。2. 公司一经设立，就具有完全的、独立的性质，该性质不同于任何发起人或者认股人、包括参股、认股、控股的国有公司、企业的性质。公司的法人财产不同于任何出资者的财产，公司法人财产不由任何出资的性质所决定，属于独立的公司法人财产。3. 在股份公司中从事管理工作的人员，按照其是否由国有单位委派从事公务决定其行为的性质，从事公务的人所侵占的财产虽然不是公共财产，但单纯依照刑法第三百八十二条则不构成贪污罪，但该条仅仅是贪污罪的一般规定，而本条则属于贪污罪的特别规定。根据特殊规定优先于一般规定的原则，对于国有单位委派到国有资本参股、控股的股份有限公司中从事管理工作的人员，利用职务便利，非法占有公司财物的行为，只能认定为贪污罪。

《最高人民法院关于如何认定国有控股、参股股份有限公司中的国有公司、企业人员的解释》（法释〔2005〕10 号，2005 年 8 月 11 日）。**编者注**：参见本法第一百六十八条有关脚注。

《最高人民法院关于审理贪污、职务侵占案件如何认定共同犯罪几个问题的解释》（法释〔2000〕15 号，2000 年 7 月 8 日）：**第二条** 行为人与公司、企业或者其他单位的人员勾结，利用公司、企业或者其他单位人员的职务便利，共同将该单位财物非法占为己有，数额较大的，以职务侵占罪共犯论处。

　　国有公司、企业或者其他国有单位中从事公务的人员和国有公司、企业或者其他国有单位委派到非国有公司、企业以及其他单位从事公务的人员有前款行为的，依照本法第三百八十二条（贪污罪）、第三百八十三条（贪污罪的处罚）的规定定罪处罚。

　　法释〔2000〕15号：第三条　公司、企业或者其他单位中，不具有国家工作人员身份的人与国家工作人员勾结，分别利用各自的职务便利，共同将本单位财物非法占为己有的，按照主犯的犯罪性质定罪。

　〔664〕《立案标准（二）》第八十四条：　公司、企业或者其他单位的人员，利用职务上的便利，将本单位财物非法占为己有，数额在五千元至一万元以上的，应予立案追诉。**编者注：**职务侵占罪中的数额较大，相当于盗窃罪和抢夺罪中的数额巨大。

　〔665〕《量刑指导意见（试行）》：（九）职务侵占罪：1.（1）达到数额较大起点的，可以在三个月拘役至一年有期徒刑幅度内确定量刑起点。

　〔666〕编者注：10万元以上为数额巨大。如果是贪污同样数额，量刑将远远高于本罪，可能判处死刑，并处没收财产。这涉及公产和私产同等保护的重大问题。

　〔667〕《量刑指导意见（试行）》：（九）职务侵占罪1.（2）达到数额巨大起点的，可以在五年至六年有期徒刑幅度内确定量刑起点。在量刑起点的基础上，可以根据职务侵占数额等其他影响犯罪构成的犯罪事实增加刑罚量，确定基准刑。

　〔668〕《立案标准（二）》：第八十五条　具有下列情形之一的，属于本条规定的"归个人使用"：（一）将本单位资金供本人、亲友或者其他自然人使用的；（二）以个人名义将本单位资金供其他单位使用的；（三）个人决定以单位名义将本单位资金

第二百七十二条【挪用资金罪】公司、企业或者其他单位的工作人员，利用职务上的便利，挪用本单位资金归个人使用[668]或者借贷给他人[669]，数额较大、超过三个月未还的，或者虽未超过三个月，但数额较大、进行营利活动的，或者进行非法活动的，[670]处三年以下有期徒刑或者拘役；挪用本单位资金数额巨大的，或者数额较大不退还的，[671]处三年以上十年以下有期徒刑。

供其他单位使用，谋取个人利益的。

[669]《**最高人民法院关于如何理解刑法第二百七十二条规定的"挪用本单位资金归个人使用或者借贷给他人"问题的批复**》（法释〔2000〕22号，2000年7月22日）：公司、企业或者其他单位的非国家工作人员，利用职务上的便利，挪用本单位资金归本人或者其他自然人使用，或者挪用人以个人名义将所挪用的资金借给其他自然人和单位，构成犯罪的，应当依照刑法第二百七十二条第一款的规定定罪处罚。**编者注**：1. 挪用本单位资金归个人使用，包括归本人使用或给其他自然人使用两种情况。至于挪用资金给私有公司、企业使用的，是否也应认定为归个人使用，考虑到《最高人民法院关于审理单位犯罪案件具体应用法律有关问题的解释》已明确将具有法人资格的私有公司、企业规定为刑法中的单位，故这一类公司不属于本条中的"个人"。2. 借贷给他人，可解释为借给其他自然人或单位。关于他人是否包括单位，以及如何确定单位的范围，有不同意见。经研究认为，对于符合挪用资金罪构成要件的行为，就应当以挪用资金罪追究刑事责任，不宜根据受害单位或者使用资金的单位的所有权性质，确定是否追究刑事责任。一个国有单位资金挪用给另一国有单位使用，行为人的挪用资金行为侵犯了其本单位的资金使用权，其行为给所在单位造成的危害和损失，并不因为对方使用资金单位是国有单位而避免或有所减轻。挪用非国有单位资金给国有单位使用不构成挪用资金罪

国有公司、企业或者其他国有单位中从事公务的人员和国有公司、企业或者其他国有单位委派到非国有公司、企业以及其他单位从事公务的人员有前款行为的，依照本法第三百八十四条（挪用公款罪）的规定定罪处罚。

第二百七十三条【挪用特定款物罪】挪用[672]用于救灾、抢险、防汛、优抚、扶贫、移民、救济款物[673]，情节严重，致使国家和人民群众利益遭受重大损害的[674]，对直接责任人员，处三年以下有期徒刑或者拘役；情节特别严重的，处三年以上七年以下有期徒刑。

的观点，不符合对市场经济主体平等保护的宪法原则，从长远看不利于我国市场经济的进一步发展，故批复中规定的单位，既包括国有单位，也包括非国有单位。

[670]**《立案标准（二）》：第八十五条**　公司、企业或者其他单位的工作人员，利用职务上的便利，挪用本单位资金归个人使用或者借贷给他人，涉嫌下列情形之一的，应予立案追诉：（一）挪用本单位资金数额在一万元至三万元以上，超过三个月未还的；（二）挪用本单位资金数额在一万元至三万元以上，进行营利活动的；（三）挪用本单位资金数额在五千元至二万元以上，进行非法活动的。

[671]**编者注：**第三百八十三条相关规定的表述：挪用公款数额巨大不退还的，处十年以上有期徒刑或者无期徒刑。

[672]**编者注：**本罪的犯罪主体是特殊主体，即主管、经营、经手人员，并不要求具有国家工作人员身份。并非挪归个人使用，而是挪作他用。

[673]**《最高人民检察院关于挪用失业保险基金和下岗职工基本生活保障资金的行为适用法律问题的批复》（高检发释字[2003] 1号，2003年1月30日）：**挪用失业保险基金和下岗

第二百七十四条^{〔675〕}（刑八）【敲诈勒索罪】敲诈勒索公私财

职工基本生活保障资金属于挪用救济款物。挪用失业保险基金和下岗职工基本生活保障资金，情节严重，致使国家和人民群众利益遭受重大损害的，对直接责任人员，应当依照刑法第二百七十三条的规定，以挪用特定款物罪追究刑事责任；国家工作人员利用职务上的便利，挪用失业保险基金和下岗职工基本生活保障资金归个人使用，构成犯罪的，应当依照刑法第三百八十四条的规定，以挪用公款罪追究刑事责任。**编者注：** 1. 根据《失业保险条例》和《城镇居民最低生活保险条例》的规定，失业保险基金和下岗职工基本生活保障基金均具有救济金的性质。缴纳失业保险金是国家对企业和职工规定的义务，享受失业保险待遇则是国家对失业职工提供的一种救济方式。2. 挪用的对象同一，但挪用的主体不同，因而罪质不同。

〔674〕《立案标准（二）》：第八十六条 挪用用于救灾、抢险、防汛、优抚、扶贫、移民、救济款物，涉嫌下列情形之一的，应予立案追诉：（一）挪用特定款物数额在五千元以上的；（二）造成国家和人民群众直接经济损失数额在五万元以上的；（三）虽未达到上述数额标准，但多次挪用特定款物的，或者造成人民群众的生产、生活严重困难的；（四）严重损害国家声誉，或者造成恶劣社会影响的；（五）其他致使国家和人民群众利益遭受重大损害的情形。

〔675〕**《最高人民法院、最高人民检察院关于办理敲诈勒索刑事案件适用法律若干问题的解释》（法释〔2013〕10号，2013年4月27日）：第九条** 本解释公布施行后，《最高人民法院关于敲诈勒索罪数额认定标准问题的规定》（法释〔2000〕11号）同时废止；此前发布的司法解释与本解释不一致的，以本解释为准。

物，数额较大[676]或者多次敲诈勒索的[677]，处三年以下有期徒

编者注：1. 1979年刑法第一百五十四条 敲诈勒索公私财物的，处三年以下有期徒刑或者拘役；情节严重的，处三年以上七年以下有期徒刑。2. 1997年刑法将"数额较大"作为本罪的成立条件，并规定"数额巨大"或者有其他严重情节，加重处罚，并将刑期延长为十年以下。3. 原1997年刑法第二百七十四条为："敲诈勒索公私财物，数额较大的，处三年以下有期徒刑、拘役或者管制；数额巨大或者有其他严重情节的，处三年以上十年以下有期徒刑。"4. 本罪的犯罪数额的制定所考虑的因素：（1）考虑到实施敲诈勒索犯罪往往有一个较长过程，被害人可以报案，便于司法机关及时破获，而且不少被害人有一定过错，因此敲诈勒索罪的数额标准应略高于盗窃犯罪；（2）敲诈勒索犯罪还具备对被害人实施精神上威胁、强制的特征，故敲诈勒索犯罪的数额宜略低于诈骗犯罪。5. 关于债权人为了实现自己的债权，而对债务人实施了胁迫行为，如何认定。张明楷教授认为，一般而言，只要没有超过债权，且其手段行为本身不构成其他犯罪，不宜认定为犯罪。但如果债务人一方具有期限的利益、清算的利益等值得保护的利益，或者债权的内容未确定，债务人在民事诉讼中存在请求的正当利益，对方使用胁迫手段取得财物的，具有成立敲诈勒索罪的可能性。与绑架罪的区别，在于是否现实地绑架了他人。本罪既遂与未遂的界限：如果受害人与警方配合而约定交付财物地点，并实际交付财物，应认定为未遂。

[676]法释〔2013〕10号：第一条 敲诈勒索公私财物价值二千元至五千元以上，应当认定为刑法第二百七十四条规定的"数额较大"。

　　第二条 敲诈勒索公私财物，具有下列情形之一的，"数额

刑、拘役或者管制，并处或者单处罚金[678]；数额巨大[679]或者有其他严重情节的，处三年以上十年以下有期徒刑，并处罚金；数额特别巨大[680]或者有其他特别严重情节的，处十年以上有期徒刑，并处罚金。

较大”的标准可以按照本解释第一条规定标准的百分之五十确定：（一）曾因敲诈勒索受过刑事处罚的；（二）一年内曾因敲诈勒索受过行政处罚的；（三）对未成年人、残疾人、老年人或者丧失劳动能力人敲诈勒索的；（四）以将要实施放火、爆炸等危害公共安全犯罪或者故意杀人、绑架等严重侵犯公民人身权利犯罪相威胁敲诈勒索的；（五）以黑恶势力名义敲诈勒索的；（六）利用或者冒充国家机关工作人员、军人、新闻工作者等特殊身份敲诈勒索的；（七）造成其他严重后果的。

第五条 敲诈勒索数额较大，行为人认罪、悔罪，退赃、退赔，并具有下列情形之一的，可以认定为犯罪情节轻微，不起诉或者免予刑事处罚，由有关部门依法予以行政处罚：（一）具有法定从宽处罚情节的；（二）没有参与分赃或者获赃较少且不是主犯的；（三）被害人谅解的；（四）其他情节轻微、危害不大的。

第六条 敲诈勒索近亲属的财物，获得谅解的，一般不认为是犯罪；认定为犯罪的，应当酌情从宽处理。被害人对敲诈勒索的发生存在过错的，根据被害人过错程度和案件其他情况，可以对行为人酌情从宽处理；情节显著轻微危害不大的，不认为是犯罪。

第七条 明知他人实施敲诈勒索犯罪，为其提供信用卡、手机卡、通讯工具、通讯传输通道、网络技术支持等帮助的，以共同犯罪论处。

《量刑指导意见（试行）》：（十）敲诈勒索罪1.（1）达到

第二百七十五条【故意毁坏财物罪】 故意毁坏^[681]公私财

数额较大起点的，可以在三个月拘役至六个月有期徒刑幅度内确定量刑起点。

〔677〕**法释〔2013〕10 号：第三条**　二年内敲诈勒索三次以上的，应当认定为刑法第二百七十四条规定的"多次敲诈勒索"。

〔678〕**法释〔2013〕10 号：第八条**　对犯敲诈勒索罪的被告人，应当在二千元以上、敲诈勒索数额的二倍以下判处罚金；被告人没有获得财物的，应当在二千元以上十万元以下判处罚金。

〔679〕**法释〔2013〕10 号：第一条**　敲诈勒索公私财物价值三万元至十万元以上，应当认定为刑法第二百七十四条规定的"数额巨大"。

　　第四条　敲诈勒索公私财物，具有本解释第二条第三项至第七项规定的情形之一，数额达到本解释第一条规定的"数额巨大"、"数额特别巨大"百分之八十的，可以分别认定为刑法第二百七十四条规定的"其他严重情节"、"其他特别严重情节"。

　　《量刑指导意见（试行）》：（十）敲诈勒索罪 1.（2）达到数额巨大起点或者有其他严重情节的，可以在三年至四年有期徒刑幅度内确定量刑起点。2. 在量刑起点的基础上，可以根据敲诈勒索数额、手段等其他影响犯罪构成的犯罪事实增加刑罚量，确定基准刑。

〔680〕**法释〔2013〕10 号：第一条**　敲诈勒索公私财物价值三十万元至五十万元以上的，应当认定为刑法第二百七十四条规定的"数额特别巨大"。

〔681〕**编者注：**张明楷教授在《从生活事实中发现法》中提到"毁坏"的含义，一种观点认为，通过对财物的全部或者一部分

物[682]，数额较大或者有其他严重情节的[683]，处三年以下有期徒刑、拘役或者罚金；数额巨大或者有其他特别严重情节的，处三年以上七年以下有期徒刑。

第二百七十六条[684] **【破坏生产经营罪】** 由于泄愤报复或者其他个人目的[685]，毁坏机器设备、残害耕畜或者以其他方法破坏生产经营的[686]，处三年以下有期徒刑、拘役或者管制；情节严重的，处三年以上七年以下有期徒刑。

进行物质性破坏、毁损，以致全部或者部分不能遵从该财物的本来用途进行使用；另一种观点认为，对财物行使有形力，毁损财物或者损害财物的价值、效用的行为；还有一种观点认为，导致财物的效用减少或者丧失的一切行为。

〔682〕**《最高人民法院关于审理破坏公用电信设施刑事案件具体应用法律若干问题的解释》（法释〔2004〕21号，2005年1月11日）：第五条第一款** 故意破坏正在使用的公用电信设施尚未危害公共安全，或者故意毁坏尚未投入使用的公用电信设施，造成财物损失，构成犯罪的，依照刑法第二百七十五条规定，以故意毁坏财物罪定罪处罚。

〔683〕**《立案标准（一）》：第三十三条** 故意毁坏公私财物，涉嫌下列情形之一的，应予立案追诉：（一）造成公私财物损失五千元以上的；（二）毁坏公私财物三次以上的；（三）纠集三人以上公然毁坏公私财物的；（四）其他情节严重的情形。

〔684〕**编者注：** 本罪原为破坏社会主义经济秩序罪，1997年刑法将其归入侵犯财产罪，重点着眼于其手段行为。

〔685〕**编者注：** 刑法中有许多关于其他兜底的条款，这是一个解释难题。就本罪而言，对"其他个人目的"和"其他方法"的理解，不能忽视条文明确列举的目的和方法的导向意义而任意确定，否则就有扩大解释之嫌，违背罪刑法定原则。为中大奖

　　第二百七十六条之一^{〔687〕}（刑八）**【拒不支付劳动报酬罪】** 以转移财产、逃匿等方法^{〔688〕}逃避支付劳动者的劳动报酬^{〔689〕}或者

而窃取摇奖专用彩球并改变其重量行为，被定为破坏生产经营罪。（《刑事审判参考》，总第 37 集，291 号案例）。

〔686〕《立案标准（一）》：**第三十四条** 故意毁坏公私财物，涉嫌下列情形之一的，应予立案追诉：（一）造成公私财物损失五千元以上的；（二）毁坏公私财物三次以上的；（三）纠集三人以上公然毁坏公私财物的；（四）其他情节严重的情形。

〔687〕**《最高人民法院关于审理拒不支付劳动报酬刑事案件适用法律若干问题的解释》（法释〔2013〕3 号，2013 年 1 月 23 日）：第七条** 不具备用工主体资格的单位或者个人，违法用工且拒不支付劳动者的劳动报酬，数额较大，经政府有关部门责令支付仍不支付的，应当依照刑法第二百七十六条之一的规定，以拒不支付劳动报酬罪追究刑事责任。

　　第八条 用人单位的实际控制人实施拒不支付劳动报酬行为，构成犯罪的，应当依照刑法第二百七十六条之一的规定追究刑事责任。

〔688〕**法释〔2013〕3 号：第二条** 以逃避支付劳动者的劳动报酬为目的，具有下列情形之一的，应当认定为刑法第二百七十六条之一第一款规定的"以转移财产、逃匿等方法逃避支付劳动者的劳动报酬"：（一）隐匿财产、恶意清偿、虚构债务、虚假破产、虚假倒闭或者以其他方法转移、处分财产的；（二）逃跑、藏匿的；（三）隐匿、销毁或者篡改账目、职工名册、工资支付记录、考勤记录等与劳动报酬相关的材料的；（四）以其他方法逃避支付劳动报酬的。

〔689〕**法释〔2013〕3 号：第一条** 劳动者依照《劳动法》和

有能力支付而不支付劳动者的劳动报酬，数额较大[690]，经政府有关部门责令支付仍不支付的[691]，处三年以下有期徒刑或者拘

_____

《劳动合同法》等法律的规定应得的劳动报酬，包括工资、奖金、津贴、补贴、延长工作时间的工资报酬及特殊情况下支付的工资等，应当认定为刑法第二百七十六条之一第一款规定的"劳动者的劳动报酬"。

[690]**法释〔2013〕3号：第三条** 具有下列情形之一的，应当认定为刑法第二百七十六条之一第一款规定的"数额较大"：（一）拒不支付一名劳动者三个月以上的劳动报酬且数额在五千元至二万元以上的；（二）拒不支付十名以上劳动者的劳动报酬且数额累计在三万元至十万元以上的。各省、自治区、直辖市高级人民法院可以根据本地区经济社会发展状况，在前款规定的数额幅度内，研究确定本地区执行的具体数额标准，报最高人民法院备案。

[691]**法释〔2013〕3号：第四条** 经人力资源社会保障部门或者政府其他有关部门依法以限期整改指令书、行政处理决定书等文书责令支付劳动者的劳动报酬后，在指定的期限内仍不支付的，应当认定为刑法第二百七十六条之一第一款规定的"经政府有关部门责令支付仍不支付"，但有证据证明行为人有正当理由未知悉责令支付或者未及时支付劳动报酬的除外。行为人逃匿，无法将责令支付文书送交其本人、同住成年家属或者所在单位负责收件的人的，如果有关部门已通过在行为人的住所地、生产经营场所等地张贴责令支付文书等方式责令支付，并采用拍照、录像等方式记录的，应当视为"经政府有关部门责令支付"。

役，并处或者单处罚金；造成严重后果的[692]，处三年以上七年以下有期徒刑，并处罚金。

单位犯前款罪的[693]，对单位判处罚金，并对其直接负责的主管人员和其他直接责任人员，依照前款的规定处罚。

有前两款行为，尚未造成严重后果，在提起公诉前支付劳动者的劳动报酬，并依法承担相应赔偿责任的[694]，可以减轻或者免除处罚。

---

[692]**法释〔2013〕3号：第五条**　拒不支付劳动者的劳动报酬，符合本解释第三条的规定，并具有下列情形之一的，应当认定为刑法第二百七十六条之一第一款规定的"造成严重后果"：（一）造成劳动者或者其被赡养人、被扶养人、被抚养人的基本生活受到严重影响、重大疾病无法及时医治或者失学的；（二）对要求支付劳动报酬的劳动者使用暴力或者进行暴力威胁的；（三）造成其他严重后果的。

[693]**法释〔2013〕3号：第九条**　单位拒不支付劳动报酬，构成犯罪的，依照本解释规定的相应个人犯罪的定罪量刑标准，对直接负责的主管人员和其他直接责任人员定罪处罚，并对单位判处罚金。

[694]**法释〔2013〕3号：第六条**　拒不支付劳动者的劳动报酬，尚未造成严重后果，在刑事立案前支付劳动者的劳动报酬，并依法承担相应赔偿责任的，可以认定为情节显著轻微危害不大，不认为是犯罪；在提起公诉前支付劳动者的劳动报酬，并依法承担相应赔偿责任的，可以减轻或者免除刑事处罚；在一审宣判前支付劳动者的劳动报酬，并依法承担相应赔偿责任的，可以从轻处罚。对于免除刑事处罚的，可以根据案件的不同情况，予以训诫、责令具结悔过或者赔礼道歉。拒不支付劳动者的劳动报酬，造成严重后果，但在宣判前支付劳动者的劳动报酬，并依法承担相应赔偿责任的，可以酌情从宽处罚。

第六章　妨害社会管理秩序罪[695]

第一节　扰乱公共秩序罪

第二百七十七条【妨害公务罪】以暴力、威胁方法阻碍国家机关工作人员[696]依法执行职务的[697]，处三年以下有期徒刑、

---

〔695〕**编者注**：人类社会需要秩序。秩序的形成与维护需要规范。一定的社会秩序总是与一定的行为准则相联系；秩序的形成与维护也需要管理，一定的社会秩序总是依赖于一定的管理活动。本章的犯罪，大多以违反秩序管理法规为前提。同时，既有传统型的自然法，也有现代型的行政犯。

〔696〕**编者注**：本条从 1979 年刑法第一百五十七条修改而来，将国家工作人员修改为国家机关工作人员，以适应政企分开的改革，缩小了本罪成立的范围。本罪只要在客观上实施了暴力或威胁的行为，就可构成既遂，至于造成公务之放弃或公务之不能实施与否，不影响既遂的构成。妨害公务罪为行为犯，只要实施了行为就构成了犯罪。

《最高人民检察院关于以暴力、威胁方法阻碍事业编制人员依法执行行政执法职务是否可对侵害人以妨害公务罪论处的批复》（高检发释字〔2000〕2 号，200 年 4 月 24 日）：对于以暴力、威胁方法阻碍国有事业单位人员依照法律、行政法规的规定执行行政执法职务的，或者以暴力、威胁方法阻碍国家机关中受委托从事行政执法活动的事业编制人员执行行政执法职务的，可以对侵害人以妨害公务罪追究刑事责任。

拘役〔698〕、管制或者罚金。

以暴力、威胁方法阻碍全国人民代表大会和地方各级人民代表大会代表依法执行代表职务的，依照前款的规定处罚。〔699〕

---

〔697〕**编者注**："依法"执行职务，是指职务的执行必须具有合法性，合法意味着既包括实体法，又包括程序法，换言之，不仅实质合法，而且形式合法。判断合法的标准，应坚持客观标准，且以行为时的具体状况为基础进行客观判断，而不能在事后进行纯客观的判断。

《**最高人民法院、最高人民检察院、公安部关于依法严肃查处拒不执行判决裁定和暴力抗拒法院执行犯罪行为有关问题的通知**》（**法发**〔2007〕29号，2007年8月30日）：二、对下列暴力抗拒执行的行为，依照刑法第二百七十七条的规定，以妨害公务罪论处。（一）聚众哄闹、冲击执行现场，围困、扣押、殴打执行人员，致使执行工作无法进行的；（二）毁损、抢夺执行案件材料、执行公务车辆和其他执行器械、执行人员服装以及执行公务证件，造成严重后果的；（三）其他以暴力、威胁方法妨害或者抗拒执行，致使执行工作无法进行的。

〔698〕《**量刑指导意见（试行）**》：（十一）妨碍公务罪 1. 构成妨害公务罪的，可以在三个月拘役至一年有期徒刑幅度内确定量刑起点。2. 在量刑起点的基础上，可以根据妨害公务的手段、造成的后果等其他影响犯罪构成的犯罪事实增加刑罚量，确定基准刑。3. 煽动群众阻碍依法执行职务、履行职责的，可以增加基准刑的20%以下。4. 因执行公务行为不规范而导致妨害公务犯罪的，可以减少基准刑的20%以下。

〔699〕**编者注**：从语言解释的"明示其一规则"来审视本款，颇为费解。所谓明示其一规则，是指如果在某一法规中明示某一特定种类的一种或多种成分，便认为默示地排除其余成分。国家机关

在自然灾害和突发事件中，以暴力、威胁方法阻碍红十字会工作人员依法履行职责的，依照第一款的规定处罚。

故意阻碍国家安全机关、公安机关依法执行国家安全工作任务，未使用暴力、威胁方法，造成严重后果的，依照第一款的规定处罚。

第二百七十八条【煽动暴力抗拒法律实施罪】煽动群众暴力抗拒国家法律、行政法规实施的，处三年以下有期徒刑、拘役、管制或者剥夺政治权利；造成严重后果的，处三年以上七年以下有期徒刑。

第二百七十九条【招摇撞骗罪】冒充国家机关工作人员招摇撞骗的[700]，处三年以下有期徒刑、拘役、管制或者剥夺政治权利；情节严重的，处三年以上十年以下有期徒刑。

冒充人民警察招摇撞骗的，依照前款的规定从重处罚。

第二百八十条【伪造、变造、买卖国家机关公文、证件、印章罪；盗窃、抢夺、毁灭国家机关公文、证件、印章罪】伪造、变造、买卖或者盗窃、抢夺、毁灭国家机关的公文、证件、印章的[701]，处三年以下有期徒刑、拘役、管制或者剥夺政治权利；

工作人员应该包括国家各级权力机关，那就不必专门规定权力机关的人员。既然专门规定，但又未形成特别条款，犯罪构成和处罚上都相同，就没有必要了。

[700]**编者注：**本罪主观方面只能是故意，明知自己不具有特定国家机关工作人员身份，却故意假冒，以谋取非法利益，原则上不包括骗取财物，即使认为可以包括骗取财物，但也不包括骗取数额巨大财物的情况。

[701]**法释〔2000〕36号：第十三条**　对于伪造、变造、买卖林木采伐许可证、木材运输证件，森林、林木、林地权属证书，占用或者征用林地审核同意书、育林基金等缴费收据以及其他

情节严重的，处三年以上十年以下有期徒刑。

　　【**伪造公司、企业、事业单位、人民团体印章罪**】伪造公司、企业、事业单位、人民团体的印章的，处三年以下有期徒刑、拘役、

国家机关批准的林业证件构成犯罪的，依照刑法第二百八十条第一款的规定，以伪造、变造、买卖国家机关公文、证件罪定罪处罚。

　　对于买卖允许进出口证明书等经营许可证明，同时触犯刑法第二百二十五条、第二百八十条规定之罪的，依照处罚较重的规定定罪处罚。

　　《**全国人大常委会关于惩治骗购外汇、逃汇和非法买卖外汇犯罪的决定**》(1998年12月29日)：买卖伪造、变造的海关签发的报关单、进口证明、外汇管理部门核准件等凭证和单据或者国家机关的其他公文、证件、印章的，依照刑法第二百八十条的规定定罪处罚。

　　《**最高人民法院、最高人民检察院关于办理与盗窃、抢劫、诈骗、抢夺机动车相关刑事案件具体应用法律若干问题的解释**》(法释〔2007〕11号，2007年5月11日)：**第二条**　伪造、变造、买卖机动车行驶证、登记证书，累计三本以上的，依照刑法第二百八十条第一款的规定，以伪造、变造、买卖国家机关证件罪定罪，处三年以下有期徒刑、拘役、管制或者剥夺政治权利。伪造、变造、买卖机动车行驶证、登记证书，累计达到第一款规定数量标准五倍以上的，属于刑法第二百八十条第一款规定中的"情节严重"，处三年以上十年以下有期徒刑。

　　法释〔2009〕19号：第四条　为信用卡申请人制作、提供虚假的财产状况、收入、职务等资信证明材料，涉及伪造、变造、买卖国家机关公文、证件、印章，或者涉及伪造公司、企业、事业单位、人民团体印章，应当追究刑事责任的，依照刑法第二百八十条的规定，分别以伪造、变造、买卖国家机关公文、证件、印章罪和伪造公司、企业、事业单位、人民团体印章罪定罪处罚。

管制或者剥夺政治权利。[702]

【**伪造、变造居民身份证罪**】伪造、变造居民身份证的，处三年以下有期徒刑、拘役、管制或者剥夺政治权利；情节严重的，处三年以上七年以下有期徒刑。[703]

第二百八十一条【**非法生产、买卖警用装备罪**】非法生产、买卖人民警察制式服装、车辆号牌等专用标志、警械，情节严重的[704]，处三年以下有期徒刑、拘役或者管制，并处或者单处罚金。

---

[702]《**最高人民法院、最高人民检察院关于办理伪造、贩卖伪造的高等院校学历、学位证明刑事案件如何适用法律问题的解释**》（**法释〔2001〕22号，2001年7月5日**）：对于伪造高等院校印章制作学历、学位证明的行为，应当依照刑法第二百八十条二款的规定，以伪造事业单位印章罪定罪处罚。明知是伪造高等院校印章制作的学历、学位证明而贩卖的，以伪造事业单位印章罪的共犯论处。

[703]**编者注**：张明楷教授认为，购买居民身份证的行为不能认定为伪造、变造居民身份证罪，为伪造的居民身份证而提供自己的照片的行为不应认定为伪造居民身份证罪。

[704]《**立案标准（一）**》：**第三十五条** 非法生产、买卖人民警察制式服装、车辆号牌等专用标志、警械，涉嫌下列情形之一的，应予立案追诉：（一）成套制式服装三十套以上，或者非成套制式服装一百件以上的；（二）手铐、脚镣、警用抓捕网、警用催泪喷射器、警灯、警报器单种或者合计十件以上的；（三）警棍五十根以上的；（四）警衔、警号、胸章、臂章、帽徽等警用标志单种或者合计一百件以上的；（五）警用号牌、省级以上公安机关专段民用车辆号牌一副以上，或者其他公安机关专段民用车辆号牌三副以上的；（六）非法经营数额五千元以上，或者非法获利一千元以上的；（七）被他人利用进行违法犯罪活动的；（八）其他情节严重的情形。

单位犯前款罪的，对单位判处罚金，并对其直接负责的主管人员和其他直接责任人员，依照前款的规定处罚。

第二百八十二条【非法获取国家秘密罪】以窃取、刺探、收买[705]方法，非法获取国家秘密的，处三年以下有期徒刑、拘役、管制或者剥夺政治权利；情节严重的，处三年以上七年以下有期徒刑。

【非法持有国家绝密、机密文件、资料、物品罪】非法持有属于国家绝密、机密的文件、资料或者其他物品，拒不说明来源与用途的，处三年以下有期徒刑、拘役或者管制。

第二百八十三条【非法生产、销售间谍专用器材罪】非法生产、销售窃听、窃照等专用间谍器材的，处三年以下有期徒刑、拘役或者管制。

第二百八十四条【非法使用窃听、窃照专用器材罪】非法使用窃听、窃照专用器材，造成严重后果的，处二年以下有期徒刑、拘役或者管制。

第二百八十五条[706]【非法侵入计算机信息系统罪】违反国

---

[705]**编者注**：张明楷教授认为本罪行为可参照刑法第一百一十一条。所谓收买，就是指利用金钱、物质或其他利益换取国家秘密或者情报。在司法实践中，在网上购买涉密书籍，通常被认定为收买行为。

[706]《**最高人民法院、最高人民检察院关于办理危害计算机信息系统安全刑事案件应用法律若干问题的解释**》（**法释〔2011〕19 号，2001 年 9 月 1 日**）：**第七条**　明知是非法获取计算机信息系统数据犯罪所获取的数据、非法控制计算机信息系统犯罪所获取的计算机信息系统控制权，而予以转移、收购、代为销售或者以其他方法掩饰、隐瞒，违法所得五千元以上的，应当依照刑法第三百一十二条第一款的规定，以掩饰、隐瞒犯罪所得罪定罪处罚。实施前款规定行为，违法所得五万元以上的，

家规定，侵入国家事务、国防建设、尖端科学技术领域的计算机信息系统的[707]，处三年以下有期徒刑或者拘役。

应当认定为刑法第三百一十二条第一款规定的"情节严重"。

单位实施第一款规定行为的，定罪量刑标准依照第一款、第二款的规定执行。

第八条 以单位名义或者单位形式实施危害计算机信息系统安全犯罪，达到本解释规定的定罪量刑标准的，应当依照刑法第二百八十五条、第二百八十六条的规定追究直接负责的主管人员和其他直接责任人员的刑事责任。

第九条 明知他人实施刑法第二百八十五条、第二百八十六条规定的行为，具有下列情形之一的，应当认定为共同犯罪，依照刑法第二百八十五条、第二百八十六条的规定处罚：（一）为其提供用于破坏计算机信息系统功能、数据或者应用程序的程序、工具，违法所得五千元以上或者提供十人次以上的；（二）为其提供互联网接入、服务器托管、网络存储空间、通讯传输通道、费用结算、交易服务、广告服务、技术培训、技术支持等帮助，违法所得五千元以上的；（三）通过委托推广软件、投放广告等方式向其提供资金五千元以上的。

实施前款规定行为，数量或者数额达到前款规定标准五倍以上的，应当认定为刑法第二百八十五条、第二百八十六条规定的"情节特别严重"或者"后果特别严重"。

[707]**法释〔2011〕19号：第十条** 对于是否属于刑法第二百八十五条、第二百八十六条规定的"国家事务、国防建设、尖端科学技术领域的计算机信息系统"、"专门用于侵入、非法控制计算机信息系统的程序、工具"、"计算机病毒等破坏性程序"难以确定的，应当委托省级以上负责计算机信息系统安全保护管理工作的部门检验。司法机关根据检验结论，并结合案件具体情况认定。

　　（刑七）【非法获取计算机信息系统数据、非法控制计算机信息系统罪】违反国家规定，侵入前款规定以外的计算机信息系统或者采用其他技术手段，获取该计算机信息系统中存储、处理或者传输的数据，或者对该计算机信息系统实施非法控制，情节严重的^[708]，处三年以下有期徒刑或者拘役，并处或者单处罚金；情节特别严重的^[709]，处三年以上七年以下有期徒刑，并处罚金。

　　第十一条　本解释所称"计算机信息系统"和"计算机系统"，是指具备自动处理数据功能的系统，包括计算机、网络设备、通信设备、自动化控制设备等。本解释所称"身份认证信息"，是指用于确认用户在计算机信息系统上操作权限的数据，包括账号、口令、密码、数字证书等。本解释所称"经济损失"，包括危害计算机信息系统犯罪行为给用户直接造成的经济损失，以及用户为恢复数据、功能而支出的必要费用。

　　[708]**法释〔2011〕19号：第一条**　非法获取计算机信息系统数据或者非法控制计算机信息系统，具有下列情形之一的，应当认定为刑法第二百八十五条第二款规定的"情节严重"：（一）获取支付结算、证券交易、期货交易等网络金融服务的身份认证信息十组以上的；（二）获取第（一）项以外的身份认证信息五百组以上的；（三）非法控制计算机信息系统二十台以上的；（四）违法所得五千元以上或者造成经济损失一万元以上的；（五）其他情节严重的情形。

　　[709]**法释〔2011〕19号：**实施前款规定行为，具有下列情形之一的，应当认定为刑法第二百八十五条第二款规定的"情节特别严重"：（一）数量或者数额达到前款第（一）项至第（四）项规定标准五倍以上的；（二）其他情节特别严重的情形。明知是他人非法控制的计算机信息系统，而对该计算机信息系统的控制权加以利用的，依照前两款的规定定罪处罚。

（刑七）【提供侵入、非法控制计算机信息系统程序、工具罪】提供专门用于侵入、非法控制计算机信息系统的程序、工具[710]，或者明知他人实施侵入、非法控制计算机信息系统的违法犯罪行为而为其提供程序、工具，情节严重的[711]，依照前款

---

[710]**法释〔2011〕19号：第二条**　具有下列情形之一的程序、工具，应当认定为刑法第二百八十五条第三款规定的"专门用于侵入、非法控制计算机信息系统的程序、工具"：（一）具有避开或者突破计算机信息系统安全保护措施，未经授权或者超越授权获取计算机信息系统数据的功能的；（二）具有避开或者突破计算机信息系统安全保护措施，未经授权或者超越授权对计算机信息系统实施控制的功能的；（三）其他专门设计用于侵入、非法控制计算机信息系统、非法获取计算机信息系统数据的程序、工具。

[711]**法释〔2011〕19号：第三条**　提供侵入、非法控制计算机信息系统的程序、工具，具有下列情形之一的，应当认定为刑法第二百八十五条第三款规定的"情节严重"：（一）提供能够用于非法获取支付结算、证券交易、期货交易等网络金融服务身份认证信息的专门性程序、工具五人次以上的；（二）提供第（一）项以外的专门用于侵入、非法控制计算机信息系统的程序、工具二十人次以上的；（三）明知他人实施非法获取支付结算、证券交易、期货交易等网络金融服务身份认证信息的违法犯罪行为而为其提供程序、工具五人次以上的；（四）明知他人实施第（三）项以外的侵入、非法控制计算机信息系统的违法犯罪行为而为其提供程序、工具二十人次以上的；（五）违法所得五千元以上或者造成经济损失一万元以上的；（六）其他情节严重的情形。

实施前款规定行为，具有下列情形之一的，应当认定为提供

的规定处罚。

第二百八十六条【破坏计算机信息系统罪】违反国家规定，对计算机信息系统功能进行删除、修改、增加、干扰，造成计算机信息系统不能正常运行，后果严重的[712]，处五年以下有期徒刑或者拘役；后果特别严重的[713]，处五年以上有期徒刑。

侵入、非法控制计算机信息系统的程序、工具"情节特别严重"：（一）数量或者数额达到前款第（一）项至第（五）项规定标准五倍以上的；（二）其他情节特别严重的情形。

[712]**法释〔2011〕19号：第四条第一款**　破坏计算机信息系统功能、数据或者应用程序，具有下列情形之一的，应当认定为刑法第二百八十六条第一款和第二款规定的"后果严重"：（一）造成十台以上计算机信息系统的主要软件或者硬件不能正常运行的；（二）对二十台以上计算机信息系统中存储、处理或者传输的数据进行删除、修改、增加操作的；（三）违法所得五千元以上或者造成经济损失一万元以上的；（四）造成为一百台以上计算机信息系统提供域名解析、身份认证、计费等基础服务或者为一万以上用户提供服务的计算机信息系统不能正常运行累计一小时以上的；（五）造成其他严重后果的。

[713]**法释〔2011〕19号：第四条第二款**实施前款规定行为，具有下列情形之一的，应当认定为破坏计算机信息系统"后果特别严重"：（一）数量或者数额达到前款第（一）项至第（三）项规定标准五倍以上的；（二）造成为五百台以上计算机信息系统提供域名解析、身份认证、计费等基础服务或者为五万以上用户提供服务的计算机信息系统不能正常运行累计一小时以上的；（三）破坏国家机关或者金融、电信、交通、教育、医疗、能源等领域提供公共服务的计算机信息系统的

违反国家规定，对计算机信息系统中存储、处理或者传输的数据和应用程序进行删除、修改、增加的操作，后果严重的，依照前款的规定处罚。

故意制作、传播计算机病毒等破坏性程序[714]，影响计算机系统正常运行，后果严重的[715]，依照第一款的规定处罚。

功能、数据或者应用程序，致使生产、生活受到严重影响或者造成恶劣社会影响的；（四）造成其他特别严重后果的。

[714]**法释〔2011〕19号：第五条** 具有下列情形之一的程序，应当认定为刑法第二百八十六条第三款规定的"计算机病毒等破坏性程序"：（一）能够通过网络、存储介质、文件等媒介，将自身的部分、全部或者变种进行复制、传播，并破坏计算机系统功能、数据或者应用程序的；（二）能够在预先设定条件下自动触发，并破坏计算机系统功能、数据或者应用程序的；（三）其他专门设计用于破坏计算机系统功能、数据或者应用程序的程序。

[715]**法释〔2011〕19号：第六条** 故意制作、传播计算机病毒等破坏性程序，影响计算机系统正常运行，具有下列情形之一的，应当认定为刑法第二百八十六条第三款规定的"后果严重"：（一）制作、提供、传输第五条第（一）项规定的程序，导致该程序通过网络、存储介质、文件等媒介传播的；（二）造成二十台以上计算机系统被植入第五条第（二）项、第（三）项规定的程序的；（三）提供计算机病毒等破坏性程序十人次以上的；（四）违法所得五千元以上或者造成经济损失一万元以上的；（五）造成其他严重后果的。

实施前款规定行为，具有下列情形之一的，应当认定为破坏计算机信息系统"后果特别严重"：（一）制作、提供、传输第五条第（一）项规定的程序，导致该程序通过网络、存储介质、文件

第二百八十七条【利用计算机实施犯罪的提示性规定】 利用计算机实施金融诈骗、盗窃、贪污、挪用公款、窃取国家秘密或者其他犯罪的，依照本法有关规定定罪处罚。

第二百八十八条[716]**【扰乱无线电管理秩序罪】** 违反国家规定，擅自设置、使用无线电台，或者擅自占用频率，经责令停止使用后拒不停止使用，干扰无线电通讯正常进行，造成严重后果的，处三年以下有期徒刑、拘役或者管制，并处或者单处罚金。

单位犯前款罪的，对单位判处罚金，并对其直接负责的主管人员和其他直接责任人员，依照前款的规定处罚。

第二百八十九条【故意伤害罪；故意杀人罪；抢劫罪】 聚众"打砸抢"，致人伤残、死亡的，依照本法第二百三十四条（故意伤害罪）、第二百三十二条（故意杀人罪）的规定定罪处罚。毁坏或者抢走公私财物的[717]，除判令退赔外，对首要分子，依照本法第二百六十三条（抢劫罪）的规定定罪处罚。

第二百九十条【聚众扰乱社会秩序罪】 聚众扰乱社会秩序，情节严重，致使工作、生产、营业和教学、科研无法进行，造成严

等媒介传播，致使生产、生活受到严重影响或者造成恶劣社会影响的；（二）数量或者数额达到前款第（二）项至第（四）项规定标准五倍以上的；（三）造成其他特别严重后果的。

[716]**法释〔2000〕12号：** 第五条违反国家规定，擅自设置、使用无线电台（站），或者擅自占用频率，非法经营国际电信业务或者涉港澳台电信业务进行营利活动，同时构成非法经营罪和刑法第二百八十八条规定的扰乱无线电通讯管理秩序罪的，依照处罚较重的规定定罪处罚。

[717]**编者注：** 不具备非法占有为目的，也定抢劫罪。

重损失的，对首要分子，处三年以上七年以下有期徒刑；对其他积极参加的，处三年以下有期徒刑、拘役、管制或者剥夺政治权利。

【聚众冲击国家机关罪】 聚众冲击国家机关，致使国家机关工作无法进行，造成严重损失的，对首要分子，处五年以上十年以下有期徒刑；对其他积极参加的，处五年以下有期徒刑、拘役、管制或者剥夺政治权利。

第二百九十一条 【聚众扰乱公共场所秩序、交通秩序罪】 聚众扰乱车站、码头、民用航空站、商场、公园、影剧院、展览会、运动场或者其他公共场所秩序，聚众堵塞交通或者破坏交通秩序，抗拒、阻碍国家治安管理工作人员依法执行职务，情节严重的，对首要分子，处五年以下有期徒刑、拘役或者管制。

第二百九十一条之一 （刑三）〔718〕**【投放虚假危险物质罪；编**

---

〔718〕**编者注：** 刑法草案中有观点建议将本罪纳入危害公共安全罪一章中，但考虑到本罪的犯罪手段一般不可能对生命安全和财产造成实际危害，而行为人更多地想借此在社会上制造恐怖气氛，引起社会秩序的混乱，故属于妨害社会管理秩序罪这一类罪中。

〔719〕**李泽强编造、故意传播虚假恐怖信息案（检例第9号）【关键词】** 编造、故意传播虚假恐怖信息罪**【要旨】** 编造、故意传播虚假恐怖信息罪是选择性罪名。编造恐怖信息以后向特定对象散布，严重扰乱社会秩序的，构成编造虚假恐怖信息罪。编造恐怖信息以后向不特定对象散布，严重扰乱社会秩序的，构成编造、故意传播虚假恐怖信息罪。对于实施数个编造、故意传播虚假恐怖信息行为的，不实行数罪并罚，但应当将其作为量刑情节予以考虑。编者注：根据这一要旨，编造、故意传播虚假恐怖信息罪是选择性罪名，实际上包括了编造虚假恐怖信息罪和故意传播虚假恐怖信息罪这两个罪名。显然，编造与

造、故意传播虚假恐怖信息罪】投放虚假的爆炸性、毒害性、放射性、传染病病原体等物质，或者编造[719]爆炸威胁、生化威胁、放射威胁等恐怖信息，或者明知是编造的恐怖信息而故意传播，严重扰乱社会秩序的[720]，处五年以下有期徒刑、拘役或者管制；造成严重后果的[721]，处五年以上有期徒刑。

传播是两种不同的行为，据此可以将两罪加以区分。但编造虚假恐怖信息以后必然进行传播，如果编造以后向特定对象传播，则这一传播行为只是不可罚的事后行为，只能认定为编造虚假恐怖信息罪。如果编造以后向不特定对象传播，则这一传播行为另外又构成了故意传播虚假恐怖信息罪。在这种情况下，应当按照编造、故意传播虚假恐怖信息罪这一选择性罪名认定，并不构成数罪。还有些犯罪分子并没有编造虚假恐怖信息，而是明知是他人编造的虚假恐怖信息而予以传播，对此应当认定为故意传播虚假恐怖信息罪。此外，该指导性案例的要旨还基于我国司法实践中对同种数罪不并罚的司法惯例，明确规定行为人实施了数个编造、故意传播虚假恐怖信息行为的，不实行数罪并罚，但可以作为量刑情节予以考虑。

[720]卫学臣编造虚假恐怖信息案（检例第 10 号）【关键词】编造虚假恐怖信息罪 严重扰乱社会秩序【要旨】关于编造虚假恐怖信息造成"严重扰乱社会秩序"的认定，应当结合行为对正常的工作、生产、生活、经营、教学、科研等秩序的影响程度、对公众造成的恐慌程度以及处置情况等因素进行综合分析判断。对于编造、故意传播虚假恐怖信息威胁民航安全，引起公众恐慌，或者致使航班无法正常起降的，应当认定为"严重扰乱社会秩序"。编者注："严重扰乱社会秩序"是本罪的罪量要素。如果行为人虽然实施了编造、故意传播虚假恐怖信息的行为，但尚未达到严重扰乱社会秩序程度的，就不构成犯罪，

第二百九十二条【聚众斗殴罪】聚众斗殴的，对首要分子和其他积极参加的[722]，处三年以下有期徒刑[723]、拘役或者管制；有下列情形之一的，对首要分子和其他积极参加的，处三年以

只能作为一般的违法行为处理。因此，严重扰乱社会秩序的认定直接关系到罪与非罪的界限。这一指导性案例的要旨，为"严重扰乱社会秩序"的认定提供了一般性原则，即应当从影响程度、恐慌程度和处置情况等方面进行综合分析判断。同时，该要旨还鉴于目前编造、故意传播威胁民航安全的虚假恐怖信息案件时有发生的情况，专门对编造、故意传播威胁民航安全的虚假恐怖信息行为构成犯罪的"严重扰乱社会秩序"认定标准提供了较为具体的指导规则。根据这一要旨，编造、故意传播威胁民航安全的虚假恐怖信息只要引起公众恐慌，或者致使航班无法正常起降的，就应当认定为严重扰乱社会秩序。

〔721〕袁才彦编造虚假恐怖信息案（检例第 11 号）【关键词】编造虚假恐怖信息罪 择一重罪处断【要旨】对于编造虚假恐怖信息造成有关部门实施人员疏散，引起公众极度恐慌的，或者致使相关单位无法正常营业，造成重大经济损失的，应当认定为"造成严重后果"。以编造虚假恐怖信息的方式，实施敲诈勒索等其他犯罪的，应当根据案件事实和证据情况，择一重罪处断。

〔722〕《立案标准（一）》：第三十六条　组织、策划、指挥或者积极参加聚众斗殴的，应予立案追诉。

〔723〕《量刑指导意见（试行）》：（十二）聚众斗殴罪 1.（1）犯罪情节一般的，可以在六个月至一年六个月有期徒刑幅度内确定量刑起点。

上十年以下有期徒刑[724]：

（一）多次聚众斗殴的；

（二）聚众斗殴人数多，规模大，社会影响恶劣的；

（三）在公共场所或者交通要道聚众斗殴，造成社会秩序严重混乱的；

（四）持械聚众斗殴的。

聚众斗殴，致人重伤、死亡的，依照本法第二百三十四条（故意伤害罪）、第二百三十二条（故意杀人罪）的规定定罪处罚。[725]

第二百九十三条（刑八）[726]**【寻衅滋事罪】**有下列寻衅滋事行为之一，破坏社会秩序的[727]，处五年以下有期徒刑、拘役或者管制：

---

[724]**《量刑指导意见（试行）》：（十二）聚众斗殴罪** 1.（2）有下列情形之一的，可以在三年至四年有期徒刑幅度内确定量刑起点：聚众斗殴 3 次的；聚众斗殴人数多，规模大，社会影响恶劣的；在公共场所或者交通要道聚众斗殴，造成社会秩序严重混乱的；持械聚众斗殴的。2. 在量刑起点的基础上，可以根据聚众斗殴人数、次数、手段等其他影响犯罪构成的犯罪事实增加刑罚量，确定基准刑。3. 组织未成年人聚众斗殴的，可以增加基准刑的 20% 以下。

[725]**编者注**：本款属于法律拟制，行为人在斗殴过程中并没有杀人的故意，但客观上致人重伤或死亡的，应认定为故意伤害罪或故意杀人罪。

[726]**编者注**：刑法规定寻衅滋事罪，旨在保护公共秩序或社会秩序，故将该罪规定在"妨害社会管理秩序罪"的第一节扰乱公共秩序罪之中，还在该罪的罪状中明确了"破坏社会秩序"一语。

[727]**《立案标准（一）》：第三十七条** 寻衅滋事，破坏社会秩序，涉嫌下列情形之一的，应予立案追诉：（一）随意殴打

（一）随意[728]殴打[729]他人[730]，情节恶劣的[731]；

他人造成他人身体伤害、持械随意殴打他人或者具有其他恶劣情节的；（二）追逐、拦截、辱骂他人，严重影响他人正常工作、生产、生活，或者造成他人精神失常、自杀或者具有其他恶劣情节的；（三）强拿硬要或者任意损毁、占用公私财物价值二千元以上，强拿硬要或者任意损毁、占用公私财物三次以上或者具有其他严重情节的；（四）在公共场所起哄闹事，造成公共场所秩序严重混乱的。

《量刑指导意见（试行）》：（十三）寻衅滋事罪 1. 构成寻衅滋事罪的，可以在三个月拘役至一年有期徒刑幅度内确定量刑起点。2. 在量刑起点的基础上，可以根据寻衅滋事次数、伤害后果、强拿硬要他人财物或任意损毁、占用公私财物数额等其他影响犯罪构成的犯罪事实增加刑罚量，确定基准刑。

[728]**编者注**：随意，一般意味着殴打的理由、对象、方式等明显异常。换言之，当一般人从犯罪人的角度思考，也不能接受犯罪人的殴打行为时，该殴打行为便是随意的。从行为人角度而言，随意，意味着行为人殴打他人没有任何自我控制。刑事理论与司法实践常常喜欢用是否"事出有因"来判断是否随意，亦即，如果事由有因，就不是随意；如果事由无因，就是随意。但任何故意犯罪行为都不可能是无缘无故的，换言之，任何故意犯罪行为都有其产生的主观原因或动机。事实上，殴打行为是否随意，并不是一种纯主观的判断，而是基于客观事实作出的判断。殴打行为是否随意，不是单纯以行为人的动机作为判断资料，而是必然同时考虑到其他相关因素。

[729]**编者注**：随意殴打他人的行为，既符合故意伤害罪的犯罪构成，也符合寻衅滋事罪的犯罪构成，对此可按想象竞合犯从一重罪论处。

（二）追逐、拦截、辱骂、恐吓[732]他人，情节恶劣的；

（三）强拿硬要[733]或者任意损毁、占用公私财物，情节严重的；

（四）在公共场所起哄闹事，造成公共场所秩序严重混乱的。

（刑八）纠集他人多次实施前款行为，严重破坏社会秩序的，处五年以上十年以下有期徒刑，可以并处罚金。

第二百九十四条[734]（刑八）【组织、领导、参加黑社会性质组织罪】组织、领导[735]黑社会性质[736]的组织的[737]，处七年

---

[730]**编者注**：他人应指社会一般交往中的个人的身体安全，或者说是与公共秩序相关联的个人的身体安全。行为人随意殴打家庭成员，或基于特殊原因在私人场所殴打特定个人的，不成立本罪。

[731]**编者注**：情节是否恶劣，应围绕法益受侵害或者威胁的程度作出判断。但必须注意的是，不能将殴打他人的随意性本身评价为情节恶劣，只有当殴打行为同时具备随意性与恶劣性时，才能以寻衅滋事罪论处。

[732]**编者注**：《刑法修正案（八）》在本项增加了"恐吓"这一行为。

[733]**编者注**：强拿硬要数额较大财物的行为，完全可能既符合敲诈勒索罪的犯罪构成，也符合寻衅滋事罪的犯罪构成，对此从一重罪论处。寻衅滋事罪与抢劫罪也不是对立关系，一个行为完全可能同时触犯这两个犯罪。

[734]**1.**《最高人民法院关于审理黑社会性质组织犯罪的案件具体应用法律若干问题的解释》（法释〔2000〕42号，2000年12月10日）；**2.**《最高人民法院、最高人民检察院和公安部办理黑社会性质组织犯罪案件座谈会纪要》（法〔2009〕382号，2009年12月15日印发）；**3. 2010年4月最高人民法院刑三庭**

《在审理故意杀人、伤害及黑社会性质组织犯罪中切实贯彻宽严相济刑事政策》。

〔735〕法〔2009〕382号：（二）关于办理黑社会性质组织犯罪案件的其他问题。2.关于黑社会性质组织成员的刑事责任。对黑社会性质组织的组织者、领导者，应根据法律规定和本纪要中关于"黑社会性质组织实施的违法犯罪活动"的规定，按照该组织所犯的全部罪行承担刑事责任。组织者、领导者对于具体犯罪所承担的刑事责任，应当根据其在该起犯罪中的具体地位、作用来确定。对黑社会性质组织中的积极参加者和其他参加者，应按照其所参与的犯罪，根据其在具体犯罪中的地位和作用，依照罪责刑相适应的原则，确定应承担的刑事责任。**编者注**：《打黑会议纪要》明确了组织者、领导者的刑事责任范围。但值得强调的是，对组织所犯的全部罪行承担刑事责任，并不等于在每一起犯罪中均应承担最重的责任。组织者、领导者的刑事责任，应当根据其在犯罪中的具体地位、作用来确定。如犯罪的起意、预谋、准备、实施等环节均由其他组织成员完成，组织者、领导者虽予认可或默许，但并未具体参与，则组织者、领导者的刑事责任一般应小于造意犯、实行犯，量刑时要有所区别。

〔736〕《关于〈中华人民共和国刑法（修订草案）〉的说明》：法〔2009〕382号：在我国，明显的、典型的黑社会犯罪还没有出现，但带有黑社会性质的犯罪集团已经出现，横行乡里、称霸一方，为非作歹，欺压、残害群众的有组织犯罪时有出现。另外也发现有境外黑社会组织成员入境进行违法活动的，可能会对社会造成严重危害。对于黑社会性质的犯罪，必须坚决打击，一定要消灭在萌芽状态，防止蔓延。只要组织、参加黑社会性质的犯罪组织，不管是否有其他具体犯罪行为都要判刑。因此，草案增加了相应的规定，并对境外的黑社会组织的人员

以上有期徒刑，并处没收财产[738]；积极参加的[739]，处三年以上七年以下有期徒刑，可以并处罚金或者没收财产；其他参加的[740]，处三年以下有期徒刑、拘役、管制或者剥夺政治权利，

到中华人民共和国境内发展组织成员的，规定了刑罚。

[737]**法〔2009〕382号：**关于组织者、领导者、积极参加者和其他参加者的认定。组织者、领导者，是指黑社会性质组织的发起者、创建者，或者在组织中实际处于领导地位，对整个组织及其运行、活动起着决策、指挥、协调、管理作用的犯罪分子，既包括通过一定形式产生的有明确职务、称谓的组织者、领导者，也包括在黑社会性质组织中被公认的事实上的组织者、领导者。

[738]**编者注：**《刑法修正案（八）》对本罪普遍增加没收财产这一严厉的财产刑。

[739]**法〔2009〕382号：**积极参加者，是指接受黑社会性质组织的领导和管理，多次积极参与黑社会性质组织的违法犯罪活动，或者积极参与较严重的黑社会性质组织的犯罪活动且作用突出，以及其他在组织中起重要作用的犯罪分子，如具体主管黑社会性质组织的财务、人员管理等事项的犯罪分子。**编者注：**实践中，一些具体主管黑社会性质组织人、财、物等事项的组织成员虽然很少参与，甚至从不参与违法犯罪活动，但这些成员往往与组织头目有着某种特殊关系。而且，这些成员由于直接掌控着犯罪组织的"生命线"，对于组织的维系、运行、发展实际上起着非常重要的作用，理应认定为积极参加者。需要强调的是，此类积极参加者应是对犯罪组织的人、财、物等事项具有"主管管理职权"，且对犯罪组织的维系、运行、活动确实起到重要作用的成员，不能把凡是参与前述事务的组织成员均认定为积极参加者。

可以并处罚金。

【入境发展黑社会组织罪】境外的黑社会组织的人员到中华人民共和国境内发展组织成员的[741]，处三年以上十年以下有期徒刑。

【包庇、纵容黑社会性质组织罪】国家机关工作人员包庇[742]黑社会性质的组织，或者纵容[743]黑社会性质的组织进行违法犯罪活动的，处五年以下有期徒刑；情节严重的[744]，处五年以上有期徒刑。

---

〔740〕**法〔2009〕382号**：其他参加者，是指除上述组织成员之外，其他接受黑社会性质组织的领导和管理的犯罪分子。根据法释〔2000〕42号第三条第二款的规定，对于参加黑社会性质的组织，没有实施其他违法犯罪活动的，或者受蒙蔽、胁迫参加黑社会性质的组织，情节轻微的，可以不作为犯罪处理。

〔741〕**法释〔2000〕42号：第二条** 刑法第二百九十四条第二款规定的"发展组织成员"，是指将境内、外人员吸收为该黑社会组织成员的行为。对黑社会组织成员进行内部调整等行为，可视为"发展组织成员"。港、澳、台黑社会组织到内地发展组织成员的，适用刑法第二百九十四条第二款的规定定罪处罚。

〔742〕**法释〔2000〕42号：第五条第一款** 是指国家机关工作人员为使黑社会性质组织及其成员逃避查禁，而通风报信，隐匿、毁灭、伪造证据，阻止他人作证、检举揭发，指使他人作伪证，帮助逃匿，或者阻挠其他国家机关工作人员依法查禁等行为。

〔743〕**法释〔2000〕42号：第五条第二款** 国家机关工作人员不依法履行职责，放纵黑社会性质组织进行违法犯罪活动的行为。

〔744〕**法释〔2000〕42号：第六条** 国家机关工作人员包庇、纵容黑社会性质的组织，有下列情形之一的，属于刑法第二百九十四条第四款规定的"情节严重"：（一）包庇、纵容黑社会性质组织跨境实施违法犯罪活动的；（二）包庇、纵容境外黑社

犯前三款罪又有其他犯罪行为的，依照数罪并罚的规定处罚[745]。

黑社会性质的组织应当同时具备以下特征[746]：

会组织在境内实施违法犯罪活动的；（三）多次实施包庇、纵容行为的；（四）致使某一区域或者行业的经济、社会生活秩序遭受黑社会性质组织特别严重破坏的；（五）致使黑社会性质组织的组织者、领导者逃匿，或者致使对黑社会性质组织的查禁工作严重受阻的；（六）具有其他严重情节的。

[745] **编者注**：张明楷教授认为，如果一个组织没有实施任何违法犯罪活动，司法机关不可能将其认定为黑社会性质的组织。从此意义上讲，本罪具有重复评价的性质，从立法论上讲，其合理性值得研究。更何况本罪的量刑已相当严重。

[746] **《最高人民法院关于审理黑社会性质组织犯罪的案件具体应用法律若干问题的解释》（法释〔2000〕42号，2000年12月10日）**。**编者注**：2001年11月，最高人民检察院向全国人大常委会递交报告，对最高人民法院的上述司法解释提出异议。全国人大常委会遂就此作出立法解释。《刑法》第二百九十四条第一款的解释（2002年4月28日第九届全国人大常务委员会第二十七次会议通过）是刑法实施以来，第一次在有关法律问题已有司法解释的情况下，由于司法机关对法律规定认识不一致，而由全国人大常委会专门制定立法解释。它对于明确法律规定的立法本意，进一步规范刑法解释，具有重要意义。刑法修正案（八）将该立法解释的内容直接规定在法条正文之中。黑社会性质组织是一种处于一般犯罪集团与黑社会组织之间的中间形态的犯罪组织。这种中间形态的特点决定了其本身就具有一定的模糊性和不确定性。但我国刑法并未明文规定黑社会组织犯罪，故黑社会性质的组织与黑社会组织就无法从法

（一）形成较稳定的犯罪组织，人数较多，有明确的组织者、领导者，骨干成员基本固定[747]；

（二）有组织地通过违法犯罪活动或者其他手段获取经济利益，具有一定的经济实力，以支持该组织的活动[748]；

律上加以明确区分，且目前黑社会性质的组织一罪的量刑已经是相当高了。

法〔2009〕382号：黑社会性质组织必须同时具备《立法解释》中规定的"组织特征"、"经济特征"、"行为特征"和"危害性特征"。由于实践中许多黑社会性质组织并非这"四个特征"都很明显，因此，在具体认定时，应根据立法本意，认真审查、分析黑社会性质组织"四个特征"相互间的内在联系，准确评价涉案犯罪组织所造成的社会危害，确保不枉不纵。

[747]**编者注**：这是对黑社会性质组织的组织结构特征的概括。所谓稳定性，表现在它不是一个松散的临时纠合体，而是一个较长时期在一定地域有组织地从事犯罪活动的稳定的组织。所谓严密性，是指该组织有明确的组织者、领导者，骨干成员基本固定。所谓人数众多，这是与犯罪集团在人数上有明显的差别，但不便作出过于明确的规定。

[748]**法〔2009〕382号**：黑社会性质组织的敛财方式也具有多样性。实践中，黑社会性质组织不仅会通过实施赌博、敲诈、贩毒等违法犯罪活动攫取经济利益，而且还往往会通过开办公司、企业等方式"以商养黑"、"以黑护商"。因此，无论其财产是通过非法手段聚敛，还是通过合法的方式获取，只要将其中部分或全部用于违法犯罪活动或者维系犯罪组织的生存、发展即可。"用于违法犯罪活动或者维系犯罪组织的生存、发展"，一般是指购买作案工具、提供作案经费，为受伤、死亡的组织成员提供医疗费、丧葬费，为组织成员及其家属提供工

（三）以暴力、威胁或者其他手段[749]，有组织地多次进行违法犯罪活动[750]，为非作恶，欺压、残害群众[751]；

资、奖励、福利、生活费用，为组织寻求非法保护以及其他与实施有组织的违法犯罪活动有关的费用支出等。

这是黑社会性质的组织的经济实力特征。"一定的经济实力"表现为具有一定的，通过有组织的犯罪活动或者其他手段获取的经济利益。黑社会性质的组织的经济实力可能是违法犯罪活动获得，也可能是通过一些正常的经营活动获取。强调这一点，不论黑社会性质组织是通过违法犯罪活动还是通过正常经营活动获取经济利益；不论其经济实力是较为雄厚还是较为薄弱，只要将其获得的经济利益用以支持该组织的活动，就可以认定该特征。总之，《纪要》根据各方意见，对黑社会性质组织的敛财方式、获利数额作了较为原则和宽松的规定，而把认定重点放在了获利之后的用途上。

[749]**法〔2009〕382 号**：其他手段包括：1. 以暴力、威胁为基础，在利用组织势力和影响已对他人形成心理强制或威慑的情况下，进行所谓"谈判"、"协商"、"调解"；2. 滋扰、哄闹、聚众等其他干扰、破坏正常经济、社会生活秩序的非暴力手段。**编者注**：虽然列举不能穷尽，但不管黑社会性质组织如何变换手法，其在实施违法犯罪活动时始终是以暴力、威胁为基础，以干扰、破坏正常经济、社会生活秩序为目的。在分析某种具体情况是否属于"其他手段"时，应紧扣以上两点。

[750]**法〔2009〕382 号**："黑社会性质组织实施的违法犯罪活动"主要包括以下情形：1. 由组织者、领导者直接组织、策划、指挥、参与实施的违法犯罪活动；2. 由组织成员以组织名义实施，并得到组织者、领导者认可或者默许的违法犯罪活动；

（四）通过实施违法犯罪活动，或者利用国家工作人员的包庇或者纵容[752]，称霸一方，在一定区域[753]或者行业[754]内，形

---

3. 多名组织成员为逞强争霸、插手纠纷、报复他人、替人行凶、非法敛财而共同实施，并得到组织者、领导者认可或者默许的违法犯罪活动；4. 组织成员为组织争夺势力范围、排除竞争对手、确立强势地位、谋取经济利益、维护非法权威或者按照组织的纪律、惯例、共同遵守的约定而实施的违法犯罪活动。

　　由黑社会性质组织实施的其他违法犯罪活动。多次进行违法犯罪活动，只是认定黑社会性质组织的必要条件之一，最终能否被认定为黑社会性质的组织，还要结合非法控制特征来加以判断。即使有些案件中的违法犯罪活动已符合"多次"的标准，但根据其性质和严重程度，尚不足以形成非法控制或者重大影响的，也不能认定为黑社会性质组织。

[751]**法〔2009〕382号**：违法活动具有暴力性和多样性，这是黑社会性质组织的行为特征。该组织的本质是对某一地区或行业进行非法控制，公然与公权力对抗。因此，它首先具有暴力性特征，即以暴力或者暴力威胁为后盾，虽然并不一定每次都使用。黑社会性质组织罪的暴力性在犯罪规模、能量、手段、社会影响上都要比犯罪集团更为严重、恶劣，故应予以严惩。

[752]**编者注**：最高人民检察院认为不应将"保护伞"作为认定黑社会性质组织的本质特征之一，而立法解释认同这一理解，从而扩大了黑社会性质组织的外延。

[753]**法〔2009〕382号**：对于"一定区域"的理解和把握：区域的大小具有相对性，且黑社会性质组织非法控制和影响的对象并不是区域本身，而是在一定区域中生活的人，以及

成非法控制或者重大影响，严重破坏经济、社会生活秩序〔755〕。

该区域内的经济、社会生活秩序。因此，不能简单地要求"一定区域"必须达到某一特定的空间范围，而应当根据具体案情，并结合黑社会性质组织对经济、社会生活秩序的危害程度加以综合分析判断。

〔754〕**法〔2009〕382 号**：对于"一定行业"的理解和把握。黑社会性质组织所控制和影响的行业，既包括合法行业，也包括黄、赌、毒等非法行业。这些行业一般涉及生产、流通、交换、消费等一个或多个市场环节。

〔755〕**法〔2009〕382 号**：这是黑社会性质组织罪的本质特征，也是其区别于一般犯罪集团的关键所在。通过实施违法犯罪活动，或者利用国家工作人员的包庇、纵容，称霸一方，并具有以下情形之一的，可认定为"在一定区域或者行业内，形成非法控制或者重大影响，严重破坏经济、社会生活秩序"：1. 对在一定区域内生活或者在一定行业内从事生产、经营的群众形成心理强制、威慑，致使合法利益受损群众不敢举报、控告的；2. 对一定行业的生产、经营形成垄断，或者对涉及一定行业的准入、经营、竞争等经济活动形成重要影响的；3. 插手民间纠纷、经济纠纷，在相关区域或者行业内造成严重影响的；4. 干扰、破坏他人正常生产、经营、生活，并在相关区域或者行业内造成严重影响的；5. 干扰、破坏公司、企业、事业单位及社会团体的正常生产、经营、工作秩序，在相关区域、行业内造成严重影响，或者致使其不能正常生产、经营、工作的；6. 多次干扰、破坏国家机关、行业管理部门以及村委会、居委会等基层群众自治组织的工作秩序，或者致使上述单位、组织的职能不能正常行使的；7. 利用组织的势力、影响，使组织成员获取政治地位，或者在党政机关、基层群众自治组织中担任一定

第二百九十五条[756] （刑八）**【传授犯罪方法罪】** 传授犯罪方法的，处五年以下有期徒刑、拘役或者管制；情节严重的，处五年以上十年以下有期徒刑；情节特别严重的，处十年以上有期徒刑或者无期徒刑。

第二百九十六条 【非法集会、游行、示威罪】 举行集会、游行、示威，未依照法律规定申请或者申请未获许可，或者未按照主管机关许可的起止时间、地点、路线进行，又拒不服从解散命令，严重破坏社会秩序的[757]，对集会、游行、示威的负责人和直接责任人员，处五年以下有期徒刑、拘役、管制或者剥夺政治权利。

第二百九十七条 【非法携带武器、管制刀具、爆炸物参加集会、游行、示威罪】 违反法律规定，携带武器、管制刀具或者爆炸物参加集会、游行、示威的[758]，处三年以下有期徒刑、拘役、管制或者剥夺政治权利。

职务的；8. 其他形成非法控制或者重大影响，严重破坏经济、社会生活秩序的情形。**编者注**：形成非法控制，是指将其处于非法操纵、左右、支配之下。重大影响是指具有相当程度的左右、决定的作用。在认定逻辑上，应先认定是否存在控制，再认定该控制是否具有非法性。

[756]**编者注**：《刑法修正案（八）》废除了本罪死刑。

[757]《立案标准（一）》：**第三十八条** 举行集会、游行、示威，未依照法律规定申请或者申请未获许可，或者未按照主管机关许可的起止时间、地点、路线进行，又拒不服从解散命令，严重破坏社会秩序的，应予立案追诉。

[758]《立案标准（一）》：**第三十九条** 违反法律规定，携带武器、管制刀具或者爆炸物参加集会、游行、示威的，应予立案追诉。

第二百九十八条　【破坏集会、游行、示威罪】扰乱、冲击或者以其他方法破坏依法举行的集会、游行、示威，造成公共秩序混乱的[759]，处五年以下有期徒刑、拘役、管制或者剥夺政治权利。

第二百九十九条　【侮辱国旗、国徽罪】在公众场合故意以焚烧、毁损、涂划、玷污、践踏等方式侮辱中华人民共和国国旗、国徽的，处三年以下有期徒刑、拘役、管制或者剥夺政治权利。

第三百条[760]　【组织、利用会道门、邪教组织、利用迷信破

---

[759]《立案标准（一）》：第四十条　扰乱、冲击或者以其他方法破坏依法举行的集会、游行、示威，造成公共秩序严重混乱的，应予立案追诉。

[760]1.《最高人民法院、最高人民检察院关于办理组织和利用邪教组织犯罪案件具体应用法律若干问题的解释》（法释〔1999〕18号，1999年10月30日）；2.《最高人民法院、最高人民检察院关于办理组织和利用邪教组织犯罪案件具体应用法律若干问题的解释（二）》（法释〔2001〕19号，2001年6月11日）：第一条　制作、传播邪教宣传品，宣扬邪教，破坏法律、行政法规实施，具有下列情形之一的，依照刑法第三百条第一款的规定，以组织、利用邪教组织破坏法律实施罪定罪处罚：（一）制作、传播邪教传单、图片、标语、报纸300份以上，书刊100册以上，光盘100张以上，录音、录像带100盒以上的；（二）制作、传播宣扬邪教的DVD、VCD、CD母盘的；（三）利用互联网制作、传播邪教组织信息的；（四）在公共场所悬挂横幅、条幅，或者以书写、喷涂标语等方式宣扬邪教，造成严重社会影响的；（五）因制作、传播邪教宣传品受过刑事处罚或者行政处罚又制作、传播的；（六）其他制作、

传播邪教宣传品，情节严重的。制作、传播邪教宣传品数量达到前款第（一）项规定的标准五倍以上，或者虽未达到五倍，但造成特别严重社会危害的，属于刑法第三百条第一款规定的"情节特别严重"。

第二条 制作、传播邪教宣传品，煽动分裂国家、破坏国家统一，或者煽动颠覆国家政权、推翻社会主义制度的，依照刑法第一百零三条第二款、第一百零五条第二款的规定，以煽动分裂国家罪或者煽动颠覆国家政权罪定罪处罚。

第三条 制作、传播邪教宣传品，公然侮辱他人或者捏造事实诽谤他人的，依照刑法第二百四十六条的规定，以侮辱罪或者诽谤罪定罪处罚。

第四条 制作、传播的邪教宣传品具有煽动分裂国家、破坏国家统一，煽动颠覆国家政权、推翻社会主义制度，侮辱、诽谤他人，严重危害社会秩序和国家利益，或者破坏国家法律、行政法规实施等内容，其行为同时触犯刑法第一百零三条第二款、第一百零五条第二款、第二百四十六条、第三百条第一款等规定的，依照处罚较重的规定定罪处罚。

第五条 邪教组织被取缔后，仍聚集滋事、公开进行邪教活动，或者聚众冲击国家机关、新闻机构等单位，人数达到20人以上的，或者虽未达到20人，但具有其他严重情节的，对于组织者、策划者、指挥者和屡教不改的积极参加者，依照刑法第三百条第一款的规定，以组织、利用邪教组织破坏法律实施罪定罪处罚。

第六条 为组织、策划邪教组织人员聚集滋事、公开进行邪教活动而进行聚会、串联等活动，对于组织者、策划者、指挥者和屡教不改的积极参加者，依照刑法第三百条第一款的规定定罪处罚。

第七条 邪教组织人员以暴力、威胁方法阻碍国家机关工作人员依法执行职务的，依照刑法第二百七十七条第一款的规定，以妨害公务罪定罪处罚。其行为同时触犯刑法其他规定的，依照处罚较重的规定定罪处罚。

第八条 邪教组织人员为境外窃取、刺探、收买、非法提供国家秘密、情报的，以窃取、刺探、收买方法非法获取国家秘密的，非法持有国家绝密、机密文件、资料、物品拒不说明来源与用途的，或者泄露国家秘密情节严重的，分别依照刑法第一百一十一条为境外窃取、刺探、收买、非法提供国家秘密、情报罪，第二百八十二条第一款非法获取国家秘密罪，第二百八十二条第二款非法持有国家绝密、机密文件、资料、物品罪，第三百九十八条故意泄露国家秘密罪、过失泄露国家秘密罪的规定定罪处罚。

组织、策划、煽动、教唆、帮助邪教组织人员自杀、自残的，依照刑法第二百三十二条、第二百三十四条的规定，以故意杀人罪、故意伤害罪定罪处罚。

邪教组织人员以自焚、自爆或者其他危险方法危害公共安全的，分别依照刑法第一百一十四条、第一百一十五条第一款以危险方法危害公共安全罪等规定定罪处罚。

第十一条 人民检察院审查起诉邪教案件，对于犯罪情节轻微，有悔罪表现，确实不致再危害社会的犯罪嫌疑人，根据刑事诉讼法第一百四十二条第二款的规定，可以作出不起诉决定。

第十二条 人民法院审理邪教案件，对于有悔罪表现，不致再危害社会的被告人，可以依法从轻处罚；依法可以判处管制、拘役或者符合适用缓刑条件的，可以判处管制、拘役或者适用缓刑；对于犯罪情节轻微不需要判处刑罚的，可以免予刑事处罚。

第十三条 本规定下列用语的含义是：（一）"宣传品"，是指传单、标语、喷图、图片、书籍、报刊、录音带、录像带、光盘及其母盘或者其他有宣传作用的物品。（二）"制作"，是坏法律实施罪】组织和利用会道门、邪教组织[761]或者利用迷信破坏国家法律、行政法规实施的[762]，处三年以上七年以下有期徒刑；情节特别严重的[763]，处七年以上有期徒刑。

指编写、印制、复制、绘画、出版、录制、摄制、洗印等行为。（三）"传播"，是指散发、张贴、邮寄、上载、播放以及发送电子信息等行为。

[761]**法释〔1999〕18号：第一条** "邪教组织"，是指冒用宗教、气功或者其他名义建立，神化首要分子，利用制造、散布迷信邪说等手段蛊惑、蒙骗他人，发展、控制成员，危害社会的非法组织。

[762]**法释〔1999〕18号：第二条第一款** 组织和利用邪教组织并具有下列情形之一的，依照刑法第三百条第一款的规定定罪处罚：（一）聚众围攻、冲击国家机关、企业事业单位，扰乱国家机关、企业事业单位的工作、生产、经营、教学和科研秩序的；（二）非法举行集会、游行、示威，煽动、欺骗、组织其成员或者其他人聚众围攻、冲击、强占、哄闹公共场所及宗教活动场所，扰乱社会秩序的；（三）抗拒有关部门取缔或者已经被有关部门取缔，又恢复或者另行建立邪教组织，或者继续进行邪教活动的；（四）煽动、欺骗、组织其成员或者其他人不履行法定义务，情节严重的；（五）出版、印刷、复制、发行宣扬邪教内容出版物，以及印制邪教组织标识的；（六）其他破坏国家法律、行政法规实施行为的。

[763]**法释〔1999〕18号：第二条第二款** 实施前款所列行为，并具有下列情形之一的，属于"情节特别严重"：（一）跨省、自治区、直辖市建立组织机构或者发展成员的；（二）勾结境外机构、组织、人员进行邪教活动的；（三）出版、印刷、复制、发行宣扬邪教内容出版物以及印制邪教组织标识，数量

【**组织、利用会道门、邪教组织、利用迷信致人死亡罪**】组织和利用会道门、邪教组织或者利用迷信蒙骗他人，致人死亡的[764]，依照前款的规定处罚。

组织和利用会道门、邪教组织或者利用迷信奸淫妇女、诈骗财物的[765]，分别依照本法第二百三十六条（强奸罪）、第二百六十六条（诈骗罪）的规定定罪处罚。

或者数额巨大的；（四）煽动、欺骗、组织其成员或者其他人破坏国家法律、行政法规实施，造成严重后果的。

[764]**法释〔1999〕18号：第三条** 刑法第三百条第二款规定的组织和利用邪教组织蒙骗他人，致人死亡，是指组织和利用邪教组织制造、散布迷信邪说，蒙骗其成员或者其他人实施绝食、自残、自虐等行为，或者阻止病人进行正常治疗，致人死亡的情形。具有下列情形之一的，属于"情节特别严重"：（一）造成3人以上死亡的；（二）造成死亡人数不满3人，但造成多人重伤的；（三）曾因邪教活动受过刑事或者行政处罚，又组织和利用邪教组织蒙骗他人，致人死亡的；（四）造成其他特别严重后果的。

[765]**法释〔1999〕18号：第四条** 组织和利用邪教组织制造、散布迷信邪说，指使、胁迫其成员或者其他人实施自杀、自伤行为的，分别依照刑法第二百三十二条、第二百三十四条的规定，以故意杀人罪或者故意伤害罪定罪处罚。

第五条 组织和利用邪教组织，以迷信邪说引诱、胁迫、欺骗或者其他手段，奸淫妇女、幼女的，依照刑法第二百三十六条的规定，以强奸罪或者奸淫幼女罪定罪处罚。**编者注：这说明强奸罪的手段并不限于暴力，还包括欺骗行为。当然这种情况应作限制解释，不能随意扩大。**

第六条 组织和利用邪教组织以各种欺骗手段，收取他人财物的，依照刑法第二百六十六条的规定，以诈骗罪定罪处罚。

第三百零一条 **【聚众淫乱罪】**聚众进行淫乱活动的，对首要分子或者多次参加的[766]，处五年以下有期徒刑、拘役或者管制。

【引诱未成年人聚众淫乱罪】引诱未成年人参加聚众淫乱活动的[767]，依照前款的规定从重处罚。

第三百零二条 **【盗窃、侮辱尸体罪】**盗窃、侮辱尸体[768]的，处三年以下有期徒刑、拘役或者管制。

第三百零三条[769] **【赌博罪】**以营利为目的[770]，聚众赌

---

[766]《立案标准（一）》：**第四十一条** 组织、策划、指挥三人以上进行淫乱活动或者参加聚众淫乱活动三次以上的，应予立案追诉。

[767]《立案标准（一）》：**第四十二条** 引诱未成年人参加聚众淫乱活动的，应予立案追诉。

[768]**《最高人民检察院法律政策研究室关于盗窃骨灰行为如何处理问题的答复》（高检研发〔2002〕14号，2002年9月18日）**："骨灰"不属于刑法第三百零二条规定的"尸体"。对于盗窃骨灰的行为不能以刑法第三百零二条的规定追究刑事责任。

[769]**编者注**：《刑法修正案（六）》原文：以营利为目的（目的犯），聚众赌博、开设赌场或者以赌博为业的，处三年以下有期徒刑、拘役或者管制，并处罚金。

1.**《最高人民法院、最高人民检察院关于办理赌博刑事案件具体应用法律若干问题的解释》（法释〔2005〕3号，2005年5月13日）**；2.**《最高人民法院、最高人民检察院、公安部关于开展打击赌博违法犯罪活动专项行为有关工作的通知》（公通字〔2005〕2号2005年1月10日）**；3.**《最高人民法院、最高人民检察院、公安部关于办理网络赌博犯罪案件适用法律若干问题的意见》（公通字〔2010〕40号，2010年8月31日）** 4.**《最高人民法院关于对设置圈套诱骗他人参赌又向索还钱财的受骗者施以暴力或暴力威胁的行为应如何定罪问题的批复》**

（法复〔1995〕8号，1995年11月6日）：行为人设置圈套诱骗他人参赌获取钱财，属赌博行为，构成犯罪的，应当以赌博罪定罪处罚。参赌者识破骗局要求退还所输钱财，设赌者又使用暴力或者以暴力相威胁，拒绝退还的，应以赌博罪从重处罚；致参赌者伤害或者死亡的，应以赌博罪和故意伤害罪或者故意杀人罪，依法实行数罪并罚。

　　法释〔2005〕3号：第七条　通过赌博（**编者注：此处指行贿和受贿双方都直接参与赌博**）或者为国家工作人员赌博提供资金（**编者注：此处指行贿人不直接参与赌博**）的形式实施行贿、受赌行为，构成犯罪的，依照刑法关于贿赂犯罪的规定定罪处罚。

　　第八条　赌博犯罪中用作赌注的款物、换取筹码的款物和通过赌博赢取的款物属于赌资。通过计算机网络实施赌博犯罪的，赌资数额可以按照在计算机网络上投注或者赢取的点数乘以每一点实际代表的金额认定。

　　赌资应当依法予以追缴；赌博用具、赌博违法所得以及赌博犯罪分子所有的专门用于赌博的资金、交通工具、通讯工具等，应当依法予以没收。**编者注：本条严格限定了没收的范围，参赌人员临时乘坐的汽车、船只、临时联络用的手机等，则不宜没收。**

　　第九条　不以营利为目的，进行带有少量财物输赢的娱乐活动，以及提供棋牌室等娱乐场所只收取正常的场所和服务费用的经营行为等，不以赌博论处。

〔770〕《**中华人民共和国治安管理处罚法**》**第七十条**　以营利为目的，为赌博提供条件的，或者参与赌博赌资较大的，处五日以下拘留或者五百元以下罚款；情节严重的，处十日以上十五日以下拘留，并处五百元以上三千元以下罚款。**编者注：此前的**《治安管理处罚条例》未使用"以营利为目的"，因此，以营利为目的，就是犯罪构成要件，行为人客观上是否实际获利并不

博[771]或者以赌博为业的，处三年以下有期徒刑、拘役或者管制，并处罚金[772]。

影响主观目的的认定。营利目的的有无，决定了行为人是否构成赌博罪，也是区别赌博罪与非罪的关键。行为人进行带有少量财物输赢的娱乐活动，虽然其主观上也有为了赢取少量财物的获利成分，但输赢对于其无所谓，或者意义不大，其主要目的是为了消遣、娱乐，因此不属于"以营利为目的"。组织、招引他人赌博的行为人，如果既没有从中抽头渔利的行为，也没有直接参与赌博的行为，那么无论其组织多少人参与赌博，也不属于以营利为目的，依法不能认定其构成赌博罪。

[771]**法释〔2005〕3号：第一条** 以营利为目的，有下列情形之一的，属于刑法第三百零三条规定的"聚众赌博"：（一）组织3人以上赌博，抽头渔利数额累计达到5000元以上的（**编者注**：这一种聚众赌博构成犯罪的行为，营利为目的的要件客观化"抽头渔利"，并规定了具体的数额5000元）；（二）组织3人以上赌博，赌资数额累计达到5万元以上的；（三）组织3人以上赌博，参赌人数累计达到20人以上的（**编者注**：这种情形既不要求"抽头渔利"及其数额，也不要求赌资的数额，20人是参赌的人数，不是参赌人次）；（四）组织中华人民共和国公民10人以上赴境外赌博，从中收取回扣、介绍费的（**编者注**：需要说明的是，10人是一次，而不是累计数）。**编者注**：依《立案标准（一）》第四十三条，涉嫌此四种情形及其他聚众赌博应予追究刑事责任的情形，应予立案追诉。判断营利为目的，有三种情况：一是看组织他人赌博是否抽头渔利；二是看组织他人赌博本人是否参与赌博，组织他人赌博本人也参与赌博的目的就是为了营利，故也可以说具有营利目的；三是看组织我国公民赴境外赌博，是否从中收取回扣、介绍费。

（刑六）【**开设赌场罪**】开设赌场的[773]，处三年以下有期徒

---

〔772〕**法释〔2005〕3 号：第五条**　实施赌博犯罪，有下列情形之一的，依照刑法第三百零三条的规定从重处罚：（一）具有国家工作人员身份的；（二）组织国家工作人员赴境外赌博的；（三）组织未成年人参与赌博，或者开设赌场吸引未成年人参与赌博的。

〔773〕**《立案标准（一）》：第四十四条**　开设赌场的，应予立案追诉。以营利为目的，在计算机网络上建立赌博网站，或者为赌博网站担任代理，接受投注的，属于刑法第三百零三条规定的"开设赌场"。**编者注**：在实践中，只要查明行为人建立了赌博网站，或者为赌博网站担任代理，接受赌客投注的，即可认定其属于开设赌场，而无论其发展的赌客数量多少，投注次数及赌注多少。本罪修改之前，"以营利为目的"是赌博罪的三种行为方式共同的主观构成要件，修改之后，刑法未将该主观构成要件作为开设赌场罪的条件，但上述司法解释又恢复了该规定。

公通字〔2010〕40 号：一、关于网上开设赌场犯罪的定罪量刑标准：利用互联网、移动通讯终端等传输赌博视频、数据，组织赌博活动，具有下列情形之一的，属于刑法第三百零三条第二款规定的"开设赌场"行为：（一）建立赌博网站并接受投注的；（二）建立赌博网站并提供给他人组织赌博的；（三）为赌博网站担任代理并接受投注的；（四）参与赌博网站利润分成的。

法释〔2005〕3 号：第四条　明知他人实施赌博犯罪活动，而为其提供资金、计算机网络、通讯、费用结算等直接帮助的，以赌博罪的共犯论处。**编者注**：这种共犯并不以事先通谋为前提。所谓直接帮助，是指对于赌博犯罪的发生和发展来说，有直接的促进作用，而不是可有可无的。本处指的是片面共犯。

公通字〔2010〕40 号： 二、关于网上开设赌场共同犯罪的认定和处罚 明知是赌博网站，而为其提供下列服务或者帮助的，属于开设赌场罪的共同犯罪，依照刑法第三百零三条第二款的规定处罚：（一）为赌博网站提供互联网接入、服务器托管、网络存储空间、通讯传输通道、投放广告、发展会员、软件开发、技术支持等服务，收取服务费数额在 2 万元以上的；（二）为赌博网站提供资金支付结算服务，收取服务费数额在 1 万元以上或者帮助收取赌资 20 万元以上的；（三）为 10 个以上赌博网站投放与网址、赔率等信息有关的广告或者为赌博网站投放广告累计 100 条以上的。实施前款规定的行为，数量或者数额达到前款规定标准 5 倍以上的，应当认定为刑法第三百零三条第二款规定的"情节严重"。

实施本条第一款规定的行为，具有下列情形之一的，应当认定行为人"明知"，但是有证据证明确实不知道的除外：（一）收到行政主管机关书面等方式的告知后，仍然实施上述行为的；（二）为赌博网站提供互联网接入、服务器托管、网络存储空间、通讯传输通道、投放广告、软件开发、技术支持、资金支付结算等服务，收取服务费明显异常的；（三）在执法人员调查时，通过销毁、修改数据、账本等方式故意规避调查或者向犯罪嫌疑人通风报信的；（四）其他有证据证明行为人明知的。如果有开设赌场的犯罪嫌疑人尚未到案，但是不影响对已到案共同犯罪嫌疑人、被告人的犯罪事实认定的，可以依法对已到案者定罪处罚。

三、关于网络赌博犯罪的参赌人数、赌资数额和网站代理的认定 赌博网站的会员账号数可以认定为参赌人数，如果查实一个账号多人使用或者多个账号一人使用的，应当按照实际使用的人数计算参赌人数。赌资数额可以按照在网络上投注或者赢取的点数乘以每一点实际代表的金额认定。对于将资金直接或间接兑换为虚拟货币、游戏道具等虚拟物品，并用其作为刑、拘役或者管制，并处罚金；情节严重的[774]，处三年以上十年以下有期徒刑，并处罚金。

第三百零四条 【故意延误投递邮件罪】 邮政工作人员严重不负责任，故意延误投递邮件，致使公共财产、国家和人民利益遭受重大损失的[775]，处二年以下有期徒刑或者拘役。

筹码投注的，赌资数额按照购买该虚拟物品所需资金数额或者实际支付资金数额认定。对于开设赌场犯罪中用于接收、流转赌资的银行账户内的资金，犯罪嫌疑人、被告人不能说明合法来源的，可以认定为赌资。向该银行账户转入、转出资金的银行账户数量可以认定为参赌人数。如果查实一个账户多人使用或多个账户一人使用的，应当按照实际使用的人数计算参赌人数。有证据证明犯罪嫌疑人在赌博网站上的账号设置有下级账号的，应当认定其为赌博网站的代理。

[774]**公通字〔2010〕40号：** 一、关于网上开设赌场犯罪的定罪量刑标准：实施前款规定的行为，具有下列情形之一的，应当认定为刑法第三百零三条第二款规定的"情节严重"：（一）抽头渔利数额累计达到3万元以上的；（二）赌资数额累计达到30万元以上的；（三）参赌人数累计达到120人以上的；（四）建立赌博网站后通过提供给他人组织赌博，违法所得数额在3万元以上的；（五）参与赌博网站利润分成，违法所得数额在3万元以上的；（六）为赌博网站招募下级代理，由下级代理接受投注的；（七）招揽未成年人参与网络赌博的；（八）其他情节严重的情形。

[775]**《立案标准（一）》：第四十五条** 邮政工作人员严重不负责任，故意延误投递邮件，涉嫌下列情形之一的，应予立案追诉：（一）造成直接经济损失二万元以上的；（二）延误高校录取通知书或者其他重要邮件投递，致使他人失去高校录取资格

第二节　妨害司法罪

　　第三百零五条[776]　**【伪证罪】**在刑事诉讼中，证人、鉴定人、记录人、翻译人对与案件有重要关系的情节，故意作虚假证明、鉴定、记录、翻译，意图陷害他人或者隐匿罪证的，处三年以下有期徒刑或者拘役；情节严重的，处三年以上七年以下有期徒刑。

　　第三百零六条[777]　**【辩护人、诉讼代理人毁灭证据、伪造证**

或者造成其他无法挽回的重大损失的；（三）严重损害国家声誉或者造成其他恶劣社会影响的；（四）其他致使公共财产、国家和人民利益遭受重大损失的情形。

[776] **编者注**：本罪由公安机关立案侦查。如果是犯罪嫌疑人或者被告人作伪证，不构成本罪，因为法律不能强迫他们自证其罪。

[777]《中华人民共和国刑事诉讼法》第四十二条**【辩护人的义务】**辩护人或者其他任何人，不得帮助犯罪嫌疑人、被告人隐匿、毁灭、伪造证据或者串供，不得威胁、引诱证人作伪证以及进行其他干扰司法机关诉讼活动的行为。

　　违反前款规定的，应当依法追究法律责任，辩护人涉嫌犯罪的，应当由办理辩护人所承办案件的侦查机关以外的侦查机关办理。辩护人是律师的，应当及时通知其所在的律师事务所或者所属的律师协会。

　　《最高人民法院、最高人民检察院、公安部、国家安全部、司法部、全国人大常委会法制工作委员会关于实施刑事诉讼法若干问题的规定》（2013年1月1日）：二、辩护与代理9. 刑事诉讼法第四十二条第二款中规定："违反前款规定的，应当依法追究法律责任，辩护人涉嫌犯罪的，应当由办理辩护人所承办案件的侦查机关以外的侦查机关办理。"根据上述规定，公安机关、人民检察院发现辩护人涉嫌犯罪，或者接受报案、控告、举报、据、妨害作证罪】在刑事诉讼中，辩护人[778]、诉讼代理人毁灭、伪造证据，帮助当事人毁灭、伪造证据，威胁、引诱证人违背事实改变证言或者作伪证的，处三年以下有期徒刑或者拘役；情节严重的，处三年以上七年以下有期徒刑。

辩护人、诉讼代理人提供、出示、引用的证人证言或者其他证据失实，不是有意伪造的，不属于伪造证据。

第三百零七条【妨害作证罪】以暴力、威胁、贿买等方法阻止证人作证或者指使他人作伪证的，处三年以下有期徒刑或者拘役；情节严重的，处三年以上七年以下有期徒刑。

【帮助毁灭、伪造证据罪】帮助当事人毁灭、伪造证据[779]，情节严重的，处三年以下有期徒刑或者拘役。

司法工作人员犯前两款罪的，从重处罚。

第三百零八条【打击报复证人罪】对证人[780]进行打击报复

有关机关的移送，依照侦查管辖分工进行审查后认为符合立案条件的，应当按照规定报请办理辩护人所承办案件的侦查机关的上一级侦查机关指定其他侦查机关立案侦查，或者由上一级侦查机关立案侦查。不得指定办理辩护人所承办案件的侦查机关的下级侦查机关立案侦查。

[778]《中华人民共和国刑事诉讼法》第三十七条第四款　辩护律师会见犯罪嫌疑人、被告人时不被监听。**编者注**：不被监听，意味着辩护律师和其在押的当事人之间的沟通可能涉嫌违法犯罪，但只要沟通的内容不传递到辩护律师和其在押的当事人之外的第三人，这种沟通就不应受到类似于伪证罪之类的刑事追究。

[779]**编者注**：本罪所指当事人不限于刑事诉讼。另外，如果是辩护人或者诉讼代理人帮助当事人毁灭、伪造证据的，应定辩护人或者诉讼代理人毁灭、伪造证据罪。

[780]**编者注**：打击报复证人罪中的证人，系已经作证的证人，对于未作证的证人，应定妨害作证罪。通过加害证人的近亲属

的，处三年以下有期徒刑或者拘役；情节严重的，处三年以上七年以下有期徒刑。

第三百零九条【扰乱法庭秩序罪】 聚众哄闹、冲击法庭，或者殴打司法工作人员，严重扰乱法庭秩序的，处三年以下有期徒刑、拘役、管制或者罚金。

第三百一十条【窝藏、包庇罪】 明知是犯罪的人[781]而为其提供隐藏处所、财物，帮助其逃匿[782]或者作假证明包庇的，处三年以下有期徒刑、拘役或者管制；情节严重的，处三年以上十年以下有期徒刑。

犯前款罪，事前通谋的，以共同犯罪论处。

的方式来报复证人的，可以定本罪。

[781] **编者注：** "犯罪的人"应从一般意义上理解，而不能从"无罪推定"的角度来理解，既包括严格意义上的"罪犯"，也包括被作为犯罪嫌疑人而受到侦查、起诉的人，还包括将要作为犯罪嫌疑人受到侦查、起诉的人。根据三百六十二条之规定，卖淫嫖娼活动并非都是犯罪行为，大多仅属于一般违法活动，这一规定说明，行为人包庇、帮助的对象并不一定是犯罪分子，但仍可构成本罪。窝藏针对的是犯罪分子本人，而包庇针对的是犯罪证据。

[782] **法释〔2012〕21号：第一百二十二条** 根据案件事实和法律规定，认为已经构成犯罪的被告人在取保候审期间逃匿的，如果系保证人协助被告人逃匿，或者保证人明知被告人藏匿地点但拒绝向司法机关提供，对保证人应当依法追究刑事责任。

编者注： 张明楷教授认为，"提供隐藏处所、财物"与"帮助其逃匿"不是手段与目的的关系，而属于并列关系。换言之，帮助犯罪的人逃匿的方法行为，不限于为犯罪的人提供隐匿处所或者提供财物。另外，注意本法第三百六十二条。

第三百一十一条【拒绝提供间谍犯罪证据罪】明知他人有间谍犯罪行为，在国家安全机关向其调查有关情况、收集有关证据时，拒绝提供，情节严重的，处三年以下有期徒刑、拘役或者管制。

第三百一十二条（刑六）【掩饰、隐瞒犯罪所得、犯罪所得收益罪】[783]明知[784]是犯罪所得及其产生的收益[785]而予以窝藏、

---

[783] **编者注**：《刑法修正案（六）》将传统的赃物犯罪条款改造为洗钱犯罪的一般性条款，本法第三百一十二条和第一百九十一条的关系定位于一般法和特别法的关系，强调两者区分的关键在于上游犯罪的不同，明确第一百九十二条项下的各种上游犯罪的所有洗钱行为，均应依照刑法第一百九十一条定罪处罚，据此不论上游犯罪和具体的行为方式如何，所有的洗钱行为均可依法追究刑事责任。具体修订情况：将原"犯罪所得的赃物"修订为"犯罪所得及其产生的收益"，手段加上"以其他方法掩饰、隐瞒的"，增加一个量刑档。原罪名为窝藏、转移、收购、销售赃物罪，罪名相应修订。犯罪人窝藏、销售自己犯罪所得的赃物，按照"事后行为不可罚"和吸收犯刑法理论，不是刑法上独立意义的犯罪行为。因此，窝藏罪的对象须是他人犯罪所得的赃物。《治安管理处罚法》第六十条明知是赃物而窝藏、转移或者代为销售的，处五日以上十日以下拘留，并处二百元以上五百元以下罚款。《刑法》与《治安管理处罚法》的衔接问题一例。

[784] **编者注**：关于本罪的"明知"如何认定问题。相关司法解释认为本罪的"明知"包括已经知道与应当知道。需要应用"推定"来帮助判断。明知可能是赃物，是指行为人根据有关事项，认识到可能是犯罪所得及其产生的收益，但又不能充分肯定其是赃物。因此行为人对赃物的认识不要求是确定的，只要认识到或许是赃物、可能是赃物即可，基于这一理由，赃物罪也可以是间接故意犯罪。（张明楷教授：《如何理解和认定窝赃、

销赃罪中的"明知"》，载《法学评论》1997年第2期。）在我国刑法中，"应当知道"一般本是用来表述疏忽大意过失的认识内容的，因此将其解释为属于故意犯罪中"明知"的一种类型，不尽妥当。对于"明知"更为严谨的解释应为"确切地知道或者知道有可能"。

法释〔2009〕15号：第一条 刑法第一百九十一条、第三百一十二条规定的"明知"，应当结合被告人的认知能力，接触他人犯罪所得及其收益的情况，犯罪所得及其收益的种类、数额，犯罪所得及其收益的转换、转移方式以及被告人的供述等主、客观因素进行认定。具有下列情形之一的，可以认定被告人明知系犯罪所得及其收益，但有证据证明确实不知道的除外：（一）知道他人从事犯罪活动，协助转换或者转移财物的；（二）没有正当理由，通过非法途径协助转换或者转移财物的；（三）没有正当理由，以明显低于市场的价格收购财物的；（四）没有正当理由，协助转换或者转移财物，收取明显高于市场的"手续费"的；（五）没有正当理由，协助他人将巨额现金散存于多个银行账户或者在不同银行账户之间频繁划转的；（六）协助近亲属或者其他关系密切的人转换或者转移与其职业或者财产状况明显不符的财物的；（七）其他可以认定行为人明知的情形。被告人将刑法第一百九十一条规定的某一上游犯罪的犯罪所得及其收益误认为刑法第一百九十一条规定的上游犯罪范围内的其他犯罪所得及其收益的，不影响刑法第一百九十一条规定的"明知"的认定。

《最高人民法院 最高人民检察院 中华人民共和国公安部 国家工商行政管理局关于印发〈关于依法查处盗窃、抢劫机动车案件的规定〉的通知》（公通字〔1998〕31号1998年5月8日）：十七、本规定所称的"明知"，是指知道或者应当知道。有下列情形之一的，可视为应当知道，但有证据证明属被蒙骗的除外：（一）在非法的机动车交易场所和销售单位购买的；

（二）机动车证件手续不全或者明显违反规定的；（三）机动车发动机号或者车架号有更改痕迹，没有合法证明的；（四）以明显低于市场价格购买机动车的。

《最高人民法院关于审理洗钱等刑事案件具体应用法律若干问题的解释》（法释〔2009〕15号2009年11月11日）：第六条　行为人实施本解释第一条、第三条第三款规定的行为，涉及的机动车有下列情形之一的，应当认定行为人主观上属于上述条款所称"明知"：（一）没有合法有效的来历凭证；（二）发动机号、车辆识别代号有明显更改痕迹，没有合法证明的。

〔785〕**法释〔2007〕11号**：明知是盗窃、抢劫、诈骗、抢夺的机动车，实施下列行为之一的，依照刑法第三百一十二条的规定，以掩饰、隐瞒犯罪所得、犯罪所得收益罪定罪，处三年以下有期徒刑、拘役或者管制，并处或者单处罚金：（一）买卖、介绍买卖、典当、拍卖、抵押或者用其抵债的；（二）拆解、拼装或者组装的；（三）修改发动机号、车辆识别代号的；（四）更改车身颜色或者车辆外形的；（五）提供或者出售机动车来历凭证、整车合格证、号牌以及有关机动车的其他证明和凭证的；（六）提供或者出售伪造、变造的机动车来历凭证、整车合格证、号牌以及有关机动车的其他证明和凭证的。实施第一款规定的行为涉及盗窃、抢劫、诈骗、抢夺的机动车五辆以上或者价值总额达到五十万元以上的，属于刑法第三百一十二条规定的"情节严重"，处三年以上七年以下有期徒刑，并处罚金。行为人实施本解释第一条、第三条第三款规定的行为，涉及的机动车有下列情形之一的，应当认定行为人主观上属于上述条款所称"明知"：（一）没有合法有效的来历凭证；（二）发动机号、车辆识别代号有明显更改痕迹，没有合法证明的。

转移、收购、代为销售或者以其他方法掩饰、隐瞒的[786]，处三年以下有期徒刑、拘役或者管制，并处或者单处罚金；情节严重的[787]，处三年以上七年以下有期徒刑，并处罚金。

（刑七）单位犯前款罪的，对单位判处罚金，并对其直接负责的主管人员和其他直接责任人员，依照前款的规定处罚。

第三百一十三条[788]**【拒不执行判决、裁定罪】**对人民法院

---

[786]《**量刑指导意见（试行）**》：（十四）掩饰、隐瞒犯罪所得、犯罪所得收益罪 1.（1）犯罪情节一般的，可以在三个月拘役至六个月有期徒刑幅度内确定量刑起点。

[787]《**量刑指导意见（试行）**》：（十四）掩饰、隐瞒犯罪所得、犯罪所得收益罪 1.（2）情节严重的，可以在三年至四年有期徒刑幅度内确定量刑起点。2. 在量刑起点的基础上，可以根据犯罪数额等其他影响犯罪构成的犯罪事实增加刑罚量，确定基准刑。

[788]**法发〔2007〕29 号**：三、负有执行人民法院判决、裁定义务的单位直接负责的主管人员和其他直接责任人员，为了本单位的利益实施本《通知》第一条、第二条所列行为之一的，对该主管人员和其他直接责任人员，依照刑法第三百一十三条和第二百七十七条的规定，分别以拒不执行判决、裁定罪和妨害公务罪论处。

四、国家机关工作人员有本《通知》第一条第四项行为的，以拒不执行判决、裁定罪的共犯追究刑事责任。

国家机关工作人员收受贿赂或者滥用职权，有本《通知》第一条第四项行为的，同时又构成刑法第三百八十五条、第三百九十七条规定罪的，依照处罚较重的规定定罪处罚。

五、拒不执行判决、裁定案件由犯罪行为发生地的公安机关、人民检察院、人民法院管辖。如果由犯罪嫌疑人、被告人居住地的人民法院管辖更为适宜的，可以由犯罪嫌疑人、被告人居住地的公安机关、人民检察院、人民法院管辖。

六、以暴力、威胁方法妨害或者抗拒执行的，公安机关接到报警后，应当立即出警，依法处置。

七、人民法院在执行判决、裁定过程中，对拒不执行判决、裁定情节严重的人，可以先行司法拘留；拒不执行判决、裁定的行为人涉嫌犯罪的，应当将案件依法移送有管辖权的公安机关立案侦查。

八、人民法院、人民检察院和公安机关在办理拒不执行判决、裁定和妨害公务案件过程中，应当密切配合、加强协作。对于人民法院移送的涉嫌拒不执行判决、裁定罪和妨害公务罪的案件，公安机关应当及时立案侦查，检察机关应当及时提起公诉，人民法院应当及时审判。

在办理拒不执行判决、裁定和妨害公务案件过程中，应当根据案件的具体情况，正确区分罪与非罪的界限，认真贯彻"宽严相济"的刑事政策。

九、人民法院认为公安机关应当立案侦查而不立案侦查的，可提请人民检察院予以监督。人民检察院认为需要立案侦查的，应当要求公安机关说明不立案的理由。人民检察院认为公安机关不立案理由不能成立的，应当通知公安机关立案，公安机关接到通知后应当立案。

十、公安机关侦查终结后移送人民检察院审查起诉的拒不执行判决、裁定和妨害公务案件，人民检察院决定不起诉，公安机关认为不起诉决定有错误的，可以要求复议；如果意见不被接受，可以向上一级人民检察院提请复核。

十一、公安司法人员在办理拒不执行判决、裁定和妨害公务案件中，消极履行法定职责，造成严重后果的，应当依法依纪追究直接责任人责任直至追究刑事责任。

的判决、裁定[789]有能力执行而拒不执行，情节严重的[790]，处

[789]《全国人大常委会关于〈刑法〉第三百一十三条的解释》（2002 年 8 月 29 日）："人民法院的判决、裁定"，是指人民法院依法作出的具有执行内容并已发生法律效力的判决、裁定。人民法院为依法执行支付令、生效的调解书、仲裁裁决、公证债权文书等所作的裁定属于该条规定的裁定。**编者注**：公证文件等本身并非本条所指之裁定，但当人民法院为执行这些法律文书而作出的裁定，则构成本罪中的裁定。

[790]《全国人大常委会关于〈刑法〉第三百一十三条的解释》（2002 年 8 月 29 日）：有能力执行而拒不执行，情节严重的情形：（一）被执行人隐藏、转移、故意毁损财产或者无偿转让财产、以明显不合理的低价转让财产，致使判决、裁定无法执行的；（二）担保人或者被执行人隐藏、转移、故意毁损或者转让已向人民法院提供担保的财产，致使判决、裁定无法执行的；（三）协助执行义务人接到人民法院协助执行通知书后，拒不协助执行，致使判决、裁定无法执行的；（四）被执行人、担保人、协助执行义务人与国家机关工作人员通谋，利用国家机关工作人员的职权妨害执行，致使判决、裁定无法执行的；（五）其他有能力执行而拒不执行，情节严重的情形。国家机关工作人员有上述第四项行为的，以拒不执行判决、裁定罪的共犯追究刑事责任。国家机关工作人员收受贿赂或者滥用职权，有上述第四项行为的，同时又构成刑法第三百八十五条、第三百九十七条规定之罪的，依照处罚较重的规定定罪处罚。

法发〔2007〕29 号：一、对下列拒不执行判决、裁定的行为，依照刑法第三百一十三条的规定，以拒不执行判决、裁定罪论处。（一）被执行人隐藏、转移、故意毁损财产或者

三年以下有期徒刑、拘役或者罚金。

第三百一十四条【非法处置查封、扣押、冻结的财产罪】隐藏、转移、变卖、故意毁损已被司法机关查封、扣押、冻结的财产，情节严重的，处三年以下有期徒刑、拘役或者罚金。

第三百一十五条【破坏监管秩序罪】依法被关押的罪犯，有下列破坏监管秩序行为之一，情节严重的，处三年以下有期徒刑：

（一）殴打监管人员的；

（二）组织其他被监管人破坏监管秩序的；

（三）聚众闹事，扰乱正常监管秩序的；

（四）殴打、体罚或者指使他人殴打、体罚其他被监管人的[791]。

第三百一十六条【脱逃罪】依法被关押的罪犯、被告人、犯罪嫌疑人脱逃的，处五年以下有期徒刑或者拘役。

【劫夺被押解人员罪】劫夺押解途中的罪犯、被告人、犯罪嫌疑人的，处三年以上七年以下有期徒刑；情节严重的，处七年以上有期徒刑。

无偿转让财产、以明显不合理的低价转让财产，致使判决、裁定无法执行的；（二）担保人或者被执行人隐藏、转移、故意毁损或者转让已向人民法院提供担保的财产，致使判决、裁定无法执行的；（三）协助执行义务人接到人民法院协助执行通知书后，拒不协助执行，致使判决、裁定无法执行的；（四）被执行人、担保人、协助执行义务人与国家机关工作人员通谋，利用国家机关工作人员的职权妨害执行，致使判决、裁定无法执行的；（五）其他有能力执行而拒不执行，情节严重的情形。

[791]**编者注**：如受监管人指使而体罚虐待其他被监管人，应如何处理，参见本法第二百四十八条虐待被监管人罪中的有关解释。

第三百一十七条【组织越狱罪】组织越狱的首要分子和积极参加的,处五年以上有期徒刑;其他参加的,处五年以下有期徒刑或者拘役。

【暴动越狱罪、聚众持械劫狱罪】[792]暴动越狱或者聚众持械劫狱的首要分子和积极参加的,处十年以上有期徒刑或者无期徒刑;情节特别严重的,处死刑;其他参加的,处三年以上十年以下有期徒刑。

第三节 妨害国（边）境管理罪[793]

第三百一十八条【组织他人偷越国（边）境罪】组织他人偷

---

[792]**编者注**:在暴动越狱过程中致人重伤或死亡的,仍以本罪一罪论处。

[793]《**最高人民法院、最高人民检察院关于办理妨害国（边）境管理刑事案件应用法律若干问题的解释**》（法释〔2012〕17号,2012年12月20日）:**第十条** 本解释发布实施后,《最高人民法院关于审理组织、运送他人偷越国（边）境等刑事案件适用法律若干问题的解释》（法释〔2002〕3号）不再适用。

第六条 具有下列情形之一的,应当认定为刑法第六章第三节规定的"偷越国（边）境"行为:（一）没有出入境证件出入国（边）境或者逃避接受边防检查的;（二）使用伪造、变造、无效的出入境证件出入国（边）境的;（三）使用他人出入境证件出入国（边）境的;（四）使用以虚假的出入境事由、隐瞒真实身份、冒用他人身份证件等方式骗取的出入境证件出入国（边）境的;（五）采用其他方式非法出入国（边）境的。

越国（边）境的[794]，处二年以上七年以下有期徒刑，并处罚金；有下列情形之一的，处七年以上有期徒刑或者无期徒刑，并处罚金或者没收财产：

---

[794] **法释〔2012〕17 号：第一条**　领导、策划、指挥他人偷越国（边）境或者在首要分子指挥下，实施拉拢、引诱、介绍他人偷越国（边）境等行为的，应当认定为刑法第三百一十八条规定的"组织他人偷越国（边）境"。以组织他人偷越国（边）境为目的，招募、拉拢、引诱、介绍、培训偷越国（边）境人员，策划、安排偷越国（边）境行为，在他人偷越国（边）境之前或者偷越国（边）境过程中被查获的，应当以组织他人偷越国（边）境罪（未遂）论处；具有刑法第三百一十八条第一款规定的情形之一的，应当在相应的法定刑幅度基础上，结合未遂犯的处罚原则量刑。一般是指组织、运送他人偷越国（边）境人数在十人以上。

第七条　以单位名义或者单位形式组织他人偷越国（边）境、为他人提供伪造、变造的出入境证件或者运送他人偷越国（边）境的，应当依照刑法第三百一十八条、第三百二十条、第三百二十一条的规定追究直接负责的主管人员和其他直接责任人员的刑事责任。

第八条　实施组织他人偷越国（边）境犯罪，同时构成骗取出境证件罪、提供伪造、变造的出入境证件罪、出售出入境证件罪、运送他人偷越国（边）境罪的，依照处罚较重的规定定罪处罚。

第九条　对跨地区实施的不同妨害国（边）境管理犯罪，符合并案处理要求，有关地方公安机关依照法律和相关规定一并立案侦查，需要提请批准逮捕、移送审查起诉、提起公诉的，由该公安机关所在地的同级人民检察院、人民法院依法受理。

（一）组织他人偷越国（边）境集团的首要分子；

（二）多次组织他人偷越国（边）境或者组织他人偷越国（边）境人数众多的[795]；

（三）造成被组织人重伤、死亡的；

（四）剥夺或者限制被组织人人身自由的；[796]

（五）以暴力、威胁方法抗拒检查的；

（六）违法所得数额巨大的[797]；

（七）有其他特别严重情节的。

犯前款罪，对被组织人有杀害、伤害、强奸、拐卖等犯罪行为，或者对检查人员有杀害、伤害等犯罪行为的，依照数罪并罚的规定处罚。

第三百一十九条【骗取出境证件罪】以劳务输出、经贸往来或者其他名义，弄虚作假[798]，骗取护照、签证等出境证件，为组织他人[799]偷越国（边）境使用的，处三年以下有期徒刑，并

---

[795]**法释〔2012〕17号：第一条** 组织他人偷越国（边）境人数在十人以上的，应当认定为刑法第三百一十八条第一款第（二）项规定的"人数众多"。

[796]**编者注：**运送他人偷越国边境罪和组织他人偷越国边境罪之间的一个重要区别，在于后者有一个非法拘禁的情况。

[797]**法释〔2012〕17号：第一条** 违法所得数额在二十万元以上的，应当认定为刑法第三百一十八条第一款第（六）项规定的"违法所得数额巨大"。

[798]**法释〔2012〕17号：第二条** 为组织他人偷越国（边）境，编造出境事由、身份信息或者相关的境外关系证明的，应当认定为刑法第三百一十九条第一款规定的"弄虚作假"。

[799]**编者注：**本罪实际上是组织他人偷越国（边）境行为罪的预备行为，但却不作为预备犯处理，而是单独成立本罪。如

处罚金；情节严重的[800]，处三年以上十年以下有期徒刑，并处罚金。

单位犯前款罪的，对单位判处罚金，并对其直接负责的主管人员和其他直接责任人员，依照前款的规定处罚。

第三百二十条【提供伪造、变造的出入境证件罪；出售出入境证件罪】　为他人提供伪造、变造的护照、签证等出入境证件[801]，或者出售护照、签证等出入境证件的，处五年以下有期徒刑，并处罚金；情节严重的[802]，处五年以上有期徒刑，并处罚金。

第三百二十一条【运送他人偷越国（边）境罪】　运送他人偷越国（边）境的[803]，处五年以下有期徒刑、拘役或者管制，并处

果是为自己骗取出境证件，则定为偷越国边境罪。

[800]**法释〔2012〕17号：第二条第二款**　具有下列情形之一的，应当认定为刑法第三百一十九条第一款规定的"情节严重"：（一）骗取出境证件五份以上的；（二）非法收取费用三十万元以上的；（三）明知是国家规定的不准出境的人员而为其骗取出境证件的；（四）其他情节严重的情形。

[801]**法释〔2012〕17号：第三条**　刑法第三百二十条规定的"出入境证件"，包括本解释第二条第二款所列的证件以及其他入境时需要查验的资料。

[802]**法释〔2012〕17号：第三条第二款**　具有下列情形之一的，应当认定为刑法第三百二十条规定的"情节严重"：（一）为他人提供伪造、变造的出入境证件或者出售出入境证件五份以上的；（二）非法收取费用三十万元以上的；（三）明知是国家规定的不准出入境的人员而为其提供伪造、变造的出入境证件或者向其出售出入境证件的；（四）其他情节严重的情形。

[803]**编者注：**　如果行为人既组织又运送，而且运送行为是组织他人偷越国（边）境行为的组成部分，被运送者与被组织者

罚金；有下列情形之一的，处五年以上十年以下有期徒刑，并处罚金：

（一）多次实施运送行为或者运送人数众多的；

（二）所使用的船只、车辆等交通工具不具备必要的安全条件，足以造成严重后果的；

（三）违法所得数额巨大的；

（四）有其他特别严重情节的。

在运送他人偷越国（边）境中造成被运送人重伤、死亡，或者以暴力、威胁方法抗拒检查的，处七年以上有期徒刑，并处罚金。

犯前两款罪，对被运送人有杀害、伤害、强奸、拐卖等犯罪行为，或者对检查人员有杀害、伤害等犯罪行为的，依照数罪并罚的规定处罚。

第三百二十二条 【偷越国（边）境罪】 违反国（边）境管理法规，偷越国（边）境，情节严重的[804]，处一年以下有期徒刑、拘役或者管制，并处罚金。

第三百二十三条 【破坏界碑、界桩罪；破坏永久性测量标志罪】 故意破坏国家边境的界碑、界桩或者永久性测量标志的，处三

具有同一性，则只认定为组织他人偷越国（边）境行为罪。如果运送行为不是组织行为的组成部分，被运送者与被组织者不具有同一性，则应分别定罪，实行数罪并罚。

[804]法释〔2012〕17号：**第五条** 偷越国（边）境，具有下列情形之一的，应当认定为刑法第三百二十二条规定的"情节严重"：（一）在境外实施损害国家利益行为的；（二）偷越国（边）境三次以上或者三人以上结伙偷越国（边）境的；（三）拉拢、引诱他人一起偷越国（边）境的；（四）勾结境外组织、人员偷越国（边）境的；（五）因偷越国（边）境被行政处罚后一年内又偷越国（边）境的；（六）其他情节严重的情形。

年以下有期徒刑或者拘役。

第四节 妨害文物管理罪

第三百二十四条【故意损毁文物罪】 故意损毁国家保护的珍贵文物或者被确定为全国重点文物保护单位、省级文物保护单位的文物的[805]，处三年以下有期徒刑或者拘役，并处或者单处罚金；情节严重的，处三年以上十年以下有期徒刑，并处罚金。

【故意损毁名胜古迹罪】 故意损毁国家保护的名胜古迹，情节严重的[806]，处五年以下有期徒刑或者拘役，并处或者单处罚金。

【过失损毁文物罪】 过失损毁国家保护的珍贵文物或者被确定为全国重点文物保护单位、省级文物保护单位的文物，造成严重后果的[807]，处三年以下有期徒刑或者拘役。

---

[805]《立案标准（一）》：**第四十六条** 故意损毁国家保护的珍贵文物或者被确定为全国重点文物保护单位、省级文物保护单位的文物的，应予立案追诉。

[806]《立案标准（一）》：**第四十七条** 故意损毁国家保护的名胜古迹，涉嫌下列情形之一的，应予立案追诉：（一）造成国家保护的名胜古迹严重损毁的；（二）损毁国家保护的名胜古迹三次以上或者三处以上，尚未造成严重损毁后果的；（三）损毁手段特别恶劣的；（四）其他情节严重的情形。

[807]《立案标准（一）》：**第四十八条** 过失损毁国家保护的珍贵文物或者被确定为全国重点文物保护单位、省级文物保护单位的文物，涉嫌下列情形之一的，应予立案追诉：（一）造成珍贵文物严重损毁的；（二）造成被确定为全国重点文物保护单位、省级文物保护单位的文物严重损毁的；（三）造成珍贵文物损毁三件以上的；（四）其他造成严重后果的情形。

第三百二十五条【**非法向外国人出售、赠送珍贵文物罪**】违反文物保护法规，将收藏的国家禁止出口的珍贵文物私自出售或者私自赠送给外国人的，处五年以下有期徒刑或者拘役，可以并处罚金。

单位犯前款罪的，对单位判处罚金，并对其直接负责的主管人员和其他直接责任人员，依照前款的规定处罚。

第三百二十六条【**倒卖文物罪**】以牟利为目的，倒卖国家禁止经营的文物[808]，情节严重的，处五年以下有期徒刑或者拘役，并处罚金；情节特别严重的，处五年以上十年以下有期徒刑，并处罚金。

单位犯前款罪的，对单位判处罚金，并对其直接负责的主管人员和其他直接责任人员，依照前款的规定处罚。

第三百二十七条【**非法出售、私赠文物藏品罪**】违反文物保护法规，国有博物馆、图书馆等单位将国家保护的文物藏品出售或者私自送给非国有单位或者个人的，对单位判处罚金，并对其直接负责的主管人员和其他直接责任人员，处三年以下有期徒刑或者拘役。

第三百二十八条[809]（刑八）【**盗掘古文化遗址、古墓葬罪**】盗掘[810]具有历史、艺术、科学价值的古文化遗址、古墓葬

---

[808]**编者注**：既包括珍贵文物，也包括一般文物，只要是国家禁止经营的一切文物，均构成本罪。而其他罪则是特定的文物。

[809]**编者注**：《刑法修正案（八）》废除了本罪死刑。

[810]**编者注**：盗掘，既不是单纯的盗窃，也不是单纯的损毁，而是指未经国家文物主管部门批准，私自挖掘古文化遗址、古墓葬群。因此，盗掘可谓集盗窃与损毁于一体，其危害程度相当严重。

的，处三年以上十年以下有期徒刑，并处罚金；情节较轻的，处三年以下有期徒刑、拘役或者管制，并处罚金；有下列情形之一的，处十年以上有期徒刑或者无期徒刑，并处罚金或者没收财产：

（一）盗掘确定为全国重点文物保护单位和省级文物保护单位的古文化遗址、古墓葬的；

（二）盗掘古文化遗址、古墓葬集团的首要分子；

（三）多次盗掘古文化遗址、古墓葬的；

（四）盗掘古文化遗址、古墓葬，并盗窃珍贵文物或者造成珍贵文物严重破坏的[811]。

【盗掘古人类化石、古脊椎动物化石罪】盗掘国家保护的具有科学价值的古人类化石和古脊椎动物化石的，依照前款的规定处罚。

第三百二十九条　【抢夺、窃取国有档案罪】抢夺、窃取国家所有的档案的，处五年以下有期徒刑或者拘役。

【擅自出卖、转让国有档案罪】违反档案法的规定，擅自出卖、转让国家所有的档案，情节严重的，处三年以下有期徒刑或者拘役。

有前两款行为，同时又构成本法规定的其他犯罪的，依照处罚较重的规定[812]定罪处罚。

---

[811]**编者注**：行为人盗掘古文化遗址、古墓葬后，将其中的文物非法据为己有的，仍以本罪论处。

[812]**编者注**：如果盗窃属于国家秘密的国家档案，则行为触犯了窃取国有档案罪与非法获取国家秘密罪，应从一重罪论处。如果擅自出卖、转让的国家档案属于国家秘密，则行为触犯了故意泄露国家秘密罪，也应从一重罪论处。这就是按照想象竞合犯的思路从一重处罚。法条竞合与想象竞合之间存在此消彼长的

第五节　危害公共卫生罪

第三百三十条【妨害传染病防治罪】违反传染病防治法的规定，有下列情形之一，引起甲类传染病[813]传播或者有传播严重危险的[814]，处三年以下有期徒刑或者拘役；后果特别严重的，处三年以上七年以下有期徒刑：

（一）供水单位供应的饮用水不符合国家规定的卫生标准的；

（二）拒绝按照卫生防疫机构提出的卫生要求，对传染病病原体污染的污水、污物、粪便进行消毒处理的；

（三）准许或者纵容传染病病人、病原携带者和疑似传染病病人从事国务院卫生行政部门规定禁止从事的易使该传染病扩散的工作的；

（四）拒绝执行卫生防疫机构依照传染病防治法提出的预防、控制措施的。

单位犯前款罪的，对单位判处罚金，并对其直接负责的主管人员和其他直接责任人员，依照前款的规定处罚。

关系。法条竞合处理原则的目的，主要是为了防止对行为的重复评价，而想象竞合处理原则的目的，主要是为了防止对行为的双重处罚。

[813]**编者注**：主要是指鼠疫和霍乱。

[814]**《立案标准（一）》：第四十九条**　违反传染病防治法的规定，引起甲类或者按照甲类管理的传染病传播或者有传播严重危险，涉嫌上述情形之一的，应予立案追诉。"按甲类管理的传染病"，是指乙类传染病中传染性非典型肺炎、炭疽中的肺炭疽、人感染高致病性禽流感以及国务院卫生行政部门根据需要报经国务院批准公布实施的其他需要按甲类管理的乙类传染病和突发原因不明的传染病。

甲类传染病的范围，依照《中华人民共和国传染病防治法》和国务院有关规定确定。

第三百三十一条【传染病菌种、毒种扩散罪】 从事实验、保藏、携带、运输传染病菌种、毒种的人员，违反国务院卫生行政部门的有关规定，造成传染病菌种、毒种扩散，后果严重的[815]，处三年以下有期徒刑或者拘役；后果特别严重的，处三年以上七年以下有期徒刑。

第三百三十二条【妨害国境卫生检疫罪】 违反国境卫生检疫规定，引起检疫传染病[816]传播或者有传播严重危险的[817]，处三年以下有期徒刑或者拘役，并处或者单处罚金。

单位犯前款罪的，对单位判处罚金，并对其直接负责的主管人员和其他直接责任人员，依照前款的规定处罚。

第三百三十三条【非法组织卖血罪；强迫卖血罪】 非法组织他人出卖血液的[818]，处五年以下有期徒刑，并处罚金；以暴力、

---

[815]《立案标准（一）》：**第五十条**　涉嫌下列情形之一的，应予立案追诉：（一）导致甲类和按甲类管理的传染病传播的；（二）导致乙类、丙类传染病流行、暴发的；（三）造成人员重伤或者死亡的；（四）严重影响正常的生产、生活秩序的；（五）其他造成严重后果的情形。

[816]编者注：指鼠疫、霍乱、黄热病以及国务院确定和公布的其他传染病。

[817]《立案标准（一）》：**第五十一条**　违反国境卫生检疫规定，引起检疫传染病传播或者有传播严重危险的，应予立案追诉。

[818]《立案标准（一）》：**第五十二条**　非法组织他人出卖血液，涉嫌下列情形之一的，应予立案追诉：（一）组织卖血三人次以上的；（二）组织卖血非法获利二千元以上的；（三）组织未成年人卖血的；（四）被组织卖血的人的血液含有艾滋病病

威胁方法强迫他人出卖血液的[819]，处五年以上十年以下有期徒刑，并处罚金。

有前款行为，对他人造成伤害的，依照本法第二百三十四条（故意伤害罪）的规定定罪处罚。

第三百三十四条[820] **【非法采集、供应血液、制作、供应血液制品罪】** 非法采集、供应血液[821]或者制作、供应血液制品[822]，不符合国家规定的标准，足以危害人体健康的[823]，处

毒、乙型肝炎病毒、丙型肝炎病毒、梅毒螺旋体等病原微生物的；（五）其他非法组织卖血应予追究刑事责任的情形。

[819]《立案标准（一）》：第五十三条 以暴力、威胁方法强迫他人出卖血液的，应予立案追诉。

[820]《最高人民法院、最高人民检察院关于办理非法采供血液等刑事案件具体应用法律若干问题的解释》（法释〔2008〕12号，2008年9月23日）

[821]法释〔2008〕12号：第八条第一款 "血液"，是指全血、成分血和特殊血液成分。

[822]法释〔2008〕12号：第一条 未经国家主管部门批准或者超过批准的业务范围，采集、供应血液或者制作、供应血液制品的，属于本条规定的"非法采集、供应血液、制作、供应血液制品"。"血液制品"，是指各种人血浆蛋白制品。

[823]《立案标准（一）》：第五十四条 非法采集、供应血液或者制作、供应血液制品，涉嫌下列情形之一的，应予立案追诉：（一）采集、供应的血液含有艾滋病病毒、乙型肝炎病毒、丙型肝炎病毒、梅毒螺旋体等病原微生物的；（二）制作、供应的血液制品含有艾滋病病毒、乙型肝炎病毒、丙型肝炎病毒、梅毒螺旋体等病原微生物，或者将含有上述病原微生物的血液

五年以下有期徒刑或者拘役，并处罚金；对人体健康造成严重危害的[824]，处五年以上十年以下有期徒刑，并处罚金；造成特别严重后果的[825]，处十年以上有期徒刑或者无期徒刑，并处罚金或者没收财产。

用于制作血液制品的；（三）使用不符合国家规定的药品、诊断试剂、卫生器材，或者重复使用一次性采血器材采集血液，造成传染病传播危险的；（四）违反规定对献血者、供血浆者超量、频繁采集血液、血浆，足以危害人体健康的；（五）其他不符合国家有关采集、供应血液或者制作、供应血液制品的规定，足以危害人体健康或者对人体健康造成严重危害的情形。

[824]**法释〔2008〕12 号：第三条**　对非法采集、供应血液或者制作、供应血液制品，具有下列情形之一的，应认定为刑法第三百三十四条第一款规定的"对人体健康造成严重危害"，处五年以上十年以下有期徒刑，并处罚金：（一）造成献血者、供血浆者、受血者感染乙型肝炎病毒、丙型肝炎病毒、梅毒螺旋体或者其他经血液传播的病原微生物的；（二）造成献血者、供血浆者、受血者重度贫血、造血功能障碍或者其他器官组织损伤导致功能障碍等身体严重危害的；（三）对人体健康造成其他严重危害的。

[825]**法释〔2008〕12 号：第四条**　对非法采集、供应血液或者制作、供应血液制品，具有下列情形之一的，应认定为刑法第三百三十四条第一款规定的"造成特别严重后果"，处十年以上有期徒刑或者无期徒刑，并处罚金或者没收财产：（一）因血液传播疾病导致人员死亡或者感染艾滋病病毒的；（二）造成五人以上感染乙型肝炎病毒、丙型肝炎病毒、梅毒螺旋体或者其他经血液传播的病原微生物的；（三）造成五人以上重度贫血、造血功能障碍或者其他器官组织损伤导致功能障碍等

【**采集、供应血液、制作、供应血液制品事故罪**】经国家主管部门批准采集、供应血液或者制作、供应血液制品的部门[826]，不依照规定进行检测或者违背其他操作规定[827]，造成危害他人

身体严重危害的；（四）造成其他特别严重后果的。**编者注：**1. 本罪第 3 个量刑档规定的是结果加重犯，故其内容主要是从结果或者后果方面考虑。2. 由于感染艾滋病即相当于死亡，故将此种情况列为"造成特别严重后果"，而不属于"造成严重后果"的范围。

[826]**编者注**：本罪属于单位过失犯罪。**法释〔2008〕12 号：第七条**　经国家主管部门批准的采供血机构和血液制品生产经营单位，属于本条规定的"经国家主管部门批准采集、供应血液或者制作、供应血液制品的部门"。

　　第八条第三款　采供血机构包括血液中心、中心血站、脐带血造血干细胞库和国家卫生行政主管部门根据医学发展需要批准、设置的其他类型血库、单采血浆站。

[827]**法释〔2008〕12 号：第五条**　具有下列情形之一的，属于本条规定的"不依照规定进行检测或者违背其他操作规定"：（一）血站未用两个企业生产的试剂对艾滋病病毒抗体、乙型肝炎病毒表面抗原、丙型肝炎病毒抗体、梅毒抗体进行两次检测的；（二）单采血浆站不依照规定对艾滋病病毒抗体、乙型肝炎病毒表面抗原、丙型肝炎病毒抗体、梅毒抗体进行检测的；（三）血液制品生产企业在投料生产前未用主管部门批准和检定合格的试剂进行复检的；（四）血站、单采血浆站和血液制品生产企业使用的诊断试剂没有生产单位名称、生产批准文号或者经检定不合格的；（五）采供血机构在采集检验样本、采集血液和成分血分离时，使用没有生产单位名称、生产批准文号或者超过有效期的一次性注射器等采血器材的；（六）不依

身体健康后果的[828]，对单位判处罚金，并对其直接负责的主管人员和其他直接责任人员，处五年以下有期徒刑或者拘役。

第三百三十五条【医疗事故罪】 医务人员由于严重不负责任[829]，造成就诊人死亡或者严重损害就诊人身体健康的[830]，

照国家规定的标准和要求包装、储存、运输血液、原料血浆的；（七）对国家规定检测项目结果呈阳性的血液未及时按照规定予以清除的；（八）不具备相应资格的医务人员进行采血、检验操作的；（九）对献血者、供血浆者超量、频繁采集血液、血浆的；（十）采供血机构采集血液、血浆前，未对献血者或者供血浆者进行身份识别，采集冒名顶替者、健康检查不合格者血液、血浆的；（十一）血站擅自采集原料血浆，单采血浆站擅自采集临床用血或者向医疗机构供应原料血浆的；（十二）重复使用一次性采血器材的；（十三）其他不依照规定进行检测或者违背操作规定的。

[828]《立案标准（一）》：第五十五条　涉嫌下列情形之一的，应予立案追诉：（一）造成献血者、供血浆者、受血者感染艾滋病病毒、乙型肝炎病毒、丙型肝炎病毒、梅毒螺旋体或者其他经血液传播的病原微生物的；（二）造成献血者、供血浆者、受血者重度贫血、造血功能障碍或者其他器官组织损伤导致功能障碍等身体严重危害的；（三）其他造成危害他人身体健康后果的情形。

[829]《医疗事故处理条例》第二条　医疗事故，是指医疗机构及其医务人员在医疗活动中，违反医疗卫生管理法律、行政法规、部门规章和诊疗护理规范、常规，过失造成患者人身损害的事故。

《医疗事故分级标准（试行）》（2002 年 7 月 19 日卫生部发布）：具有下列情形之一的，属于本条规定的"严重不负责任"：（一）擅离职守的；（二）无正当理由拒绝对危急就诊人实行必

处三年以下有期徒刑或者拘役。

　　第三百三十六条[831] 【非法行医罪】未取得医生执业资格的人非法行医[832]，情节严重的[833]，处三年以下有期徒刑、拘役

要的医疗救治的；（三）未经批准擅自开展试验性医疗的；（四）严重违反查对、复核制度的；（五）使用未经批准使用的药品、消毒药剂、医疗器械的；（六）严重违反国家法律法规及有明确规定的诊疗技术规范、常规的；（七）其他严重不负责任的情形。

[830]《立案标准（一）》：**第五十六条 第三款**"严重损害就诊人身体健康"，是指造成就诊人严重残疾、重伤、感染艾滋病、病毒性肝炎等难以治愈的疾病或者其他严重损害就诊人身体健康的后果。

　　《立案标准（一）》：**第五十六条** 医务人员由于严重不负责任，造成就诊人死亡或者严重损害就诊人身体健康的，应予立案追诉。

[831]**编者注**：本罪为情节犯，且被害人的承诺并不阻却本罪的成立。《**最高人民法院关于审理非法行医刑事案件具体应用法律若干问题的解释**》（**法释〔2008〕5号，2008年5月9日**）：**第四条** 实施非法行医犯罪，同时构成生产、销售假药罪，生产、销售劣药罪，诈骗罪等其他犯罪的，依照刑法处罚较重的规定定罪处罚。

[832]**法释〔2008〕5号**：**第一条** 具有下列情形之一的，应认定为刑法第三百三十六条第一款规定的"未取得医生执业资格的人非法行医"：（一）未取得或者以非法手段取得医师资格从事医疗活动的；（二）个人未取得《医疗机构执业许可证》开办医疗机构的；（三）被依法吊销医师执业证书期间从事医疗活动的；（四）未取得乡村医生执业证书，从事乡村医疗活

或者管制，并处或者单处罚金；严重损害就诊人身体健康的[834]，处三年以上十年以下有期徒刑，并处罚金；造成就诊人死亡的，处十年以上有期徒刑，并处罚金。

动的；（五）家庭接生员实施家庭接生以外的医疗行为的。

　　编者注：1. 对于取得医师资格但尚未进行医师注册取得执业证书的人从事诊疗活动，予以行政处罚，不作为犯罪处理。2. 单位不能成为非法行医罪的犯罪主体，只有个人才能成为本罪的犯罪主体。

[833]**编者注**：非法行医罪侵犯的是复杂客体，即国家对医疗机构和医务从业人员的管理秩序和就诊人的身体健康、生命安全。**《立案标准（一）》：第五十七条**　未取得医生执业资格的人非法行医，涉嫌下列情形之一的，应予立案追诉：（一）造成就诊人轻度残疾、器官组织损伤导致一般功能障碍，或者中度以上残疾、器官组织损伤导致严重功能障碍，或者死亡的；本解释所称"轻度残疾、器官组织损伤导致一般功能障碍"、"中度以上残疾、器官组织损伤导致严重功能障碍"，参照卫生部《医疗事故分级标准（试行）》认定**（编者注：相当于三级医疗事故）**。（二）造成甲类传染病传播、流行或者有传播、流行危险的；（三）使用假药、劣药或不符合国家规定标准的卫生材料、医疗器械，足以严重危害人体健康的；（四）非法行医被卫生行政部门行政处罚两次以后，再次非法行医的；（五）其他情节严重的情形。

[834]**法释〔2008〕5号：第三条**　具有下列情形之一的，应认定为刑法第三百三十六条第一款规定的"严重损害就诊人身体健康"：（一）造成就诊人中度以上残疾、器官组织损伤导致严重功能障碍的**（编者注：相当于二级医疗事故）**；（二）造成三名以上就诊人轻度残疾、器官组织损伤导致一般功能障碍的。

【非法进行节育手术罪】 未取得医生执业资格的人擅自为他人进行节育复通手术、假节育手术、终止妊娠手术或者摘取宫内节育器，情节严重的[835]，处三年以下有期徒刑、拘役或者管制，并处或者单处罚金；严重损害就诊人身体健康的，处三年以上十年以下有期徒刑，并处罚金；造成就诊人死亡的，处十年以上有期徒刑，并处罚金。

第三百三十七条 （刑七）[836]**【妨害动植物防疫、检疫罪】** 违反有关动植物防疫、检疫的国家规定，引起重大动植物疫情的，或者有引起重大动植物疫情危险，情节严重的[837]，处三年以下有期徒刑或者拘役，并处或者单处罚金。

单位犯前款罪的，对单位判处罚金，并对其直接负责的主管人员和其他直接责任人员，依照前款的规定处罚。

---

[835]《立案标准（一）》：第五十八条　涉嫌下列情形之一的，应予立案追诉：（一）造成就诊人轻伤、重伤、死亡或者感染艾滋病、病毒性肝炎等难以治愈的疾病的；（二）非法进行节育复通手术、假节育手术、终止妊娠手术或者摘取宫内节育器五人次以上的；（三）致使他人超计划生育的；（四）非法进行选择性别的终止妊娠手术的；（五）非法获利累计五千元以上的；（六）其他情节严重的情形。

[836]编者注：原第一款为："违反进出境动植物检疫法的规定，逃避动植物检疫，引起重大动植物疫情的，处三年以下有期徒刑或者拘役，并处或者单处罚金。"

[837]《立案标准（一）》：第五十九条　违反进出境动植物检疫法的规定，逃避动植物检疫，涉嫌下列情形之一的，应予立案追诉：（一）造成国家规定的《进境动物一、二类传染病、寄生虫病名录》中所列的动物疫病传入或者对农、牧、渔业生产以及人体健康、公共安全造成严重危害的其他动物疫病在国内暴发流行的；（二）造成国家规定的《进境植物检疫性有害生物

第六节　破坏环境资源保护罪^[838]

　　第三百三十八条^[839]（刑八）【**污染环境罪**】违反国家规定，排放、倾倒或者处置有放射性的废物、含传染病病原体的废物、有毒物质^[840]或者其他有害物质，严重污染环境的^[841]，处三年以下

名录》中所列的有害生物传入或者对农、林业生产、生态环境以及人体健康有严重危害的其他有害生物在国内传播扩散的。

〔838〕**编者注**：本节各罪均可构成单位犯罪。《**最高人民法院关于审理环境污染刑事案件具体应用法律若干问题的解释**》（**法释〔2006〕4号，2006年7月28日**）：**第五条**　单位犯刑法第三百三十八条、第三百三十九条规定之罪的，定罪量刑标准依照刑法和本解释的有关规定执行。

〔839〕**编者注**：原第三百三十八条为："违反国家规定，向土地、水体、大气排放、倾倒或者处置有放射性的废物、含传染病病原体的废物、有毒物质或者其他危险废物，造成重大环境污染事故，致使公私财产遭受重大损失或者人身伤亡的严重后果的，处三年以下有期徒刑或者拘役，并处或者单处罚金；后果特别严重的，处三年以上七年以下有期徒刑，并处罚金。"

〔840〕**法释〔2013〕15号**：**第十条**　下列物质应当认定为"有毒物质"：（一）危险废物，包括列入国家危险废物名录的废物，以及根据国家规定的危险废物鉴别标准和鉴别方法认定的具有危险特性的废物；（二）剧毒化学品、列入重点环境管理危险化学品名录的化学品，以及含有上述化学品的物质；（三）含有铅、汞、镉、铬等重金属的物质；（四）《关于持久性有机污染物的斯德哥尔摩公约》附件所列物质；（五）其他具有毒性，可能污染环境的物质。

有期徒刑或者拘役，并处或者单处罚金；后果特别严重的[842]，处三年以上七年以下有期徒刑，并处罚金。

第三百三十九条【非法处置进口的固体废物罪】 违反国家规定，将境外的固体废物进境倾倒、堆放、处置的[843]，处五年以下有期徒刑或者拘役，并处罚金；造成重大环境污染事故，致使公私财产遭受重大损失[844]或者严重危害人体健康的[845]，处五年

---

[841]《立案标准（一）》：第六十条 涉嫌下列情形之一，应予立案追诉：（一）致使公私财产损失三十万元以上的；（二）致使基本农田、防护林地、特种用途林地五亩以上，其他农用地十亩以上，其他土地二十亩以上基本功能丧失或者遭受永久性破坏的；（三）致使森林或者其他林木死亡五十立方米以上，或者幼树死亡二千五百株以上的；（四）致使一人以上死亡、三人以上重伤、十人以上轻伤，或者一人以上重伤并且五人以上轻伤的；（五）致使传染病发生、流行或者人员中毒达到《国家突发公共卫生事件应急预案》中突发公共卫生事件分级Ⅲ级以上情形，严重危害人体健康的；（六）其他致使公私财产遭受重大损失或者人身伤亡的严重后果的情形。

法释〔2013〕15号：第一条 实施刑法第三百三十八条规定的行为，具有下列情形之一的，应当认定为"严重污染环境"：（一）在饮用水水源一级保护区、自然保护区核心区排放、倾倒、处置有放射性的废物、含传染病病原体的废物、有毒物质的；（二）非法排放、倾倒、处置危险废物三吨以上的；（三）非法排放含重金属、持久性有机污染物等严重危害环境、损害人体健康的污染物超过国家污染物排放标准或者省、自治区、直辖市人民政府根据法律授权制定的污染物排放标准三倍以上的；（四）私设暗管或者利用渗井、渗坑、裂隙、溶洞等

排放、倾倒、处置有放射性的废物、含传染病病原体的废物、有毒物质的；（五）两年内曾因违反国家规定，排放、倾倒、处置有放射性的废物、含传染病病原体的废物、有毒物质受过两次以上行政处罚，又实施前列行为的；（六）致使乡镇以上集中式饮用水水源取水中断十二小时以上的；（七）致使基本农田、防护林地、特种用途林地五亩以上，其他农用地十亩以上，其他土地二十亩以上基本功能丧失或者遭受永久性破坏的；（八）致使森林或者其他林木死亡五十立方米以上，或者幼树死亡二千五百株以上的；（九）致使公私财产损失三十万元以上的；（十）致使疏散、转移群众五千人以上的；（十一）致使三十人以上中毒的；（十二）致使三人以上轻伤、轻度残疾或者器官组织损伤导致一般功能障碍的；（十三）致使一人以上重伤、中度残疾或者器官组织损伤导致严重功能障碍的；（十四）其他严重污染环境的情形。

　　第四条　实施刑法第三百三十八条、第三百三十九条规定的犯罪行为，具有下列情形之一的，应当酌情从重处罚：（一）阻挠环境监督检查或者突发环境事件调查的；（二）闲置、拆除污染防治设施或者使污染防治设施不正常运行的；（三）在医院、学校、居民区等人口集中地区及其附近，违反国家规定排放、倾倒、处置有放射性的废物、含传染病病原体的废物、有毒物质或者其他有害物质的；（四）在限期整改期间，违反国家规定排放、倾倒、处置有放射性的废物、含传染病病原体的废物、有毒物质或者其他有害物质的。

　　〔842〕**法释〔2013〕15号：第三条**　实施刑法第三百三十八条、第三百三十九条规定的行为，具有下列情形之一的，应当认定为"后果特别严重"：（一）致使县级以上城区集中式饮用水水源取水中断十二个小时以上的；（二）致使基本农田、

防护林地、特种用途林地十五亩以上，其他农用地三十亩以上，其他土地六十亩以上基本功能丧失或者遭受永久性破坏的；（三）致使森林或者其他林木死亡一百五十立方米以上，或者幼树死亡七千五百株以上的；（四）致使公私财产损失一百万元以上的；（五）致使疏散、转移群众一万五千人以上的；（六）致使一百人以上中毒的；（七）致使十人以上轻伤、轻度残疾或者器官组织损伤导致一般功能障碍的；（八）致使三人以上重伤、中度残疾或者器官组织损伤导致严重功能障碍的；（九）致使一人以上重伤、中度残疾或者器官组织损伤导致严重功能障碍，并致使五人以上轻伤、轻度残疾或者器官组织损伤导致一般功能障碍的；（十）致使一人以上死亡或者重度残疾的；（十一）其他后果特别严重的情形。

第九条 本解释所称"公私财产损失"，包括污染环境行为直接造成财产损毁、减少的实际价值，以及为防止污染扩大、消除污染而采取必要合理措施所产生的费用。

〔843〕《立案标准（一）》：**第六十一条** 违反国家规定，将境外的固体废物进境倾倒、堆放、处置的，应予立案追诉。

〔844〕法释〔2006〕4号：**第一条** 具有下列情形之一的，属于刑法第三百三十八条、第三百三十九条和第四百零八条规定的"公私财产遭受重大损失"：（一）致使公私财产损失三十万元以上的；（二）致使基本农田、防护林地、特种用途林地五亩以上，其他农用地十亩以上，其他土地二十亩以上基本功能丧失或者遭受永久性破坏的；（三）致使森林或者其他林木死亡五十立方米以上，或者幼树死亡二千五百株以上的。

〔845〕法释〔2006〕4号：**第二条** 具有下列情形之一的，属于刑法

以上十年以下有期徒刑，并处罚金；后果特别严重的[846]，处十年以上有期徒刑，并处罚金。

【**擅自进口固体废物罪**】[847]未经国务院有关主管部门许可，擅自进口固体废物用作原料，造成重大环境污染事故，致使公私财产遭

第三百三十八条、第三百三十九条和第四百零八条规定的"人身伤亡的严重后果"或者"严重危害人体健康"：（一）致使一人以上死亡、三人以上重伤、十人以上轻伤，或者一人以上重伤并且五人以上轻伤的；（二）致使传染病发生、流行或者人员中毒达到《国家突发公共卫生事件应急预案》中突发公共卫生事件分级Ⅲ级情形，严重危害人体健康的；（三）其他致使"人身伤亡的严重后果"或者"严重危害人体健康"的情形。

[846]**法释〔2006〕4号：第三条**　具有下列情形之一的，属于刑法第三百三十八条、第三百三十九条规定的"后果特别严重"：（一）致使公私财产损失一百万元以上的；（二）致使水源污染、人员疏散转移达到《国家突发环境事件应急预案》中突发环境事件分级Ⅱ级以上情形的；（三）致使基本农田、防护林地、特种用途林地十五亩以上，其他农用地三十亩以上，其他土地六十亩以上基本功能丧失或者遭受永久性破坏的；（四）致使森林或者其他林木死亡一百五十立方米以上，或者幼树死亡七千五百株以上的；（五）致使三人以上死亡、十人以上重伤、三十人以上轻伤，或者三人以上重伤并十人以上轻伤的；（六）致使传染病发生、流行达到《国家突发公共卫生事件应急预案》中突发公共卫生事件分级Ⅱ级以上情形的；（七）其他后果特别严重的情形。**编者注**：通常按情节严重的3倍计算。

[847]**编者注**：本罪与前罪的区别在于，前罪的目的在于倾倒，而本罪的目的在于用作原料。

受重大损失或者严重危害人体健康的[848]，处五年以下有期徒刑或者拘役，并处罚金；后果特别严重的，处五年以上十年以下有期徒刑，并处罚金。

（刑四）【走私废物罪】[849]以原料利用为名，进口不能用作原料的固体废物、液态废物和气态废物的，依照本法第一百五十二条第二款（走私废物罪）、第三款（单位犯罪）的规定定罪处罚。

第三百四十条【非法捕捞水产品罪】 违反保护水产资源法规，在禁渔区、禁渔期或者使用禁用的工具、方法捕捞水产品，情节严重的[850]，处三年以下有期徒刑、拘役、管制或者罚金。

---

[848]《立案标准（一）》：**第六十二条** 涉嫌下列情形之一的，应予立案追诉：（一）致使公私财产损失三十万元以上的；（二）致使基本农田、防护林地、特种用途林地五亩以上，其他农用地十亩以上，其它土地二十亩以上基本功能丧失或者遭受永久性破坏的；（三）致使森林或者其他林木死亡五十立方米以上，或者幼树死亡二千五百株以上的；（四）致使一人以上死亡、三人以上重伤、十人以上轻伤，或者一人以上重伤并且五人以上轻伤的；（五）致使传染病发生、流行或者人员中毒达到《国家突发公共卫生事件应急预案》中突发公共卫生事件分级Ⅲ级以上情形，严重危害人体健康的；（六）其他致使公私财产遭受重大损失或者严重危害人体健康的情形。

[849]编者注：以原料利用为名，进口不能用作原料的固体废物的，依照本法第一百五十五条的规定定罪处罚。

[850]《立案标准（一）》：**第六十三条** 违反保护水产资源法规，在禁渔区、禁渔期或者使用禁用的工具、方法捕捞水产品，涉嫌下列情形之一的，应予立案追诉：（一）在内陆水域非法捕捞水产品五百公斤以上或者价值五千元以上的，或者在海洋水域

第三百四十一条〔851〕【非法猎捕、杀害珍贵、濒危野生动物罪；

非法捕捞水产品二千公斤以上或者价值二万元以上的；（二）非法捕捞有重要经济价值的水生动物苗种、怀卵亲体或者在水产种质资源保护区内捕捞水产品，在内陆水域五十公斤以上或者价值五百元以上，或者在海洋水域二百公斤以上或者价值二千元以上的；（三）在禁渔区内使用禁用的工具或者禁用的方法捕捞的；（四）在禁渔期内使用禁用的工具或者禁用的方法捕捞的；（五）在公海使用禁用渔具从事捕捞作业，造成严重影响的；（六）其他情节严重的情形。

〔851〕**《最高人民法院关于审理破坏野生动物资源刑事案件具体应用法律若干问题的解释》（法释〔2000〕37 号，2000 年 12 月 11 日）：第七条**　使用爆炸、投毒、设置电网等危险方法破坏野生动物资源，构成非法猎捕、杀害珍贵、濒危野生动物罪或者非法狩猎罪，同时构成刑法第一百一十四条或者第一百一十五条规定之罪的，依照处罚较重的规定定罪处罚。

第八条　实施刑法第三百四十一条规定的犯罪，又以暴力、威胁方法抗拒查处，构成其他犯罪的，依照数罪并罚的规定处罚。

第九条　伪造、变造、买卖国家机关颁发的野生动物允许进出口证明书、特许猎捕证、狩猎证、驯养繁殖许可证等公文、证件构成犯罪的，依照刑法第二百八十条第一款的规定以伪造、变造、买卖国家机关公文、证件罪定罪处罚。实施上述行为构成犯罪，同时构成刑法第二百二十五条第二项规定的非法经营罪的，依照处罚较重的规定定罪处罚。

第十条　非法猎捕、杀害、收购、运输、出售《濒危野生动植物种国际贸易公约》附录一、附录二所列的非原产于我国的野生动物"情节严重"、"情节特别严重"的认定标准，参照

非法收购、运输、出售珍贵、濒危野生动物、珍贵、濒危野生动物制品罪】 非法猎捕、杀害国家重点保护的珍贵、濒危野生动物[852]的[853]，或者非法收购[854]、运输[855]、出售[856]国家重

本解释第三条、第四条以及附表所列与其同属的国家一、二级保护野生动物的认定标准执行；没有与其同属的国家一、二级保护野生动物的，参照与其同科的国家一、二级保护野生动物的认定标准执行。

第十一条 珍贵、濒危野生动物制品的价值，依照国家野生动物保护主管部门的规定核定；核定价值低于实际交易价格的，以实际交易价格认定。

第十二条 单位犯刑法第三百四十一条规定之罪，定罪量刑标准依照本解释的有关规定执行。

[852]**法释〔2000〕37 号：第一条** "珍贵、濒危野生动物"，包括列入国家重点保护野生动物名录的国家一、二级保护野生动物、列入《濒危野生动植物种国际贸易公约》附录一、附录二的野生动物以及驯养繁殖的上述物种。

[853]**《立案标准（一）》：第六十四条** 非法猎捕、杀害国家重点保护的珍贵、濒危野生动物的，应予立案追诉。

[854]**法释〔2000〕37 号：第二条** "收购"，包括以营利、自用等为目的的购买行为；刑法第二百六十五条的盗窃罪"以牟利为目的"包括自用。

[855]**法释〔2000〕37 号：第二条** "运输"，包括采用携带、邮寄、利用他人、使用交通工具等方法进行运送的行为。

[856]**法释〔2000〕37 号：第二条** "出售"，包括出卖和以营利为目的的加工利用行为。这三个行为均采用了扩大解释。

点保护的珍贵、濒危野生动物及其制品的^[857]，处五年以下有期徒刑或者拘役，并处罚金；情节严重的^[858]，处五年以上十年以下有期徒刑，并处罚金；情节特别严重的^[859]，处十年以上有期

---

[857]《立案标准（一）》：**第六十五条** 非法收购、运输、出售国家重点保护的珍贵、濒危野生动物及其制品的，应予立案追诉。

[858]**法释〔2000〕37 号：第三条第一款** 非法猎捕、杀害、收购、运输、出售珍贵、濒危野生动物具有下列情形之一的，属于"情节严重"：（一）达到本解释附表所列相应数量标准的；（二）非法猎捕、杀害、收购、运输、出售不同种类的珍贵、濒危野生动物，其中两种以上分别达到附表所列"情节严重"数量标准一半以上的。

　　第四条 非法猎捕、杀害、收购、运输、出售珍贵、濒危野生动物构成犯罪，并具有下列情形之一的，可以认定为"情节严重"：（一）犯罪集团的首要分子；（二）严重影响对野生动物的科研、养殖等工作顺利进行的；（三）以武装掩护方法实施犯罪的；（四）使用特种车、军用车等交通工具实施犯罪的；（五）造成其他重大损失的。

　　第五条 非法收购、运输、出售珍贵、濒危野生动物制品具有下列情形之一的，属于"情节严重"：（一）价值在十万元以上的；（二）非法获利五万元以上的；（三）具有其他严重情节的。

[859]**法释〔2000〕37 号：第三条第二款** 非法猎捕、杀害、收购、运输、出售珍贵、濒危野生动物具有下列情形之一的，属于"情节特别严重"：（一）达到本解释附表所列相应数量标准的；（二）非法猎捕、杀害、收购、运输、出售不同种类的珍贵、濒危野生动物，其中两种以上分别达到附表所列"情节

徒刑，并处罚金或者没收财产。

【非法狩猎罪】违反狩猎法规，在禁猎区、禁猎期或者使用禁用的工具、方法进行狩猎，破坏野生动物资源，情节严重的[860]，处三年以下有期徒刑、拘役、管制或者罚金。

第三百四十二条[861]（刑二）【非法占用农用地罪】违反土地

特别严重"数量标准一半以上的。

　　第四条　非法猎捕、杀害、收购、运输、出售珍贵、濒危野生动物符合本解释第三条第一款的规定，并具有下列情形之一的，可以认定为"情节特别严重"：（一）犯罪集团的首要分子；（二）严重影响对野生动物的科研、养殖等工作顺利进行的；（三）以武装掩护方法实施犯罪的；（四）使用特种车、军用车等交通工具实施犯罪的；（五）造成其他重大损失的。

　　第五条第二款　非法收购、运输、出售珍贵、濒危野生动物制品具有下列情形之一的，属于"情节特别严重"：（一）价值在二十万元以上的；（二）非法获利十万元以上的；（三）具有其他特别严重情节的。

[860]**法释〔2000〕37 号：第六条**　违反狩猎法规，在禁猎区、禁猎期或者使用禁用的工具、方法狩猎，具有下列情形之一的，属于非法狩猎"情节严重"：（一）非法狩猎野生动物二十只以上的；（二）违反狩猎法规，在禁猎区或者禁猎期使用禁用的工具、方法狩猎的；（三）具有其他严重情节的。

[861]**2001 年 8 月 31 日第九届全国人大常委第 23 次会议通过《刑法修正案（二）》以及相关立法解释。**原条文为：违反土地管理法规，非法占用耕地改作他用，数量较大，造成耕地大量毁坏的，处五年以下有期徒刑或者拘役，并处或者单处罚金。

管理法规[862]，非法占用耕地、林地等农用地，改变被占有土地

《最高人民法院关于审理破坏林地资源刑事案件具体应用法律若干问题的解释》（法释〔2005〕15 号，2005 年 12 月 30 日）；2.《最高人民法院关于审理破坏草原资源刑事案件应用法律若干问题的解释》（法释〔2012〕15 号，2012 年 11 月 22 日）：**第四条** 以暴力、威胁方法阻碍草原监督检查人员依法执行职务，构成犯罪的，依照刑法第二百七十七条的规定，以妨害公务罪追究刑事责任。

煽动群众暴力抗拒草原法律、行政法规实施，构成犯罪的，依照刑法第二百七十八条的规定，以煽动暴力抗拒法律实施罪追究刑事责任。

第五条 单位实施刑法第三百四十二条规定的行为，对单位判处罚金，并对其直接负责的主管人员和其他直接责任人员，依照本解释规定的定罪量刑标准定罪处罚。

第六条 多次实施破坏草原资源的违法犯罪行为，未经处理，应当依法追究刑事责任的，按照累计的数量、数额定罪处罚。

第七条 本解释所称"草原"，是指天然草原和人工草地，天然草原包括草地、草山和草坡，人工草地包括改良草地和退耕还草地，不包括城镇草地。

[862]《全国人大常委会关于〈中华人民共和国刑法〉第二百二十八条、第三百四十二条、第四百一十条的解释》（2000 年 8 月 31 日）：刑法第二百二十八条、第三百四十二条、第四百一十条规定的"违反土地管理法规"，是指违反土地管理法、森林法、草原法等法律以及有关行政法规中关于土地的规定。

用途，数量较大[863]，造成耕地[864]、林地[865]等农用地大量毁坏的[866]，处五年以下有期徒刑或者拘役，并处或者单处罚金。

---

[863]**《立案标准（一）》：第六十七条**　涉嫌下列情形之一的，应予立案追诉：（一）非法占用基本农田五亩以上或者基本农田以外的耕地十亩以上的；（二）非法占用防护林地或者特种用途林地数量单种或者合计五亩以上的；（三）非法占用其他林地十亩以上的；（四）非法占用本款第（二）项、第（三）项规定的林地，其中一项数量达到相应规定的数量标准的百分之五十以上，且两项数量合计达到该项规定的数量标准的；（五）非法占用其他农用地数量较大的情形。

[864]**《立案标准（一）》：第六十七条**　违反土地管理法规，非法占用耕地建窑、建坟、建房、挖沙、采石、采矿、取土、堆放固体废弃物或者进行其他非农业建设，造成耕地种植条件严重毁坏或者严重污染，被毁坏耕地数量达到以上规定的，属于本条规定的"造成耕地大量毁坏"。

[865]**《立案标准（一）》：第六十七条**　违反土地管理法规，非法占用林地，改变被占用林地用途，在非法占用的林地上实施建窑、建坟、建房、挖沙、采石、采矿、取土、种植农作物、堆放或者排泄废弃物等行为或者进行其他非林业生产、建设，造成林地的原有植被或者林业种植条件严重毁坏或者严重污染，被毁坏林地数量达到以上规定的，属于本条规定的"造成林地大量毁坏"。

[866]**法释〔2012〕15号：第一条**　违反草原法等土地管理法规，非法占用草原，改变被占用草原用途，数量较大，造成草原大量毁坏的，依照刑法第三百四十二条的规定，以非法占用农用地罪定罪处罚。

　　第三百四十三条〔867〕（刑八）【非法采矿罪】违反矿产资源法的规定，未取得采矿许可证擅自采矿〔868〕，擅自进入国家规划矿

　　第二条　非法占用草原，改变被占用草原用途，数量在二十亩以上的，或者曾因非法占用草原受过行政处罚，在三年内又非法占用草原，改变被占用草原用途，数量在十亩以上的，应当认定为刑法第三百四十二条规定的"数量较大"。非法占用草原，改变被占用草原用途，数量较大，具有下列情形之一的，应当认定为刑法第三百四十二条规定的"造成耕地、林地等农用地大量毁坏"：（一）开垦草原种植粮食作物、经济作物、林木的；（二）在草原上建窑、建房、修路、挖砂、采石、采矿、取土、剥取草皮的；（三）在草原上堆放或者排放废弃物，造成草原的原有植被严重毁坏或者严重污染的；（四）违反草原保护、建设、利用规划种植牧草和饲料作物，造成草原沙化或者水土严重流失的；（五）其他造成草原严重毁坏的情形。

〔867〕**《最高人民法院关于审理非法采矿、破坏性采矿刑事案件具体应用法律若干问题的解释》（法释〔2003〕9号，2003年6月3日）**原条文第三百四十三条【非法采矿罪；破坏性采矿罪】违反矿产资源法的规定，未取得采矿许可证擅自采矿的，擅自进入国家规划矿区、对国民经济具有重要价值的矿区和他人矿区范围采矿的，擅自开采国家规定实行保护性开采的特定矿种，经责令停止开采后拒不停止开采，造成矿产资源破坏的，处三年以下有期徒刑、拘役或者管制，并处或者单处罚金；造成矿产资源严重破坏的，处三年以上七年以下有期徒刑，并处罚金。

〔868〕**《立案标准（一）》：第六十八条第二款**　具有下列情形之一的，属于本条规定的"未取得采矿许可证擅自采矿"：（一）无采矿许可证开采矿产资源的；（二）采矿许可证被注销、吊销后继续开采矿产资源的；（三）超越采矿许可证规定的矿区范围开采矿产资源的；（四）未按采矿许可证规定的矿种开

区、对国民经济具有重要价值的矿区和他人矿区范围采矿，或者擅自开采国家规定实行保护性开采的特定矿种，情节严重的[869]，处三年以下有期徒刑、拘役或者管制，并处或者单处罚金；情节特别严重的，处三年以上七年以下有期徒刑，并处罚金。

采矿产资源的（共生、伴生矿种除外）；（五）其他未取得采矿许可证开采矿产资源的情形。**编者注：**上述立案标准参见法释〔2003〕9 号第二条。

《立案标准（一）》：第六十八条第三款　在采矿许可证被依法暂扣期间擅自开采的，视为本条规定的"未取得采矿许可证擅自采矿"。

《最高人民法院、最高人民检察院关于办理危害矿山生产安全刑事案件具体应用法律若干问题的解释》（法释〔2007〕5 号，2007 年 3 月 1 日）第八条　在采矿许可证被依法暂扣期间擅自开采的，视为刑法第三百四十三条第一款规定的"未取得采矿许可证擅自采矿"。违反矿产资源法的规定，非法采矿或者采取破坏性的开采方法开采矿产资源，造成重大伤亡事故或者其他严重后果，同时构成刑法第三百四十三条规定的犯罪和刑法第一百三十四条或者第一百三十五条规定的犯罪的，依照数罪并罚的规定处罚。

[869]《立案标准（一）》：第六十八条第一款　违反矿产资源法的规定，未取得采矿许可证擅自采矿的，或者擅自进入国家规划矿区、对国民经济具有重要价值的矿区和他人矿区范围采矿的，或者擅自开采国家规定实行保护性开采的特定矿种，经责令停止开采后拒不停止开采，造成矿产资源破坏的价值数额在五万至十万元以上的，应予立案追诉。

《立案标准（一）》：第六十八条第三款　造成矿产资源破坏的价值数额，由省级以上地质矿产主管部门出具鉴定结论，经查证属实后予以认定。

【破坏性采矿罪】违反矿产资源法的规定，采取破坏性的开采方法开采矿产资源[870]，造成矿产资源严重破坏的[871]，处五年以下有期徒刑或者拘役，并处罚金。

第三百四十四条[872]（刑四）**【非法采伐、毁坏国家重点保护植物罪；非法收购、运输、加工、出售国家重点保护植物、国家重点保护植物制品罪】**违反国家规定，非法采伐、毁坏珍贵树木[873]或者家重点保护的其他植物的[874]，或者非法收购、运

---

[870]《立案标准（一）》：第六十九第二款　本条规定的"采取破坏性的开采方法开采矿产资源"，是指行为人违反地质矿产主管部门审查批准的矿产资源开发利用方案开采矿产资源，并造成矿产资源严重破坏的行为。破坏性的开采方法以及造成矿产资源严重破坏的价值数额，由省级以上地质矿产主管部门出具鉴定结论，经查证属实后予以认定。**编者注**：这一部分的认定参考了《矿产资源法》第二十九条和《矿产资源开采登记管理办法》第五条。

[871]《立案标准（一）》：第六十九条第一款　违反矿产资源法的规定，采取破坏性的开采方法开采矿产资源，造成矿产资源严重破坏，价值数额在三十万至五十万元以上的，应予立案追诉。

[872]**编者注**：违反森林法的规定，非法采伐、毁坏珍贵树木的，处三年以下有期徒刑、拘役或者管制，并处罚金；情节严重的，处三年以上七年以下有期徒刑，并处罚金。

[873]**法释〔2000〕36号**：第一条　刑法第三百四十四条规定的"珍贵树木"，包括由省级以上林业主管部门或者其他部门确定的具有重大历史纪念意义、科学研究价值或者年代久远的古树名木，国家禁止、限制出口的珍贵树木以及列入国家重点保护野生植物名录的树木。

输、加工、出售珍贵树木或者国家重点保护的其他植物及其制品的[875]，处三年以下有期徒刑、拘役或者管制，并处罚金；情节严重的[876]，处三年以上七年以下有期徒刑，并处罚金。

第三百四十五条[877]（刑四）**【盗伐林木罪】** 盗伐[878]森林

编者注：井冈山上的树木就是作为具有重大历史纪念意义的树木对待的，所以当地森林资源保护非常好。

[874]**编者注**：这一修正，将保护的范围扩大到国家重点保护的草本植物及其制品，因为这些植物的价值并不低于珍贵树木。其次，犯罪行为扩大到非法收购、运输、加工、出售。因为正是这些行为直接刺激了采伐和毁坏，如果不对这些行为加大打击力度，就无法遏制非法采伐和毁坏行为。

《立案标准（一）》：**第七十条** 违反国家规定，非法采伐、毁坏珍贵树木或者国家重点保护的其他植物的，应予立案追诉。

[875]《立案标准（一）》：**第七十一条** 违反国家规定，非法收购、运输、加工、出售珍贵树木或者国家重点保护的其他植物及其制品的，应予立案追诉。

[876]**法释〔2000〕36号：第二条** 具有下列情形之一的，属于非法采伐、毁坏珍贵树木行为"情节严重"：（一）非法采伐珍贵树木二株以上或者毁坏珍贵树木致使珍贵树木死亡三株以上的；（二）非法采伐珍贵树木二立方米以上的；（三）为首组织、策划、指挥非法采伐或者毁坏珍贵树木的；（四）其他情节严重的情形。

[877]《刑法修正案（四）》之前条文：盗伐森林或者其他林木，数量较大的，处三年以下有期徒刑、拘役或者管制，并处或者单处罚金；数量巨大的，处三年以上七年以下有期徒刑，并处罚金；数量特别巨大的，处七年以上有期徒刑，并处罚金。

或者其他林木，数量较大的[879]，处三年以下有期徒刑、拘役或者

> 违反森林法的规定，滥伐森林或者其他林木，数量较大的，处三年以下有期徒刑、拘役或者管制，并处或者单处罚金；数量巨大的，处三年以上七年以下有期徒刑，并处罚金。
>
> 以牟利为目的，在林区非法收购明知是盗伐、滥伐的林木，情节严重的，处三年以下有期徒刑、拘役或者管制，并处或者单处罚金；情节特别严重的，处三年以上七年以下有期徒刑，并处罚金。
>
> 盗伐、滥伐国家级自然保护区内的森林或者其他林木的，从重处罚。
>
> [878]**法释〔2000〕36 号：第三条**　以非法占有为目的，具有下列情形之一，数量较大的，依照刑法第三百四十五条第一款的规定，以盗伐林木罪定罪处罚：（一）擅自砍伐国家、集体、他人所有或者他人承包经营管理的森林或者其他林木的；（二）擅自砍伐本单位或者本人承包经营管理的森林或者其他林木的；（三）在林木采伐许可证规定的地点以外采伐国家、集体、他人所有或者他人承包经营管理的森林或者其他林木的。
>
> **第九条**　将国家、集体或者他人所有并且已经伐倒的树木窃为己有的，以及偷砍他人房前屋后、自留地种植的零星树木数额较大或者多次偷砍的，以盗窃罪论处。**编者注**：只盗不伐只定盗窃罪，又盗又伐定盗伐罪。
>
> **第十五条**　非法实施采种、采脂、挖笋、掘根、剥树皮等行为，牟取经济利益数额较大的，以盗窃罪论处。同时构成其他犯罪的，从一重罪处罚。
>
> [879]**《立案标准（一）》：第七十二条**　盗伐森林或者其他林木，涉嫌下列情形之一的，应予立案追诉：（一）盗伐二至五立方米以上的；（二）盗伐幼树一百至二百株以上的。林木数

管制，并处或者单处罚金；数量巨大的，处三年以上七年以下有期徒刑，并处罚金；数量特别巨大的，处七年以上有期徒刑，并处罚金。

【**滥伐林木罪**】[880]违反森林法的规定，滥伐[881]森林或者其他

量以立木蓄积计算，计算方法为：原木材积除以该树种的出材率；"幼树"，是指胸径五厘米以下的树木。

[880]**编者注**：滥伐林木罪和盗伐林木罪侵犯的法益不完全相同。滥伐林木罪破坏了林业资源保护，而盗伐林木罪不仅破坏了林业资源保护，而且侵犯了财产权。因此两者的构成要件存在区别。1. 犯罪对象不完全相同：滥伐林木罪可能包括自己所有的林木，而盗伐林木罪不包括自己所有的林木。2. 行为方式不同，滥伐林木罪是不按要求任意砍伐的行为，而盗伐林木罪是盗伐行为。3. 主观故意内容不完全相同，滥伐林木罪不要求有非法所有的目的，而盗伐林木罪具有不法所有的目的。

[881]**法释〔2000〕36号：第五条** 违反森林法的规定，具有下列情形之一，数量较大的，依照刑法第三百四十五条第二款的规定，以滥伐林木罪定罪处罚：（一）未经林业行政主管部门及法律规定的其他主管部门批准并核发林木采伐许可证，或者虽持有林木采伐许可证，但违反林木采伐许可证规定的时间、数量、树种或者方式，任意采伐本单位所有或者本人所有的森林或者其他林木的（本人所有的森林可以成为滥伐罪的对象，但不可以成为盗伐罪的对象）；（二）超过林木采伐许可证规定的数量采伐他人所有的森林或者其他林木的。**编者注**：如果是在采伐许可证规定的地点实施了超量的采伐行为，定滥伐森林罪，但如果在许可证规定的地点以外，采伐他人所有的林木，则定盗伐行为。林木权属争议一方在林木权属

林木，数量较大的[882]，处三年以下有期徒刑、拘役或者管制，并处或者单处罚金；数量巨大的，处三年以上七年以下有期徒刑，

确权之前，擅自砍伐森林或者其他林木，数量较大的，以滥伐林木罪论处。滥伐林木的数量，应在伐区调查设计允许的误差额以上计算。

[882] **《立案标准（一）》：第七十三条**〔滥伐林木案（刑法第三百四十五条第二款）〕违反森林法的规定，滥伐森林或者其他林木，涉嫌下列情形之一的，应予立案追诉：（一）滥伐十至二十立方米以上的；（二）滥伐幼树五百至一千株以上的。

违反森林法的规定，具有下列情形之一的，属于本条规定的"滥伐森林或者其他林木"：（一）未经林业行政主管部门及法律规定的其他主管部门批准并核发林木采伐许可证，或者虽持有林木采伐许可证，但违反林木采伐许可证规定的时间、数量、树种或者方式，任意采伐本单位所有或者本人所有的森林或者其他林木的；（二）超过林木采伐许可证规定的数量采伐他人所有的森林或者其他林木的。

违反森林法的规定，在林木采伐许可证规定的地点以外，采伐本单位或者本人所有的森林或者其他林木的，除农村居民采伐自留地和房前屋后个人所有的零星林木以外，属于本条第二款第（一）项"未经林业行政主管部门及法律规定的其他主管部门批准并核发林木采伐许可证"规定的情形。

林木权属争议一方在林木权属确权之前，擅自砍伐森林或者其他林木的，属于本条规定的"滥伐森林或者其他林木"。滥伐林木的数量，应在伐区调查设计允许的误差额以上计算。

并处罚金。[883]

【非法收购、运输盗伐、滥伐的林木罪】非法收购、运输明知[884]是盗伐、滥伐的林木，情节严重的[885]，处三年以下有期

---

[883]**法释〔2000〕36号：第六条**　滥伐林木"数量较大"，以十至二十立方米或者幼树五百至一千株为起点（**编者注**：依《立案标准（一）第七十三条》，此时应予立案追诉）；滥伐林木"数量巨大"，以五十至一百立方米或者幼树二千五百至五千株为起点。

　　第七条　对于一年内多次盗伐、滥伐少量林木未经处罚的，累计其盗伐、滥伐林木的数量，构成犯罪的，依法追究刑事责任。

[884]**编者注**：本条修改取消"以牟利为目的，在林区"的规定，而增加了"非法收购、运输明知是盗伐、滥伐"这一要件。

　　法释〔2000〕36号：第十条　刑法第三百四十五条规定的"非法收购明知是盗伐、滥伐的林木"中的"明知"，是指知道或者应当知道。具有下列情形之一的，可以视为应当知道，但是有证据证明确属被蒙骗的除外：（一）在非法的木材交易场所或者销售单位收购木材的；（二）收购以明显低于市场价格出售的木材的；（三）收购违反规定出售的木材的。

[885]**法释〔2000〕36号：第十一条**　具有下列情形之一的，属于在林区非法收购盗伐、滥伐的林木"情节严重"：（一）非法收购盗伐、滥伐的林木二十立方米以上或者幼树一千株以上的（**编者注**：依《立案标准（一）》：第七十四条　此时应予立案追诉）；（二）非法收购盗伐、滥伐的珍贵树木二立方米以上或者五株以上的；（三）其他情节严重的情形。

　　第十七条　本解释规定的林木数量以立木蓄积计算，计算方法为：原木材积除以该树种的出材率。本解释所称"幼树"，

徒刑、拘役或者管制，并处或者单处罚金；情节特别严重的[886]，处三年以上七年以下有期徒刑，并处罚金。

盗伐、滥伐国家级自然保护区内的森林或者其他林木的，从重处罚。

第三百四十六条【单位犯破坏环境资源保护罪的处罚规定】单位犯本节第三百三十八条至第三百四十五条规定之罪的，对单位判处罚金，并对其直接负责的主管人员和其他直接责任人员，依照本节各该条的规定处罚。

第七节　走私、贩卖、运输、制造毒品罪[887]

　　第三百四十七条【走私、贩卖、运输、制造毒品罪】走

是指胸径五厘米以下的树木。滥伐林木的数量，应在伐区调查设计允许的误差额以上计算。

[886]**法释〔2000〕36号：第十一条第二款**　具有下列情形之一的，属于在林区非法收购盗伐、滥伐的林木"情节特别严重"：（一）非法收购盗伐、滥伐的林木一百立方米以上或者幼树五千株以上的；（二）非法收购盗伐、滥伐的珍贵树木五立方米以上或者十株以上的；（三）其他情节特别严重的情形。

[887]**1.**《中华人民共和国禁毒法》（2008年6月1日）；**2.**《最高人民法院关于审理毒品案件定罪量刑有关问题的解释》（法释〔2000〕13号，2000年6月10日）；**3.**《最高人民法院、最高人民检察院、公安部办理毒品犯罪案件适用法律若干问题的意见》（公通字〔2007〕84号，2007年12月26日）；**4.**《全国部分法院审理毒品犯罪案件工作座谈会纪要》（法〔2008〕324号，2008年12月8日）；**5.**《最高人民法院、

私[888]、贩卖[889]、运输[890]、制造[891]毒品，无论数量多

最高人民检察院、公安部关于办理制毒物品犯罪案件适用法律若干问题的意见》（公通字〔2009〕33 号，2009 年 6 月 23日）；6.《最高人民检察院、公安部关于公安机关管辖的刑事案件立案追诉标准的规定（三）》（公通字〔2012〕26 号，2012 年 5 月 16 日）（以下简称《立案标准（三）》）；7.《最高人民法院、最高人民检察院、公安部关于办理走私、非法买卖麻黄碱类复方制剂等刑事案件适用法律若干问题的意见》（法发〔2012〕12 号，2012 年 6 月 18 日）；8. 最高人民法院发布毒品犯罪典型案例（2012 年 2 月 14 日）。

[888]《立案标准（三）》：**第一条** 本条规定的"走私"是指明知是毒品而非法将其运输、携带、寄递进出国（边）境的行为。走私、贩卖、运输毒品主观故意中的"明知"，是指行为人知道或者应当知道所实施的是走私、贩卖、运输毒品行为。具有下列情形之一，结合行为人的供述和其他证据综合审查判断，可以认定其"应当知道"，但有证据证明确属被蒙骗的除外：（一）执法人员在口岸、机场、车站、港口、邮局和其他检查站点检查时，要求行为人申报携带、运输、寄递的物品和其他疑似毒品物，并告知其法律责任，而行为人未如实申报，在其携带、运输、寄递的物品中查获毒品的；（二）以伪报、藏匿、伪装等蒙蔽手段逃避海关、边防等检查，在其携带、运输、寄递的物品中查获毒品的；（三）执法人员检查时，有逃跑、丢弃携带物品或者逃避、抗拒检查等行为，在其携带、藏匿或者丢弃的物品中查获毒品的；（四）体内或者贴身隐秘处藏匿毒品的；（五）为获取不同寻常的高额或者不等值的报

酬为他人携带、运输、寄递、收取物品,从中查获毒品的;(六)采用高度隐蔽的方式携带、运输物品,从中查获毒品的;(七)采用高度隐蔽的方式交接物品,明显违背合法物品惯常交接方式,从中查获毒品的;(八)行程路线故意绕开检查站点,在其携带、运输的物品中查获毒品的;(九)以虚假身份、地址或者其他虚假方式办理托运、寄递手续,在托运、寄递的物品中查获毒品的;(十)有其他证据足以证明行为人应当知道的。**编者注**:本立案标准进一步完善了公通字〔2007〕84号司法解释中关于"明知"的规定,故后者不再赘述。

走私、贩卖、运输、制造毒品罪是选择性罪名,对同一宗毒品实施了两种以上犯罪行为,并有相应确凿证据的,应当按照所实施的犯罪行为的性质并列适用罪名,毒品数量不重复计算。对同一宗毒品可能实施了两种以上犯罪行为,但相应证据只能认定其中一种或者几种行为,认定其他行为的证据不够确实充分的,只按照依法能够认定的行为的性质适用罪名。对不同宗毒品分别实施了不同种犯罪行为的,应对不同行为并列适用罪名,累计计算毒品数量。直接向走私人非法收购走私进口的毒品,或者在内海、领海、界河、界湖运输、收购、贩卖毒品的,以走私毒品罪立案追诉。

编者注:西方国家的刑法理论一般区分输入毒品和输出毒品,因为前者直接危害本国国民的身心健康,所以较之后者危害更大。如日本、韩国将输入行为和输出行为分别独立成罪,或者将输出行为纳入到运输、持有毒品罪中,且前者的法定刑明显重于后者。我国法律虽未作此区分,但在量刑时有必要加以区分。

〔889〕**《立案标准(三)》:第一条** 本条规定的"贩卖"是指明知是毒品而非法销售或者以贩卖为目的而非法收买的行为。有证据证明行为人以牟利为目的,为他人代购仅用于吸食、注

射的毒品，对代购者以贩卖毒品罪立案追诉。不以牟利为目的，为他人代购仅用于吸食、注射的毒品，毒品数量达到本规定第二条规定的数量标准的，对托购者和代购者以非法持有毒品罪立案追诉。明知他人实施毒品犯罪而为其居间介绍、代购代卖的，无论是否牟利，都应以相关毒品犯罪的共犯立案追诉。

〔890〕《立案标准（三）》：**第一条** 本条规定的"运输"是指明知是毒品而采用携带、寄递、托运、利用他人或者使用交通工具等方法非法运送毒品的行为。**编者注：运输只限于在国内运输，境内外运输定走私毒品罪。**

〔891〕《立案标准（三）》：**第一条** 本条规定的"制造"是指非法利用毒品原植物直接提炼或者用化学方法加工、配制毒品，或者以改变毒品成分和效用为目的，用混合等物理方法加工、配制毒品的行为。为了便于隐蔽运输、销售、使用、欺骗购买者，或者为了增重，对毒品掺杂使假，添加或者去除其他非毒品物质，不属于制造毒品的行为。为了制造毒品而采用生产、加工、提炼等方法非法制造易制毒化学品的，以制造毒品罪（预备）立案追诉。购进制造毒品的设备和原材料，开始着手制造毒品，尚未制造出毒品或者半成品的，以制造毒品罪（未遂）立案追诉。明知他人制造毒品而为其生产、加工、提炼、提供醋酸酐、乙醚、三氯甲烷等制毒物品的，以制造毒品罪的共犯立案追诉。

制造毒品主观故意中的"明知"，是指行为人知道或者应当知道所实施的是制造毒品行为。有下列情形之一，结合行为人的供述和其他证据综合审查判断，可以认定其"应当知道"，但有证据证明确属被蒙骗的除外：（一）购置了专门用于制造毒品的设备、工具、制毒物品或者配制方案的；（二）为获取不同寻常的高额或者不等值的报酬为他人制造物品，经检验是毒品的；（三）在偏远、隐蔽场所制造，或者采取对制造设备少[892]，都应当追究刑事责任，予以刑事处罚。

　　走私、贩卖、运输、制造毒品，有下列情形之一的，处十五年有期徒刑[893]、无期徒刑或者死刑[894]，并处没收财产[895]：

进行伪装等方式制造物品，经检验是毒品的；（四）制造人员在执法人员检查时，有逃跑、抗拒检查等行为，在现场查获制造出的物品，经检验是毒品的；（五）有其他证据足以证明行为人应当知道的。

[892]《立案标准（三）》：**第一条**　走私、贩卖、运输、制造毒品，无论数量多少，都应予立案追诉。有证据证明行为人以牟利为目的，为他人代购仅用于吸食、注射的毒品，对代购者以贩卖毒品罪立案追诉。不以牟利为目的，为他人代购仅用于吸食、注射的毒品，毒品数量达到本规定第二条规定的数量标准的，对托购者和代购者以非法持有毒品罪立案追诉。明知他人实施毒品犯罪而为其居间介绍、代购代卖的，无论是否牟利，都应以相关毒品犯罪的共犯立案追诉。
　　《量刑指导意见（试行）》：（十五）走私、贩卖、运输、制造毒品罪 4.有下列情节之一的，可以减少基准刑的30%以下：（1）受雇运输毒品的；（2）毒品含量明显偏低的；（3）存在数量引诱情形的。

[893]《量刑指导意见（试行）》：（十五）走私、贩卖、运输、制造毒品罪 1.（1）走私、贩卖、运输、制造鸦片一千克，海洛因、甲基苯丙胺五十克或者其它毒品数量达到数量大起点的，量刑起点为十五年有期徒刑。依法应当判处无期徒刑以上刑罚的除外。2.在量刑起点的基础上，可以根据毒品犯罪次数、人次、毒品数量等其他影响犯罪构成的犯罪事实增加刑罚量，确定基准刑。

〔**894**〕**法〔2008〕324号：** 二、毒品犯罪的死刑适用问题　审理毒品犯罪案件，应当切实贯彻宽严相济的刑事政策，突出毒品犯罪的打击重点。必须依法严惩毒枭、职业毒犯、再犯、累犯、惯犯、主犯等主观恶性深、人身危险性大、危害严重的毒品犯罪分子，以及具有将毒品走私入境、多次、大量或者向多人贩卖，诱使多人吸毒，武装掩护、暴力抗拒检查、拘留或者逮捕，或者参与有组织的国际贩毒活动等情节的毒品犯罪分子。对其中罪行极其严重依法应当判处死刑的，必须坚决依法判处死刑。

毒品数量是毒品犯罪案件量刑的重要情节，但不是唯一情节。对被告人量刑时，特别是在考虑是否适用死刑时，应当综合考虑毒品数量、犯罪情节、危害后果、被告人的主观恶性、人身危险性以及当地禁毒形势等各种因素，做到区别对待。近期，审理毒品犯罪案件掌握的死刑数量标准，应当结合本地毒品犯罪的实际情况和依法惩治、预防毒品犯罪的需要，并参照最高人民法院复核的毒品死刑案件的典型案例，恰当把握。量刑既不能只片面考虑毒品数量，不考虑犯罪的其他情节，也不能只片面考虑其他情节，而忽视毒品数量。

对虽然已达到实际掌握的判处死刑的毒品数量标准，但是具有法定、酌定从宽处罚情节的被告人，可以不判处死刑；反之，对毒品数量接近实际掌握的判处死刑的数量标准，但具有从重处罚情节的被告人，也可以判处死刑。毒品数量达到实际掌握的死刑数量标准，既有从重处罚情节，又有从宽处罚情节的，应当综合考虑各方面因素决定刑罚，判处死刑立即执行应当慎重。

具有下列情形之一的，可以判处被告人死刑：（1）具有毒品犯罪集团首要分子、武装掩护毒品犯罪、暴力抗拒检查、拘留或者逮捕、参与有组织的国际贩毒活动等严重情节的；（2）毒品数量达到实际掌握的死刑数量标准，并具有毒品再犯、累犯，利用、教唆未成年人走私、贩卖、运输、制造毒品，或者向未成年人出售毒品等法定从重处罚情节的；（3）毒品数量达到实际掌握的死刑数量标准，并具有多次走私、贩卖、运输、制造毒品，向多人贩毒，在毒品犯罪中诱使、容留多人吸毒，在戒毒监管场所贩毒，国家工作人员利用职务便利实施毒品犯罪，或者职业犯、惯犯、主犯等情节的；（4）毒品数量达到实际掌握的死刑数量标准，并具有其他从重处罚情节的；（5）毒品数量超过实际掌握的死刑数量标准，且没有法定、酌定从轻处罚情节的。毒品数量达到实际掌握的死刑数量标准，具有下列情形之一的，可以不判处被告人死刑立即执行：（1）具有自首、立功等法定从宽处罚情节的；（2）已查获的毒品数量未达到实际掌握的死刑数量标准，到案后坦白尚未被司法机关掌握的其他毒品犯罪，累计数量超过实际掌握的死刑数量标准的；（3）经鉴定毒品含量极低，掺假之后的数量才达到实际掌握的死刑数量标准的，或者有证据表明可能大量掺假但因故不能鉴定的；（4）因特情引诱毒品数量才达到实际掌握的死刑数量标准的；（5）以贩养吸的被告人，被查获的毒品数量刚达到实际掌握的死刑数量标准的；（6）毒品数量刚达到实际掌握的死刑数量标准，确属初次犯罪即被查获，未造成严重危害后果的；（7）共同犯罪毒品数量刚达到实际掌握的死刑数量标准，但各共同犯罪人作用相当，或者责任大小难以区分的；（8）家庭成员共同实施毒品犯罪，其中起主要作用的被告人已被判处死刑立即执行，其他被告人罪行相对较轻的；（9）其他不是必须判处死刑立即执行的。

有些毒品犯罪案件，往往由于毒品、毒资等证据已不存在，导致审查证据和认定事实困难。在处理这类案件时，只

（一）走私、贩卖、运输、制造鸦片一千克[896]以上、海洛因或者甲基苯丙胺五十克以上或者其他毒品数量大的[897]；

（二）走私、贩卖、运输、制造毒品集团的首要分子；

（三）武装掩护走私、贩卖、运输、制造毒品的；

（四）以暴力抗拒检查、拘留、逮捕，情节严重的；.

（五）参与有组织的国际贩毒活动的。

走私、贩卖、运输、制造鸦片二百克以上不满一千克、海洛因或者甲基苯丙胺十克以上不满五十克[898]或者其他毒品数量较大

有被告人的口供与同案其他被告人供述吻合，并且完全排除诱供、逼供、串供等情形，被告人的口供与同案被告人的供述才可以作为定案的证据。仅有被告人口供与同案被告人供述作为定案证据的，对被告人判处死刑立即执行要特别慎重。

[895]**编者注**：1979年刑法只规定了可以判处财产刑，而《禁毒决定》（1990年）规定并处没收财产，以便从经济上加大打击力度。

[896]**编者注**：1979年刑法此处用的是"大量"一词，而该词是一个模糊词语，不利于统一执法标准。

[897]**公通字**〔**2007**〕**84号**：三、关于办理氯胺酮等毒品案件定罪量刑标准问题：（一）走私、贩卖、运输、制造、非法持有下列毒品，应当认定为刑法第三百四十七条第二款第（一）项、第三百四十八条规定的"其他毒品数量大"：1. 二亚甲基双氧安非他明（MDMA）等苯丙胺类毒品（甲基苯丙胺除外）100克以上；2. 氯胺酮、美沙酮1千克以上；3. 三唑仑、安眠酮50千克以上；4. 氯氮卓、艾司唑仑、地西泮、溴西泮500千克以上；5. 上述毒品以外的其他毒品数量大的。

[898]**法释**〔**2000**〕**13号**：（一）苯丙胺类毒品（甲基苯丙胺除外）二十克以上不满一百克；（二）大麻油一千克以上不满

的[899]，处七年以上有期徒刑[900]，并处罚金。

　　走私、贩卖、运输、制造鸦片不满二百克、海洛因或者甲基苯丙胺不满十克或者其他少量毒品的[901]，处三年以下有期徒刑、拘役

五千克，大麻脂二千克以上不满十千克，大麻叶及大麻烟三十千克以上不满一百五十千克；（三）可卡因十克以上不满五十克；（四）吗啡二十克以上不满一百克；（五）度冷丁（杜冷丁）五十克以上不满二百五十克（针剂 10mg/支规格的五百支以上不满二千五百支，50mg/支规格的一千支以上不满五千支；片剂 25mg/片规格的二千片以上不满一万片，50mg/片规格的一千片以上不满五千片）；（六）盐酸二氢埃托啡二毫克以上不满十毫克（针剂或者片剂 20υG/支、片规格的一百支、片以上不满五百支、片）；（七）咖啡因五十千克以上不满二百千克；（八）罂粟壳五十千克以上不满二百千克；（九）上述毒品以外的其他毒品数量较大的。

[899]**公通字〔2007〕84 号**：走私、贩卖、运输、制造、非法持有下列毒品，应当认定为刑法第三百四十七条第三款、第三百四十八条规定的"其他毒品数量较大"：1. 二亚甲基双氧安非他明（MDMA）等苯丙胺类毒品（甲基苯丙胺除外）20 克以上不满 100 克的；2. 氯胺酮、美沙酮 200 克以上不满 1 千克的；3. 三唑仑、安眠酮 10 千克以上不满 50 千克的；4. 氯氮卓、艾司唑仑、地西泮、溴西泮 100 千克以上不满 500 千克的；5. 上述毒品以外的其他毒品数量较大的。

[900]**《量刑指导意见（试行）》**：（十五）走私、贩卖、运输、制造毒品罪 1.（2）走私、贩卖、运输、制造鸦片二百克，海洛因、甲基苯丙胺十克或者其它毒品数量达到数量较大起点的，可以在七年至八年有期徒刑幅度内确定量刑起点。

[901]**公通字〔2007〕84 号**：走私、贩卖、运输、制造下列毒

或者管制，并处罚金；情节严重的[902]，处三年以上七年以下有期徒刑，并处罚金。[903]

品，应当认定为刑法第三百四十七条第四款规定的"其他少量毒品"：1. 二亚甲基双氧安非他明（MDMA）等苯丙胺类毒品（甲基苯丙胺除外）不满20克的；2. 氯胺酮、美沙酮不满200克的；3. 三唑仑、安眠酮不满10千克的；4. 氯氮卓、艾司唑仑、地西泮、溴西泮不满100千克的；5. 上述毒品以外的其他少量毒品的。

《量刑指导意见（试行）》：（十五）走私、贩卖、运输、制造毒品罪 1.（3）走私、贩卖、运输、制造鸦片不满二百克，海洛因、甲基苯丙胺不满十克或者其他少量毒品的，可以在三个月拘役至三年有期徒刑幅度内确定量刑起点。情节严重的，可以在三年至四年有期徒刑幅度内确定量刑起点。

[902]**法释〔2000〕13号：**（一）走私、贩卖、运输、制造鸦片一百四十克以上不满二百克、海洛因或者甲基苯丙胺七克以上不满十克或者其他数量相当毒品的；（二）国家工作人员走私、制造、运输、贩卖毒品；（三）在戒毒监管场所贩卖毒品的；（四）向多人贩毒或者多次贩毒的；（五）其他情节严重的行为。**编者注：**毒品数量是认定毒品案件情节严重的重要标准之一，而本条第三款和第四款之间缺乏一档数量标准的衔接，三年以上七年以下有期徒刑的量刑档次只有"情节严重"的限制，并无数量标准的规定，故有必要将毒品数量规定为本条第四款情节严重的一个情节。

[903]**编者注：**《禁毒决定》规定对这种情形的量刑幅度为七年以下有期徒刑、拘役或者管制，并处罚金。司法实践中的案件多是这种情况，为正确量刑，1997刑法将这一过于宽泛的量刑幅度细化分为两个量刑幅度，以限制法官的量刑自由裁量权。

单位犯第二款、第三款、第四款罪的[904]，对单位判处罚金，并对其直接负责的主管人员和其他直接责任人员，依照各该款的规定处罚。

利用、教唆未成年人走私、贩卖、运输、制造毒品，或者向未成年人出售毒品的[905]，从重处罚。

对多次走私、贩卖、运输、制造毒品，未经处理的，毒品数量累计计算。

第三百四十八条【非法持有毒品罪】 非法持有[906]鸦片一千

---

[904]《立案标准（三）》：本规定中的立案追诉标准，除法律、司法解释另有规定的以外，适用于相关的单位犯罪。

[905]《量刑指导意见（试行）》：（十五）走私、贩卖、运输、制造毒品罪3.（1）组织、利用、教唆未成年人、孕妇、哺乳期妇女、患有严重疾病人员、又聋又哑的人、盲人及其他特殊人群走私、贩卖、运输、制造毒品，或者向未成年人出售毒品的；可以增加基准刑的30%以下。

[906]《立案标准（三）》：本条规定的"非法持有"，是指违反国家法律和国家主管部门的规定，占有、携带、藏有或者以其他方式持有毒品。非法持有毒品主观故意中的"明知"，依照本规定第一条第八款的有关规定予以认定。

编者注：持有毒品，是行为人对毒品事实上的支配。第一，持有具体表现为直接占有、携带、藏有或者以其他方法支配毒品。第二，持有不要求物理上的握有，不要求行为人时刻将毒品握在手中，放在身上和装在口袋里，只要行为人认识到它的存在，能够对之进行管理或者支配，就是持有。第三，持有时并不要求行为人是毒品的"所有者"、"占有者"，即使属于他人"所有""占有"的毒品，但事实上置于行为人支配之下时，行为人即持有毒品，行为人是否知道"所有者"、"占有者"，不克以上、海洛因或者甲基苯丙胺五十克以上或者其他毒品数量大的，处七年以上有期徒刑或者无期徒刑，并处罚金；非法持有鸦片二百克以上不满一千克、海洛因或者甲基苯丙胺十克以上不满五十克或者其他毒品数量较大的[907]，处三年以下有期徒刑、拘役或

影响持有的成立。如行为人委托他人持有毒品，则为间接持有毒品。持续时间长短不影响本罪的成立，但如果持有时间过短，不足以说明行为人事实上支配着毒品时，则不能认为是持有。（刑法规定持有型犯罪，其目的在于禁止人们持有违禁品，而不是命令人们将违禁品上交，因此行为人在正当获得违禁品后直接毁弃，不构成非法持有违禁品罪。

[907]《立案标准（三）》：**第二条** 明知是毒品而非法持有，涉嫌下列情形之一的，应予立案追诉：（一）鸦片二百克以上、海洛因、可卡因或者甲基苯丙胺十克以上；（二）二亚甲基双氧安非他明（MDMA）等苯丙胺类毒品（甲基苯丙胺除外）、吗啡二十克以上；（三）度冷丁（杜冷丁）五十克以上（针剂100g/支规格的五百支以上，50g/支规格的一千支以上；片剂25g/片规格的二千片以上，50g/片规格的一千片以上）；（四）盐酸二氢埃托啡二毫克以上（针剂或者片剂20g/支、片规格的一百支、片以上）；（五）氯胺酮、美沙酮二百克以上；（六）三唑仑、安眠酮十千克以上；（七）咖啡因五十千克以上；（八）氯氮卓、艾司唑仑、地西泮、溴西泮一百千克以上；（九）大麻油一千克以上，大麻脂二千克以上，大麻叶及大麻烟三十千克以上；（十）罂粟壳五十千克以上；（十一）上述毒品以外的其他毒品数量较大的。非法持有两种以上毒品，每种毒品均没有达到本条第一款规定的数量标准，但按前款规定的立案追诉数量比例折算成海洛因后累计相加达到十克以上的，应予立案追诉。

者管制，并处罚金；情节严重的，处三年以上七年以下有期徒刑，并处罚金。

第三百四十九条【包庇毒品犯罪分子罪；窝藏、转移、隐瞒毒品、毒赃罪】 包庇走私、贩卖、运输、制造毒品的犯罪分子的[908]，为犯罪分子窝藏、转移、隐瞒毒品或者犯罪所得的财物的[909]，处三年以下有期徒刑、拘役或者管制；情节严重的，处三年以上十年以下有期徒刑[910]。

【包庇毒品犯罪分子罪】 缉毒人员或者其他国家机关工作人员掩护、包庇走私、贩卖、运输、制造毒品的犯罪分子的，依照前款的规定从重处罚。

【走私、贩卖、运输、制造毒品罪】 犯前两款罪，事先通谋的，以走私、贩卖、运输、制造毒品罪的共犯论处。

第三百五十条【走私制毒物品罪；非法买卖制毒物品罪】 违反国家规定，非法运输、携带醋酸酐、乙醚、三氯甲烷或者其他用

---

[908]《立案标准（三）》：**第三条** 包庇走私、贩卖、运输、制造毒品的犯罪分子，涉嫌下列情形之一的，应予立案追诉：（一）作虚假证明，帮助掩盖罪行的；（二）帮助隐藏、转移或者毁灭证据的；（三）帮助取得虚假身份或者身份证件的；（四）以其他方式包庇犯罪分子的。实施前款规定的行为，事先通谋的，以走私、贩卖、运输、制造毒品罪的共犯立案追诉。

[909]《立案标准（三）》：**第四条** 为走私、贩卖、运输、制造毒品的犯罪分子窝藏、转移、隐瞒毒品或者犯罪所得的财物的，应予立案追诉。实施前款规定的行为，事先通谋的，以走私、贩卖、运输、制造毒品罪的共犯立案追诉。

[910]**编者注：** 普遍包庇犯只有一个量刑幅度。普通包庇罪与本罪的量刑是相同的。

于制造毒品的原料或者配剂〔911〕进出境的〔912〕，或者违反国家规

---

〔911〕**公通字〔2009〕33号**：本规定中的"制毒物品"是指刑法第三百五十条第一款规定的醋酸酐、乙醚、三氯甲烷或者其他用于制造毒品的原料或者配剂，具体品种范围按照国家关于易制毒化学品管理的规定确定。

〔912〕**《立案标准（三）》：第五条**　违反国家规定，非法运输、携带制毒物品进出国（边）境，涉嫌下列情形之一的，应予立案追诉：（一）1－苯基－2－丙酮五千克以上；（二）麻黄碱、伪麻黄碱及其盐类和单方制剂五千克以上，麻黄浸膏、麻黄浸膏粉一百千克以上；（三）3，4－亚甲基二氧苯基－2－丙酮、去甲麻黄素（去甲麻黄碱）、甲基麻黄素（甲基麻黄碱）、羟亚胺及其盐类十千克以上；（四）胡椒醛、黄樟素、黄樟油、异黄樟素、麦角酸、麦角胺、麦角新碱、苯乙酸二十千克以上；（五）N－乙酰邻氨基苯酸、邻氨基苯甲酸、哌啶一百五十千克以上；（六）醋酸酐、三氯甲烷二百千克以上；（七）乙醚、甲苯、丙酮、甲基乙基酮、高锰酸钾、硫酸、盐酸四百千克以上；（八）其他用于制造毒品的原料或者配剂相当数量的。

非法运输、携带两种以上制毒物品进出国（边）境，每种制毒物品均没有达到本条第一款规定的数量标准，但按前款规定的立案追诉数量比例折算成一种制毒物品后累计相加达到上述数量标准的，应予立案追诉。为了走私制毒物品而采用生产、加工、提炼等方法非法制造易制毒化学品的，以走私制毒物品罪（预备）立案追诉。

实施走私制毒物品行为，有下列情形之一，且查获了易制毒化学品，结合行为人的供述和其他证据综合审查判断，可以认定其"明知"是制毒物品而走私或者非法买卖，但有证据证明确属被蒙骗的除外：（一）改变产品形状、包装或者使用虚假

定[913]，在境内非法买卖上述物品的[914]，处三年以下有期徒刑、

标签、商标等产品标志的；（二）以藏匿、夹带、伪装或者其他隐蔽方式运输、携带易制毒化学品逃避检查的；（三）抗拒检查或者在检查时丢弃货物逃跑的；（四）以伪报、藏匿、伪装等蒙蔽手段逃避海关、边防等检查的；（五）选择不设海关或者边防检查站的路段绕行出入境的；（六）以虚假身份、地址或者其他虚假方式办理托运、寄递手续的；（七）以其他方法隐瞒真相，逃避对易制毒化学品依法监管的。

明知他人实施走私制毒物品犯罪，而为其运输、储存、代理进出口或者以其他方式提供便利的，以走私制毒物品罪的共犯立案追诉。

[913]**编者注：**违反国家规定，主要是指违反《禁毒法》和《易制毒化学品管理条例》等法律、行政法规的有关规定。

公通字〔2009〕33号：（二）违反国家规定，实施下列行为之一的，认定为刑法第三百五十条规定的非法买卖制毒物品行为：1. 未经许可或者备案，擅自购买、销售易制毒化学品的；2. 超出许可证明或者备案证明的品种、数量范围购买、销售易制毒化学品的；3. 使用他人的或者伪造、变造、失效的许可证明或者备案证明购买、销售易制毒化学品的；4. 经营单位违反规定，向无购买许可证明、备案证明的单位、个人销售易制毒化学品的，或者明知购买者使用他人的或者伪造、变造、失效的购买许可证明、备案证明，向其销售易制毒化学品的；5. 以其他方式非法买卖易制毒化学品的。**编者注：**根据《易制毒化学品管理条例》的规定，易制毒化学品分为三类，其管制程度不尽相同。购买或销售第一类可以用于制毒的主要原料的易制毒化学品的，须经相关行政主管部门审批，取得许可证以后才能进行；购买或销售第二类、第三类可以用于制毒的化学配剂

的易制毒化学品的，须按规定向相关行政主管部门备案。故本条均围绕着"许可或备案"的要求作出上述规定。

（三）易制毒化学品生产、经营、使用单位或者个人未办理许可证明或者备案证明，购买、销售易制毒化学品，如果有证据证明确实用于合法生产、生活需要，依法能够办理只是未及时办理许可证明或者备案证明，且未造成严重社会危害的，可不以非法买卖制毒物品罪论处。（六）走私、非法买卖制毒物品行为同时构成其他犯罪的，依照处罚较重的规定定罪处罚。

〔914〕**第六条**　违反国家规定，在境内非法买卖制毒物品，数量达到本规定第五条第一款规定情形之一的，应予立案追诉。

（编者注：同走私制毒物品案的追诉标准）

非法买卖两种以上制毒物品，每种制毒物品均没有达到本条第一款规定的数量标准，但按前款规定的立案追诉数量比例折算成一种制毒物品后累计相加达到上述数量标准的，应予立案追诉。违反国家规定，实施下列行为之一的，认定为本条规定的非法买卖制毒物品行为：（一）未经许可或者备案，擅自购买、销售易制毒化学品的；（二）超出许可证明或者备案证明的品种、数量范围购买、销售易制毒化学品的；（三）使用他人的或者伪造、变造、失效的许可证明或者备案证明购买、销售易制毒化学品的；（四）经营单位违反规定，向无购买许可证明、备案证明的单位、个人销售易制毒化学品的，或者明知购买者使用他人的或者伪造、变造、失效的许可证明或者备案证明，向其销售易制毒化学品的；（五）以其他方式非法买卖易制毒化学品的。易制毒化学品生产、经营、使用单位或者个人未办理许可证明或者备案证明，购买、销售易制毒化学品，如果有证据证明确实用于合法生产、生活需要，依法能够办理只是未及时办理许可证明或者备案证明，且未造成严重社会危害的，可不以非法买卖制毒物品罪立案追诉。

拘役或者管制，并处罚金；数量大的〔915〕，处三年以上十年以下有期徒刑，并处罚金。

　　【**制造毒品罪**】明知他人制造毒品而为其提供前款规定的物品的〔916〕，以制造毒品罪的共犯论处。

———————————

〔915〕**公通字〔2009〕33 号**：违反国家规定，非法买卖或者走私制毒物品，达到或者超过前款所列最高数量标准的，认定为刑法第三百五十条第一款规定的"数量大的"，处三年以上十年以下有期徒刑，并处罚金。

〔916〕**《立案标准（三）》：第五条**　为了非法买卖制毒物品而采用生产、加工、提炼等方法非法制造易制毒化学品的，以非法买卖制毒物品罪（预备）立案追诉。为了制造毒品或者走私、非法买卖制毒物品犯罪而采用生产、加工、提炼等方法非法制造易制毒化学品的，根据刑法第二十二条的规定，按照其制造易制毒化学品的不同目的，分别以制造毒品、走私制毒物品、非法买卖制毒物品的预备行为论处。

　　第六条　非法买卖制毒物品主观故意中的"明知"，依照本规定第五条第四款的有关规定予以认定。明知他人实施非法买卖制毒物品犯罪，而为其运输、储存、代理进出口或者以其他方式提供便利的，以非法买卖制毒物品罪的共犯立案追诉。

编者注：刑法本条只明确规定了走私制毒物品罪和非法买卖制毒物品罪，但未将非法制造制毒物品行为入罪。但实践中有的犯罪分子将犯罪手段前移，转向非法制造易制毒化学品，先获得易制毒化学品，再利用易制毒化学品或者将易制毒化学品非法买出牟利。虽然有证据证明这些人有非法制造易制毒化学品的证据，但由于其尚未实施走私或者非法买卖行为，或者无法收集到上述行为的证据，影响打击力度。故根据案件情形，将非法制造行为认定为走私或非法买卖行为的预备犯，从而对其定罪量刑。

单位犯前两款罪的，对单位判处罚金，并对其直接负责的主管人员和其他直接责任人员，依照前两款的规定处罚。

第三百五十一条 【非法种植毒品原植物罪】 非法种植[917]罂粟、大麻等毒品原植物的，一律强制铲除。有下列情形之一的，处五年以下有期徒刑、拘役或者管制，并处罚金：

（一）种植罂粟五百株以上不满三千株或者其他毒品原植物数量较大的[918]；

（二）经公安机关处理后又种植的；

（三）抗拒铲除的。

非法种植罂粟三千株以上或者其他毒品原植物数量大的[919]，处五年以上有期徒刑，并处罚金或者没收财产。

---

［917］《立案标准（三）》：第七条第二款 本条所规定的"种植"，是指播种、育苗、移栽、插苗、施肥、灌溉、割取津液或者收取种子等行为。非法种植毒品原植物的株数一般应以实际查获的数量为准。因种植面积较大，难以逐株清点数目的，可以抽样测算每平方米平均株数后按实际种植面积测算出种植总株数。非法种植罂粟或者其他毒品原植物，在收获前自动铲除的，可以不予立案追诉。

［918］《立案标准（三）》：第七条 非法种植罂粟、大麻等毒品原植物，涉嫌下列情形之一的，应予立案追诉：（一）非法种植罂粟五百株以上的；（二）非法种植大麻五千株以上的；（三）非法种植其他毒品原植物数量较大的；（四）非法种植罂粟二百平方米以上、大麻二千平方米以上或者其他毒品原植物面积较大，尚未出苗的；（五）经公安机关处理后又种植的；（六）抗拒铲除的。

［919］法释〔2000〕13号：第五条 非法种植大麻三万株以上，应当认定为刑法第三百五十一条第二款规定的非法种植大麻"数量大"。

　　非法种植罂粟或者其他毒品原植物，在收获前自动铲除的，可以免除处罚。[920]

　　第三百五十二条【非法买卖、运输、携带、持有毒品原植物种子、幼苗罪】非法买卖、运输、携带、持有未经灭活的罂粟等毒品原植物种子或者幼苗，数量较大的[921]，处三年以下有期徒刑、拘役或者管制，并处或者单处罚金。

　　第三百五十三条【引诱、教唆、欺骗他人吸毒罪】引诱、教唆、欺骗他人吸食、注射毒品的[922]，处三年以下有期徒刑、拘役或者管制，并处罚金；情节严重的，处三年以上七年以下有期徒刑，并处罚金。

　　【强迫他人吸毒罪】强迫他人吸食、注射毒品的[923]，处三年以上十年以下有期徒刑，并处罚金。

---

［920］**编者注**：非法种植毒品原植物罪与制造毒品罪相比较，有三个区别。1. 前者种植的是毒品的原植物，而后者制造的是毒品；2. 前者是种植行为，而后者是制造行为；3. 前者有数量与情节限制；而后者没有数量与情节限制。

［921］**《立案标准（三）》：第八条**　非法买卖、运输、携带、持有未经灭活的罂粟等毒品原植物种子或者幼苗，涉嫌下列情形之一的，应予立案追诉：（一）罂粟种子五十克以上、罂粟幼苗五千株以上；（二）大麻种子五十千克以上、大麻幼苗五万株以上；（三）其他毒品原植物种子、幼苗数量较大的。

［922］**《立案标准（三）》：第九条**　引诱、教唆、欺骗他人吸食、注射毒品的，应予立案追诉。

［923］**《立案标准（三）》：第十条**　违背他人意志，以暴力、胁迫或者其他强制手段，迫使他人吸食、注射毒品的，应予立案追诉。

引诱、教唆、欺骗或者强迫未成年人吸食、注射毒品的，从重处罚。

第三百五十四条 【容留他人吸毒罪】 容留他人吸食、注射毒品的[924]，处三年以下有期徒刑、拘役或者管制，并处罚金。

第三百五十五条 【非法提供麻醉药品、精神药品罪】 依法从事生产、运输、管理、使用国家管制的麻醉药品、精神药品的人员，违反国家规定，向吸食、注射毒品的人提供国家规定管制的能够使人形成瘾癖的麻醉药品、精神药品的[925]，处三年以下有期

---

[924]《立案标准（三）》：第十一条 提供场所，容留他人吸食、注射毒品，涉嫌下列情形之一的，应予立案追诉：（一）容留他人吸食、注射毒品两次以上的；（二）一次容留三人以上吸食、注射毒品的；（三）因容留他人吸食、注射毒品被行政处罚，又容留他人吸食、注射毒品的；（四）容留未成年人吸食、注射毒品的；（五）以牟利为目的容留他人吸食、注射毒品的；（六）容留他人吸食、注射毒品造成严重后果或者其他情节严重的。

[925]《立案标准（三）》：第十二条 依法从事生产、运输、管理、使用国家管制的麻醉药品、精神药品的个人或者单位，违反国家规定，向吸食、注射毒品的人员提供国家规定管制的能够使人形成瘾癖的麻醉药品、精神药品，涉嫌下列情形之一的，应予立案追诉：（一）非法提供鸦片二十克以上、吗啡二克以上、度冷丁（杜冷丁）五克以上（针剂100mg/支规格的五十支以上，50mg/支规格的一百支以上；片剂25mg/片规格的二百片以上，50mg/片规格的一百片以上）、盐酸二氢埃托啡零点二毫克以上（针剂或者片剂20mg/支、片规格的十支、片以上）、氯胺酮、美沙酮二十克以上、三唑仑、安眠酮一千克以上、咖啡因五千克以上、氯氮卓、艾司唑仑、地西泮、溴西泮

徒刑或者拘役，并处罚金；情节严重的，处三年以上七年以下有期徒刑，并处罚金。向走私、贩卖毒品的犯罪分子或者以牟利为目的，向吸食、注射毒品的人提供国家规定管制的能够使人形成瘾癖的麻醉药品、精神药品的，依照本法第三百四十七条（贩卖毒品罪）的规定定罪处罚。

　　单位犯前款罪的，对单位判处罚金，并对其直接负责的主管人员和其他直接责任人员，依照前款的规定处罚。

　　第三百五十六条【毒品犯罪的再犯】因走私、贩卖、运输、制造、非法持有毒品罪被判过刑，又犯本节规定之罪的[926]，从重处罚。

十千克以上，以及其他麻醉药品和精神药品数量较大的；（二）虽未达到上述数量标准，但非法提供麻醉药品、精神药品两次以上，数量累计达到前项规定的数量标准百分之八十以上的；（三）因非法提供麻醉药品、精神药品被行政处罚，又非法提供麻醉药品、精神药品的；（四）向吸食、注射毒品的未成年人提供麻醉药品、精神药品的；（五）造成严重后果或者其他情节严重的。

　　依法从事生产、运输、管理、使用国家管制的麻醉药品、精神药品的人员或者单位，违反国家规定，向走私、贩卖毒品的犯罪分子提供国家规定管制的能够使人形成瘾癖的麻醉药品、精神药品的，或者以牟利为目的，向吸食、注射毒品的人提供国家规定管制的能够使人形成瘾癖的麻醉药品、精神药品的，以走私、贩卖毒品罪立案追诉。

[926]**《量刑指导意见（试行）》：**（十五）走私、贩卖、运输、制造毒品罪 3. 有下列情形之一的，可以增加基准刑的30%以下：（2）毒品再犯。（**编者注：**本条内容最初规定在1990年《禁毒决定》之中）

第三百五十七条【毒品的范围及数量的计算原则】本法所称的毒品[927]，是指鸦片、海洛因、甲基苯丙胺[928]、吗啡、大麻、可卡因以及国家[929]规定管制的其他能够使人形成瘾癖的麻醉药品[930]和精神药品[931]。

---

[928]《立案标准（三）》：**第十三条** 本规定中的毒品是指鸦片、海洛因、甲基苯丙胺（冰毒）、吗啡、大麻、可卡因以及国家规定管制的其他能够使人形成瘾癖的麻醉药品和精神药品。具体品种以国家食品药品监督管理局、公安部、卫生部发布的《麻醉药品品种目录》、《精神药品品种目录》为依据。

第十四条 本规定中未明确立案追诉标准的毒品，有条件折算为海洛因的，参照有关麻醉药品和精神药品折算标准进行折算。

第十六条 本规定中的"以上"，包括本数。

[929]**编者注**：《禁毒决定》未规定这种毒品。

[930]**编者注**：《禁毒决定》规定为"国务院"，1997年刑法将其改为"国家"。

[931]《麻醉药品管理办法》（国务院1987年11月28日发布）：**第二条** 麻醉药品是指连续使用后易产生身体依赖性、能成瘾癖的药品。

第三条 麻醉药品包括：阿片类、可卡因类、大麻类、合成麻醉药类及卫生部指定的其他易成瘾癖的药品、药用原植物及其制剂。

毒品的数量以查证属实的走私、贩卖、运输、制造、非法持有毒品的数量计算，不以纯度折算。

〔932〕**《最高人民检察院法律政策研究室关于安定注射液是否属于刑法第三百五十五条规定的精神药品问题的答复》**（高检研发〔2002〕第 23 号，2002 年 10 月 24 日）：根据《精神药品管理办法》等国家有关规定，"能够使人形成瘾癖"的精神药品，是指使用后能使人的中枢神经系统兴奋或者抑制，连续使用能使人产生依赖性的药品。安定注射液属于刑法第三百五十五条第一款规定的"国家规定管制的能够使人形成瘾癖的"精神药品。鉴于安定注射液属于《精神药品管理办法》规定的第二类精神药品，医疗实践中使用较多，在处理此类案件时，应当慎重掌握罪与非罪的界限。对于明知他人是吸毒人员而多次向其出售安定注射液，或者贩卖安定注射液数量较大的，可以依法追究行为人的刑事责任。

精神药品是指直接作用于中枢神经系统，使之兴奋或抑制，连续使用能产生依赖性的药品。

依据精神药品使人体产生的依赖性和危害人体健康的程度，分为第一类和第二类，各类精神药品的品种由卫生部确定。《精神药品管理办法》（1988 年 12 月 27 日国务院发布。）第二条、第三条。

第八节 组织、强迫、引诱、容留、介绍卖淫罪

第三百五十八条[933]**【组织卖淫罪；强迫卖淫罪】**组织他人卖淫[934]或者强迫他人[935]卖淫的[936]，处五年以上十年以下有期徒刑，并处罚金；有下列情形之一的，处十年以上有期徒刑或者无期徒刑，并处罚金或者没收财产：

（一）组织他人卖淫，情节严重的；

（二）强迫不满十四周岁的幼女卖淫的；

（三）强迫多人卖淫或者多次强迫他人卖淫的；

（四）强奸后迫使卖淫的[937]；

---

[933]**编者注：**原条文"协助组织他人卖淫的，处五年以下有期徒刑，并处罚金；情节严重的，处五年以上十年以下有期徒刑，并处罚金。"将协助行为情形具体化，更具操作性。

[934]**《立案标准（一）》：第七十五条** 以招募、雇佣、强迫、引诱、容留等手段，组织他人卖淫的，应予立案追诉。

[935]**编者注：**主要是指女人，也包括男人。

[936]**《立案标准（一）》：第七十六条** 以暴力、胁迫等手段强迫他人卖淫的，应予立案追诉。

第七十七条 在组织卖淫的犯罪活动中，充当保镖、打手、管账人等，起帮助作用的，应予立案追诉。

[937]**编者注：**强奸行为与强迫他人卖淫的行为有联系，是强迫他人卖淫的法定从重情节。因此只定强迫他人卖淫罪即可。如果强奸行为与强迫他人卖淫的行为之间没有联系，则应当分别定罪，实行并罚。

（五）造成被强迫卖淫的人重伤、死亡或者其他严重后果的。

有前款所列情形之一，情节特别严重的，处无期徒刑或者死刑，并处没收财产。

（刑八）【协助组织卖淫罪】[938]为组织卖淫的人招募、运送人员或者有其他协助组织他人卖淫行为的，处五年以下有期徒刑，并处罚金；情节严重的，处五年以上十年以下有期徒刑，并处罚金。

第三百五十九条【引诱、容留、介绍卖淫罪】引诱、容留、介绍他人卖淫的[939]，处五年以下有期徒刑、拘役或者管制，并处罚金；情节严重的，处五年以上有期徒刑，并处罚金。

【引诱幼女卖淫罪】引诱不满十四周岁的幼女卖淫的[940]，处五年以上有期徒刑，并处罚金。

---

[938]**编者注：**将协助组织卖淫的行为单独规定为一个独立的罪名，而不是作为组织卖淫罪的从犯来处理，可避免量刑畸轻，以加大打击力度。这是刑法的一个特别情况，值得高度重视。

[939]**《立案标准（一）》：第七十八条**　引诱、容留、介绍他人卖淫，涉嫌下列情形之一的，应予立案追诉：（一）引诱、容留、介绍二人次以上卖淫的；（二）引诱、容留、介绍已满十四周岁未满十八周岁的未成年人卖淫的；（三）被引诱、容留、介绍卖淫的人患有艾滋病或者患有梅毒、淋病等严重性病的。

编者注：张明楷教授认为，引诱、容留、介绍他人卖淫是否以营利为目的，不影响本罪的成立。介绍他人卖淫构成犯罪，但介绍他人嫖娼不构成犯罪。主要看介绍人为卖淫者提供帮助，还是为嫖娼者提供帮助。在司法实践中，引诱、容留、介绍他

　　第三百六十条[941] **【传播性病罪】**明知自己患有梅毒、淋病等严重性病卖淫、嫖娼[942]的[943]，处五年以下有期徒刑、拘役或者管制，并处罚金。

人卖淫这三个行为往往是前后发生的，故作为一罪处理，是一个选择性罪名。虽然是一罪，但量刑有差别，如果同时实施了三个行为，其量刑肯定比只实施其中一个行为要重。"容留"是一个规范用语，不是通俗用语。法院判语一般为"为他人卖淫嫖娼活动牵线搭桥并提供场所"。上述表述就包括了"引诱"和"容留"两个行为。

[940]《立案标准（一）》：**第七十九条**　引诱不满十四周岁的幼女卖淫的，应予立案追诉。

[941]**编者注**：张明楷教授认为本罪名不应是传播性病罪，而应定为性病患者卖淫、嫖娼罪。传播性病罪，应被故意伤害罪或故意杀人罪所吸收。但我国刑法未将传染成功作为成立条件，这说明本罪在刑法中是一个抽象的危险犯，而不是一个侵害犯。这人为地缩小了打击的范围。

[942]**编者注**：必须实施了卖淫嫖娼的行为，是否实际上造成了他人染上性病的结果，不影响本罪的成立。行为人通过其他方式（如通奸等）将性病传播给他人的，不构成本罪。

[943]《立案标准（一）》：**第八十条**　明知自己患有梅毒、淋病等严重性病卖淫、嫖娼的，应予立案追诉。有下列情形之一的，可以认定为本规定的"明知"：（一）有证据证明曾到医疗机构就医，被诊断为患有严重性病的；（二）根据本人的知识

　　【嫖宿幼女罪】嫖宿[944]不满十四周岁的幼女的，处五年以上有期徒刑，并处罚金。

　　第三百六十一条【特定单位的人员组织、强迫、引诱、容留、介绍卖淫的处理规定】 旅馆业、饮食服务业、文化娱乐业、出租汽车业等单位的人员，利用本单位的条件，组织、强迫、引诱、容留、介绍他人卖淫的，依照本法第三百五十八条、第三百五十九条的规定定罪处罚。

　　前款所列单位的主要负责人，犯前款罪的，从重处罚。

　　第三百六十二条【窝藏、包庇罪】 旅馆业、饮食服务业、文化娱乐业、出租汽车业等单位的人员，在公安机关查处卖淫、嫖娼活动时，为违法犯罪分子通风报信，情节严重的，依照本法第三百一十条（窝藏、包庇罪）的规定定罪处罚[945]。

和经验，能够知道自己患有严重性病的；（三）通过其他方法能够证明是"明知的"。

〔944〕**《最高人民检察院关于构成嫖宿幼女罪主观上是否需要具备明知要件的解释》（高检发释字〔2001〕3号，2001年6月11日）**：行为人知道被害人是或者可能是不满十四周岁幼女而嫖宿的，适用刑法第三百六十条第二款的规定，以嫖宿幼女罪追究刑事责任。

　　《立案标准（一）》：第八十一条　行为人知道被害人是或者可能是不满十四周岁的幼女而嫖宿的，应予立案追诉。**编者注**：明知自己患有严重性病，仍然嫖宿幼女，定嫖宿幼女罪，因为本罪是重罪。

〔945〕**编者注**：包庇罪本身并未规定情节严重。

第九节　制作、贩卖、传播淫秽物品罪[946]

第三百六十三条[947]【**制作、复制、出版、贩卖、传播淫秽物品牟利罪**】以牟利为目的，制作、复制、出版、贩卖、传播[948]淫秽物品的[949]，处三年以下有期徒刑、拘役或者管制，并处罚金；情节严重的，处三年以上十年以下有期徒刑，并处罚金；情节特别严重的，处十年以上有期徒刑或者无期徒刑，并处罚金或者没收财产。

---

[946]1.《最高人民法院、最高人民检察院关于办理利用互联网、移动通讯终端、声讯台制作、复制、出版、贩卖、传播淫秽电子信息刑事案件具体应用法律若干问题的解释》（法释〔2004〕11号，2004年9月6日）；2.《最高人民法院、最高人民检察院关于办理利用互联网、移动通讯终端、声讯台制作、复制、出版、贩卖、传播淫秽电子信息刑事案件具体应用法律若干问题的解释（二）》，（法释〔2010〕3号，2010年2月4日）。

[947]**法释〔2004〕11号：第七条**　明知他人实施制作、复制、出版、贩卖、传播淫秽电子信息犯罪，为其提供互联网接入、服务器托管、网络存储空间、通讯传输通道、费用结算等帮助的，对直接负责的主管人员和其他直接责任人员，以共同犯罪论处。**编者注：**不以事先通谋为前提的又一例。

[948]**编者注：**第一百五十二条规定的走私淫秽物品罪，将牟利和传播并列规定为目的，而在本条中，传播是一种客观行为，而不是一种主观目的。

〔949〕《立案标准（一）》：第八十二条　以牟利为目的，制作、复制、出版、贩卖、传播淫秽物品，涉嫌下列情形之一的，应予立案追诉：（一）制作、复制、出版淫秽影碟、软件、录像带五十至一百张（盒）以上，淫秽音碟、录音带一百至二百张（盒）以上，淫秽扑克、书刊、画册一百至二百副（册）以上，淫秽照片、画片五百至一千张以上的；（二）贩卖淫秽影碟、软件、录像带一百至二百张（盒）以上，淫秽音碟、录音带二百至四百张（盒）以上，淫秽扑克、书刊、画册二百至四百副（册）以上，淫秽照片、画片一千至二千张以上的；（三）向他人传播淫秽物品达二百至五百人次以上，或者组织播放淫秽影、像达十至二十场次以上的；（四）制作、复制、出版、贩卖、传播淫秽物品，获利五千至一万元以上的。以牟利为目的，通过声讯台传播淫秽语音信息，涉嫌下列情形之一的，应予立案追诉：（一）向一百人次以上传播的；（二）违法所得一万元以上的；（三）造成严重后果的。明知他人用于出版淫秽书刊而提供书号、刊号的，应予立案追诉。

法释〔2004〕11号：第一条　以牟利为目的，利用互联网、移动通讯终端制作、复制、出版、贩卖、传播淫秽电子信息，具有下列情形之一的，依照刑法第三百六十三条第一款的规定，以制作、复制、出版、贩卖、传播淫秽物品牟利罪定罪处罚。（一）制作、复制、出版、贩卖、传播淫秽电影、表演、动画等视频文件二十个以上的；（二）制作、复制、出版、贩卖、传播淫秽音频文件一百个以上的；（三）制作、复制、出版、贩卖、传播淫秽电子刊物、图片、文章、短信息等二百件以上的；（四）制作、复制、出版、贩卖、传播的淫秽电子信息，实际被点击数达到一万次以上的；（五）以会员制方式出版、贩卖、传播淫秽电子信息，注册会员达二百人以上的；（六）利用淫秽电子信息收取广告费、会员注册费或者其他费用，违法所得一万元以上的；（七）数量或者数额虽未达到第（一）项至第

　　【为他人提供书号出版淫秽书刊罪】 为他人提供书号[950]，出版淫秽书刊的[951]，处三年以下有期徒刑、拘役或者管制，并处或者单处罚金；明知他人用于出版淫秽书刊而提供书号的，依照前款的规定处罚。

　　第三百六十四条[952] **【传播淫秽物品罪】** 传播淫秽的书刊、影片、音像、图片或者其他淫秽物品，情节严重的[953]，处二年

（六）项规定标准，但分别达到其中两项以上标准一半以上的；（八）造成严重后果的。利用聊天室、论坛、即时通信软件、电子邮件等方式，实施第一款规定行为的，依照刑法第三百六十三条第一款的规定，以制作、复制、出版、贩卖、传播淫秽物品牟利罪定罪处罚。

[950]**编者注**：做扩大性解释，还可包括刊号、版号。

[951]**《立案标准（一）》：第八十三条**　为他人提供书号、刊号出版淫秽书刊，或者为他人提供版号出版淫秽音像制品的，应予立案追诉。

[952]**编者注**：本条各款均不能具有牟利目的，否则成立传播淫秽物品牟利罪。第三款的制作、复制行为和组织播放行为均不能具有牟利目的。

[953]**《立案标准（一）》：第八十四条**　传播淫秽的书刊、影片、音像、图片或者其他淫秽物品，涉嫌下列情形之一的，应予立案追诉：（一）向他人传播三百至六百人次以上的；（二）造成恶劣社会影响的。

　　不以牟利为目的，利用互联网、移动通讯终端传播淫秽电子信息，涉嫌下列情形之一的，应予立案追诉：（一）数量达到

以下有期徒刑、拘役或者管制。

　　【组织播放淫秽音像制品罪】组织播放淫秽的电影、录像等音像制品的[954]，处三年以下有期徒刑、拘役或者管制，并处罚金；情节严重的，处三年以上十年以下有期徒刑，并处罚金。

　　制作、复制淫秽的电影、录像等音像制品组织播放的，依照第二款的规定从重处罚。

　　向不满十八周岁的未成年人传播淫秽物品的，从重处罚。

　　第三百六十五条　【**组织淫秽表演罪**】组织进行淫秽表演的[955]，处三年以下有期徒刑、拘役或者管制，并处罚金；情节严重的，处三年以上十年以下有期徒刑，并处罚金。

　　第三百六十六条　【**单位犯本节规定之罪的处罚**】单位犯本节第三百六十三条（制作、复制、出版、贩卖、传播淫秽物品牟利

本规定第八十二条第二款第（一）项至第（五）项规定标准二倍以上的；（二）数量分别达到本规定第八十二条第二款第（一）项至第（五）项两项以上标准的；（三）造成严重后果的。利用聊天室、论坛、即时通信软件、电子邮件等方式，实施以上行为的，应予立案追诉。

[954]《立案标准（一）》：**第八十五条**　组织播放淫秽的电影、录像等音像制品，涉嫌下列情形之一的，应予立案追诉：（一）组织播放十五至三十场次以上的；（二）造成恶劣社会影响的。

[955]《立案标准（一）》：**第八十六条**　以策划、招募、强迫、雇用、引诱、提供场地、提供资金等手段，组织进行淫秽表演，涉嫌下列情形之一的，应予立案追诉：（一）组织表演者进行裸体表演的；（二）组织表演者利用性器官进行诲淫性表演的；（三）组织表演者半裸体或者变相裸体表演并通过语言、动作具体描绘性行为的；（四）其他组织进行淫秽表演应予追究刑事责任的情形。

罪，为他人提供书号出版淫秽书刊罪)、第三百六十四条（传播淫秽物品罪)、第三百六十五条（组织淫秽表演罪）规定之罪的，对单位判处罚金，并对其直接负责的主管人员和其他直接责任人员，依照各该条的规定处罚。

第三百六十七条【淫秽物品的范围】 本法所称淫秽物品，是指具体描绘性行为或者露骨宣扬色情的诲淫性的书刊、影片、录像带、录音带、图片及其他淫秽物品[956]。

有关人体生理、医学知识的科学著作不是淫秽物品。

包含有色情内容的有艺术价值的文学、艺术作品不视为淫秽物品。

---

[956]**法释〔2004〕11号：第九条** 刑法第三百六十七条第一款规定的"其他淫秽物品"，包括具体描绘性行为或者露骨宣扬色情的诲淫性的视频文件、音频文件、电子刊物、图片、文章、短信息等互联网、移动通讯终端电子信息和声讯台语音信息。有关人体生理、医学知识的电子信息和声讯台语音信息不是淫秽物品。包含色情内容的有艺术价值的电子文学、艺术作品不视为淫秽物品。

第七章　危害国防利益罪[957]

第三百六十八条 【阻碍军人执行职务罪】以暴力、威胁方法阻碍军人依法执行职务的，处三年以下有期徒刑、拘役、管制或者罚金。

【阻碍军事行动罪】故意阻碍武装部队军事行动，造成严重后果的，处五年以下有期徒刑或者拘役。

第三百六十九条[958] 【破坏武器装备、军事设施、军事通信罪】破坏武器装备、军事设施、军事通信的[959]，处三年以下有期徒、

---

〔957〕 **编者注**：危害国防利益罪，是 1997 年刑法新增的一章，指故意或过失危害国防利益的犯罪。其犯罪主体是一般主体，但也有一些特殊主体，主要是指一些供货单位，另外，在接送不合格兵员罪中，也包括军人，但本罪的犯罪主体多系非军人。

〔958〕《最高人民法院关于审理危害军事通信刑事案件具体应用法律若干问题的解释》（法释〔2007〕13 号，2007 年 6 月 29 日）。

〔959〕法释〔2007〕13 号：**第一条** 故意实施损毁军事通信线路、设备，破坏军事通信计算机信息系统，干扰、侵占军事通信电磁频谱等行为的，依照刑法第三百六十九条第一款的规定，以破坏军事通信罪定罪，处三年以下有期徒刑、拘役或者管制；破坏重要军事通信的，处三年以上十年以下有期徒刑。

第七条 本解释所称"重要军事通信"，是指军事首脑机关及重要指挥中心的通信，部队作战中的刑、通信，等级战备

拘役或者管制；破坏重要军事装备、军事设施、军事通信的，处三年以上十年以下有期徒刑；情节特别严重的，处十年以上有期徒刑、无期徒刑或者死刑[960]。

（刑五）[961]【过失损坏[962]武器装备、军事设施、军用通信

通信，飞行航行训练、抢险救灾、军事演习或者处置突发性事件中的通信，以及执行试飞试航、武器装备科研试验或者远洋航行等重要军事任务中的通信。本解释所称军事通信的具体范围、通信中断和严重障碍的标准，参照中国人民解放军通信主管部门（**编者注**：总参通信部的有关规定确定）。

[960]**法释〔2007〕13号：第二条** 实施破坏军事通信行为，具有下列情形之一的，属于刑法第三百六十九条第一款规定的"情节特别严重"，以破坏军事通信罪定罪，处十年以上有期徒刑、无期徒刑或者死刑：（一）造成重要军事通信中断或者严重障碍，严重影响部队完成作战任务或者致使部队在作战中遭受损失的；（二）造成部队执行抢险救灾、军事演习或者处置突发性事件等任务的通信中断或者严重障碍，并因此贻误部队行动，致使死亡3人以上、重伤10人以上或者财产损失100万元以上的；（三）破坏重要军事通信三次以上的；（四）其他情节特别严重的情形。**编者注**：本条罪名与放火罪、爆炸罪、故意毁坏财物罪等有相似之处，关键区别在于对象不同，因而所侵犯的法益不同。由于刑法对本罪的破坏行为没有任何限定，只是限定了破坏的对象，且最高人民法院定刑为死刑，故不管使用什么方法，只要是破坏武器装备、军事设施、军事通信的，就应以本罪论处。

[961]**编者注**：刑法修正案（五）增加关于过失犯罪的规定。

罪】过失犯前款罪，造成严重后果的[963]，处三年以下有期徒刑或者拘役；造成特别严重后果的[964]，处三年以上七年以下有期徒刑。

战时犯前两款罪的，从重处罚。

第三百七十条【故意提供不合格武器装备、军事设施罪】 明知是不合格的武器装备、军事设施而提供给武装部队的[965]，

---

[962]**编者注：**原罪名使用"破坏"一词，未体现出过失特点，故改为"损坏"。

[963]**法释〔2007〕13号：第三条** 过失损坏军事通信，造成重要军事通信中断或者严重障碍的，属于刑法第三百六十九条第二款规定的"造成严重后果"，以过失损坏军事通信罪定罪，处三年以下有期徒刑或者拘役。

[964]**法释〔2007〕13号：第四条** 过失损坏军事通信，具有下列情形之一的，属于刑法第三百六十九条第二款规定的"造成特别严重后果"，以过失损坏军事通信罪定罪，处三年以上七年以下有期徒刑：（一）造成重要军事通信中断或者严重障碍，严重影响部队完成作战任务或者致使部队在作战中遭受损失的；（二）造成部队执行抢险救灾、军事演习或者处置突发性事件等任务的通信中断或者严重障碍，并因此贻误部队行动，致使死亡3人以上、重伤10人以上或者财产损失100万元以上的；（三）其他后果特别严重的情形。

[965]**《立案标准（一）》：第八十七条** 明知是不合格的武器装备、军事设施而提供给武装部队，涉嫌下列情形之一的，应予立案追诉：（一）造成人员轻伤以上的；（二）造成直接经济损失十万元以上的；（三）提供不合格的枪支三支以上、子弹一百发以上、雷管五百枚以上、炸药五千克以上或者其他重要武器装备、军事设施的；（四）影响作战、演习、抢险救灾等

处五年以下有期徒刑或者拘役；情节严重的，处五年以上十年以下有期徒刑；情节特别严重的，处十年以上有期徒刑、无期徒刑或者死刑。

【过失提供不合格武器装备、军事设施罪】 过失犯前款罪，造成严重后果的[966]，处三年以下有期徒刑或者拘役；造成特别严重后果的，处三年以上七年以下有期徒刑。

单位犯第一款罪的[967]，对单位判处罚金，并对其直接负责的主管人员和其他直接责任人员，依照第一款的规定处罚。

第三百七十一条 【聚众冲击军事禁区罪】 聚众冲击军事禁区[968]，严重扰乱军事禁区秩序的，对首要分子，处五年以上十

重大任务完成的；（五）发生在战时的；（六）其他故意提供不合格武器装备、军事设施应予追究刑事责任的情形。

[966]**《立案标准（一）》：第八十八条**　过失提供不合格武器装备、军事设施给武装部队，涉嫌下列情形之一的，应予立案追诉：（一）造成死亡一人或者重伤三人以上的；（二）造成直接经济损失三十万元以上的；（三）严重影响作战、演习、抢险救灾等重大任务完成的；（四）其他造成严重后果的情形。

[961]**编者注**：单位不构成过失提供不合格武器装备、军事设施罪。

[962]**编者注**：《军事设施保护法》规定，国家根据军事设施的性质、作用、安全保密的需要和使用效能的要求，划定军事禁区、军事管理区，没有划入军事禁区、军事管理区的军事设施，也应当采取保护措施。扰乱军事禁区和军事管理区，无论是定罪还是量刑，差别都很大。聚众扰乱军事管理区秩序罪，必须要求情节严重，而聚众扰乱军事禁区秩序罪，则无须情节严重，即构成犯罪。

年以下有期徒刑；对其他积极参加的〔969〕，处五年以下有期徒刑、拘役、管制或者剥夺政治权利。

【聚众扰乱军事管理区秩序罪】聚众扰乱军事管理区秩序，情节严重，致使军事管理区工作无法进行，造成严重损失的，对首要分子，处三年以上七年以下有期徒刑；对其他积极参加的〔970〕，处三年以下有期徒刑、拘役、管制或者剥夺政治权利。

第三百七十二条【冒充军人招摇撞骗罪】冒充军人招摇撞骗的，处三年以下有期徒刑、拘役、管制或者剥夺政治权利；情节严重的，处三年以上十年以下有期徒刑。〔971〕

第三百七十三条【煽动军人逃离部队罪；雇用逃离部队军人罪】

---

〔969〕《立案标准（一）》：**第八十九条**　组织、策划、指挥聚众冲击军事禁区或者积极参加聚众冲击军事禁区，严重扰乱军事禁区秩序，涉嫌下列情形之一的，应予立案追诉：（一）冲击三次以上或者一次冲击持续时间较长的；（二）持械或者采取暴力手段冲击的；（三）冲击重要军事禁区的；（四）发生在战时的；（五）其他严重扰乱军事禁区秩序应予追究刑事责任的情形。

〔970〕《立案标准（一）》：**第九十条**　组织、策划、指挥聚众扰乱军事管理区秩序或者积极参加聚众扰乱军事管理区秩序，致使军事管理区工作无法进行，造成严重损失，涉嫌下列情形之一的，应予立案追诉：（一）造成人员轻伤以上的；（二）扰乱三次以上或者一次扰乱持续时间较长的；（三）造成直接经济损失五万元以上的；（四）持械或者采取暴力手段的；（五）扰乱重要军事管理区秩序的；（六）发生在战时的；（七）其他聚众扰乱军事管理区秩序应予追究刑事责任的情形。

〔971〕**编者注**：量刑与招摇撞骗罪相同。

煽动〔972〕军人逃离部队〔973〕或者明知是逃离部队的军人而雇用〔974〕，情节严重的，处三年以下有期徒刑、拘役或者管制。

第三百七十四条【接送不合格兵员罪】 在征兵工作中徇私舞弊，接送不合格兵员，情节严重的〔975〕，处三年以下有期徒刑或者拘役；造成特别严重后果的，处三年以上七年以下有期徒刑。

---

〔972〕**编者注：** 煽动，是指对军人以造谣、引诱、劝说、怂恿等方法使军人逃离部队。煽动行为必须情节严重才构成本罪。

〔973〕**《立案标准（一）》：第九十一条** 煽动军人逃离部队，涉嫌下列情形之一的，应予立案追诉：（一）煽动三人以上逃离部队的；（二）煽动指挥人员、值班执勤人员或者其他负有重要职责人员逃离部队的；（三）影响重要军事任务完成的；（四）发生在战时的；（五）其他情节严重的情形。

〔974〕**《立案标准（一）》：第九十二条** 明知是逃离部队的军人而雇用，涉嫌下列情形之一的，应予立案追诉：（一）雇用一人六个月以上的；（二）雇用三人以上的；（三）明知是逃离部队的指挥人员、值班执勤人员或者其他负有重要职责人员而雇用的；（四）阻碍部队将被雇用军人带回的；（五）其他情节严重的情形。情节严重，是指造成部队军心涣散，部队的某项任务无法顺利完成，煽动多人逃离部队的。**编者注：** 张明楷教授解释，煽动与教唆不是等同概念，其关键区别在于对象是否特定，从整体上说，煽动是比教唆更为缓和的概念。

〔975〕**《立案标准（一）》：第九十三条** 在征兵工作中徇私舞弊，接送不合格兵员，涉嫌下列情形之一的，应予立案追诉：（一）接送不合格特种条件兵员一名以上或者普通兵员三名以上的；（二）发生在战时的；（三）造成严重后果的；（四）其他情节严重的情形。

第三百七十五条[976]（刑七）【**伪造、变造、买卖武装部队公文、证件、印章罪；盗窃、抢夺武装部队公文、证件、印章罪**】伪造、变造、买卖或者盗窃、抢夺武装部队公文、证件、印章的[977]，

---

[976]《最高人民法院、最高人民检察院关于办理妨害武装部队制式服装、车辆号牌管理秩序等刑事案件具体应用法律若干问题的解释》（法释〔2011〕16号，2011年8月1日）：**第四条**　买卖、盗窃、抢夺伪造、变造的武装部队公文、证件、印章的，买卖仿制的现行装备的武装部队制式服装情节严重的，盗窃、买卖、提供、使用伪造、变造的武装部队车辆号牌等专用标志情节严重的，应当追究刑事责任。定罪量刑标准适用本解释第一至第三条的规定。

　　第五条　明知他人实施刑法第三百七十五条规定的犯罪行为，而为其生产、提供专用材料或者提供资金、账号、技术、生产经营场所等帮助的，以共犯论处。

　　第六条　实施刑法第三百七十五条规定的犯罪行为，同时又构成逃税、诈骗、冒充军人招摇撞骗等犯罪的，依照处罚较重的规定定罪处罚。

　　第七条　单位实施刑法第三百七十五条第二款、第三款规定的犯罪行为，对单位判处罚金，并对其直接负责的主管人员和其他直接责任人员，分别依照本解释的有关规定处罚。

[977]法释〔2011〕16号：**第一条**　伪造、变造、买卖或者盗窃、抢夺武装部队公文、证件、印章，具有下列情形之一的，应当依照刑法第三百七十五条第一款的规定，以伪造、变造、买卖武装部队公文、证件、印章罪或者盗窃、抢夺武装部队公文、证件、印章罪定罪处罚：（一）伪造、变造、买卖或者盗窃、抢夺武装部队公文一件以上的；（二）伪造、变造、买卖或

处三年以下有期徒刑、拘役、管制或者剥夺政治权利；情节严重的，处三年以上十年以下有期徒刑[978]。

【非法生产、买卖武装部队制式服装罪】[979]非法生产、买卖武装部队制式服装，情节严重的[980]，处三年以下有期徒刑、拘役或者管制，并处或者单处罚金。

者盗窃、抢夺武装部队军官证、士兵证、车辆行驶证、车辆驾驶证或者其他证件二本以上的；（三）伪造、变造、买卖或者盗窃、抢夺武装部队机关印章、车辆牌证印章或者其他印章一枚以上的。实施前款规定的行为，数量达到第（一）至（三）项规定标准五倍以上或者造成严重后果的，应当认定为刑法第三百七十五条第一款规定的"情节严重"。

[978]编者注：量刑与伪造、变造、买卖国家机关公文、证件、印章罪，盗窃、抢夺国家机关公文、证件、印章罪相同。

[979]编者注：《刑法修正案（七）》对第二款进行了修改，并增加了第三款，将"军用标志"与"制式服装"分开，且规定了不同的法定刑。原第二款为："非法生产、买卖武装部队制式服装、车辆号牌等专用标志，情节严重的，处三年以下有期徒刑、拘役或者管制，并处或者单处罚金。"

[980]《立案标准（一）》：第九十四条　非法生产、买卖武装部队制式服装、车辆号牌等军用标志，涉嫌下列情形之一的，应予立案追诉：（一）成套制式服装三十套以上，或者非成套制式服装一百件以上的；（二）军徽、军旗、肩章、星徽、帽徽、军种符号或者其他军用标志单种或者合计一百件以上的；（三）军以上领导机关专用车辆号牌一副以上或者其他军用车辆号牌三副以上的；（四）非法经营数额五千元以上，或者非法获利一千元以上的；（五）被他人利用进行违法犯罪活动的；（六）其他情节严重的情形。

【伪造、盗窃、买卖、非法提供、非法使用武装部队专用标志罪】伪造、盗窃、买卖或者非法提供、使用武装部队车辆号牌等专用标志，情节严重的[981]，处三年以下有期徒刑、拘役或者管制，并处或者单处罚金；情节特别严重的[982]，处三年以上七年以下有期徒刑，并处罚金。

法释〔2011〕16号：第二条　非法生产、买卖武装部队现行装备的制式服装，具有下列情形之一的，应当认定为刑法第三百七十五条第二款规定的"情节严重"，以非法生产、买卖武装部队制式服装罪定罪处罚：（一）非法生产、买卖成套制式服装三十套以上，或者非成套制式服装一百件以上的；（二）非法生产、买卖帽徽、领花、臂章等标志服饰合计一百件（副）以上的；（三）非法经营数额二万元以上的；（四）违法所得数额五千元以上的；（五）具有其他严重情节的。

[981]**法释〔2011〕16号：第三条**　伪造、盗窃、买卖或者非法提供、使用武装部队车辆号牌等专用标志，具有下列情形之一的，应当认定为刑法第三百七十五条第三款规定的"情节严重"，以伪造、盗窃、买卖、非法提供、非法使用武装部队专用标志罪定罪处罚：（一）伪造、盗窃、买卖或者非法提供、使用武装部队军以上领导机关车辆号牌一副以上或者其他车辆号牌三副以上的；（二）非法提供、使用军以上领导机关车辆号牌之外的其他车辆号牌累计六个月以上的；（三）伪造、盗窃、买卖或者非法提供、使用军徽、军旗、军种符号或者其他军用标志合计一百件（副）以上的；（四）造成严重后果或者恶劣影响的。

[982]**法释〔2011〕16号：第三条**　实施前款规定的行为，具有下列情形之一的，应当认定为刑法第三百七十五条第三款规定的"情节特别严重"：（一）数量达到前款第（一）、（三）项规定

单位犯第二款、第三款罪的，对单位判处罚金，并对其直接负责的主管人员和其他直接责任人员，依照各该款的规定处罚。

第三百七十六条【战时拒绝、逃避征召、军事训练罪】 预备役人员战时拒绝、逃避征召或者军事训练，情节严重的[983]，处三年以下有期徒刑或者拘役。

【战时拒绝、逃避服役罪】 公民战时拒绝、逃避服役，情节严重的[984]，处二年以下有期徒刑或者拘役。

第三百七十七条【战时故意提供虚假敌情罪】 战时故意向武装部队提供虚假敌情[985]，造成严重后果的，处三年以上十年以

标准五倍以上的；（二）非法提供、使用军以上领导机关车辆号牌累计六个月以上或者其他车辆号牌累计一年以上的；（三）造成特别严重后果或者特别恶劣影响的。

[983]《立案标准（一）》：第九十五条 预备役人员战时拒绝、逃避征召或者军事训练，涉嫌下列情形之一的，应予立案追诉：（一）无正当理由经教育仍拒绝、逃避征召或者军事训练的；（二）以暴力、威胁、欺骗等手段，或者采取自伤、自残等方式拒绝、逃避征召或者军事训练的；（三）联络、煽动他人共同拒绝、逃避征召或者军事训练的；（四）其他情节严重的情形。

[984]《立案标准（一）》：第九十六条 公民战时拒绝、逃避服役，涉嫌下列情形之一的，应予立案追诉：（一）无正当理由经教育仍拒绝、逃避服役的；（二）以暴力、威胁、欺骗等手段，或者采取自伤、自残等方式拒绝、逃避服役的；（三）联络、煽动他人共同拒绝、逃避服役的；（四）其他情节严重的情形。

[985]**编者注：**张明楷教授解释，如果行为人故意提供自己认为是虚假的情报，但事实上，这个情节是真实的，则不构成犯罪。即"虚假"不以行为的主观认识为标准，而应以客观事实为标准。

下有期徒刑；造成特别严重后果的，处十年以上有期徒刑或者无期徒刑。

第三百七十八条 【战时造谣扰乱军心罪】 战时造谣惑众，扰乱军心的，处三年以下有期徒刑、拘役或者管制；情节严重的，处三年以上十年以下有期徒刑。

第三百七十九条 【战时窝藏逃离部队军人罪】 战时明知是逃离部队的军人而为其提供隐蔽处所、财物，情节严重的[986]，处三年以下有期徒刑或者拘役[987]。

第三百八十条 【战时拒绝、故意延误军事订货罪】 战时拒绝或者故意延误军事订货，情节严重的[988]，对单位判处罚金，并对其直接负责的主管人员和其他直接责任人员，处五年以下有期徒刑或者拘役；造成严重后果的，处五年以上有期徒刑。

---

[986]《立案标准（一）》：第九十七条 战时明知是逃离部队的军人而为其提供隐蔽处所、财物，涉嫌下列情形之一的，应予立案追诉：（一）窝藏三人次以上的；（二）明知是指挥人员、值班执勤人员或者其他负有重要职责人员而窝藏的；（三）有关部门查找时拒不交出的；（四）其他情节严重的情形。

[987]编者注：与普通窝藏罪相比，本罪少了一项管制刑，但普通窝藏罪规定了两个量刑档次，情节严重的，处三年以上十年以下有期徒刑。

[988]《立案标准（一）》：第九十八条 战时拒绝或者故意延误军事订货，涉嫌下列情形之一的，应予立案追诉：（一）拒绝或者故意延误军事订货三次以上的；（二）联络、煽动他人共同拒绝或者故意延误军事订货的；（三）拒绝或者故意延误重要军事订货，影响重要军事任务完成的；（四）其他情节严重的情形。

第三百八十一条【战时拒绝军事征收、征用罪】战时拒绝军事征收、征用[989]，情节严重的[990]，处三年以下有期徒刑或者拘役。

---

[989]**编者注**：根据 2009 年 6 月 27 日《全国人民代表大会常务委员会关于修改部分法律的决定》修改。

[990]《立案标准（一）》：**第九十九条** 战时拒绝军事征用，涉嫌下列情形之一的，应予立案追诉：（一）无正当理由拒绝军事征用三次以上的；（二）采取暴力、威胁、欺骗等手段拒绝军事征用的；（三）联络、煽动他人共同拒绝军事征用的；（四）拒绝重要军事征用，影响重要军事任务完成的；（五）其他情节严重的情形。

第八章　贪污贿赂罪^[991]

第三百八十二条【贪污罪】国家工作人员^[992]利用职务上

---

[991] 1.《最高人民检察院关于人民检察院直接受理立案侦查案件立案标准的规定（试行）》（高检发释字〔1999〕2号，1999年9月16日）；2.《全国法院审理经济犯罪案件工作座谈会纪要》（法发〔2003〕167号，2003年11月13日）；3.《最高人民法院、最高人民检察院关于办理职务犯罪案件认定自首、立功等量刑情节若干问题的意见》（法发〔2009〕13号，2009年3月12日）；4.《最高人民法院、最高人民检察院关于办理国家出资企业中职务犯罪案件具体应用法律若干问题的意见》（法发〔2010〕49号，2010年10月2日）；5.《最高人民法院、最高人民检察院关于办理受贿刑事案件适用法律若干问题的意见》（法发〔2007〕22号，2007年7月8日）；6.《最高人民法院、最高人民检察院关于办理商业贿赂刑事案件适用法律若干问题的意见》（法发〔2008〕33号，2008年11月20日），编者注：本意见除涉及非国家工作人员的商业贿赂犯罪，也涉及国家工作人员的贿赂犯罪；7.《最高人民法院、最高人民检察院关于办理行贿刑事案件具体应用法律若干问题的解释》，（法释〔2012〕22号，2013年1月1日）。

[992]《最高人民法院研究室关于对行为人通过伪造国家机关公文、证件担任国家工作人员职务并利用职务上的便利侵占本

的便利^[993],侵吞^[994]、窃取^[995]、骗取^[996]或者以其他手段

单位财物、收受贿赂、挪用本单位资金等行为如何适用法律问题的答复》(法研〔2004〕38 号,2004 年 3 月 20 日):行为人通过伪造国家机关公文、证件担任国家工作人员职务以后,又利用职务上的便利实施侵占本单位财物、收受贿赂、挪用本单位资金等行为,构成犯罪的,应当分别以伪造国家机关公文、证件罪和相应的贪污罪、受贿罪、挪用公款罪等追究刑事责任,实行数罪并罚。

[993]**高检发释字〔1999〕2 号:**一、贪污贿赂犯罪案件(一)贪污案:"利用职务上的便利"是指利用职务上主管、管理、经手公共财物的权力及方便条件。

最高人民法院指导性案例第 11 号杨延虎等贪污案　裁判要点:贪污罪中的"利用职务上的便利",是指利用职务上主管、管理、经手公共财物的权力及方便条件;既包括利用本人职务上主管、管理公共财物的职务便利,也包括利用职务上有隶属关系的其他国家工作人员的职务便利。土地使用权具有财产性利益,属于刑法第三百八十二条第一款规定中的"公共财物",可以成为贪污的对象。

[994]**编者注:**侵吞:指利用职务上的便利,将自己控制之下的公共财物非法据为己有。

[995]**编者注:**窃取:利用职务上的便利,将自己合法主管、管理、经手的公共财物,以秘密窃取的方法据为己有,即监守自盗。

[996]**编者注:**骗取,是指利用职务上的便利,以虚构事实或隐瞒真相的欺骗手段,非法占有公共财物的行为。

非法占有公共财物的，是贪污罪[997]。

受国家机关、国有公司、企业、事业单位、人民团体委托管理、经营国有财产[998]的人员，利用职务上的便利，侵吞、窃取、骗取或者以其他手段非法占有国有财物的，以贪污论。

---

[997]**法发〔2003〕167 号**：二、关于贪污罪（一）贪污罪既遂与未遂的认定：贪污罪是一种以非法占有为目的的财产性职务犯罪，与盗窃、诈骗、抢夺等侵犯财产罪一样，应当以行为人是否实际控制财物作为区分贪污罪既遂与未遂的标准。对于行为人利用职务上的便利，实施了虚假平帐等贪污行为，但公共财物尚未实际转移，或者尚未被行为人控制就被查获的，应当认定为贪污未遂；行为人控制公共财物后，是否将财物据为己有，不影响贪污既遂的认定。

[998]**高检发释字〔1999〕2 号**：一、贪污贿赂犯罪案件（一）贪污案："受委托管理、经营国有财产"是指因承包、租赁、聘用等而管理、经营国有财产。国有保险公司的工作人员和国有保险公司委派到非国有保险公司从事公务的人员利用职务上的便利，故意编造未曾发生的保险事故进行虚假理赔，骗取保险金归自己所有的，以贪污罪追究刑事责任。国有公司、企业或者其他国有单位中从事公务的人员和国有公司、企业或者其他国有单位委派到非国有公司、企业以及其他非国有单位从事公务的人员，利用职务上的便利，将本单位财物非法占为己有的，以贪污罪追究刑事责任。国家工作人员在国内公务活动或者对外交往中接受礼物，依照国家规定应当交公而不交公，数额较大的，以贪污罪追究刑事责任。

法发〔2003〕167 号：二、关于贪污罪（二）"受委托管理、经营国有财产"的认定：刑法第三百八十二条第二款规定的"受委托管理、经营国有财产"，是指因承包、租赁、临时聘用等管理、经营国有财产。**编者注**：可见，承包、租赁、临时聘用是"受委托"的主要方式，不同之处在于纪要对聘用的范围限制在"临时聘用"。因长期受聘用的人员直接可视为国家工作人员，而临时聘用人员未与国有单位形成固定的劳动关系，难以认定其为国家工作人员。无论是承包、租赁还是临时聘用，其共同特征是委托双方属于平等的民事主体关系，而委派的实质是任命，具有一定的行政性，被委派者在委派事项及是否接受委派方面，与委派方不是处于平等地位而是具有行政隶属性质。

法发〔2010〕49号：一、关于国家出资企业工作人员在改制过程中隐匿公司、企业财产归个人持股的改制后公司、企业所有的行为的处理：国家工作人员或者受国家机关、国有公司、企业、事业单位、人民团体委托管理、经营国有财产的人员利用职务上的便利，在国家出资企业改制过程中故意通过低估资产、隐瞒债权、虚设债务、虚构产权交易等方式隐匿公司、企业财产，转为本人持有股份的改制后公司、企业所有，应当依法追究刑事责任的，依照刑法第三百八十二条、第三百八十三条的规定，以贪污罪定罪处罚。贪污数额一般应当以所隐匿财产全额计算；改制后公司、企业仍有国有股份的，按股份比例扣除归于国有的部分。所隐匿财产在改制过程中已为行为人实际控制，或者国家出资企业改制已经完成的，以犯罪既遂处理。

四、关于国家工作人员在企业改制过程中的渎职行为的处理：国家出资企业中的国家工作人员在公司、企业改制或者国有资产处置过程中徇私舞弊，将国有资产低价折股或者低价出售给特定关系人持有股份或本人实际控制的公司、企业，致使国家利益遭受重大损失的，依照刑法第三百八十二条、第三百八十三条的规定，以贪污罪定罪处罚。贪污数额以国有资产的与前两款所列人员勾结，伙同贪污的[999]，以共犯论处。

第三百八十三条【对犯贪污罪的处罚规定】对犯贪污罪的，根

损失数额计算。国家出资企业中的国家工作人员因实施第一款、第二款行为收受贿赂，同时又构成刑法第三百八十五条规定之罪的，依照处罚较重的规定定罪处罚。

　　五、关于改制前后主体身份发生变化的犯罪的处理：国家工作人员在国家出资企业改制前利用职务上的便利实施犯罪，在其不再具有国家工作人员身份后又实施同种行为，依法构成不同犯罪的，应当分别定罪，实行数罪并罚。国家工作人员利用职务上的便利，在国家出资企业改制过程中隐匿公司、企业财产，在其不再具有国家工作人员身份后将所隐匿财产据为己有的，依照刑法第三百八十二条、第三百八十三条的规定，以贪污罪定罪处罚。国家出资企业中的国家工作人员在公司、企业改制或者国有资产处置过程中徇私舞弊，将国有资产低价折股或者低价出售给特定关系人持有股份或者本人实际控制的公司、企业，致使国家利益遭受重大损失的，依照刑法第三百八十二条、第三百八十三条的规定，以贪污罪定罪处罚。贪污数额以国有资产的损失数额计算。

[999]《关于审理贪污、职务侵占案件如何认定共同犯罪几个问题的解释》（法释〔2000〕15号，2000年7月8日）第一条

　　行为人与国家工作人员勾结，利用国家工作人员的职务便利，共同侵吞、窃取、骗取或者以其他手段非法占有公共财物的，以贪污罪共犯论处。

　　第二条　行为人与公司、企业或者其他单位的人员勾结，利用公司、企业或者其他单位人员的职务便利，共同将该单位财物非法占为己有，数额较大的，以职务侵占罪共犯论处。

　　第三条　公司、企业或者其他单位中，不具有国家工作人

据情节轻重，分别依照下列规定处罚：

（一）个人贪污数额[1000]在十万元以上的，处十年以上有期徒刑或者无期徒刑，可以并处没收财产；情节特别严重的，处死刑，并处没收财产。

员身份的人与国家工作人员勾结，分别利用各自的职务便利，共同将本单位财物非法占为己有的，按照主犯的犯罪性质定罪。

法发〔2003〕167号：二、贪污罪 （三）国家工作人员与非国家工作人员勾结共同非法占有单位财物行为的认定：对于国家工作人员与他人勾结，共同非法占有单位财物的行为，应当按照《最高人民法院关于审理贪污、职务侵占案件如何认定共同犯罪几个问题的解释》的规定定罪处罚。对于在公司、企业或者其他单位中，非国家工作人员与国家工作人员勾结，分别利用各自的职务便利，共同将本单位财物非法占有的，应当尽量区分主从犯，按照主犯的犯罪性质定罪。司法实践中，如果根据案件的实际情况。各共同犯罪人在共同犯罪中的地位、作用相当，难以区分主从犯的，可以贪污罪定罪处罚。

[1000]**法〔2003〕167号**：二、关于贪污罪 （四）共同贪污犯罪中"个人贪污数额"的认定：刑法第三百八十三条第一款规定的"个人贪污数额"，在共同贪污犯罪案件中应理解为个人所参与或者组织、指挥共同贪污的数额，不能只按个人实际分得的赃款数额来认定。对共同贪污犯罪中的从犯，应当按照其所参与的共同贪污的数额确定量刑幅度，并依照刑法第二十七条第二款的规定，从轻、减轻处罚或者免除处罚。

（二）个人贪污数额在五万元以上不满十万元的，处五年以上有期徒刑，可以并处没收财产；情节特别严重的，处无期徒刑，并处没收财产。

（三）个人贪污数额在五千元以上不满五万元的，处一年以上七年以下有期徒刑；情节严重的，处七年以上十年以下有期徒刑。个人贪污数额在五千元以上不满一万元，犯罪后有悔改表现、积极退赃的，可以减轻处罚或者免予刑事处罚，由其所在单位或者上级主管机关给予行政处分。

（四）个人贪污数额不满五千元，情节较重的[1001]，处二年以下有期徒刑或者拘役；情节较轻的，由其所在单位或者上级主管机关酌情给予行政处分。

对多次贪污未经处理的，按照累计贪污数额处罚。

第三百八十四条[1002] 【挪用公款罪】国家工作人员利用职务

[1001] 高检发释字〔1999〕2 号：一、贪污贿赂犯罪 涉嫌下列情形之一的，应予立案：个人贪污数额在 5000 元以上的；个人贪污数额不满 5000 元，但具有贪污救灾、抢险、防汛、防疫、优抚、扶贫、移民、救济款物及募捐款物、赃款赃物、罚没款物、暂扣款物，以及贪污手段恶劣、毁灭证据、转移赃物等情节的。

[1002] 1.《最高人民法院关于审理挪用公款案件具体应用法律若干问题的解释》（法释〔1998〕9 号，1998 年 5 月 9 日）；2.《最高人民检察院关于国家工作人员挪用非特定公物能否定罪的请示的批复》（高检发释字〔2000〕1 号，2000 年 3 月 15日）；3.《最高人民法院关于挪用公款犯罪如何计算追诉期限问题的批复》（法释〔2003〕16 号，2003 年 10 月 10 日）；4.《全国人大常委会关于〈中华人民共和国刑法〉第三百八十

四条第一款的解释》（2002 年 4 月 28 日）。

编者注：本罪最早出现于 1988 年全国人大常委会《关于惩治贪污贿赂罪的决定》：挪用公款给他人使用，不知道使用人用公款进行营利活动或者用于非法活动，数额较大、超过三个月未还的，构成挪用公款罪；明知使用人用于营利活动或者非法活动的，应当认定为挪用人挪用公款进行营利活动或者非法活动。

第八条 挪用公款给他人使用，使用人与挪用人共谋，指使或者参与策划取得挪用款的，以挪用公款罪的共犯定罪处罚。

第四条 多次挪用公款不还，挪用公款数额累计计算；多次挪用公款，并以后次挪用的公款归还前次挪用的公款，挪用公款数额以案发时未还的实际数额认定。如果只是畏罪潜逃但并未携带公款，仍然定挪用公款罪。

第六条 携带挪用的公款潜逃的，依照刑法第三百八十二条（贪污罪）、第三百八十三条的规定定罪处罚。**编者注**：关于贪污罪与挪用公款罪的区别，前者是非法占有，而后者是非法占用；前者不仅包括公款，还包括公物，但后者只包括公款，不包括非特定公物。

法发〔2003〕167 号：四、关于挪用公款罪 （八）挪用公款转化为贪污的认定：挪用公款罪与贪污罪的主要区别在于行为人主观上是否具有非法占有公款的目的：挪用公款是否转化为贪污，应当按照主客观相一致原则，具体判断和认定行为人主观上是否具有非法占有公款的目的。在司法实践中，具有以下情形之一的，可以认定行为人具有非法占有公款的目的：

根据《最高人民法院关于审理挪用公款案件具体应用法律若干问题的解释》第六条的规定行为人"携带挪用的公款潜逃的"，对其携带挪用的公款部分，以贪污罪定罪处罚。行为人挪用公款后采取虚假发票平帐、销毁有关帐目等手段，使所挪用的

上的便利，挪用公款归个人使用[1003]，进行非法活动的[1004]，或

公款已难以在单位财务帐目上反映出来，且没有归还行为的，应当以贪污罪定罪处罚。行为人截取单位收入不入帐，非法占有，使所占有的公款难以在单位财务帐目上反映出来，且没有归还行为的，应当以贪污罪定罪处罚。有证据证明行为人有能力归还所挪用的公款而拒不归还，并隐瞒挪用的公款去向的，应当以贪污罪定罪处罚。

[1003]《全国人大常委会关于〈中华人民共和国刑法〉第三百八十四条第一款的解释》（2002年4月28日）：有下列情形之一的，属于挪用公款"归个人使用"：（一）将公款供本人、亲友或者其他自然人使用的；（二）以个人名义将公款供其他单位使用的；（三）个人决定以单位名义将公款供其他单位使用，谋取个人利益的（**编者注**：以前为私利）。

　　法释〔2003〕16号：根据刑法第八十九条、第三百八十四条的规定，挪用公款归个人使用，进行非法活动的，或者挪用公款数额较大、进行营利活动的，犯罪的追诉期限从挪用行为实施完毕之日起计算；挪用公款数额较大、超过三个月未还的，犯罪的追诉期限从挪用公款罪成立之日起计算。挪用公款行为有连续状态的，犯罪的追诉期限应当从最后一次挪用行为实施完毕之日或者犯罪成立之日起计算。**编者注**：从刑法第八十九条的表述来看，追诉期限的确定和计算是与刑法分则所规定的每一种犯罪属于何种状态紧密联系的。每一种犯罪的不同状态决定了其法定追诉期限的确定和计算是不相同的。《批复》从理论上讲认为挪用公款罪属于行为犯。挪用公款罪是对公款的使用权的侵害，与贪污罪的以将公共财物非法占为己有的目的是不同的。因而，挪用公款，其中"挪"是行为，而"用"是目的，只是表明了行为人擅自挪用公款的目的不是占为己有，

者挪用公款数额较大^[1005]、进行营利活动的，或者挪用公款数额

而是非法使用，将公款挪用并使之处于被非法使用的状态中，侵害的是公款的使用权。一般而言，这种对公款使用权的非法侵害，在实施非法将公款挪出行为终了之时即已完成。而公款的不归还，只是侵害公款使用权这种行为的危害结果的持续，而不是挪用行为本身的持续，这如同伤害犯罪一样，伤害行为已经实施完毕，伤害结果在未被治愈之前，一直处于持续状态。如果对挪用公款行为本身以持续状态来确定，并以归还被挪用公款之日作为追诉期限的起算时间，则对于一直不归还公款的挪用犯罪而言，就实际等于没有了追诉期限。

[1004]**法释〔1998〕9号：第二条第三项** "挪用公款归个人使用，进行赌博、走私等非法活动的"，构成挪用公款罪，不受"数额较大"和挪用时间的限制。

　　第三条第二款 "挪用公款归个人使用，进行非法活动的"，以挪用公款五千元至一万元为追究刑事责任的数额起点。挪用公款五万元至十万元以上的，属于挪用公款归个人使用，进行非法活动，"情节严重"的情形之一。挪用公款归个人使用，进行非法活动，情节严重的其他情形，按照本条第一款的规定执行。

　　第七条 因挪用公款索取、收受贿赂构成犯罪的，依照数罪并罚的规定处罚。挪用公款进行非法活动构成其他犯罪的，依照数罪并罚的规定处罚。**编者注：**因挪用公款而构成其他犯罪，理论上属于牵连犯，但本司法解释规定为数罪并罚。使用人与挪用人构成挪用公款罪是成立的，但其为了挪用公款，而行贿挪用人也应数罪并罚。因为行贿罪和受贿罪是对合犯，既然挪用人应数罪并罚，那么使用人也应适用这一原则。

较大、超过三个月未还的^{〔1006〕}，是挪用公款罪，处五年以下有期徒刑或者拘役；情节严重的^{〔1007〕}，处五年以上有期徒刑。挪用公款数额巨大^{〔1008〕}不退还的^{〔1009〕}，处十年以上有期徒刑或者无期

《最高人民检察院关于人民检察院直接受理立案侦查案件立案标准的规定（试行）》（高检发释字〔1999〕2 号，1999 年 9 月 16 日）：四、附则（四）本规定中有关挪用公款罪案中的"非法活动"，既包括犯罪活动，也包括其他违法活动。

〔1005〕**法释〔1998〕9 号：第三条** 挪用公款归个人使用，"数额较大、进行营利活动的"，或者"数额较大、超过三个月未还的"，以挪用公款一万元至三万元为"数额较大"的起点。

〔1006〕**编者注：**刑法只规定挪用公款进行营利活动或者非法活动没有时间限制，至于挪用公款归个人使用，无论数额较大或数额巨大，均须满足超过三个月未还这一要件。挪用公款三个月未还，是指自挪用公款之日起计算三个月，至于案发前是否归还不是一个定罪情节，而是一个量刑情节。

法释〔1998〕9 号：第二条 挪用正在生息或者需要支付利息的公款归个人使用，数额较大，超过三个月但在案发前全部归还本金的，可以从轻处罚或者免除处罚（**编者注：**不包括减轻）。给国家、集体造成的利息损失应予追缴。挪用公款数额巨大，超过三个月，案发前全部归还的，可以酌情从轻处罚。**编者注：**超过三个月未还的，是指从挪用之日起经过了三个月，只要符合了这一要求，就构成犯罪。至于在案发前未还，只是一个量刑情节，而不是罪与非罪的情节。

〔1007〕**法释〔1998〕9 号：第三条** 挪用公款"情节严重"，是指

徒刑。

　　挪用用于救灾、抢险、防汛、优抚、扶贫、移民、救济款物^[1010]

挪用公款数额巨大，或者数额虽未达到巨大，但挪用公款手段恶劣；多次挪用公款；因挪用公款严重影响生产、经营，造成严重损失等情形。

〔1008〕**法释〔1998〕9 号：第三条**　以挪用公款十五万元至二十万元为"数额巨大"的起点。

〔1009〕**法释〔1998〕9 号：第五条**　挪用公款数额巨大不退还的，是指挪用公款数额巨大，因客观原因在一审宣判前不能退还的。**编者注：**1. 这种情形原按贪污罪论处，并可能判处死刑。1997 年刑法修订时，最高人民法院建议作为挪用公款罪论处，避免了客观归罪的弊端，同时体现了减少死刑的刑事政策。2. 由于 1979 年刑法将这种情形规定为贪污罪，故时间限定在侦查终结前，以免起诉和审判的罪名发生变化，导致起诉质量不高。现行刑法将这种情形规定为挪用公款罪，不涉及变更罪名，故限定在一审宣判前。3. 挪用公款数额巨大不仅指挪用之时的数额巨大，同时还包括不能归还的公款数额巨大。4. 挪用公款数额巨大的标准也要根据挪用公款的用途不同来确定。如果行为人挪用公款进行非法活动的，那么最终不能归还的数额巨大的标准为 5 万—10 万元以上，这样可与挪用公款罪其他情节衔接起来。

〔1010〕**高检发释字〔2000〕1 号：**刑法第三百八十四条规定的挪用公款罪中未包括挪用非特定公物归个人使用的行为，对该行为不以挪用公款罪论处。如构成其他犯罪的，依照刑法的相关规定定罪处罚。**编者注：**对挪用公款罪的犯罪对象不宜作扩大解释，将非特定公物纳入犯罪对象之中，严格坚持了罪刑法定原则，至于目前对挪用非特定公物行为缺乏相应的刑法规范的问题，应通过不断完善法律的规定或通过立法解释的方式解决。

归个人使用的〔1011〕，从重处罚。

第三百八十五条〔1012〕 **【受贿罪】**国家工作人员利用职务上的便利〔1013〕，索取〔1014〕他人财物〔1015〕的，或者非法收受他人财物，

对于挪用非特定公物的行为并非一律不作为犯罪处理，如国家工作人员利用职务之便实施的该行为致使国家利益遭受重大损失的，可依照刑法的相关规定定罪处罚，还可以追究党纪政纪处分。

〔1011〕**编者注：**如果不是"归个人使用"，而是挪作他用，则定为第二百七十三条规定的挪用特定款物罪（侵犯财产罪之一）。

　　法释〔1998〕9号：第三条第四款　挪用救灾、抢险、防汛、优抚、扶贫、移民、救济款物归个人使用的数额标准，参照挪用公款归个人使用进行非法活动的数额标准。

〔1012〕**《最高人民法院关于国家工作人员利用职务上的便利为他人谋取利益离退休后收受财物行为如何处理问题的批复》（法释〔2000〕21号，2000年7月21日）：**国家工作人员利用职务上的便利为请托人谋取利益，并与请托人事先约定，在其离退休后收受请托人财物，构成犯罪的，以受贿罪定罪处罚。**编者注：**国家工作人员利用职务上的便利为请托人谋取利益时，并未与请托人事先约定收受财物，而是在离退休以后向请托人索取财物的，由于其事先并未约定，而其在离退休后索要财物的行为，并未利用职务便利，一般不宜以受贿罪论处。

　　《最高人民法院、最高人民检察院关于办理受贿刑事案件适用法律若干问题的意见》（法发〔2007〕22号，2007年7月8日）。

〔1013〕**《最高人民法院关于对受委托管理、经营国有财产人员挪用国有资产行为如何定罪问题的规定》（法释〔2000〕5号，2000年2月24日）：**对于受国家机关、国有公司、企业、事业单位、人民团体委托，管理、经营国有财产的非国家工作人员，

利用职务上的便利，挪用国有资金归个人使用构成犯罪的，应当依照刑法第二百七十二条第一款的规定定罪处罚。

法〔2003〕167 号： 三、关于受贿罪　（一）关于"利用职务上的便利"的认定：刑法第三百八十五条第一款规定的"利用职务上的便利"，既包括利用本人职务上主管、负责、承办某项公共事务的职权，也包括利用职务上有隶属、制约关系的其他国家工作人员的职权。担任单位领导职务的国家工作人员通过不属于自己主管的下级部门的国家工作人员的职务为他人谋取利益的，应当认定为"利用职务上的便利"为他人谋取利益。

〔1014〕**编者注：** 索取他人财物的，不论是否"为他人谋取利益"，均可构成受贿罪。

〔1015〕**法发〔2007〕22 号：** 为依法惩治受贿犯罪活动，根据刑法有关规定，现就办理受贿刑事案件具体适用法律若干问题，提出以下意见：

一、关于以交易形式收受贿赂问题：国家工作人员利用职务上的便利为请托人谋取利益，以下列交易形式收受请托人财物的，以受贿论处：（1）以明显低于市场的价格向请托人购买房屋、汽车等物品的；（2）以明显高于市场的价格向请托人出售房屋、汽车等物品的；（3）以其他交易形式非法收受请托人财物的。受贿数额按照交易时当地市场价格与实际支付价格的差额计算。前款所列市场价格包括商品经营者事先设定的不针对特定人的最低优惠价格。根据商品经营者事先设定的各种优惠交易条件，以优惠价格购买商品的，不属于受贿。

二、关于收受干股问题：干股是指未出资而获得的股份。国家工作人员利用职务上的便利为请托人谋取利益，收受请托人提供的干股的，以受贿论处。进行了股权转让登记，或者相关证据证明股份发生了实际转让的，受贿数额按转让行为时股份价值计算，所分红利按受贿孳息处理。股份未实际转让，以股份分红名义获取利益的，实际获利数额应当认定为受贿数额。

三、关于以开办公司等合作投资名义收受贿赂问题：国家工作人员利用职务上的便利为请托人谋取利益，由请托人出资，"合作"开办公司或者进行其他"合作"投资的，以受贿论处。受贿数额为请托人给国家工作人员的出资额。国家工作人员利用职务上的便利为请托人谋取利益，以合作开办公司或者其他合作投资的名义获取"利润"，没有实际出资和参与管理、经营的，以受贿论处。

四、关于以委托请托人投资证券、期货或者其他委托理财的名义收受贿赂问题：国家工作人员利用职务上的便利为请托人谋取利益，以委托请托人投资证券、期货或者其他委托理财的名义，未实际出资而获取"收益"，或者虽然实际出资，但获取"收益"明显高于出资应得收益的，以受贿论处。受贿数额，前一情形，以"收益"额计算；后一情形，以"收益"额与出资应得收益额的差额计算。

五、关于以赌博形式收受贿赂的认定问题：根据《最高人民法院、最高人民检察院关于办理赌博刑事案件具体应用法律若干问题的解释》第七条规定，国家工作人员利用职务上的便利为请托人谋取利益，通过赌博方式收受请托人财物的，构成受贿。实践中应注意区分贿赂与赌博活动、娱乐活动的界限。具体认定时，主要应当结合以下因素进行判断：（1）赌博的背景、场合、时间、次数；（2）赌资来源；（3）其他赌博参与者有无事先通谋；（4）输赢钱物的具体情况和金额大小。

六、关于特定关系人"挂名"领取薪酬问题：国家工作人员利用职务上的便利为请托人谋取利益，要求或者接受请托人以给特定关系人安排工作为名，使特定关系人不实际工作却获取所谓薪酬的，以受贿论处。

七、关于由特定关系人收受贿赂问题：国家工作人员利用职务上的便利为请托人谋取利益，授意请托人以本意见所列形式，将有关财物给予特定关系人的，以受贿论处。

特定关系人与国家工作人员通谋，共同实施前款行为的，对特定关系人以受贿罪的共犯论处。特定关系人以外的其他人与国家工作人员通谋，由国家工作人员利用职务上的便利为请托人谋取利益，收受请托人财物后双方共同占有的，以受贿罪的共犯论处。

八、关于收受贿赂物品未办理权属变更问题：国家工作人员利用职务上的便利为请托人谋取利益，收受请托人房屋、汽车等物品，未变更权属登记或者借用他人名义办理权属变更登记的，不影响受贿的认定。认定以房屋、汽车等物品为对象的受贿，应注意与借用的区分。具体认定时，除双方交代或者书面协议之外，主要应当结合以下因素进行判断：（1）有无借用的合理事由；（2）是否实际使用；（3）借用时间的长短；（4）有无归还的条件；（5）有无归还的意思表示及行为。

九、关于收受财物后退还或者上交问题：国家工作人员收受请托人财物后及时退还或者上交的，不是受贿。

国家工作人员受贿后，因自身或者与其受贿有关联的人、事被查处，为掩饰犯罪而退还或者上交的，不影响认定受贿罪。

十、关于在职时为请托人谋利，离职后收受财物问题：国家工作人员利用职务上的便利为请托人谋取利益之前或者之后，约定在其离职后收受请托人财物，并在离职后收受的，以受贿论处。国家工作人员利用职务上的便利为请托人谋取利益，离职前后连续收受请托人财物的，离职前后收受部分均应计入受贿数额。

十一、关于"特定关系人"的范围：本意见所称"特定关系人"，是指与国家工作人员有近亲属、情妇（夫）以及其他共同利益关系的人。

十二、关于正确贯彻宽严相济刑事政策的问题：依照本意见办理受贿刑事案件，要根据刑法关于受贿罪的有关规定和受贿罪权钱交易的本质特征，准确区分罪与非罪、此罪与彼罪的界限，惩处少数，教育多数。在从严惩处受贿犯罪的同时，对于具有为他人谋取利益的[1016]，是受贿罪。

自首、立功等情节的，依法从轻、减轻或者免除处罚。

　　《最高人民法院、最高人民检察院关于办理商业贿赂刑事案件适用法律若干问题的意见》（法发〔2008〕33 号，2008 年 11 月 20 日）：七、商业贿赂中的财物，既包括金钱和实物，也包括可以用金钱计算数额的财产性利益，如提供房屋装修、含有金额的会员卡、代币卡（券）、旅游费用等。具体数额以实际支付的资费为准。

　　八、收受银行卡的，不论受贿人是否实际取出或者消费，卡内的存款数额一般应全额认定为受贿数额。使用银行卡透支的，如果由给予银行卡的一方承担还款责任，透支数额也应当认定为受贿数额。

　　十、办理商业贿赂犯罪案件，要注意区分贿赂与馈赠的界限。主要应当结合以下因素全面分析、综合判断：（1）发生财物往来的背景，如双方是否存在亲友关系及历史上交往的情形和程度；（2）往来财物的价值；（3）财物往来的缘由、时机和方式，提供财物方对于接受方有无职务上的请托；（4）接受方是否利用职务上的便利为提供方谋取利益。

[1016] **编者注**：非法收受他人财物，同时具备"为他人谋取利益"的，才能构成受贿罪。为他人谋取的利益是否正当，为他人谋取的利益是否实现，不影响受贿罪的成立。

　　法〔2003〕167 号：三、关于受贿罪（二）关于"为他人谋取利益"的认定，为他人谋取利益包括承诺、实施和实现三个阶段的行为。只要具有其中一个阶段的行为，如国家工作人员收受他人财物时，根据他人提出的具体请托事项，承诺为他人谋取利益的，就具备了为他人谋取利益的要件。明知他人有具体请托事项而收受其财物的，视为承诺为他人谋取利益。

国家工作人员在经济往来中，违反国家规定，收受各种名义的回扣、手续费，归个人所有的，以受贿论处。

第三百八十六条 【受贿罪的处罚】 对犯受贿罪的，根据受贿所得数额及情节，依照本法第三百八十三条（贪污罪）的规定处罚。索贿的从重处罚。

第三百八十七条 【单位受贿罪】 国家机关、国有公司、企业、事业单位、人民团体，索取、非法收受他人财物，为他人谋取利益，情节严重的，对单位判处罚金，并对其直接负责的主管人员和其他直接责任人员，处五年以下有期徒刑或者拘役。

前款所列单位，在经济往来中，在帐外暗中收受各种名义的回扣、手续费的，以受贿论，依照前款的规定处罚。

第三百八十八条 【受贿罪】 国家工作人员利用本人职权或者地位形成的便利条件[1017]，通过其他国家工作人员职务上的行为，

最高人民法院指导性案例第 3 号潘玉梅、陈宁受贿案　裁判要点：国家工作人员利用职务上的便利为请托人谋取利益，并与请托人以"合办"公司的名义获取"利润"，没有实际出资和参与经营管理的，以受贿论处。国家工作人员明知他人有请托事项而收受其财物，视为承诺"为他人谋取利益"，是否已实际为他人谋取利益或谋取到利益，不影响受贿的认定。国家工作人员利用职务上的便利为请托人谋取利益，以明显低于市场的价格向请托人购买房屋等物品的，以受贿论处，受贿数额按照交易时当地市场价格与实际支付价格的差额计算。国家工作人员收受财物后，因与其受贿有关联的人、事被查处，为掩饰犯罪而退还的，不影响认定受贿罪。

[1017] 法〔2003〕167号：三、关于受贿罪（三）刑法第三百

为请托人谋取不正当利益[1018]，索取请托人财物或者收受请托人财物的，以受贿论处。

第三百八十八条之一（刑七）【利用影响力受贿罪】 国家工作人员的近亲属或者其他与该国家工作人员关系密切的人，通过该国家工作人员职务上的行为，或者利用该国家工作人员职权或者地位形成的便利条件，通过其他国家工作人员职务上的行为，为请托人谋取不正当利益，索取请托人财物或者收受请托人财物，数额较大或者有其他较重情节的，处三年以下有期徒刑或者拘役，并处罚金；数额巨大或者有其他严重情节的，处三年以上七年以下有期徒刑，并处罚金；数额特别巨大或者有其他特别严重情节的，处七年以上有期徒刑，并处罚金或者没收财产。

离职的国家工作人员或者其近亲属以及其他与其关系密切的人，利用该离职的国家工作人员原职权或者地位形成的便利条件实施前款行为的，依照前款的规定定罪处罚。

第三百八十九条[1019]**【行贿罪】** 为谋取不正当利益[1020]，给

八十八条规定的"利用本人职权或者地位形成的便利条件"，是指行为人与被其利用的国家工作人员之间在职务上虽然没有隶属、制约关系，但是行为人利用了本人职权或者地位产生的影响和一定的工作联系，如单位内不同部门的国家工作人员之间、上下级单位没有职务隶属、制约关系的国家工作人员之间、有工作联系的不同单位的国家工作人员之间等。

[1018]**编者注：** 在各种受贿行为中，只有斡旋受贿罪，需要"不正当利益"这一要件，其他受贿罪只要求"谋取利益"即可。

[1019]《最高人民法院、最高人民检察院关于办理行贿刑事案件具体应用法律若干问题的解释》（法释〔2012〕22号，2013年1月1日）

予国家工作人员以财物的，是行贿罪。

在经济往来中，违反国家规定，给予国家工作人员以财物，数额较大的，或者违反国家规定，给予国家工作人员以各种名义的回扣、手续费的，以行贿论处。

〔1020〕**《最高人民法院、最高人民检察院关于在办理受贿犯罪大要案的同时要严肃查处严重行贿犯罪分子的通知》（高检会〔1999〕1 号，1999 年 3 月 4 日）**：二、"谋取不正当利益"，是指谋取违反法律、法规、国家政策和国务院各部门规章的利益，以及要求国家工作人员或者有关单位提供违反法律、法规、国家政策和国务院各部门规章规定的帮助或者方便条件。**编者注：**《最高人民检察院关于人民检察院直接受理立案侦查案件立案标准的规定（试行）》（1999 年 9 月 16 日旅行）的附则中也作了相同的规定，不过两次使用了"谋取"一词，即将"要求"改为"谋求"。张明楷教授认为，这一解释过于狭窄。现行刑法的规定本来缩小了行贿罪的处罚范围，如果再对"谋取不正当利益"作限制解释，则不当地缩小了打击范围。因此谋取任何性质、任何形式的不正当利益都属于"谋取不正当利益"。国外刑法和旧中国刑法均未规定要求行贿罪出于"谋取不正当利益"。至于实际是否谋取了不正当利益，并不影响行贿罪的成立。

　　法释〔2012〕22 号：第十二条　行贿犯罪中的"谋取不正当利益"，是指行贿人谋取的利益违反法律、法规、规章、政策规定，或者要求国家工作人员违反法律、法规、规章、政策、行业规范的规定，为自己提供帮助或者方便条件。违背公平、公正原则，在经济、组织人事管理等活动中，谋取竞争优势的，应当认定为"谋取不正当利益"。

　　第六条　行贿人谋取不正当利益的行为构成犯罪的，应当与行贿犯罪实行数罪并罚。

因被勒索给予国家工作人员以财物，没有获得不正当利益的，不是行贿[1021]。

第三百九十条【行贿罪的处罚】 对犯行贿罪的，处五年以下有期徒刑或者拘役[1022]；因行贿谋取不正当利益，情节严重的[1023]，

[1021]**编者注**：对公司、企业人员行贿罪没有这一除罪条款，而只有自首的特别条款。估计原因是：行贿罪发生在公权领域内，而掌握公权的人实际上是垄断者，行贿人常常别无选择，对于这种情况，在一定条件下可以除罪，而对公司、企业人员行贿罪发生在私权领域，行为人在有更多选择的情况下，实施了行贿行为，这时除罪的条件就会更加严格。行贿罪没有数额要求，而对公司、企业人员行贿罪则有数额较大的要求。

[1022]**法释〔2012〕22 号：第十条** 实施行贿犯罪，具有下列情形之一的，一般不适用缓刑和免予刑事处罚：（一）向三人以上行贿的；（二）因行贿受过行政处罚或者刑事处罚的；（三）为实施违法犯罪活动而行贿的；（四）造成严重危害后果的；（五）其他不适用缓刑和免予刑事处罚的情形。具有刑法第三百九十条第二款规定的情形的，不受前款规定的限制。

[1023]**法释〔2012〕22 号：第二条** 因行贿谋取不正当利益，具有下列情形之一的，应当认定为刑法第三百九十条第一款规定的"情节严重"：（一）行贿数额在二十万元以上不满一百万元的；（二）行贿数额在十万元以上不满二十万元，并具有下列情形之一的：1. 向三人以上行贿的；2. 将违法所得用于行贿的；3. 为实施违法犯罪活动，向负有食品、药品、安全生产、环境保护等监督管理职责的国家工作人员行贿，严重危害民生、侵犯公众生命财产安全的；4. 向行政执法机关、司法机关的国家工作人员行贿，影响行政执法和司法公正的；（三）其他情节严重的情形。

或者使国家利益遭受重大损失的[1024]，处五年以上十年以下有期徒刑；情节特别严重的[1025]，处十年以上有期徒刑或者无期徒刑，可以并处没收财产。

行贿人在被追诉前[1026]主动交待行贿行为的，可以减轻处罚或者免除处罚[1027]。

[1024]**法释〔2012〕22 号：第三条** 因行贿谋取不正当利益，造成直接经济损失数额在一百万元以上的，应当认定为刑法第三百九十条第一款规定的"使国家利益遭受重大损失"。

[1025]**法释〔2012〕22 号：第四条** 因行贿谋取不正当利益，具有下列情形之一的，应当认定为刑法第三百九十条第一款规定的"情节特别严重"：（一）行贿数额在一百万元以上的；（二）行贿数额在五十万元以上不满一百万元，并具有下列情形之一的：1. 向三人以上行贿的；2. 将违法所得用于行贿的；3. 为实施违法犯罪活动，向负有食品、药品、安全生产、环境保护等监督管理职责的国家工作人员行贿，严重危害民生、侵犯公众生命财产安全的；4. 向行政执法机关、司法机关的国家工作人员行贿，影响行政执法和司法公正的；（三）造成直接经济损失数额在五百万元以上的；（四）其他情节特别严重的情形。

[1026]**法释〔2012〕22 号：第十三条** 刑法第三百九十条第二款规定的"被追诉前"，是指检察机关对行贿人的行贿行为刑事立案前。

[1027]**编者注**：对公司、企业人员行贿罪也有相同的规定。"主动交待"比第六十七条规定的"如实陈述"要求更高，因此"可以减轻或者免除处罚"也较一般自首"可以从轻或者减轻处罚"轻；主动交待的时间，必须在被追诉前，即被检察机关立案之前，这一时间条件只有与"主动交待"的悔悟条件同时具备才符合特别自首的条件。

第三百九十一条　【对单位行贿罪】为谋取不正当利益，给予国家机关、国有公司、企业、事业单位、人民团体以财物的，或者在经济往来中，违反国家规定，给予各种名义的回扣、手续费的，处三年以下有期徒刑或者拘役。

单位犯前款罪的，对单位判处罚金，并对其直接负责的主管人员和其他直接责任人员，依照前款的规定处罚。

第三百九十二条　【介绍贿赂罪】向国家工作人员介绍贿赂，情节严重的，处三年以下有期徒刑或者拘役。[1028]介绍贿赂人在被追诉前主动交待介绍贿赂行为的，可以减轻处罚或者免除处罚。

法释〔2012〕22号：第七条　因行贿人在被追诉前主动交待行贿行为而破获相关受贿案件的，对行贿人不适用刑法第六十八条关于立功的规定，依照刑法第三百九十条第二款的规定，可以减轻或者免除处罚。

单位行贿的，在被追诉前，单位集体决定或者单位负责人决定主动交待单位行贿行为的，依照刑法第三百九十条第二款的规定，对单位及相关责任人员可以减轻处罚或者免除处罚；受委托直接办理单位行贿事项的直接责任人员在被追诉前主动交待自己知道的单位行贿行为的，对该直接责任人员可以依照刑法第三百九十条第二款的规定减轻处罚或者免除处罚。

第八条　行贿人被追诉后如实供述自己罪行的，依照刑法第六十七条第三款的规定，可以从轻处罚；因其如实供述自己罪行，避免特别严重后果发生的，可以减轻处罚。

第九条　行贿人揭发受贿人与其行贿无关的其他犯罪行为，查证属实的，依照刑法第六十八条关于立功的规定，可以从轻、减轻或者免除处罚。

[1028]**编者注：**张明楷教授认为有必要区分介绍贿赂罪与受贿

第三百九十三条【单位行贿罪；行贿罪】单位为谋取不正当利益而行贿，或者违反国家规定，给予国家工作人员以回扣、手续费，情节严重的，对单位判处罚金，并对其直接负责的主管人员和其他直接责任人员，处五年以下有期徒刑或者拘役。因行贿取得的违法所得归个人所有的[1029]，依照本法第三百八十九条（行贿罪的定罪）、第三百九十条（行贿罪的量刑）的规定定罪处罚。

第三百九十四条【贪污罪】国家工作人员在国内公务活动或者对外交往中接受礼物，依照国家规定应当交公而不交公[1030]，数额较大的，依照本法第三百八十二条（贪污罪的定罪）、第三百八十三条（贪污罪的量刑）的规定定罪处罚。

第三百九十五条[1031]（刑七）【巨额财产来源不明罪】国家

罪、行贿罪的共犯的关系。因为本罪的法定最高刑为三年以下有期徒刑，而受贿罪与行贿罪的法定最高刑分别为无期徒刑与死刑，但区分的难度非常大，因为按照共同犯罪成立条件的规定，凡行贿罪和受贿罪的帮助行为，均是行贿罪、受贿罪的共犯行为，理应分别认定为行贿罪与受贿罪，而不应以介绍贿赂罪论处。向公司、企业人员介绍贿赂未规定为犯罪，但将向国家工作人员介绍贿赂的行为规定为犯罪，体现了严治吏的立法取向。这一规定出现在《苏俄刑法典》中，但其成立范围越来越窄，最终在《俄罗斯联邦刑法典》中取消。大陆法系和旧中国刑法均无此罪名。（龚大宏：《受贿罪共犯的司法认定》，载《刑事司法指南》2006年第27集）

[1029]**编者注**：按照单位犯罪司法解释第三条有类似规定：盗用单位的名义，违法所得归个人所有或者个人私分的，也是按照个人犯罪处理。

[1030]**编者注**：这种行为属于贪污罪中的侵吞公共财物的行为。

[1031]**编者注**：原第一款为："国家工作人员的财产或者支出

工作人员的财产、支出明显超过合法收入，差额巨大的，可以责令该国家工作人员说明来源，不能说明来源的[1032]，差额部分以非法所得[1033]论，处五年以下有期徒刑或者拘役；差额特别巨大的，处五年以上十年以下有期徒刑。财产的差额部分予以追缴。

明显超过合法收入，差额巨大的，可以责令说明来源。本人不能说明其来源是合法的，差额部分以非法所得论，处五年以下有期徒刑或者拘役，财产的差额部分予以追缴。"

[1032]**法〔2003〕167号**：五、关于巨额财产来源不明罪（一）行为人不能说明巨额财产来源合法的认定："不能说明"：1. 行为人拒不说明财产来源；2. 行为人无法说明财产的具体来源；3. 行为人所说的财产来源经司法机关查证并不属实；4. 行为人所说的财产来源因线索不具体等原因，司法机关无法查实，但能排除存在来源合法的可能性和合理性的。

[1033]**法〔2003〕167号**：五、关于巨额财产来源不明罪（二）"非法所得"的数额计算：刑法第三百九十五条规定的"非法所得"，一般是指行为人的全部财产与能够认定的所有支出的总和减去能够证实的有真实来源的所得。在具体计算时，应注意以下问题：（1）应把国家工作人员个人财产和与其共同生活的家庭成员的财产、支出等一并计算，而且一并减去他们所有的合法收入以及确属与其共同生活的家庭成员个人的非法收入；（2）行为人所有的财产包括房产、家具、生活用品、学习用品及股票、债券、存款等动产和不动产；行为人的支出包括合法支出和不合法的支出，包括日常生活、工作、学习费用、罚款及向他人行贿的财物等；行为人的合法收入包括工资、奖金、稿酬、继承等法律和政策允许的各种收入；（3）为了便于计算犯罪数额，对于行为人的财产和合法收入，一般可以从行为人有比较确定的收入和财产时开始计算。

【隐瞒境外存款罪】国家工作人员在境外的存款，应当依照国家规定申报。数额较大、隐瞒不报的，处二年以下有期徒刑或者拘役[1034]；情节较轻的，由其所在单位或者上级主管机关酌情给予行政处分。

第三百九十六条[1035]【私分国有资产罪】国家机关、国有公司、企业、事业单位、人民团体，违反国家规定，以单位名义将国有资产[1036]集体私分给个人，数额较大的[1037]，对其直接负责的

[1034]**编者注**：如果行为人对其隐瞒不报的境外存款明显超过合法收入，差额巨大，又不能说明来源的，应当从一重罪处罚，即按巨额财产来源不明罪处罚。

[1035]**编者注**：本罪虽然是单位犯罪，但不实行双罚制，因为这两种犯罪并不是为单位谋取利益的犯罪。这两个罪要求将财物分给本单位全体成员，如果只分给部分成员，那么应该定共同贪污罪，而不是本罪。

[1036]**《事业单位国有资产管理暂行办法》（财政部，2006 年7 月 1 日）：第三条**　本办法所称的事业单位国有资产，是指事业单位占有、使用的，依法确认为国家所有，能以货币计量的各种经济资源的总称，即事业单位的国有（公共）财产。事业单位国有资产包括国家拨给事业单位的资产，事业单位按照国家规定运用国有资产组织收入形成的资产，以及接受捐赠和其他经法律确认为国家所有的资产，其表现形式为流动资产、固定资产、无形资产和对外投资等。

　　高检发释字〔1999〕2 号　四、附则（六）本规定中有关私分国有资产罪案中的"国有资产"，是指国家依法取得和认定的，或者国家以各种形式对企业投资和投资收益、国家向行政事业单位拨款等形成的资产。

　　编者注：本罪需要界定国有资产的范围。如果国有企业、公司在依法交税后将其赢利提高标准，分配给本单位人员，可能

主管人员和其他直接责任人员，处三年以下有期徒刑或者拘役，并处或者单处罚金；数额巨大的，处三年以上七年以下有期徒刑，并处罚金。

【**私分罚没财物罪**】司法机关、行政执法机关违反国家规定，将应当上缴国家的罚没财物，以单位名义集体私分给个人的，依照前款的规定处罚。

属于财经违规行为。如果单位将自己无权处理、分配的资金通过巧立名目、违规做帐的方式发放，则属于私分国有资产的行为。被私分的国有资产的数额较大，而不是指个人分得的财物数额较大。

〔1037〕**高检发释字〔1999〕2 号**：一、贪污贿赂犯罪 （十一）私分国有资产案：涉嫌私分国有资产，累计数额在 10 万元以上的，应予立案。

第九章　渎　职　罪[1038]

[1038]《最高人民检察院关于渎职侵权犯罪案件立案标准的规定》（高检发释字〔2006〕2号，2006年7月26日）根据《刑法》、《刑事诉讼法》和其他法律的有关规定，对国家机关工作人员渎职和利用职权实施的侵犯公民人身权利、民主权利犯罪案件的立案标准。

《最高人民法院、最高人民检察院关于办理渎职刑事案件适用法律若干问题的解释（一）》（法释〔2012〕18号，2013年1月9日）第二条　国家机关工作人员实施滥用职权或者玩忽职守犯罪行为，触犯刑法分则第九章第三百九十八条至第四百一十九条规定的，依照该规定定罪处罚。

国家机关工作人员滥用职权或者玩忽职守，因不具备徇私舞弊等情形，不符合刑法分则第九章第三百九十八条至第四百一十九条的规定，但依法构成第三百九十七条规定的犯罪的，以滥用职权罪或者玩忽职守罪定罪处罚。

第三条　国家机关工作人员实施渎职犯罪并收受贿赂，同时构成受贿罪的，除刑法另有规定外，以渎职犯罪和受贿罪数罪并罚。

第四条　国家机关工作人员实施渎职行为，放纵他人犯罪或者帮助他人逃避刑事处罚，构成犯罪的，依照渎职罪的规定定罪处罚。

国家机关工作人员与他人共谋，利用其职务行为帮助他人实施其他犯罪行为，同时构成渎职犯罪和共谋实施的其他犯罪共犯的，依照处罚较重的规定定罪处罚。

国家机关工作人员与他人共谋，既利用其职务行为帮助他人实施其他犯罪，又以非职务行为与他人共同实施该其他犯罪行为，同时构成渎职犯罪和其他犯罪的共犯的，依照数罪并罚的规定定罪处罚。

第五条　国家机关负责人员违法决定，或者指使、授意、强令其他国家机关工作人员违法履行职务或者不履行职务，构成刑法分则第九章规定的渎职犯罪的，应当依法追究刑事责任。

以"集体研究"形式实施的渎职犯罪，应当依照刑法分则第九章的规定追究国家机关负有责任的人员的刑事责任。对于具体执行人员，应当在综合认定其行为性质、是否提出反对意见、危害结果大小等情节的基础上决定是否追究刑事责任和应当判处的刑罚。

第六条　以危害结果为条件的渎职犯罪的追诉期限，从危害结果发生之日起计算；有数个危害结果的，从最后一个危害结果发生之日起计算。

第七条　依法或者受委托行使国家行政管理职权的公司、企业、事业单位的工作人员，在行使行政管理职权时滥用职权或者玩忽职守，构成犯罪的，应当依照《全国人民代表大会常务委员会关于〈中华人民共和国刑法〉第九章渎职罪主体适用问题的解释》的规定，适用渎职罪的规定追究刑事责任。

第九条　负有监督管理职责的国家机关工作人员滥用职权或者玩忽职守，致使不符合安全标准的食品、有毒有害食品、假药、劣药等流入社会，对人民群众生命、健康造成严重危害后果的，依照渎职罪的规定从严惩处。

第十条　最高人民法院、最高人民检察院此前发布的司法解释与本解释不一致的，以本解释为准。

《全国人大常委会关于〈中华人民共和国刑法〉第九章渎职罪主体适用问题的解释》（2002 年 12 月 28 日）：1. 在依照法律、法规规定行使国家行政管理职权（**编者注**：如证监会和保监会等，行政权力可以授予，而司法权和立法权则不宜授予）的组织中从事公务的人员（**编者注**：行政处罚法第十七条规定，法律、法规授权的具有管理公共事务职能的组织可以在法定授权范围内实施行政处罚）；2. 或者在受国家机关委托代表国家机关行使职权的组织中从事公务的人员（**编者注**：行政处罚法第十八条规定，行政机关依照法律、法规或者规章的规定，可以在其法定权限内委托符合法定条件的组织实施行政处罚，受委托组织在委托范围内，以委托行政机关名义实施行政处罚）；3. 或者虽未列入国家机关人员编制但在国家机关中从事公务的人员，在代表国家机关行使职权时，有渎职行为，构成犯罪的，依照刑法关于渎职罪的规定追究刑事责任。**编者注**：这一立法解释不解决这三类人的血统问题、身份问题，只解决其渎职行为。如果这些人不是在从事公务，而是其他事务，则不属于代表国家机关行使职权。关于立法解释的效力和溯及力问题。立法解释对法律条文的效力没有影响，法律条文规定的含义应当是在法律生效时就存在的。

高检发释字〔2006〕2 号：附则：本规定中的"直接经济损失"，是指与行为有直接因果关系而造成的财产损毁、减少的实际价值；"间接经济损失"，是指由直接经济损失引起和牵连的其他损失，包括失去的在正常情况下可以获得的利益和为恢复正常的管理活动或者挽回所造成的损失所支付的各种开支、费用等。

有下列情形之一的，虽然有债权存在，但已无法实现债权的，可以认定为已经造成了经济损失：（1）债务人已经法定程序被宣告破产，且无法清偿债务；（2）债务人潜逃，去向不明；（3）因行为人责任，致使超过诉讼时效；（4）有证据证明债权无法实现的其他情况。

第三百九十七条〔1039〕【滥用职权罪、玩忽职守罪】国家机关工作人员〔1040〕滥用职权〔1041〕或者玩忽职守〔1042〕，致使公共财产、

直接经济损失和间接经济损失，是指立案时确已造成的经济损失。移送审查起诉前，犯罪嫌疑人及其亲友自行挽回的经济损失，以及由司法机关或者犯罪嫌疑人所在单位及其上级主管部门挽回的经济损失，不予扣减，但可作为对犯罪嫌疑人从轻处理的情节考虑。

法释〔2012〕18 号：第八条 本解释规定的"经济损失"，是指渎职犯罪或者与渎职犯罪相关联的犯罪立案时已经实际造成的财产损失，包括为挽回渎职犯罪所造成损失而支付的各种开支、费用等。立案后至提起公诉前持续发生的经济损失，应一并计入渎职犯罪造成的经济损失。债务人经法定程序被宣告破产，债务人潜逃、去向不明，或者因行为人的责任超过诉讼时效等，致使债权已经无法实现的，无法实现的债权部分应当认定为渎职犯罪的经济损失。渎职犯罪或者与渎职犯罪相关联的犯罪立案后，犯罪分子及其亲友自行挽回的经济损失，司法机关或者犯罪分子所在单位及其上级主管部门挽回的经济损失，或者因客观原因减少的经济损失，不予扣减，但可以作为酌定从轻处罚的情节。

〔1039〕**《全国人大常委会关于惩治骗购外汇、逃汇和非法买卖外汇犯罪的决定》（1998 年 12 月 29 日）**：六、海关、外汇管理部门的工作人员严重不负责任，造成大量外汇被骗购或者逃汇，致使国家利益遭受重大损失的，依照刑法第三百九十七条的规定定罪处罚。

〔1040〕**高检发释字〔2006〕2 号：附则：**（三）本规定中的"国家机关工作人员"，是指在国家机关中从事公务的人员，包括在各级国家权力机关、行政机关、司法机关和军事机关中从事公务的人员。在依照法律、法规规定行使国家行政管理职权的组织中从事公务的人员，或者在受国家机关委托代表国家

行使职权的组织中从事公务的人员，或者虽未列入国家机关人员编制但在国家机关中从事公务的人员，在代表国家机关行使职权时，视为国家机关工作人员。在乡（镇）以上中国共产党机关、人民政协机关中从事公务的人员，视为国家机关工作人员。

〔1041〕**高检发释字〔2006〕2 号：**一、渎职犯罪案件（一）滥用职权案（第三百九十七条）滥用职权罪是指国家机关工作人员超越职权，违法决定、处理其无权决定、处理的事项，或者违反规定处理公务，致使公共财产、国家和人民利益遭受重大损失的行为。涉嫌下列情形之一的，应予立案：（一）造成死亡 1 人以上，或者重伤 2 人以上，或者重伤 1 人、轻伤 3 人以上，或者轻伤 5 人以上的；（二）导致 10 人以上严重中毒的；（三）造成个人财产直接经济损失 10 万元以上，或者直接经济损失不满 10 万元，但间接经济损失 50 万元以上的；（四）造成公共财产或者法人、其他组织财产直接经济损失 20 万元以上，或者直接经济损失不满 20 万元，但间接经济损失 100 万元以上的；（五）虽未达到 3、4 两项数额标准，但 3、4 两项合计直接经济损失 20 万元以上，或者合计直接经济损失不满 20 万元，但合计间接经济损失 100 万元以上的；（六）造成公司、企业等单位停业、停产 6 个月以上，或者破产的；（七）弄虚作假，不报、缓报、谎报或者授意、指使、强令他人不报、缓报、谎报情况，导致重特大事故危害结果继续、扩大，或者致使抢救、调查、处理工作延误的；（八）严重损害国家声誉，或者造成恶劣社会影响的；（九）其他致使公共财产、国家和人民利益遭受重大损失的情形。

国家机关工作人员滥用职权，符合刑法第九章所规定的特殊渎职罪构成要件的，按照该特殊规定追究刑事责任；主体不符合刑法第九章所规定的特殊渎职罪的主体要件，但滥用职权涉嫌前款第一项至第九项规定情形之一的，按照刑法第三百九十七条的规定以滥用职权罪追究刑事责任。

法释〔2007〕11 号：第三条 国家机关工作人员滥用职权，有下列情形之一，致使盗窃、抢劫、诈骗、抢夺的机动车被办理登记手续，数量达到三辆以上或者价值总额达到三十万元以上的，依照刑法第三百九十七条第一款的规定，以滥用职权罪定罪，处三年以下有期徒刑或者拘役：（一）明知是登记手续不全或者不符合规定的机动车而办理登记手续的；（二）指使他人为明知是登记手续不全或者不符合规定的机动车办理登记手续的；（三）违规或者指使他人违规更改、调换车辆档案的；（四）其他滥用职权的行为。国家机关工作人员疏于审查或者审查不严，致使盗窃、抢劫、诈骗、抢夺的机动车被办理登记手续，数量达到五辆以上或者价值总额达到五十万元以上的，依照刑法第三百九十七条第一款的规定，以玩忽职守罪定罪，处三年以下有期徒刑或者拘役。国家机关工作人员实施前两款规定的行为，致使盗窃、抢劫、诈骗、抢夺的机动车被办理登记手续，分别达到前两款规定数量、数额标准五倍以上的，或者明知是盗窃、抢劫、诈骗、抢夺的机动车而办理登记手续的，属于刑法第三百九十七条第一款规定的"情节特别严重"，处三年以上七年以下有期徒刑。国家机关工作人员徇私舞弊，实施上述行为，构成犯罪的，依照刑法第三百九十七条第二款的规定定罪处罚。

[1042]**高检发释字〔2006〕2 号：**一、渎职犯罪案件（二）玩

忽职守案（第三百九十七条）玩忽职守罪是指国家机关工作人员严重不负责任，不履行或者不认真履行职责，致使公共财产、国家和人民利益遭受重大损失的行为。（主观过失）玩忽职守罪以造成重大损失为构成要件，本质上也属于一种责任事故型犯罪，与其他事故型犯罪所不同的，在于它是公务型事故。涉嫌下列情形之一的，应予立案：（一）造成死亡1人以上，或者重伤3人以上，或者重伤2人、轻伤4人以上，或者重伤1人、轻伤7人以上，或者轻伤10人以上的；（二）导致20人以上严重中毒的；（三）造成个人财产直接经济损失15万元以上，或者直接经济损失不满15万元，但间接经济损失75万元以上的；（四）造成公共财产或者法人、其他组织财产直接经济损失30万元以上，或者直接经济损失不满30万元，但间接经济损失150万元以上的；（五）虽未达到3、4两项数额标准，但3、4两项合计直接经济损失30万元以上，或者合计直接经济损失不满30万元，但合计间接经济损失150万元以上的；（六）造成公司、企业等单位停业、停产1年以上，或者破产的；（七）海关、外汇管理部门的工作人员严重不负责任，造成100万美元以上外汇被骗购或者逃汇1000万美元以上的；（八）严重损害国家声誉，或者造成恶劣社会影响的；（九）其他致使公共财产、国家和人民利益遭受重大损失的情形。（十）国家机关工作人员玩忽职守，符合刑法第九章所规定的特殊渎职罪构成要件的，按照该特殊规定追究刑事责任；主体不符合刑法第九章所规定的特殊渎职罪的主体要件，但玩忽职守涉嫌前款第一项至第九项规定情形之一的，按照刑法第三百九十七条的规定以玩忽职守罪追究刑事责任。

国家和人民利益遭受重大损失的[1043]，处三年以下有期徒刑或者拘役；情节特别严重的[1044]，处三年以上七年以下有期徒刑。本

[1043]**法释〔2012〕18 号：第一条** 国家机关工作人员滥用职权或者玩忽职守，具有下列情形之一的，应当认定为刑法第三百九十七条规定的"致使公共财产、国家和人民利益遭受重大损失"：（一）造成死亡 1 人以上，或者重伤 3 人以上，或者轻伤 9 人以上，或者重伤 2 人、轻伤 3 人以上，或者重伤 1 人、轻伤 6 人以上的；（二）造成经济损失 30 万元以上的；（三）造成恶劣社会影响的；（四）其他致使公共财产、国家和人民利益遭受重大损失的情形。

罗甲、罗乙、朱某、罗丙滥用职权案（检例第 6 号）【关键词】滥用职权罪重大损失恶劣社会影响【要旨】根据刑法规定，滥用职权罪是指国家机关工作人员滥用职权，致使"公共财产、国家和人民利益遭受重大损失"的行为。实践中，对滥用职权"造成恶劣社会影响的"，应当依法认定为"致使公共财产、国家和人民利益遭受重大损失"。

杨某玩忽职守、徇私枉法、受贿案（检例第 8 号）【关键词】玩忽职守罪徇私枉法罪 受贿罪因果关系数罪并罚【要旨】本案要旨有两点：一是渎职犯罪因果关系的认定。如果负有监管职责的国家机关工作人员没有认真履行其监管职责，从而未能有效防止危害结果发生，那么，这些对危害结果具有"原因力"的渎职行为，应认定与危害结果之间具有刑法意义上的因果关系。二是渎职犯罪同时受贿的处罚原则。对于国家机关工作人员实施渎职犯罪并收受贿赂，同时构成受贿罪的，除刑法第三百九十九条有特别规定的外，以渎职犯罪和受贿罪数罪并罚。

[1044]**法释〔2012〕18 号：第一条** 具有下列情形之一的，应当认定为刑法第三百九十七条规定的"情节特别严重"：

法另有规定的，依照规定。

国家机关工作人员徇私舞弊[1045]，犯前款罪的，处五年以下有期徒刑或者拘役；情节特别严重的，处五年以上十年以下有期徒刑。本法另有规定的，依照规定。

第三百九十八条[1046] **【故意泄露国家秘密罪；过失泄露国家秘密罪】** 国家机关工作人员违反保守国家秘密法的规定，故

（一）造成伤亡达到前款第（一）项规定人数3倍以上的；（二）造成经济损失150万元以上的；（三）造成前款规定的损失后果，不报、迟报、谎报或者授意、指使、强令他人不报、迟报、谎报事故情况，致使损失后果持续、扩大或者抢救工作延误的；（四）造成特别恶劣社会影响的；（五）其他特别严重的情节。

[1045]**高检发释字**〔2006〕2号：附则（五）：本规定中的"徇私舞弊"，是指国家机关工作人员为徇私情、私利，故意违背事实和法律，伪造材料，隐瞒情况，弄虚作假的行为。

[1046]**最高人民法院关于审理为境外窃取、刺探、收买、非法提供国家秘密、情报案件具体应用法律若干问题的解释（法释**〔2001〕**4号，2001年1月22日）：第六条** 通过互联网将国家秘密或者情报非法送给境外的机构、组织、个人的，依照刑法第一百一十一条的规定定罪处罚；将国家秘密通过互联网予以发布，情节严重的，依照刑法第三百九十八条的规定定罪处罚。

[1047]**高检发释字**〔2006〕2号：一、渎职犯罪案件（三）故意泄露国家秘密案（第三百九十八条）故意泄露国家秘密罪是指国家机关工作人员或者非国家机关工作人员违反保守国家秘密法，故意使国家秘密被不应知悉者知悉，或者故意使国家秘密超出了限定的接触范围，情节严重的行为。涉嫌下列情形之一的，应予立案：（一）泄露绝密级国家秘密1项（件）以上的；（二）泄露机密级国家秘密2项（件）以上的；（三）泄露秘密级国家秘密3项（件）以上的；（四）向非境外机构、组织、人

意[1047]或者过失[1048]泄露国家秘密[1049]，情节严重的，处三年以下有期徒刑或者拘役；情节特别严重的，处三年以上七年以下有期徒刑。

非国家机关工作人员犯前款罪的，依照前款的规定酌情处罚。

第三百九十九条（刑四）**【徇私枉法罪】**司法工作人员徇私枉法、徇情枉法，对明知是无罪的人而使他受追诉、对明知是有罪的人而故意包庇不使他受追诉，或者在刑事审判活动中故意违背事实

员泄露国家秘密，造成或者可能造成危害社会稳定、经济发展、国防安全或者其他严重危害后果的；（五）通过口头、书面或者网络等方式向公众散布、传播国家秘密的；（六）利用职权指使或者强迫他人违反国家保守秘密法的规定泄露国家秘密的；（七）以牟取私利为目的泄露国家秘密的；（八）其他情节严重的情形。

[1048]**高检发释字〔2006〕2号：**一、渎职犯罪案件（四）过失泄露国家秘密案（第三百九十八条）过失泄露国家秘密罪是指国家机关工作人员或者非国家机关工作人员违反保守国家秘密法，过失泄露国家秘密，或者遗失国家秘密载体，致使国家秘密被不应知悉者知悉或者超出了限定的接触范围，情节严重的行为。涉嫌下列情形之一的，应予立案：（一）泄露绝密级国家秘密1项（件）以上的；（二）泄露机密级国家秘密3项（件）以上的；（三）泄露秘密级国家秘密4项（件）以上的；（四）违反保密规定，将涉及国家秘密的计算机或者计算机信息系统与互联网相连接，泄露国家秘密的；（五）泄露国家秘密或者遗失国家秘密载体，隐瞒不报、不如实提供有关情况或者不采取补救措施的；（六）其他情节严重的情形。

[1049]**刑事审判参考案例第210号：**于萍故意泄露国家秘密案：辩护律师将在法院复制的案件证据材料让被告人亲属查阅的行为不构成故意泄露国家秘密罪。

和法律作枉法裁判的^[1050]，处五年以下有期徒刑或者拘役；情节严重的，处五年以上十年以下有期徒刑；情节特别严重的，处十年以上有期徒刑。

[1050]**高检发释字〔2006〕2 号：**一、渎职犯罪案件（五）徇私枉法案（第三百九十九条第一款）徇私枉法罪是指司法工作人员徇私枉法、徇情枉法，对明知是无罪的人而使他受追诉、对明知是有罪的人而故意包庇不使他受追诉，或者在刑事审判活动中故意违背事实和法律作枉法裁判的行为。涉嫌下列情形之一的，应予立案：（一）对明知是没有犯罪事实或者其他依法不应当追究刑事责任的人，采取伪造、隐匿、毁灭证据或者其他隐瞒事实、违反法律的手段，以追究刑事责任为目的立案、侦查、起诉、审判的；（二）对明知是有犯罪事实需要追究刑事责任的人，采取伪造、隐匿、毁灭证据或者其他隐瞒事实、违反法律的手段，故意包庇使其不受立案、侦查、起诉、审判的；（三）采取伪造、隐匿、毁灭证据或者其他隐瞒事实、违反法律的手段，故意使罪重的人受较轻的追诉，或者使罪轻的人受较重的追诉的；（四）在立案后，采取伪造、隐匿、毁灭证据或者其他隐瞒事实、违反法律的手段，应当采取强制措施而不采取强制措施，或者虽然采取强制措施，但中断侦查或者超过法定期限不采取任何措施，实际放任不管，以及违法撤销、变更强制措施，致使犯罪嫌疑人、被告人实际脱离司法机关侦控的；在刑事审判活动中故意违背事实和法律，作出枉法判决、裁定，即有罪判无罪、无罪判有罪，或者重罪轻判、轻罪重判的；（五）其他徇私枉法应予追究刑事责任的情形。

【民事、行政枉法裁判罪】在民事、行政审判活动中故意违背事实和法律作枉法裁判，情节严重的[1051]，处五年以下有期徒刑或者拘役；情节特别严重的，处五年以上十年以下有期徒刑。

【执行判决、裁定失职罪；执行判决、裁定滥用职权罪】在执行判决、裁定活动中，严重不负责任或者滥用职权，不依法采取诉讼保全措施、不履行法定执行职责，或者违法采取诉讼保全措施、强制执行措施，致使当事人或者其他人的利益遭受重大损失的[1052]，处五年以下有期徒刑或者拘役；致使当事人或者其他人

[1051]**高检发释字〔2006〕2号：** 一、渎职犯罪案件（六）民事、行政枉法裁判案（第三百九十九条第二款）民事、行政枉法裁判罪是指司法工作人员在民事、行政审判活动中，故意违背事实和法律作枉法裁判，情节严重的行为。涉嫌下列情形之一的，应予立案：（一）枉法裁判，致使当事人或者其近亲属自杀、自残造成重伤、死亡，或者精神失常的；（二）枉法裁判，造成个人财产直接经济损失10万元以上，或者直接经济损失不满10万元，但间接经济损失50万元以上的；（三）枉法裁判，造成法人或者其他组织财产直接经济损失20万元以上，或者直接经济损失不满20万元，但间接经济损失100万元以上的；（四）伪造、变造有关材料、证据，制造假案枉法裁判的；（五）串通当事人制造伪证，毁灭证据或者篡改庭审笔录而枉法裁判的；（六）徇私情、私利，明知是伪造、变造的证据予以采信，或者故意对应当采信的证据不予采信，或者故意违反法定程序，或者故意错误适用法律而枉法裁判的；（七）其他情节严重的情形。

[1052]**高检发释字〔2006〕2号：** 一、渎职犯罪案件（七）执

行判决、裁定失职案（第三百九十九条第三款）执行判决、裁定失职罪是指司法工作人员在执行判决、裁定活动中，严重不负责任，不依法采取诉讼保全措施、不履行法定执行职责，或者违法采取保全措施、强制执行措施，致使当事人或者其他人的利益遭受重大损失的行为。涉嫌下列情形之一的，应予立案：（一）致使当事人或者其近亲属自杀、自残造成重伤、死亡，或者精神失常的；（二）造成个人财产直接经济损失15万元以上，或者直接经济损失不满15万元，但间接经济损失75万元以上的；（三）造成法人或者其他组织财产直接经济损失30万元以上，或者直接经济损失不满30万元，但间接经济损失150万元以上的；（四）造成公司、企业等单位停业、停产1年以上，或者破产的；（五）其他致使当事人或者其他人的利益遭受重大损失的情形。

（八）执行判决、裁定滥用职权案（第三百九十九条第三款）执行判决、裁定滥用职权罪是指司法工作人员在执行判决、裁定活动中，滥用职权，不依法采取诉讼保全措施、不履行法定执行职责，或者违法采取保全措施、强制执行措施，致使当事人或者其他人的利益遭受重大损失的行为。涉嫌下列情形之一的，应予立案：（一）致使当事人或者其近亲属自杀、自残造成重伤、死亡，或者精神失常的；（二）造成个人财产直接经济损失10万元以上，或者直接经济损失不满10万元，但间接经济损失50万元以上的；（三）造成法人或者其他组织财产直接经济损失20万元以上，或者直接经济损失不满20万元，但间接经济损失100万元以上的；（四）造成公司、企业等单位停业、停产6个月以上，或者破产的；（五）其他致使当事人或者其他人的利益遭受重大损失的情形。

的利益遭受特别重大损失的，处五年以上十年以下有期徒刑。[1053]

司法工作人员收受贿赂[1054]，有前三款行为的，同时又构成本法第三百八十五条（受贿罪）规定之罪的，依照处罚较重的规定定罪处罚。

第三百九十九条之一（刑六）**【枉法仲裁罪】**依法承担仲裁职责的人员[1055]，在仲裁活动中故意违背事实和法律作枉法裁决的，情节严重的，处三年以下有期徒刑或者拘役；情节特别严重的，处三年以上七年以下有期徒刑。

第四百条【私放在押人员罪】司法工作人员[1056]私放在押的

[1053]《**关于〈中华人民共和国刑法修正案（四）（草案）〉的说明**》：上述行为，按照刑法第三百九十七条规定的滥用职权罪和玩忽职守罪是可以追究的，在司法实践中对这种行为没有及时追究刑事责任，主要是由于对这种行为未作具体规定，司法机关在适用法律时认识不明确造成的。因此，对发生在修正案公布以前的这类行为仍应追究刑事责任。

[1054]**编者注：**《刑法修正案（四）》将"贪赃枉法"改为"收受贿赂"。

[1055]**编者注：**依法承担仲裁职责的人，是指依据法律、行政法规和部门规章的规定承担仲裁的人员，不仅包括依据仲裁法的规定，在独立于行政机关、与行政机关没有隶属关系的仲裁委员会对民商事争议承担仲裁职责的人，而且包括依据劳动法、公务员法、体育法、著作权法、《反兴奋剂条件》、《企业劳动争议处理条例》等规定，在有政府行政主管部门代表参加组成的仲裁机构中对法律、行政法规、部门规章规定的特殊争议承担仲裁职责的人员。

[1056]《**最高人民检察院关于工人等非监禁机关在编监管人员私放在押人员行为和失职致使在押人员脱逃行为适用法律问题的解释**》（高检发释字〔2001〕2号，2001年1月2日）：工人

犯罪嫌疑人、被告人或者罪犯的[1057]，处五年以下有期徒刑或者拘役；情节严重的，处五年以上十年以下有期徒刑；情节特别严重的，处十年以上有期徒刑。

　　【失职致使在押人员脱逃罪】 司法工作人员[1058]由于严重不负责任，致使在押的犯罪嫌疑人、被告人或者罪犯脱逃，造成严重后

等非监禁机关在编监管人员在被监管机关聘用受委托履行监管职责的过程中私放在押人员的，应以私放在押人员罪追究刑事责任。

〔1057〕**高检发释字〔2006〕2 号**：一、渎职犯罪案件（九）私放在押人员案（第四百条第一款）私放在押人员罪是指司法工作人员私放在押（**编者注：包括在羁押场所和押解途中**）的犯罪嫌疑人、被告人或者罪犯的行为。涉嫌下列情形之一的，应予立案：（一）私自将在押的犯罪嫌疑人、被告人、罪犯放走，或者授意、指使、强迫他人将在押的犯罪嫌疑人、被告人、罪犯放走的；（二）伪造、变造有关法律文书、证明材料，以使在押的犯罪嫌疑人、被告人、罪犯逃跑或者被释放的；（三）为私放在押的犯罪嫌疑人、被告人、罪犯，故意向其通风报信、提供条件，致使该在押的犯罪嫌疑人、被告人、罪犯脱逃的；（四）其他私放在押的犯罪嫌疑人、被告人、罪犯应予追究刑事责任的情形。

〔1058〕**《最高人民法院关于未被公安机关正式录用的人员、狱医能否构成失职致使在押人员脱逃罪主体问题的批复》（法释〔2000〕28 号，2000 年 9 月 22 日）**：不负监管职责的狱医，不构成失职致使在押人员脱逃罪的主体。但是受委派承担了监管职责的狱医，由于严重不负责任，致使在押人员脱逃，造成严重后果的，应当依刑法第四百条第二款的规定定罪处罚。

果的[1059]，处三年以下有期徒刑或者拘役；造成特别严重后果的，处三年以上十年以下有期徒刑。

第四百零一条【徇私舞弊减刑、假释、暂予监外执行罪】 司法工作人员徇私舞弊，对不符合减刑、假释、暂予监外执行条件的罪犯，予以减刑、假释或者暂予监外执行的[1060]，处三年以下有期徒刑或者拘役；情节严重的，处三年以上七年以下有期徒刑。

[1059]**高检发释字〔2006〕2号：** 一、渎职犯罪案件（十）失职致使在押人员脱逃案（第四百条第二款）失职致使在押人员脱逃罪是指司法工作人员由于严重不负责任，不履行或者不认真履行职责，致使在押（包括在羁押场所和押解途中）的犯罪嫌疑人、被告人、罪犯脱逃，造成严重后果的行为。涉嫌下列情形之一的，应予立案：（一）致使依法可能判处或者已经判处十年以上有期徒刑、无期徒刑、死刑的犯罪嫌疑人、被告人、罪犯脱逃的；（二）致使犯罪嫌疑人、被告人、罪犯脱逃3人次以上的；（三）犯罪嫌疑人、被告人、罪犯脱逃以后，打击报复报案人、控告人、举报人、被害人、证人和司法工作人员等，或者继续犯罪的；（四）其他致使在押的犯罪嫌疑人、被告人、罪犯脱逃，造成严重后果的情形。

[1060]**高检发释字〔2006〕2号：** 一、渎职犯罪案件（十一）徇私舞弊减刑、假释、暂予监外执行案（第四百零一条）徇私舞弊减刑、假释、暂予监外执行罪是指司法工作人员徇私舞弊，对不符合减刑、假释、暂予监外执行条件的罪犯予以减刑、假释、暂予监外执行的行为。涉嫌下列情形之一的，应予立案：（一）刑罚执行机关的工作人员对不符合减刑、假释、暂予监外执行条件的罪犯，捏造事实，伪造材料，违法报请减刑、假

　　第四百零二条 【徇私舞弊不移交刑事案件罪】行政执法人员徇私舞弊，对依法应当移交司法机关追究刑事责任的不移交，情节严重的[1061]，处三年以下有期徒刑或者拘役；造成严重后果的，处三年以上七年以下有期徒刑。

释、暂予监外执行的；（二）审判人员对不符合减刑、假释、暂予监外执行条件的罪犯，徇私舞弊，违法裁定减刑、假释或者违法决定暂予监外执行的；（三）监狱管理机关、公安机关的工作人员对不符合暂予监外执行条件的罪犯，徇私舞弊，违法批准暂予监外执行的；（四）不具有报请、裁定、决定或者批准减刑、假释、暂予监外执行权的司法工作人员利用职务上的便利，伪造有关材料，导致不符合减刑、假释、暂予监外执行条件的罪犯被减刑、假释、暂予监外执行的；（五）其他徇私舞弊减刑、假释、暂予监外执行应予追究刑事责任的情形。

[1061]**高检发释字〔2006〕2号：**一、渎职犯罪案件（十二）徇私舞弊不移交刑事案件案（第四百零二条）徇私舞弊不移交刑事案件罪是指工商行政管理、税务、监察等行政执法人员，徇私舞弊，对依法应当移交司法机关追究刑事责任的案件不移交，情节严重的行为。涉嫌下列情形之一的，应予立案：（一）对依法可能判处三年以上有期徒刑、无期徒刑、死刑的犯罪案件不移交的；（二）不移交刑事案件涉及3人次以上的；（三）司法机关提出意见后，无正当理由仍然不予移交的；（四）以罚代刑，放纵犯罪嫌疑人，致使犯罪嫌疑人继续进行违法犯罪活动的；（五）行政执法部门主管领导阻止移交的；（六）隐瞒、毁灭证据，伪造材料，改变刑事案件性质的；（七）直接负责的主管人员和其他直接责任人员为牟取本单位私利而不移交刑事案件，情节严重的；（八）其他情节严重的情形。

第四百零三条【滥用管理公司、证券职权罪】国家有关主管部门的国家机关工作人员，徇私舞弊，滥用职权，对不符合法律规定条件的公司设立、登记申请或者股票、债券发行、上市申请，予以批准或者登记，致使公共财产、国家和人民利益遭受重大损失的〔1062〕，处五年以下有期徒刑或者拘役。

胡某、郑某徇私舞弊不移交刑事案件案（检例第 7 号）
【关键词】诉讼监督徇私舞弊不移交刑事案件罪**【要旨】**诉讼监督，是人民检察院依法履行法律监督的重要内容。实践中，检察机关和办案人员应当坚持办案与监督并重，建立健全行政执法与刑事司法有效衔接的工作机制，善于在办案中发现各种职务犯罪线索；对于行政执法人员徇私舞弊，不移送有关刑事案件构成犯罪的，应当依法追究刑事责任。

〔1062〕**高检发释字〔2006〕2 号：**一、渎职犯罪案件（十三）滥用管理公司、证券职权案（第四百零三条）滥用管理公司、证券职权罪是指工商行政管理、证券管理等国家有关主管部门的工作人员徇私舞弊，滥用职权，对不符合法律规定条件的公司设立、登记申请或者股票、债券发行、上市申请予以批准或者登记，致使公共财产、国家和人民利益遭受重大损失的行为，以及上级部门、当地政府强令登记机关及其工作人员实施上述行为的行为。涉嫌下列情形之一的，应予立案：（一）造成直接经济损失 50 万元以上的；（二）工商行政管理部门的工作人员对不符合法律规定条件的公司设立、登记申请，违法予以批准、登记，严重扰乱市场秩序的；（三）金融证券管理机构工作人员对不符合法律规定条件的股票、债券发行、上市申请，违法予以批准，严重损害公众利益，或者严重扰乱金融秩序的；（四）工商行政管理部门、金融证券管理机构的工作人员对不

上级部门强令登记机关及其工作人员实施前款行为的，对其直接负责的主管人员，依照前款的规定处罚。

第四百零四条【徇私舞弊不征、少征税款罪】 税务机关的工作人员徇私舞弊，不征或者少征应征税款，致使国家税收遭受重大损失的[1063]，处五年以下有期徒刑或者拘役；造成特别重大损失的，处五年以上有期徒刑。

符合法律规定条件的公司设立、登记申请或者股票、债券发行、上市申请违法予以批准或者登记，致使犯罪行为得逞的；（五）上级部门、当地政府直接负责的主管人员强令登记机关及其工作人员，对不符合法律规定条件的公司设立、登记申请或者股票、债券发行、上市申请予以批准或者登记，致使公共财产、国家或者人民利益遭受重大损失的；（六）其他致使公共财产、国家和人民利益遭受重大损失的情形。

[1063]**高检发释字〔2006〕2号：** 一、渎职犯罪案件（十四）徇私舞弊不征、少征税款案（第四百零四条）徇私舞弊不征、少征税款罪是指税务机关工作人员徇私舞弊，不征、少征应征税款，致使国家税收遭受重大损失的行为。涉嫌下列情形之一的，应予立案：（一）徇私舞弊不征、少征应征税款，致使国家税收损失累计达10万元以上的；（二）上级主管部门工作人员指使税务机关工作人员徇私舞弊不征、少征应征税款，致使国家税收损失累计达10万元以上的；（三）徇私舞弊不征、少征应征税款不满10万元，但具有索取或者收受贿赂或者其他恶劣情节的；（四）其他致使国家税收遭受重大损失的情形。

　　第四百零五条【徇私舞弊发售发票、抵扣税款、出口退税罪】税务机关的工作人员违反法律、行政法规的规定，在办理发售发票、抵扣税款、出口退税工作中，徇私舞弊，致使国家利益遭受重大损失的[1064]，处五年以下有期徒刑或者拘役；致使国家利益遭受特别重大损失的，处五年以上有期徒刑。

　　【违法提供出口退税凭证罪】其他国家机关工作人员违反国家规定，在提供出口货物报关单、出口收汇核销单等出口退税凭证的工作中，徇私舞弊，致使国家利益遭受重大损失的[1065]，依照前款的规定处罚。

[1064]**高检发释字〔2006〕2号：**一、渎职犯罪案件（十五）徇私舞弊发售发票、抵扣税款、出口退税案（第四百零五条第一款）徇私舞弊发售发票、抵扣税款、出口退税罪是指税务机关工作人员违反法律、行政法规的规定，在办理发售发票、抵扣税款、出口退税工作中徇私舞弊，致使国家利益遭受重大损失的行为。涉嫌下列情形之一的，应予立案：（一）徇私舞弊，致使国家税收损失累计达10万元以上的；（二）徇私舞弊，致使国家税收损失累计不满10万元，但发售增值税专用发票25份以上或者其他发票50份以上或者增值税专用发票与其他发票合计50份以上，或者具有索取、收受贿赂或者其他恶劣情节的；（三）其他致使国家利益遭受重大损失的情形。

[1065]**高检发释字〔2006〕2号：**一、渎职犯罪案件（十六）违法提供出口退税凭证案（第四百零五条第二款）违法提供出口退税凭证罪是指海关、外汇管理等国家机关工作人员违反国家规定，在提供出口货物报关单、出口收汇核销单等出口退税凭证的工作中徇私舞弊，致使国家利益遭受重大损失的行为。

第四百零六条 【国家机关工作人员签订、履行合同失职被骗罪】国家机关工作人员在签订、履行合同过程中，因严重不负责任被诈骗，致使国家利益遭受重大损失的[1066]，处三年以下有期徒刑或者拘役；致使国家利益遭受特别重大损失的，处三年以上七年以下有期徒刑。

第四百零七条 【违法发放林木采伐许可证罪】林业主管部门的工作人员违反森林法的规定，超过批准的年采伐限额发放林木采伐许可证或者违反规定滥发林木采伐许可证，情节严重，致使森林遭受严重破坏的[1067]，处三年以下有期徒刑或者拘役。

涉嫌下列情形之一的，应予立案：（一）徇私舞弊，致使国家税收损失累计达10万元以上的；（二）徇私舞弊，致使国家税收损失累计不满10万元，但具有索取、收受贿赂或者其他恶劣情节的；（三）其他致使国家利益遭受重大损失的情形。

[1066]高检发释字〔2006〕2号：一、渎职犯罪案件（十七）国家机关工作人员签订、履行合同失职被骗案（第四百零六条）国家机关工作人员签订、履行合同失职被骗罪是指国家机关工作人员在签订、履行合同过程中，因严重不负责任，不履行或者不认真履行职责被诈骗，致使国家利益遭受重大损失的行为。涉嫌下列情形之一的，应予立案：（一）造成直接经济损失30万元以上，或者直接经济损失不满30万元，但间接经济损失150万元以上的；（二）其他致使国家利益遭受重大损失的情形。

[1067]高检发释字〔2006〕2号：一、渎职犯罪案件（十八）违法发放林木采伐许可证案（第四百零七条）违法发放林木采伐许可证罪是指林业主管部门的工作人员违反森林法的规定，

第四百零八条【环境监管失职罪】负有环境保护监督管理职责的国家机关工作人员严重不负责任，导致发生重大环境污染事故，致使公私财产遭受重大损失或者造成人身伤亡的严重后果的[1068]，处三年以下有期徒刑或者拘役。

超过批准的年采伐限额发放林木采伐许可证或者违反规定滥发林木采伐许可证，情节严重，致使森林遭受严重破坏的行为。涉嫌下列情形之一的，应予立案：（一）发放林木采伐许可证允许采伐数量累计超过批准的年采伐限额，导致林木被超限额采伐10立方米以上的；（二）滥发林木采伐许可证，导致林木被滥伐20立方米以上，或者导致幼树被滥伐1000株以上的；（三）滥发林木采伐许可证，导致防护林、特种用途林被滥伐5立方米以上，或者幼树被滥伐200株以上的；（四）滥发林木采伐许可证，导致珍贵树木或者国家重点保护的其他树木被滥伐的；（五）滥发林木采伐许可证，导致国家禁止采伐的林木被采伐的；（六）其他情节严重，致使森林遭受严重破坏的情形。

林业主管部门工作人员之外的国家机关工作人员，违反森林法的规定，滥用职权或者玩忽职守，致使林木被滥伐40立方米以上或者幼树被滥伐2000株以上，或者致使防护林、特种用途林被滥伐10立方米以上或者幼树被滥伐400株以上，或者致使珍贵树木被采伐、毁坏4立方米或者4株以上，或者致使国家重点保护的其他植物被采伐、毁坏后果严重的，或者致使国家严禁采伐的林木被采伐、毁坏情节恶劣的，按照刑法第三百九十七条的规定以滥用职权罪或者玩忽职守罪追究刑事责任。

[1068]**高检发释字〔2006〕2号：**一、渎职犯罪案件（十九）环境监管失职案（第四百零八条）环境监管失职罪是指负有环境保护监督管理职责的国家机关工作人员严重不负责任，不履行或者不认真履行环境保护监管职责导致发生重大环境污染事

第四百零八条之一（刑八）【食品监管渎职罪】 负有食品安全监督管理职责的国家机关工作人员，滥用职权或者玩忽职守，导致

故，致使公私财产遭受重大损失或者造成人身伤亡的严重后果的行为。涉嫌下列情形之一的，应予立案：（一）造成死亡1人以上，或者重伤3人以上，或者重伤2人、轻伤4人以上，或者重伤1人、轻伤7人以上，或者轻伤10人以上的；（二）导致30人以上严重中毒；造成个人财产直接经济损失15万元以上，或者直接经济损失不满15万元，但间接经济损失75万元以上的；（三）造成公共财产、法人或者其他组织财产直接经济损失30万元以上，或者直接经济损失不满30万元，但间接经济损失150万元以上的；（四）虽未达到3、4两项数额标准，但3、4两项合计直接经济损失30万元以上，或者合计直接经济损失不满30万元，但合计间接经济损失150万元以上的；（五）造成基本农田或者防护林地、特种用途林地10亩以上，或者基本农田以外的耕地50亩以上，或者其他土地70亩以上被严重毁坏的；（六）造成生活饮用水地表水源和地下水源严重污染的；（七）其他致使公私财产遭受重大损失或者造成人身伤亡严重后果的情形。

崔某环境监管失职案（检例第4号）【关键词】渎职罪主体国有事业单位工作人员环境监管失职罪【要旨】 实践中，一些国有公司、企业和事业单位经合法授权从事具体的管理市场经济和社会生活的工作，拥有一定管理公共事务和社会事务的职权，这些实际行使国家行政管理职权的公司、企业和事业单位工作人员，符合渎职罪主体要求；对其实施渎职行为构成犯罪的，应当依照刑法关于渎职罪的规定追究刑事责任。

发生重大食品安全事故或者造成其他严重后果的[1069]，处五年以下有期徒刑或者拘役；造成特别严重后果的，处五年以上十年以下有期徒刑。

徇私舞弊犯前款罪的，从重处罚。

第四百零九条 【传染病防治失职罪】 从事传染病防治的政府卫生行政部门的工作人员严重不负责任，导致传染病传播或者流行，情节严重的[1070]，处三年以下有期徒刑或者拘役。

[1069]《最高人民法院、最高人民检察院关于办理危害食品安全刑事案件适用法律若干问题的解释》（法释〔2013〕12 号，2013 年 5 月 4 日）：**第十六条** 负有食品安全监督管理职责的国家机关工作人员，滥用职权或者玩忽职守，导致发生重大食品安全事故或者造成其他严重后果，同时构成食品监管渎职罪和徇私舞弊不移交刑事案件罪、商检徇私舞弊罪、动植物检疫徇私舞弊罪、放纵制售伪劣商品犯罪行为罪等其他渎职犯罪的，依照处罚较重的规定定罪处罚。负有食品安全监督管理职责的国家机关工作人员滥用职权或者玩忽职守，不构成食品监管渎职罪，但构成前款规定的其他渎职犯罪的，依照该其他犯罪定罪处罚。负有食品安全监督管理职责的国家机关工作人员与他人共谋，利用其职务行为帮助他人实施危害食品安全犯罪行为，同时构成渎职犯罪和危害食品安全犯罪共犯的，依照处罚较重的规定定罪处罚。

[1070] 高检发释字〔2006〕2 号：一、渎职犯罪案件（二十）传染病防治失职案（第四百零九条）传染病防治失职罪是指从事传染病防治的政府卫生行政部门的工作人员严重不负责任，不履行或者不认真履行传染病防治监管职责，导致传染病传播或者流行，情节严重的行为。涉嫌下列情形之一的，应予立案：（一）导致甲类传染病传播的；（二）导致乙类、丙类传染病流行的；（三）因传染病传播或者流行，造成人员重伤或者死亡

第四百一十条【非法批准征收、征用、占用土地罪；非法低价出让国有土地使用权罪】国家机关工作人员徇私舞弊，违反土地管理法规^{〔1071〕}，滥用职权，非法批准征收^{〔1072〕}、征用、占用土地^{〔1073〕}或

的；（四）因传染病传播或者流行，严重影响正常的生产、生活秩序的；（五）在国家对突发传染病疫情等灾害采取预防、控制措施后，对发生突发传染病疫情等灾害的地区或者突发传染病病人、病原携带者、疑似突发传染病病人，未按照预防、控制突发传染病疫情等灾害工作规范的要求做好防疫、检疫、隔离、防护、救治等工作，或者采取的预防、控制措施不当，造成传染范围扩大或者疫情、灾情加重的；（六）在国家对突发传染病疫情等灾害采取预防、控制措施后，隐瞒、缓报、谎报或者授意、指使、强令他人隐瞒、缓报、谎报疫情、灾情，造成传染范围扩大或者疫情、灾情加重的；（七）在国家对突发传染病疫情等灾害采取预防、控制措施后，拒不执行突发传染病疫情等灾害应急处理指挥机构的决定、命令，造成传染范围扩大或者疫情、灾情加重的；（八）其他情节严重的情形。**编者注**：本立案标准吸收了《最高人民法院、最高人民检察院关于办理妨害预防、控制突发传染病疫情等灾害的刑事案件具体应用法律若干问题的解释》第十六条的规定。

〔1071〕**编者注**：2001年8月31日第九届全国人大常委会第二十三次会议作出立法解释，"违反土地管理法规"，是指违反土地管理法、森林法、草原法等法律以及有关行政法规中关于土地的规定。

〔1072〕**编者注**：根据2009年6月27日《全国人民代表大会常务委员会关于修改部分法律的决定》修改。

〔1073〕**编者注**：2001年8月31日第九届全国人大常委会第二十三次会议讨论了第四百一十条规定的"非法批准征用、

者非法低价出让国有土地使用权，情节严重的〔1074〕，处三年以下

占用土地"的含义问题。

　　高检发释字〔2006〕2 号：一、渎职犯罪案件（二十一）非法批准征用、占用土地案（第四百一十条）非法批准征用、占用土地是指非法批准征用、占用耕地、林地等农用地以及其他土地。现予公告。非法批准征用、占用土地罪是指国家机关工作人员徇私舞弊，违反土地管理法、森林法、草原法等法律以及有关行政法规中关于土地管理的规定，滥用职权，非法批准征用、占用耕地、林地等农用地以及其他土地，情节严重的行为。涉嫌下列情形之一的，应予立案：（一）非法批准征用、占用基本农田 10 亩以上的；（二）非法批准征用、占用基本农田以外的耕地 30 亩以上的；（三）非法批准征用、占用其他土地 50 亩以上的；（四）虽未达到上述数量标准，但造成有关单位、个人直接经济损失 30 万元以上，或者造成耕地大量毁坏或者植被遭到严重破坏的；（五）非法批准征用、占用土地，影响群众生产、生活，引起纠纷，造成恶劣影响或者其他严重后果的；（六）非法批准征用、占用防护林地、特种用途林地分别或者合计 10 亩以上的；（七）非法批准征用、占用其他林地 20 亩以上的；（八）非法批准征用、占用林地造成直接经济损失 30 万元以上，或者造成防护林地、特种用途林地分别或者合计 5 亩以上或者其他林地 10 亩以上毁坏的；（九）其他情节严重的情形。

〔1074〕**高检发释字〔2006〕2 号**：一、渎职犯罪案件（二十二）非法低价出让国有土地使用权案（第四百一十条）非法低价出让国有土地使用权罪是指国家机关工作人员徇私舞弊，违反土地管理法、森林法、草原法等法律以及有关行政法规中关于土地管理的规定，滥用职权，非法低价出让国有土地使用权，情节严重的行为。涉嫌下列情形之一的，应予立案：（一）非

有期徒刑或者拘役；致使国家或者集体利益遭受特别重大损失的[1075]，处三年以上七年以下有期徒刑。

第四百一十一条 【放纵走私罪】 海关工作人员徇私舞弊，放纵走私，情节严重的[1076]，处五年以下有期徒刑或者拘役；情节特别严重的，处五年以上有期徒刑。

法低价出让国有土地 30 亩以上，并且出让价额低于国家规定的最低价额标准的百分之六十的；（二）造成国有土地资产流失价额 30 万元以上的；（三）非法低价出让国有土地使用权，影响群众生产、生活，引起纠纷，造成恶劣影响或者其他严重后果的；（四）非法低价出让林地合计 30 亩以上，并且出让价额低于国家规定的最低价额标准的百分之六十的；（五）造成国有资产流失 30 万元以上的；（六）其他情节严重的情形。

[1075]**法释〔2012〕15 号：第三条** 国家机关工作人员徇私舞弊，违反草原法等土地管理法规，具有下列情形之一的，应当认定为刑法第四百一十条规定的"情节严重"：（一）非法批准征收、征用、占用草原四十亩以上的；（二）非法批准征收、征用、占用草原，造成二十亩以上草原被毁坏的；（三）非法批准征收、征用、占用草原，造成直接经济损失三十万元以上，或者具有其他恶劣情节的。

　　具有下列情形之一，应当认定为刑法第四百一十条规定的"致使国家或者集体利益遭受特别重大损失"：（一）非法批准征收、征用、占用草原八十亩以上的；（二）非法批准征收、征用、占用草原，造成四十亩以上草原被毁坏的；（三）非法批准征收、征用、占用草原，造成直接经济损失六十万元以上，或者具有其他特别恶劣情节的。

[1076]**高检发释字〔2006〕2 号：** 一、渎职犯罪案件（二十三）

第四百一十二条【商检徇私舞弊罪】国家商检部门、商检机构的工作人员徇私舞弊，伪造检验结果的[1077]，处五年以下有期徒刑或者拘役；造成严重后果的，处五年以上十年以下有期徒刑。

【商检失职罪】前款所列人员严重不负责任，对应当检验的物品不检验，或者延误检验出证、错误出证，致使国家利益遭受重大损失的[1078]，处三年以下有期徒刑或者拘役。

放纵走私案（第四百一十一条）放纵走私罪是指海关工作人员徇私舞弊，放纵走私，情节严重的行为。涉嫌下列情形之一的，应予立案：（一）放纵走私犯罪的；（二）因放纵走私致使国家应收税额损失累计达10万元以上的；（三）放纵走私行为3起次以上的；（四）放纵走私行为，具有索取或者收受贿赂情节的；（五）其他情节严重的情形。

[1077]**高检发释字〔2006〕2号**：一、渎职犯罪案件（二十四）商检徇私舞弊案（第四百一十二条第一款）商检徇私舞弊罪是指出入境检验检疫机关、检验检疫机构工作人员徇私舞弊，伪造检验结果的行为。涉嫌下列情形之一的，应予立案：（一）采取伪造、变造的手段对报检的商品的单证、印章、标志、封识、质量认证标志等作虚假的证明或者出具不真实的证明结论的；（二）将送检的合格商品检验为不合格，或者将不合格商品检验为合格的；（三）对明知是不合格的商品，不检验而出具合格检验结果的；（四）其他伪造检验结果应予追究刑事责任的情形。

[1078]**高检发释字〔2006〕2号**：一、渎职犯罪案件（二十五）商检失职案（第四百一十二条第二款）商检失职罪是指出

第四百一十三条 【动植物检疫徇私舞弊罪】 动植物检疫机关的检疫人员徇私舞弊，伪造检疫结果的[1079]，处五年以下有期徒刑或者拘役；造成严重后果的，处五年以上十年以下有期徒刑。

入境检验检疫机关、检验检疫机构工作人员严重不负责任，对应当检验的物品不检验，或者延误检验出证、错误出证，致使国家利益遭受重大损失的行为。涉嫌下列情形之一的，应予立案：（一）致使不合格的食品、药品、医疗器械等商品出入境，严重危害生命健康的；（二）造成个人财产直接经济损失 15 万元以上，或者直接经济损失不满 15 万元，但间接经济损失 75 万元以上的；（三）造成公共财产、法人或者其他组织财产直接经济损失 30 万元以上，或者直接经济损失不满 30 万元，但间接经济损失 150 万元以上的；（四）未经检验，出具合格检验结果，致使国家禁止进口的固体废物、液态废物和气态废物等进入境内的；（五）不检验或者延误检验出证、错误出证，引起国际经济贸易纠纷，严重影响国家对外经贸关系，或者严重损害国家声誉的；（六）其他致使国家利益遭受重大损失的情形。

[1079] **高检发释字〔2006〕2 号**：一、渎职犯罪案件（二十六）动植物检疫徇私舞弊案（第四百一十三条第一款）动植物检疫徇私舞弊罪是指出入境检验检疫机关、检验检疫机构工作人员徇私舞弊，伪造检疫结果的行为。涉嫌下列情形之一的，应予立案：（一）采取伪造、变造的手段对检疫的单证、印章、标志、封识等作虚假的证明或者出具不真实的结论的；（二）将送检的合格动植物检疫为不合格，或者将不合格动植物检疫为合格的；对明知是不合格的动植物，不检疫而出具合格检疫结果的；（三）其他伪造检疫结果应予追究刑事责任的情形。

【动植物检疫失职罪】 前款所列人员严重不负责任，对应当检疫的检疫物不检疫，或者延误检疫出证、错误出证，致使国家利益遭受重大损失的[1080]，处三年以下有期徒刑或者拘役。

第四百一十四条 【放纵制售伪劣商品犯罪行为罪】 对生产、销售伪劣商品犯罪行为负有追究责任的国家机关工作人员，徇私舞弊，不履行法律规定的追究职责，情节严重的[1081]，处五年以下有期徒刑或者拘役。

[1080] **高检发释字〔2006〕2号**：一、渎职犯罪案件（二十七）动植物检疫失职案（第四百一十三条第二款）动植物检疫失职罪是指出入境检验检疫机关、检验检疫机构工作人员严重不负责任，对应当检疫的检疫物不检疫，或者延误检疫出证、错误出证，致使国家利益遭受重大损失的行为。涉嫌下列情形之一的，应予立案：（一）导致疫情发生，造成人员重伤或者死亡的；（二）导致重大疫情发生、传播或者流行的；（三）造成个人财产直接经济损失15万元以上，或者直接经济损失不满15万元，但间接经济损失75万元以上的；（四）造成公共财产或者法人、其他组织财产直接经济损失30万元以上，或者直接经济损失不满30万元，但间接经济损失150万元以上的；（五）不检疫或者延误检疫出证、错误出证，引起国际经济贸易纠纷，严重影响国家对外经贸关系，或者严重损害国家声誉的；（六）其他致使国家利益遭受重大损失的情形。

[1081] **《最高人民法院、最高人民检察院关于办理生产、销售伪劣商品刑事案件具体应用法律若干问题的解释》（法释〔2001〕10号，2001年4月5日）**：第八条 国家机关工作

第四百一十五条【办理偷越国（边）境人员出入境证件罪，放行偷越国（边）境人员罪】负责办理护照、签证以及其他出入境证件的国家机关工作人员，对明知是企图偷越国（边）境的人

人员徇私舞弊，对生产、销售伪劣商品犯罪不履行法律规定的查处职责，具有下列情形之一的，属于刑法第四百一十四条规定的"情节严重"：（一）放纵生产、销售假药或者有毒、有害食品犯罪行为的；（二）放纵依法可能判处二年有期徒刑以上刑罚的生产、销售伪劣商品犯罪行为的；（三）对三个以上有生产、销售伪劣商品犯罪行为的单位或者个人不履行追究职责的；（四）致使国家和人民利益遭受重大损失或者造成恶劣影响的。

高检发释字〔2006〕2号：一、渎职犯罪案件（二十八）放纵制售伪劣商品犯罪行为案（第四百一十四条）放纵制售伪劣商品犯罪行为罪是指对生产、销售伪劣商品犯罪行为负有追究责任的国家机关工作人员徇私舞弊，不履行法律规定的追究职责，情节严重的行为。涉嫌下列情形之一的，应予立案：（一）放纵生产、销售假药或者有毒、有害食品犯罪行为的；（二）放纵生产、销售伪劣农药、兽药、化肥、种子犯罪行为的；（三）放纵依法可能判处三年有期徒刑以上刑罚**（编者注：原为两年）**的生产、销售伪劣商品犯罪行为的；（四）对生产、销售伪劣商品犯罪行为不履行追究职责，致使生产、销售伪劣商品犯罪行为得以继续的；（五）3次以上不履行追究职责，或者对3个以上有生产、销售伪劣商品犯罪行为的单位或者个人不履行追究职责的；（六）其他情节严重的情形。

员，予以办理出入境证件的^{〔1082〕}，或者边防、海关等国家机关工作人员，对明知是偷越国（边）境的人员，予以放行的^{〔1083〕}，处三年以下有期徒刑或者拘役；情节严重的，处三年以上七年以下有期徒刑。

第四百一十六条　**【不解救被拐卖、绑架妇女、儿童罪】**对被拐卖、绑架的妇女、儿童负有解救职责的国家机关工作人员，接到被拐卖、绑架的妇女、儿童及其家属的解救要求或者接到其他人的举报，而对被拐卖、绑架的妇女、儿童不进行解救，造成严重后果的^{〔1084〕}，处五年以下有期徒刑或者拘役。

〔1082〕**高检发释字〔2006〕2号：**一、渎职犯罪案件（二十九）办理偷越国（边）境人员出入境证件案（第四百一十五条）办理偷越国（边）境人员出入境证件罪是指负责办理护照、签证以及其他出入境证件的国家机关工作人员，对明知是企图偷越国（边）境的人员，予以办理出入境证件的行为。

负责办理护照、签证以及其他出入境证件的国家机关工作人员涉嫌在办理护照、签证以及其他出入境证件的过程中，对明知是企图偷越国（边）境的人员而予以办理出入境证件的，应予立案。

〔1083〕**高检发释字〔2006〕2号：**一、渎职犯罪案件（三十）放行偷越国（边）境人员案（第四百一十五条）放行偷越国（边）境人员罪是指边防、海关等国家机关工作人员，对明知是偷越国（边）境的人员予以放行的行为。边防、海关等国家机关工作人员涉嫌在履行职务过程中，对明知是偷越国（边）境的人员而予以放行的，应予立案。

〔1084〕**高检发释字〔2006〕2号：**一、渎职犯罪案件（三十一）不解救被拐卖、绑架妇女、儿童案（第四百一十六条第一款）

【**阻碍解救被拐卖、绑架妇女、儿童罪**】负有解救职责的国家机关工作人员利用职务阻碍解救的[1085]，处二年以上七年以下有期徒刑；情节较轻的，处二年以下有期徒刑或者拘役。

不解救被拐卖、绑架妇女、儿童罪是指对被拐卖、绑架的妇女、儿童负有解救职责的公安、司法等国家机关工作人员接到被拐卖、绑架的妇女、儿童及其家属的解救要求或者接到其他人的举报，而对被拐卖、绑架的妇女、儿童不进行解救，造成严重后果的行为。涉嫌下列情形之一的，应予立案：（一）导致被拐卖、绑架的妇女、儿童或者其家属重伤、死亡或者精神失常的；（二）导致被拐卖、绑架的妇女、儿童被转移、隐匿、转卖，不能及时进行解救的；（三）对被拐卖、绑架的妇女、儿童不进行解救 3 人次以上的；（四）对被拐卖、绑架的妇女、儿童不进行解救，造成恶劣社会影响的；（五）其他造成严重后果的情形。

[1085]**高检发释字〔2006〕2 号：**一、渎职犯罪案件（三十二）阻碍解救被拐卖、绑架妇女、儿童案（第四百一十六条第二款）阻碍解救被拐卖、绑架妇女、儿童罪是指对被拐卖、绑架的妇女、儿童负有解救职责的公安、司法等国家机关工作人员利用职务阻碍解救被拐卖、绑架的妇女、儿童的行为。涉嫌下列情形之一的，应予立案：（一）利用职权，禁止、阻止或者妨碍有关部门、人员解救被拐卖、绑架的妇女、儿童的；（二）利用职务上的便利，向拐卖、绑架者或者收买者通风报信，妨碍解救工作正常进行的；（三）其他利用职务阻碍解救被拐卖、绑架的妇女、儿童应予追究刑事责任的情形。

第四百一十七条【帮助犯罪分子逃避处罚罪[1086]】有查禁犯罪活动职责的国家机关工作人员，向犯罪分子[1087]通风报信[1088]、提供便利，帮助犯罪分子逃避处罚的[1089]，处三年以下有期徒刑或者拘役；情节严重的，处三年以上十年以下有期徒刑。

[1086]**编者注**：该罪系 1997 年刑法新增，其前者为 1991 年《全国人民代表大会常务委员会关于严禁卖淫嫖娼的决定》第九条的基础之上修改而成的，原规定是有查禁卖淫、嫖娼活动职责的国家工作人员，为使违法犯罪分子逃避处罚，向其通风报信、提供便利的，按玩忽职守罪论处。两者比较，刑法扩大了主体范围，同时缩小了犯罪对象的范围。

[1087]**编者注**：在刑法中，犯罪分子有多种含义，既包括犯罪嫌疑人、被告人也包括罪犯。在本罪中，对犯罪分子的认定不能以法院的生效判决为必要条件，否则就根本无法追究刑事责任了，本罪中的犯罪分子，只能是正在实行犯罪或者有证据证明涉嫌犯罪中的"犯罪分子"。

[1088]**编者注**：窝藏罪表现为为犯罪人提供隐藏处所、财物，帮助其逃匿，而不包括通风报信行为，所以一般主体的通风报信行为不构成犯罪，只有负有查禁犯罪活动职责的国家机关工作人员实施的通风报信的行为才构成犯罪。

[1089]**高检发释字〔2006〕2 号**：一、渎职犯罪案件（三十三）帮助犯罪分子逃避处罚案（第四百一十七条）帮助犯罪分子逃避处罚罪是指有查禁犯罪活动职责的司法及公安、国家安全、海关、税务等国家机关工作人员，向犯罪分子通风报信、提供便利，帮助犯罪分子逃避处罚的行为。涉嫌下列情形之一的，应予立案：（一）向犯罪分子泄漏有关部门查禁犯罪活动的部署、人员、措施、时间、地点等情况的；（二）向犯罪分子

第四百一十八条 【招收公务员、学生徇私舞弊罪】 国家机关工作人员在招收公务员、学生工作中徇私舞弊，情节严重的[1090]，处三年以下有期徒刑或者拘役。

提供钱物、交通工具、通讯设备、隐藏处所等便利条件的；（三）向犯罪分子泄漏案情的；（四）帮助、示意犯罪分子隐匿、毁灭、伪造证据，或者串供、翻供的；（五）其他帮助犯罪分子逃避处罚应予追究刑事责任的情形。

[1090] **高检发释字〔2006〕2号**：一、渎职犯罪案件（三十四）招收公务员、学生徇私舞弊案（第四百一十八条）招收公务员、学生徇私舞弊罪是指国家机关工作人员在招收公务员、省级以上教育行政部门组织招收的学生工作中徇私舞弊，情节严重的行为。涉嫌下列情形之一的，应予立案：（一）徇私舞弊，利用职务便利，伪造、变造人事、户口档案、考试成绩或者其他影响招收工作的有关资料，或者明知是伪造、变造的上述材料而予以认可的；（二）徇私舞弊，利用职务便利，帮助5名以上考生作弊的；徇私舞弊招收不合格的公务员、学生3人次以上的；（三）因徇私舞弊招收不合格的公务员、学生，导致被排挤的合格人员或者其近亲属自杀、自残造成重伤、死亡，或者精神失常的；（四）因徇私舞弊招收公务员、学生，导致该项招收工作重新进行的；（五）其他情节严重的情形。

第四百一十九条【失职造成珍贵文物损毁、流失罪】 国家机关工作人员严重不负责任，造成珍贵文物损毁或者流失，后果严重的[1091]，处三年以下有期徒刑或者拘役。

[1091]**高检发释字〔2006〕2 号**：一、渎职犯罪案件（三十五）失职造成珍贵文物损毁、流失案（第四百一十九条）失职造成珍贵文物损毁、流失罪是指文物行政部门、公安机关、工商行政管理部门、海关、城乡建设规划部门等国家机关工作人员严重不负责任，造成珍贵文物损毁或者流失，后果严重的行为。涉嫌下列情形之一的，应予立案：（一）导致国家一、二、三级珍贵文物损毁或者流失的；（二）导致全国重点文物保护单位或者省、自治区、直辖市级文物保护单位损毁的；（三）其他后果严重的情形。

第十章　军人违反职责罪[1092]

第四百二十条【军人违反职责罪的概念】 军人[1093]违反职

〔1092〕**最高人民检察院、解放军总政治部《军人违反职责罪案件立案标准的规定》（以下简称《军人违反职责罪立案标准》）(2013 年 3 月 28 日) 第四十条　本规定自 2013 年 3 月 28 日起施行。2002 年 10 月 31 日总政治部发布的《关于军人违反职责罪案件立案标准的规定（试行)》同时废止。编者注：本章全部罪名的立案标准均来自于本规定，特此说明。**

第三十五条　本规定所称"以上"，包括本数；有关犯罪数额"不满"，是指已达到该数额百分之八十以上。

第三十六条　本规定中的"直接经济损失"，是指与行为有直接因果关系而造成的财产损毁、减少的实际价值；"间接经济损失"，是指由直接经济损失引起和牵连的其他损失，包括失去在正常情况下可能获得的利益和为恢复正常管理活动或者为挽回已经造成的损失所支付的各种费用等。

第三十九条　本规定中财物价值和损失的确定，由部队驻地人民法院、人民检察院和公安机关指定的价格事务机构进行估价。武器装备、军事设施、军用物资的价值和损失，由部队军以上单位的主管部门确定；有条件的，也可以由部队驻地人民法院、人民检察院和公安机关指定的价格事务机构进行估价。

〔1093〕第三十二条　本规定适用于中国人民解放军的现役军官、文职干部、士兵及具有军籍的学员和中国人民武装警察部队的现役警官、文职干部、士兵及具有军籍的学员以及执行军

责[1094]，危害国家军事利益，依照法律应当受刑罚处罚的行为，是军人违反职责罪。

第四百二十一条【战时违抗命令罪】战时违抗命令，对作战造成危害的[1095]，处三年以上十年以下有期徒刑；致使战斗、战役遭受重大损失的，处十年以上有期徒刑、无期徒刑或者死刑。

第四百二十二条【隐瞒、谎报军情罪；拒传、假传军令罪】故意隐瞒、谎报军情或者拒传、假传军令，对作战造成危害的[1096]，处三年以上十年以下有期徒刑；致使战斗、战役遭受重大损失的，

事任务的预备役人员和其他人员涉嫌军人违反职责犯罪的案件。

[1094]《军人违反职责罪立案标准》第三十四条　本规定中的"违反职责"，是指违反国家法律、法规，军事法规、军事规章所规定的军人职责，包括军人的共同职责，士兵、军官和首长的一般职责，各类主管人员和其他从事专门工作的军人的专业职责等。

[1095]《军人违反职责罪立案标准》第一条　战时违抗命令罪是指战时违抗命令，对作战造成危害的行为。违抗命令，是指主观上出于故意，客观上违背、抗拒首长、上级职权范围内的命令，包括拒绝接受命令、拒不执行命令，或者不按照命令的具体要求行动等。战时涉嫌下列情形之一的，应予立案：（一）扰乱作战部署或者贻误战机的；（二）造成作战任务不能完成或者迟缓完成的；（三）造成我方人员死亡一人以上，或者重伤二人以上，或者轻伤三人以上的；（四）造成武器装备、军事设施、军用物资损毁，直接影响作战任务完成的；（五）对作战造成其他危害的。

[1096]《军人违反职责罪立案标准》第二条　隐瞒、谎报军情罪是指故意隐瞒、谎报军情，对作战造成危害的行为。涉嫌下列情形之一的，应予立案：（一）造成首长、上级决策失误的；（二）造成作战任务不能完成或者迟缓完成的；（三）造成我方

处十年以上有期徒刑、无期徒刑或者死刑。

第四百二十三条【投降罪】 在战场上贪生怕死，自动放下武器投降敌人的[1097]，处三年以上十年以下有期徒刑；情节严重的，处十年以上有期徒刑或者无期徒刑。

投降后为敌人效劳的，处十年以上有期徒刑、无期徒刑或者死刑。

第四百二十四条【战时临阵脱逃罪】 战时临阵脱逃的[1098]，处三年以下有期徒刑；情节严重的，处三年以上十年以下有期徒刑；致使战斗、战役遭受重大损失的，处十年以上有期徒刑、无期徒刑或者死刑。

第四百二十五条【擅离、玩忽军事职守罪】 指挥人员和值班、

人员死亡一人以上，或者重伤二人以上，或者轻伤三人以上的；（四）造成武器装备、军事设施、军用物资损毁，直接影响作战任务完成的；（五）对作战造成其他危害的。

第三条 拒传军令罪是指负有传递军令职责的军人，明知是军令而故意拒绝传递或者拖延传递，对作战造成危害的行为。假传军令罪是指故意伪造、篡改军令，或者明知是伪造、篡改的军令而予以传达或者发布，对作战造成危害的行为。涉嫌下列情形之一的，应予立案：（一）造成首长、上级决策失误的；（二）造成作战任务不能完成或者迟缓完成的；（三）造成我方人员死亡一人以上，或者重伤二人以上，或者轻伤三人以上的；（四）造成武器装备、军事设施、军用物资损毁，直接影响作战任务完成的；（五）对作战造成其他危害的。

[1097]《军人违反职责罪立案标准》第四条 投降罪是指在战场上贪生怕死，自动放下武器投降敌人的行为。凡涉嫌投降敌人的，应予立案。

[1098]《军人违反职责罪立案标准》第五条 战时临阵脱逃罪是指在战斗中或者在接受作战任务后，逃离战斗岗位的行为。

值勤人员擅离职守或者玩忽职守，造成严重后果的[1099]，处三年以下有期徒刑或者拘役；造成特别严重后果的，处三年以上七年以下有期徒刑。

战时犯前款罪的，处五年以上有期徒刑。

第四百二十六条【阻碍执行军事职务罪】以暴力、威胁方法，阻碍指挥人员或者值班、值勤人员执行职务的[1100]，处五年以下

凡战时涉嫌临阵脱逃的，应予立案。

[1099]**《军人违反职责罪立案标准》第六条**　擅离、玩忽军事职守罪是指指挥人员和值班、值勤人员擅自离开正在履行职责的岗位，或者在履行职责的岗位上，严重不负责任，不履行或者不正确履行职责，造成严重后果的行为。指挥人员，是指对部队或者部属负有组织、领导、管理职责的人员。专业主管人员在其业务管理范围内，视为指挥人员。值班人员，是指军队各单位、各部门为保持指挥或者履行职责不间断而设立的、负责处理本单位、本部门特定事务的人员。值勤人员，是指正在担任警卫、巡逻、观察、纠察、押运等勤务，或者作战勤务工作的人员。涉嫌下列情形之一的，应予立案：（一）造成重大任务不能完成或者迟缓完成的；（二）造成死亡一人以上，或者重伤三人以上，或者重伤二人、轻伤四人以上，或者重伤一人、轻伤七人以上，或者轻伤十人以上的；（三）造成枪支、手榴弹、爆炸装置或者子弹十发、雷管三十枚、导火索或者导爆索三十米、炸药一千克以上丢失、被盗，或者不满规定数量，但后果严重的，或者造成其他重要武器装备、器材丢失、被盗的；（四）造成武器装备、军事设施、军用物资或者其他财产损毁，直接经济损失三十万元以上，或者直接经济损失、间接经济损失合计一百五十万元以上的；（五）造成其他严重后果的。

[1100]**《军人违反职责罪立案标准》第七条**　阻碍执行军事职务罪是指以暴力、威胁方法，阻碍指挥人员或者值班、值勤人员执行职务的行为。凡涉嫌阻碍执行军事职务的，应予立案。

有期徒刑或者拘役；情节严重的，处五年以上有期徒刑；致人重伤、死亡的，或者有其他特别严重情节的，处无期徒刑或者死刑。战时从重处罚。

第四百二十七条 【指使部属违反职责罪】滥用职权，指使部属进行违反职责的活动，造成严重后果的[1101]，处五年以下有期徒刑或者拘役；情节特别严重的，处五年以上十年以下有期徒刑。

第四百二十八条 【违令作战消极罪】指挥人员违抗命令，临阵畏缩，作战消极，造成严重后果的[1102]，处五年以下有期徒刑；致使战斗、战役遭受重大损失或者有其他特别严重情节的，处五年以上有期徒刑。

〔1101〕**《军人违反职责罪立案标准》第八条** 指使部属违反职责罪是指指挥人员滥用职权，指使部属进行违反职责的活动，造成严重后果的行为。涉嫌下列情形之一的，应予立案：（一）造成重大任务不能完成或者迟缓完成的；（二）造成死亡一人以上，或者重伤二人以上，或者重伤一人、轻伤三人以上，或者轻伤五人以上的；（三）造成武器装备、军事设施、军用物资或者其他财产损毁，直接经济损失二十万元以上，或者直接经济损失、间接经济损失合计一百万元以上的；（四）造成其他严重后果的。

〔1102〕**《军人违反职责罪立案标准》第九条** 违令作战消极罪是指指挥人员违抗命令，临阵畏缩，作战消极，造成严重后果的行为。违抗命令，临阵畏缩，作战消极，是指在作战中故意违背、抗拒执行首长、上级的命令，面临战斗任务而畏难怕险，怯战怠战，行动消极。涉嫌下列情形之一的，应予立案：（一）扰乱作战部署或者贻误战机的；（二）造成作战任务不能完成或者迟缓完成的；（三）造成我方人员死亡一人以上，或者重伤二人以上，或者轻伤三人以上的；（四）造成武器装备、军事设施、军用物资或者其他财产损毁，直接经济损失二十万元以上，

第四百二十九条【拒不救援友邻部队罪】在战场上明知友邻部队处境危急请求救援，能救援而不救援，致使友邻部队遭受重大损失的，对指挥人员[1103]，处五年以下有期徒刑。

第四百三十条【军人叛逃罪】在履行公务期间，擅离岗位，叛逃境外或者在境外叛逃，危害国家军事利益的[1104]，处五年以下有期徒刑或者拘役；情节严重的，处五年以上有期徒刑。

驾驶航空器、舰船叛逃的，或者有其他特别严重情节的，处十年以上有期徒刑、无期徒刑或者死刑。

或者直接经济损失、间接经济损失合计一百万元以上的；（五）造成其他严重后果的。

[1103]**《军人违反职责罪立案标准》第十条**　拒不救援友邻部队罪是指指挥人员在战场上，明知友邻部队面临被敌人包围、追击或者阵地将被攻陷等危急情况请求救援，能救援而不救援，致使友邻部队遭受重大损失的行为。能救援而不救援，是指根据当时自己部队（分队）所处的环境、作战能力及所担负的任务，有条件组织救援却没有组织救援。涉嫌下列情形之一的，应予立案：（一）造成战斗失利的；（二）造成阵地失陷的；（三）造成突围严重受挫的；（四）造成我方人员死亡三人以上，或者重伤十人以上，或者轻伤十五人以上的；（五）造成武器装备、军事设施、军用物资损毁，直接经济损失一百万元以上的；（六）造成其他重大损失的。

[1104]**《军人违反职责罪立案标准》第十一条**　军人叛逃罪是指军人在履行公务期间，擅离岗位，叛逃境外或者在境外叛逃，危害国家军事利益的行为。涉嫌下列情形之一的，应予立案：（一）因反对国家政权和社会主义制度而出逃的；（二）掌握、携带军事秘密出境后滞留不归的；（三）申请政治避难的；（四）公开发表叛国言论的；（五）投靠境外反动机构或者组织的；（六）出逃至交战对方区域的；（七）进行其他危害国家军事利益活动的。

第四百三十一条 【非法获取军事秘密罪】以窃取、刺探、收买方法，非法获取军事秘密的[1105]，处五年以下有期徒刑；情节严重的，处五年以上十年以下有期徒刑；情节特别严重的，处十年以上有期徒刑。

【为境外窃取、刺探、收买、非法提供军事秘密罪】为境外的机构、组织、人员窃取、刺探、收买、非法提供军事秘密的[1106]，处十年以上有期徒刑、无期徒刑或者死刑。

[1105]《军人违反职责罪立案标准》第十二条　非法获取军事秘密罪是指违反国家和军队的保密规定，采取窃取、刺探、收买方法，非法获取军事秘密的行为。军事秘密，是关系国防安全和军事利益，依照规定的权限和程序确定，在一定时间内只限一定范围的人员知悉的事项。内容包括：（一）国防和武装力量建设规划及其实施情况；（二）军事部署，作战、训练以及处置突发事件等军事行动中需要控制知悉范围的事项；（三）军事情报及其来源，军事通信、信息对抗以及其他特种业务的手段、能力，密码以及有关资料；（四）武装力量的组织编制，部队的任务、实力、状态等情况中需要控制知悉范围的事项，特殊单位以及师级以下部队的番号；（五）国防动员计划及其实施情况；（六）武器装备的研制、生产、配备情况和补充、维修能力，特种军事装备的战术技术性能；（七）军事学术和国防科学技术研究的重要项目、成果及其应用情况中需要控制知悉范围的事项；（八）军队政治工作中不宜公开的事项；（九）国防费分配和使用的具体事项，军事物资的筹措、生产、供应和储备等情况中需要控制知悉范围的事项；（十）军事设施及其保护情况中不宜公开的事项；（十一）对外军事交流与合作中不宜公开的事项；（十二）其他需要保密的事项。凡涉嫌非法获取军事秘密的，应予立案。

[1106]《军人违反职责罪立案标准》第十三条　为境外窃取、

　　第四百三十二条【故意泄露军事秘密罪；过失泄露军事秘密罪】 违反保守国家秘密法规，故意或者过失泄露军事秘密，情节严重的[1107]，处五年以下有期徒刑或者拘役；情节特别严重的，处五年以上十年以下有期徒刑。

　　战时犯前款罪的，处五年以上十年以下有期徒刑；情节特别严重的，处十年以上有期徒刑或者无期徒刑。

刺探、收买、非法提供军事秘密罪是指违反国家和军队的保密规定，为境外的机构、组织、人员窃取、刺探、收买、非法提供军事秘密的行为凡涉嫌为境外窃取、刺探、收买、非法提供军事秘密的，应予立案。

[1107]《军人违反职责罪立案标准》第十四条　故意泄露军事秘密罪是指违反国家和军队的保密规定，故意使军事秘密被不应知悉者知悉或者超出了限定的接触范围，情节严重的行为。涉嫌下列情形之一的，应予立案：（一）泄露绝密级或者机密级军事秘密一项（件）以上的；（二）泄露秘密级军事秘密三项（件）以上的；（三）向公众散布、传播军事秘密的；（四）泄露军事秘密造成严重危害后果的；（五）利用职权指使或者强迫他人泄露军事秘密的；（六）负有特殊保密义务的人员泄密的；（七）以牟取私利为目的泄露军事秘密的；（八）执行重大任务时泄密的；（九）有其他情节严重行为的。

　　第十五条　过失泄露军事秘密罪是指违反国家和军队的保密规定，过失泄露军事秘密，致使军事秘密被不应知悉者知悉或者超出了限定的接触范围，情节严重的行为。涉嫌下列情形之一的，应予立案：（一）泄露绝密级军事秘密一项（件）以上的；（二）泄露机密级军事秘密三项（件）以上的；（三）泄露秘密级军事秘密四项（件）以上的；（四）负有特殊保密义务的人员泄密的；（五）泄露军事秘密或者遗失军事秘密载体，不按照规定报告，或者不如实提供有关情况，或者未及时采取补救措施的；（六）有其他情节严重行为的。

第四百三十三条 【战时造谣惑众罪】 战时造谣惑众，动摇军心的[1108]，处三年以下有期徒刑；情节严重的，处三年以上十年以下有期徒刑。

勾结敌人造谣惑众，动摇军心的，处十年以上有期徒刑或者无期徒刑；情节特别严重的，可以判处死刑。

第四百三十四条 【战时自伤罪】 战时自伤身体，逃避军事义务的[1109]，处三年以下有期徒刑；情节严重的，处三年以上七年以下有期徒刑。

第四百三十五条 【逃离部队罪】 违反兵役法规[1110]，逃离部队，情节严重的[1111]，处三年以下有期徒刑或者拘役。

〔1108〕《军人违反职责罪立案标准》第十六条　战时造谣惑众罪是指在战时造谣惑众，动摇军心的行为。造谣惑众，动摇军心，是指故意编造、散布谣言，煽动怯战、厌战或者恐怖情绪，蛊惑官兵，造成或者足以造成部队情绪恐慌、士气不振、军心涣散的行为。凡战时涉嫌造谣惑众，动摇军心的，应予立案。

〔1109〕《军人违反职责罪立案标准》第十七条　战时自伤罪是指在战时为了逃避军事义务，故意伤害自己身体的行为。逃避军事义务，是指逃避临战准备、作战行动、战场勤务和其他作战保障任务等与作战有关的义务。凡战时涉嫌自伤致使不能履行军事义务的，应予立案。

〔1110〕《兵役法》（1984 年 5 月 31 日制定，1998 年 12 月 29 日第一次修订，2011 年 10 月 29 日第二次修订）：第六十七条　现役军人以逃避服兵役为目的，拒绝履行职责或者逃离部队的，按照中央军事委员会的规定给予处分；构成犯罪的，依法追究刑事责任。

〔1111〕《军人违反职责罪立案标准》第十八条　逃离部队罪是指违反兵役法规，逃离部队，情节严重的行为。违反兵役法规，是指违反国防法、兵役法和军队条令条例以及其他有关兵役方

战时犯前款罪的，处三年以上七年以下有期徒刑。

　　第四百三十六条【武器装备肇事罪】违反武器装备[1112]使用规定，情节严重，因而发生责任事故，致人重伤、死亡或者造成其他严重后果的[1113]，处三年以下有期徒刑或者拘役；后果特别严

面的法律规定。逃离部队，是指擅自离开部队或者经批准外出逾期拒不归队。涉嫌下列情形之一的，应予立案：（一）逃离部队持续时间达三个月以上或者三次以上或者累计时间达六个月以上的；（二）担负重要职责的人员逃离部队的；（三）策动三人以上或者胁迫他人逃离部队的；（四）在执行重大任务期间逃离部队的；（五）携带武器装备逃离部队的；（六）有其他情节严重行为的。

　　《最高人民法院、最高人民检察院关于对军人非战时逃离部队的行为能否定罪处罚问题的批复》（法释〔2000〕39号，2000年12月8日）：军人违反兵役法规，在非战时逃离部队，情节严重的，应当依照刑法第四百三十五条第一款的规定定罪处罚。

〔1112〕《军人违反职责罪立案标准》第三十七条　本规定中的"武器装备"，是实施和保障军事行动的武器、武器系统和军事技术器材的统称。

〔1113〕《军人违反职责罪立案标准》第十九条　武器装备肇事罪是指违反武器装备使用规定，情节严重，因而发生责任事故，致人重伤、死亡或者造成其他严重后果的行为。情节严重，是指故意违反武器装备使用规定，或者在使用过程中严重不负责任。涉嫌下列情形之一的，应予立案：（一）影响重大任务完成的；（二）造成死亡一人以上，或者重伤二人以上，或者轻伤三人以上的；（三）造成武器装备、军事设施、军用物资或者其他财产损毁，直接经济损失三十万元以上，或者直接经济损失、间接经济损失合计一百五十万元以上的；（四）严重损害国家和军队声誉，造成恶劣影响的；（五）造成其他严重后果的。

重的，处三年以上七年以下有期徒刑。

　　第四百三十七条 【擅自改变武器装备编配用途罪】 违反武器装备管理规定，擅自改变武器装备的编配用途，造成严重后果的[1114]，处三年以下有期徒刑或者拘役；造成特别严重后果的，处三年以上七年以下有期徒刑。

　　第四百三十八条 【盗窃、抢夺武器装备、军用物资罪】 盗窃、抢夺武器装备或者军用物资[1115]的[1116]，处五年以下有期徒刑或者拘役；情节严重的，处五年以上十年以下有期徒刑；情节特别严重的，处十年以上有期徒刑、无期徒刑或者死刑。

〔1114〕**《军人违反职责罪立案标准》第二十条**　擅自改变武器装备编配用途罪是指违反武器装备管理规定，未经有权机关批准，擅自将编配的武器装备改作其他用途，造成严重后果的行为。涉嫌下列情形之一的，应予立案：（一）造成重大任务不能完成或者迟缓完成的；（二）造成死亡一人以上，或者重伤三人以上，或者重伤二人、轻伤四人以上，或者重伤一人、轻伤七人以上，或者轻伤十人以上的；（三）造成武器装备、军事设施、军用物资或者其他财产损毁，直接经济损失三十万元以上，或者直接经济损失、间接经济损失合计一百五十万元以上的；（四）造成其他严重后果的。

〔1115〕**《军人违反职责罪立案标准》第三十八条**　本规定中的"军用物资"，是除武器装备以外专供武装力量使用的各种物资的统称，包括装备器材、军需物资、医疗物资、油料物资、营房物资等。

〔1116〕**《军人违反职责罪立案标准》第二十一条**　盗窃武器装备罪是指以非法占有为目的，秘密窃取武器装备的行为。抢夺武器装备罪是指以非法占有为目的，乘人不备，公然夺取武器装备的行为。凡涉嫌盗窃、抢夺武器装备的，应予立案。盗窃军用物资

盗窃、抢夺枪支、弹药、爆炸物的，依照本法第一百二十七条（盗窃、抢夺枪支、弹药、爆炸物、危险物质罪）的规定处罚。

第四百三十九条 【非法出卖、转让武器装备罪】 非法出卖、转让军队武器装备的[1117]，处三年以上十年以下有期徒刑；出卖、转让大量武器装备或者有其他特别严重情节的，处十年以上有期徒刑、无期徒刑或者死刑。

第四百四十条 【遗弃武器装备罪】 违抗命令，遗弃武器装备的[1118]，处五年以下有期徒刑或者拘役；遗弃重要或者大量武器装备的，或者有其他严重情节的，处五年以上有期徒刑。

罪是指以非法占有为目的，秘密窃取军用物资的行为。抢夺军用物资罪是指以非法占有为目的，乘人不备，公然夺取军用物资的行为。凡涉嫌盗窃、抢夺军用物资价值二千元以上，或者不满规定数额，但后果严重的，应予立案。

[1117]《军人违反职责罪立案标准》第二十二条 非法出卖、转让武器装备罪是指非法出卖、转让武器装备的行为。出卖、转让，是指违反武器装备管理规定，未经有权机关批准，擅自用武器装备换取金钱、财物或者其他利益，或者将武器装备馈赠他人的行为。涉嫌下列情形之一的，应予立案：（一）非法出卖、转让枪支、手榴弹、爆炸装置的；（二）非法出卖、转让子弹十发、雷管三十枚、导火索或者导爆索三十米、炸药一千克以上，或者不满规定数量，但后果严重的；（三）非法出卖、转让武器装备零部件或者维修器材、设备，致使武器装备报废或者直接经济损失三十万元以上的；（四）非法出卖、转让其他重要武器装备的。

[1118]《军人违反职责罪立案标准》第二十三条 遗弃武器装备罪是指负有保管、使用武器装备义务的军人，违抗命令，故意遗弃武器装备的行为。涉嫌下列情形之一的，应予立案：（一）遗弃枪支、手榴弹、爆炸装置的；（二）遗弃子弹十发、

　　第四百四十一条　【遗失武器装备罪】 遗失武器装备，不及时报告或者有其他严重情节的[1119]，处三年以下有期徒刑或者拘役。

　　第四百四十二条　【擅自出卖、转让军队房地产罪】 违反规定，擅自出卖、转让军队房地产，情节严重的[1120]，对直接责任人员，处三年以下有期徒刑或者拘役；情节特别严重的，处三年以上十年以下有期徒刑。

雷管三十枚、导火索或者导爆索三十米、炸药一千克以上，或者不满规定数量，但后果严重的；（三）遗弃武器装备零部件或者维修器材、设备，致使武器装备报废或者直接经济损失三十万元以上的；（四）遗弃其他重要武器装备的。

[1119]《军人违反职责罪立案标准》第二十四条　遗失武器装备罪是指遗失武器装备，不及时报告或者有其他严重情节的行为。其他严重情节，是指遗失武器装备严重影响重大任务完成的；给人民群众生命财产安全造成严重危害的；遗失的武器装备被敌人或者境外的机构、组织和人员或者国内恐怖组织和人员利用，造成严重后果或者恶劣影响的；遗失的武器装备数量多、价值高的；战时遗失的，等等。凡涉嫌遗失武器装备不及时报告或者有其他严重情节的，应予立案。

[1120]《军人违反职责罪立案标准》第二十五条　擅自出卖、转让军队房地产罪是指违反军队房地产管理和使用规定，未经有权机关批准，擅自出卖、转让军队房地产，情节严重的行为。军队房地产，是指依法由军队使用管理的土地及其地上地下用于营房保障的建筑物、构筑物、附属设施设备，以及其他附着物。涉嫌下列情形之一的，应予立案：（一）擅自出卖、转让军队房地产价值三十万元以上的；（二）擅自出卖、转让军队房地产给境外的机构、组织、人员的；（三）擅自出卖、转让军队房地产严重影响部队正常战备、训练、工作、生活和完成军事任务的；（四）擅自出卖、转让军队房地产给军事设施安全造成严重危害的；（五）有其他情节严重行为的。

　　第四百四十三条 【虐待部属罪】 滥用职权，虐待部属，情节恶劣，致人重伤或者造成其他严重后果的[1121]，处五年以下有期徒刑或者拘役；致人死亡的，处五年以上有期徒刑。

　　第四百四十四条 【遗弃伤病军人罪】 在战场上故意遗弃伤病军人，情节恶劣的，对直接责任人员[1122]，处五年以下有期徒刑。

　　第四百四十五条 【战时拒不救治伤病军人罪】 战时在救护治疗职位上，有条件救治而拒不救治危重伤病军人的[1123]，处五年以下有期徒刑或者拘役；造成伤病军人重残、死亡或者有其他严重情节的，处五年以上十年以下有期徒刑。

〔1121〕《军人违反职责罪立案标准》第二十六条　虐待部属罪是指滥用职权，虐待部属，情节恶劣，致人重伤、死亡或者造成其他严重后果的行为。虐待部属，是指采取殴打、体罚、冻饿或者其他有损身心健康的手段，折磨、摧残部属的行为。情节恶劣，是指虐待手段残酷的；虐待三人以上的；虐待部属三次以上的；虐待伤病残部属的，等等。其他严重后果，是指部属不堪忍受虐待而自杀、自残造成重伤或者精神失常的；诱发其他案件、事故的；导致部属一人逃离部队三次以上，或者二人以上逃离部队的；造成恶劣影响的，等等。凡涉嫌虐待部属，情节恶劣，致人重伤、死亡或者造成其他严重后果的，应予立案。

〔1122〕《军人违反职责罪立案标准》第二十七条　遗弃伤病军人罪是指在战场上故意遗弃我方伤病军人，情节恶劣的行为。涉嫌下列情形之一的，应予立案：（一）为挟嫌报复而遗弃伤病军人的；（二）遗弃伤病军人三人以上的；（三）导致伤病军人死亡、失踪、被俘的；（四）有其他恶劣情节的。

〔1123〕《军人违反职责罪立案标准》第二十八条　战时拒不救治伤病军人罪是指战时在救护治疗职位上，有条件救治而拒不

第四百四十六条 【战时残害居民、掠夺居民财物罪】战时在军事行动地区，残害无辜居民或者掠夺无辜居民财物的[1124]，处五年以下有期徒刑；情节严重的，处五年以上十年以下有期徒刑；情节特别严重的，处十年以上有期徒刑、无期徒刑或者死刑。

第四百四十七条 【私放俘虏罪】私放俘虏的，处五年以下有期徒刑；私放重要俘虏、私放俘虏多人或者有其他严重情节的[1125]，处五年以上有期徒刑。

第四百四十八条 【虐待俘虏罪】虐待俘虏，情节恶劣的[1126]，处三年以下有期徒刑。

救治危重伤病军人的行为。有条件救治而拒不救治，是指根据伤病军人的伤情或者病情，结合救护人员的技术水平、医疗单位的医疗条件及当时的客观环境等因素，能够给予救治而拒绝抢救、治疗。凡战时涉嫌拒不救治伤病军人的，应予立案。

[1124]《军人违反职责罪立案标准》第二十九条 战时残害居民罪是指战时在军事行动地区残害无辜居民的行为。无辜居民，是指对我军无敌对行动的平民。战时涉嫌下列情形之一的，应予立案：（一）故意造成无辜居民死亡、重伤或者轻伤三人以上的；（二）强奸无辜居民的；（三）故意损毁无辜居民财物价值五千元以上，或者不满规定数额，但手段恶劣、后果严重的。战时掠夺居民财物罪是指战时在军事行动地区抢劫、抢夺无辜居民财物的行为。战时涉嫌下列情形之一的，应予立案：（一）抢劫无辜居民财物的；（二）抢夺无辜居民财物价值二千元以上，或者不满规定数额，但手段恶劣、后果严重的。

[1125]《军人违反职责罪立案标准》第三十条 私放俘虏罪是指擅自将俘虏放走的行为。凡涉嫌私放俘虏的，应予立案。

[1126]《军人违反职责罪立案标准》第三十一条 虐待俘虏罪

第四百四十九条【战时缓刑】在战时，对被判处三年以下有期徒刑没有现实危险宣告缓刑的犯罪军人，允许其戴罪立功，确有立功表现时，可以撤销原判刑罚，不以犯罪论处。

第四百五十条【本章适用的主体范围】本章适用于中国人民解放军的现役军官、文职干部、士兵及具有军籍的学员和中国人民武装警察部队的现役警官、文职干部、士兵及具有军籍的学员以及执行军事任务的预备役人员和其他人员。

第四百五十一条【战时的界定】本章所称战时[1127]，是指国家宣布进入战争状态、部队受领作战任务或者遭敌突然袭击时。

部队执行戒严任务或者处置突发性暴力事件时，以战时论。

是指虐待俘虏，情节恶劣的行为。涉嫌下列情形之一的，应予立案：（一）指挥人员虐待俘虏的；（二）虐待俘虏三人以上，或者虐待俘虏三次以上的；（三）虐待俘虏手段特别残忍的；（四）虐待伤病俘虏的；（五）导致俘虏自杀、逃跑等严重后果的；（六）造成恶劣影响的；（七）有其他恶劣情节的。

[1127]《军人违反职责罪立案标准》第三十三条　本规定所称"战时"，是指国家宣布进入战争状态、部队受领作战任务或者遭敌突然袭击时。部队执行戒严任务或者处置突发性暴力事件时，以战时论。

附　则

第四百五十二条【生效日期及法律的废止与保留】 本法自 1997 年 10 月 1 日起施行。

列于本法附件一的全国人民代表大会常务委员会制定的条例、补充规定和决定，已纳入本法或者已不适用，自本法施行之日起，予以废止。

列于本法附件二的全国人民代表大会常务委员会制定的补充规定和决定予以保留，其中，有关行政处罚和行政措施的规定继续有效；有关刑事责任的规定已纳入本法，自本法施行之日起，适用本法规定。

附件一

全国人民代表大会常务委员会制定的下列条例、补充规定和决定，已纳入本法或者已不适用，自本法施行之日起，予以废止：

1. 中华人民共和国惩治军人违反职责罪暂行条例。
2. 关于严惩严重破坏经济的罪犯的决定。
3. 关于严惩严重危害社会治安的犯罪分子的决定。
4. 关于惩治走私罪的补充规定。
5. 关于惩治贪污罪贿赂罪的补充规定。
6. 关于惩治泄露国家秘密犯罪的补充规定。
7. 关于惩治捕杀国家重点保护的珍贵、濒危野生动物犯罪的补充规定。
8. 关于惩治侮辱中华人民共和国国旗国徽罪的决定。

9. 关于惩治盗掘古文化遗址古墓葬犯罪的补充规定。

10. 关于惩治劫持航空器犯罪分子的决定。

11. 关于惩治假冒注册商标犯罪的补充规定。

12. 关于惩治生产、销售伪劣商品犯罪的决定。

13. 关于惩治侵犯著作权的犯罪的决定。

14. 关于惩治违反公司法的犯罪的决定。

15. 关于处理逃跑或者重新犯罪的劳改犯和劳教人员的决定。

附件二

全国人民代表大会常务委员会制定的下列补充规定和决定予以保留，其中，有关行政处罚和行政措施的规定继续有效；有关刑事责任的规定已纳入本法，自本法施行之日起，适用本法规定：

1. 关于禁毒的决定[1128]。

2. 关于惩治走私、制作、贩卖、传播淫秽物品的犯罪分子的决定。

3. 关于严惩拐卖、绑架妇女、儿童的犯罪分子的决定。

4. 关于严禁卖淫嫖娼的决定。

5. 关于惩治偷税、抗税犯罪的补充规定[1129]。

6. 关于严惩组织、运送他人偷越国（边）境犯罪的补充规定。

7. 关于惩治破坏金融秩序犯罪的决定。

8. 关于惩治虚开、伪造和非法出售增值税专用发票犯罪的决定。

[1128]**编者注**：《中华人民共和国禁毒法》（2007 年 12 月 29 日通过，于 2008 年 6 月 1 日起施行）第 71 条废止《全国人大常委会关于禁毒的决定》。

[1129]**编者注**：2009 年 6 月 27 日，《全国人民代表大会常务委员会关于修改部分法律的决定》将第 5 项和第 6 项废止。

刑法规范要目^[1130]

一、刑事立法文件

1. 《中华人民共和国刑法》由第八届全国人大第五次会议于 1997 年 3 月 14 日修订，同年 10 月 1 日起施行。

2. 《刑法修正案》由第九届全国人大常务委员会第十三次会议于 1999 年 12 月 25 日通过。

3. 《刑法修正案（二）》由第九届全国人大常务委员会第二十三次会议于 2001 年 8 月 31 日通过。

4. 《刑法修正案（三）》由第九届全国人大常务委员会第二十五次会议于 2001 年 12 月 29 日通过。

5. 《刑法修正案（四）》由第九届全国人大常务委员会第三十一次会议于 2002 年 12 月 28 日通过。

6. 《刑法修正案（五）》由第九届全国人大常务委员会第三十一次会议于 2005 年 2 月 28 日通过。

7. 《刑法修正案（六）》由第十届全国人大常务委员会第二十

〔1130〕**编者注**：1. 本刑事法律规范要目，包括刑法及其各个修正案，以及全国人大常委会涉及犯罪与刑罚方面的决定，并按发布时间排序，但刑法的立法解释和司法解释则不再按发布时间排序，而是根据类罪的相关性进行排序。2. 本刑事法律规范要目中加入了最高人民法院和最高人民检察院发布的指导性案例和典型案例。3. 本刑事法律规范要目还加入了与罪名相关的法律或行政法规，以便读者更有效地使用本书。

二次会议于 2006 年 6 月 29 日通过。

8. 《刑法修正案（七）》由第十一届全国人大常务委员会第七次会议于 2009 年 2 月 28 日通过。

9. 《刑法修正案（八）》由第十一届全国人大常务委员会第十九次会议于 2011 年 2 月 25 日通过。

二、全国人大常委会涉及犯罪与刑罚方面的决定

1. 《全国人大常委会关于惩治走私、制作、贩卖、传播淫秽物品的犯罪分子的决定》[1031]，1990 年 12 月 28 日。

2. 《全国人大常委会关于严禁卖淫嫖娼的决定》[1032]，1991 年 9 月 4 日。

3. 《全国人大常委会关于惩治破坏金融秩序犯罪的决定》，1995 年 6 月 30 日。

4. 《全国人大常委会关于严惩拐卖、绑架妇女、儿童的犯罪分子的决定》[1033]，1991 年 9 月 4 日。

5. 《全国人大常委会关于惩治虚开、伪造和非法出售增值税专用发票犯罪的决定》，1995 年 10 月 30 日。

6. 《全国人大常委会关于惩治骗购外汇、逃汇和非法买卖外汇犯罪的决定》，1998 年 12 月 29 日。

7. 《全国人大常委会关于取缔邪教组织、防范和惩治邪教活动的决定》，1999 年 10 月 30 日。

8. 《全国人大常委会关于维护互联网安全的决定》，2000 年 12 月 28 日。

[1131] 已被《全国人民代表大会常务委员会关于修改部分法律的决定》修订（发布日期：2009 年 8 月 27 日；2009 年 8 月 27 日修改。）

[1132] 已被《全国人民代表大会常务委员会关于修改部分法律的决定》修订（发布日期；2009 年 8 月 27 日；2009 年 8 月 27 日修改。）

[1133] 已被《全国人民代表大会常务委员会关于修改部分法律的决定》修订（发布日期；2009 年 8 月 27 日；2009 年 8 月 27 日修改。）

9.《全国人大常委会关于废止部分法律的决定》，2009年6月27日。

10.《全国人大常委会关于修改部分法律的决定》，2009年8月27日。

11.《全国人大常委会关于加强反恐怖工作有关问题的决定》，2011年10月29日。

12.《全国人大常委会关于加强网络信息保护的决定》，2012年12月28日。

三、全国人大常委会关于刑事法律方面的立法解释及刑事司法解释[1034]

第一编　总　　则

第一章　刑法的任务、基本原则和适用范围

1.《最高人民法院关于适用刑法时间效力规定若干问题的解释》法释〔1997〕5号，1997年10月1日。

2.《最高人民法院关于适用刑法第十二条几个问题的解释》，法释〔1997〕12号，1998年1月13日。

〔1134〕为适应形势发展变化，保证国家法律统一正确适用，根据有关法律规定和司法实际，最高人民法院和最高人民检察院历时近两年，对1949年至2011年底发布的司法解释和司法解释性质文件的集中清理工作，日前基本完成，并于2013年4月23日在第十二届全国人大常委会第二次会议上作了专题报告。对于需要修改的司法解释和司法解释性质文件，全国人大常委会法制工作委员会建议"两高"在2014年底前完成。本次司法解释集中清理工作的具体情况如下：1.《最高人民法院 最高人民检察院关于废止1980年1月1日至1997年6月30日期间制发的部分司法解释和司法解释性质文件的决定》（法释〔2013〕

3.《最高人民法院、最高人民检察院关于适用刑事司法解释时间效力问题的规定》，高检发释字〔2001〕5 号，2001 年 12 月 17 日。

4.《最高人民法院关于刑法修正案（八）时间效力问题的解释》，法释〔2011〕9 号，2011 年 5 月 1 日。

第二章　犯　罪

1.《最高人民法院关于审理未成年人刑事案件具体应用法律若干问题的解释》，法释〔2006〕1 号，2006 年 1 月 23 日。

2.《人民检察院办理未成年人刑事案件的规定》，高检发研字〔2007〕1 号，2007 年 1 月 9 日。

---

1 号，2012 年 11 月 19 日最高人民法院审判委员会第 1560 次会议、2012 年 12 月 19 日最高人民检察院第十一届检察委员会第 83 次会议通过）**编者注**：本文件废止了 44 件司法解释。2.《最高人民法院关于废止 1980 年 1 月 1 日至 1997 年 6 月 30 日期间发布的部分司法解释和司法解释性质文件（第九批）的决定》（法释〔2013〕2 号，2012 年 11 月 19 日最高人民法院审判委员会第 1560 次会议通过）**编者注**：本文件废止了 429 件司法解释。3.《最高人民法院 最高人民检察院关于废止 1997 年 7 月 1 日至 2011 年 12 月 31 日期间制发的部分司法解释和司法解释性质文件的决定》（法释〔2013〕6 号，2013 年 2 月 18 日最高人民法院审判委员会第 1569 次会议、2013 年 2 月 1 日最高人民检察院第十一届检察委员会第 85 次会议通过）。**编者注**：本文件废止了 4 件司法解释。4.《最高人民法院关于废止 1997 年 7 月 1 日至 2011 年 12 月 31 日期间发布的部分司法解释和司法解释性质文件（第十批）的决定》（法释〔2013〕7 号，2013 年 2 月 18 日最高人民法院审判委员会第 1569 次会议通过）**编者注**：本文件废止了 81 件司法解释。

3. 《最高人民法院关于审理单位犯罪案件具体应用法律有关问题的解释》，法释〔1999〕14 号，1999 年 7 月 3 日。

4. 《最高人民法院关于审理单位犯罪案件对其直接负责的主管人员和其他直接责任人员是否区分主犯、从犯问题的批复》，法释〔2000〕31 号，2000 年 10 月 10 日。

5. 《最高人民检察院关于涉嫌犯罪单位被撤销、注销、吊销营业执照或者宣告破产的应如何进行追诉问题的批复》，高检发释字〔2002〕4 号，2002 年 7 月 15 日。

6. 《最高人民检察院关于单位有关人员组织实施盗窃行为如何适用法律问题的批复》，高检发释字〔2002〕5 号，2002 年 8 月 13 日。

第三章　刑　　罚

1. 《最高人民法院、最高人民检察院、公安部、司法部关于对判处管制、宣告缓刑的犯罪分子适用禁止令有关问题的规定（试行）》，法发〔2011〕9 号，2011 年 5 月 1 日。

2. 《最高人民法院关于对怀孕妇女在羁押期间自然流产审判时是否可以适用死刑问题的批复》，法释〔1998〕18 号，1998 年 8 月 13 日。

3. 《最高人民法院关于适用财产刑若干问题的规定》，法释〔2000〕45 号，2000 年 12 月 19 日。

4. 《最高人民法院关于财产刑执行问题的若干规定》，法释〔2010〕4 号，2010 年 6 月 1 日。

5. 《最高人民法院关于对故意伤害、盗窃等严重破坏社会秩序的犯罪分子能否附加剥夺政治权利问题的批复》，法释〔1997〕11 号，1998 年 1 月 13 日。

第四章　刑罚的具体运用

1. 《最高人民法院关于贯彻宽严相济刑事政策的若干意见》，法发〔2010〕9 号，2010 年 2 月 8 日。

2.《人民法院量刑指导意见（试行）》，法发〔2010〕36号，2010年6月1日。

3.《最高人民法院、最高人民检察院、公安部、国家安全部、司法部关于规范量刑程序若干问题的意见（试行）》，法发〔2010〕35号，2010年10月1日。

4.《最高人民法院关于适用刑法时间效力规定若干问题的解释》，法释〔1997〕5号，1997年10月1日。

5.《最高人民法院关于处理自首和立功具体应用法律若干问题的解释》，法释〔1998〕8号，1998年5月9日。

6.《最高人民法院、最高人民检察院关于办理职务犯罪案件认定自首、立功等量刑情节若干问题的意见》，法发〔2009〕13号，2009年3月12日。

7.《最高人民法院印发〈关于处理自首和立功若干具体问题的意见〉的通知》，法发〔2010〕60号，2010年12月22日。

8.《最高人民法院关于被告人对行为性质的辩解是否影响自首成立问题的批复》，法释〔2004〕2号，2004年4月1日。

9.《最高人民法院关于在执行附加刑剥夺政治权利期间犯新罪应如何处理的批复》，法释〔2009〕10号，2009年6月10日。

10.《最高人民法院关于罪犯因漏罪、新罪数罪并罚时原减刑裁定应如何处理的意见》，法〔2012〕44号，2012年1月18日。

11.《最高人民法院关于办理减刑、假释案件具体应用法律若干问题的规定》，法释〔2012〕2号，2012年7月1日。

12.《最高人民法院、最高人民检察院关于办理职务犯罪案件严格适用缓刑、免予刑事处罚若干问题的意见》，法发〔2012〕17号，2012年8月8日。

13.《最高人民法院关于撤销缓刑时罪犯在宣告缓刑前羁押的时间能否折抵刑期问题的批复》，法释〔2002〕11号，2002年4月18日。

14.《人民检察院扣押、冻结涉案款物工作规定》，高检发

〔2010〕9 号，2010 年 5 月 9 日。

15.《最高人民法院、最高人民检察院、公安部、司法部关于对判处管制、宣告缓刑的犯罪分子适用禁止令有关问题的规定（试行）》，法发〔2011〕9 号，2011 年 5 月 1 日。

第五章　其他规定

1.《最高人民检察院关于企业事业单位的公安机构在机构改革过程中其工作人员能否构成渎职侵权犯罪主体问题的批复》，高检发释字〔2002〕3 号，2002 年 5 月 16 日。

2.《全国人大常委会关于〈中华人民共和国刑法〉第九十三条第二款的解释》，2000 年 4 月 29 日。

3.《最高人民检察院关于贯彻执行全国人民代表大会常务委员会〈关于中华人民共和国刑法〉第九十三条第二款的解释的通知》，高检发研字〔2000〕12 号，2000 年 6 月 5 日。

4.《最高人民检察院关于〈全国人民代表大会常务委员会关于《中华人民共和国刑法》第九十三条第二款的解释〉的时间效力的批复》，高检发研字〔2000〕15 号，2000 年 6 月 29 日。

5.《最高人民检察院法律政策研究室关于国家机关、国有公司、企业委派到非国有公司、企业从事公务但尚未依照规定程序获取该单位职务的人员是否适用刑法第九十三条第二款问题的答复》，高检研发〔2004〕第 17 号，2004 年 11 月 3 日。

第二编　分　　则

1.《最高人民法院关于执行〈中华人民共和国刑法〉确定罪名的规定》，法释〔1997〕9 号，1997 年 12 月 16 日。

2.《最高人民法院、最高人民检察院关于执行〈中华人民共和国刑法〉确定罪名的补充规定》，法释〔2002〕7 号，2002 年 3 月 26 日。

3.《最高人民法院、最高人民检察院关于执行〈中华人民共和国刑法〉确定罪名的补充规定（二）》，法释〔2003〕12 号，

2003 年 8 月 21 日。

4.《最高人民法院、最高人民检察院关于执行〈中华人民共和国刑法〉确定罪名的补充规定（三）》，法释〔2007〕16 号，2007 年 11 月 6 日。

5.《最高人民法院、最高人民检察院关于执行〈中华人民共和国刑法〉确定罪名的补充规定（四）》，法释〔2009〕13 号，2009 年 10 月 16 日。

6.《最高人民法院、最高人民检察院关于执行〈中华人民共和国刑法〉确定罪名的补充规定（五）》。法释〔2011〕10 号，2011 年 5 月 1 日。

7.《最高人民检察院、公安部关于公安机关管辖的刑事案件立案追诉标准的规定（一）》，公通字〔2008〕36 号，2008 年 6 月 25 日。

8.《最高人民检察院、公安部关于公安机关管辖的刑事案件立案追诉标准的规定（二）》，公通字〔2010〕23 号，2010 年 5 月 7 日。

9.《最高人民检察院、公安部关于公安机关管辖的刑事案件立案追诉标准的规定（二）的补充规定》，公通字〔2011〕47 号，2011 年 11 月 14 日。

10.《最高人民检察院、公安部关于公安机关管辖的刑事案件立案追诉标准的规定（三）》，公通字〔2012〕26 号，2012 年 5 月 16 日。

第一章 危害国家安全罪

1.《最高人民法院关于审理为境外窃取、刺探、收买、非法提供国家秘密、情报案件具体应用法律若干问题的解释》，法释〔2001〕4 号，2001 年 1 月 22 日。

2.《中华人民共和国保守国家秘密法》，1988 年 9 月 5 日制定，2010 年 4 月 29 日修订。

第二章 危害公共安全罪

1.《最高人民法院关于审理交通肇事刑事案件具体应用法律若干问题的解释》，法释〔2000〕33 号，2000 年 11 月 21 日。

2.《最高人民法院关于审理非法制造、买卖、运输枪支、弹药、爆炸物等刑事案件具体应用法律若干问题的解释》[1035]，法释〔2001〕15 号，2001 年 5 月 16 日。

3. 《最高人民法院关于审理非法制造、买卖、运输枪支、弹药、爆炸物等刑事案件具体应用法律若干问题的解释》，法释〔2009〕18 号，2010 年 1 月 1 日。

4. 《最高人民法院关于审理破坏公用电信设施刑事案件具体应用法律若干问题的解释》，法释〔2004〕21 号，2005 年 1 月 11 日。

5. 《最高人民法院、最高人民检察院关于办理盗窃油气、破坏油气设备等刑事案件具体应用法律若干问题的解释》，法释〔2007〕3 号，2007 年 1 月 19 日。

6. 《最高人民法院、最高人民检察院关于办理危害矿山生产安全刑事案件具体应用法律若干问题的解释》，法释〔2007〕5 号，2007 年 3 月 1 日。

7. 《最高人民法院关于审理破坏电力设备刑事案件具体应用法律若干问题的解释》，法释〔2007〕15 号，2007 年 8 月 21 日。

8. 《最高人民法院关于印发醉酒驾车犯罪法律适用问题指导意见及相关典型案例的通知》，法发〔2009〕47 号，2009 年 9 月 11 日。

9. 《最高人民法院关于审理破坏广播电视设施等刑事案件具体应用法律若干问题的解释》，法释〔2011〕13 号，2011 年 6 月 13 日。

〔1135〕已被《最高人民法院关于审理非法制造、买卖、运输枪支、弹药、爆炸物等刑事案件具体应用法律若干问题的解释》（法释〔2009〕18 号，2010 年 1 月 1 日）部分修改。

第三章　破坏社会主义市场经济秩序罪

第一节　生产、销售伪劣商品罪

1. 《最高人民法院、最高人民检察院关于办理生产、销售伪劣商品刑事案件具体应用法律若干问题的解释》，法释〔2001〕10号，2001年4月10日。

2. 《最高人民法院、最高人民检察院关于办理生产、销售假药、劣药刑事案件具体应用法律若干问题的解释》，法释〔2009〕9号，2009年5月27日。

3. 《最高人民法院、最高人民检察院关于办理非法生产、销售烟草专卖品等刑事案件具体应用法律若干问题的解释》，法释〔2010〕7号，2010年3月26日。

4. 《最高人民法院、最高人民检察院、公安部关于依法严惩"地沟油"犯罪活动的通知》，公通字〔2012〕1号，2012年1月9日。

5. 《最高人民法院、最高人民检察院关于办理危害食品安全刑事案件适用法律若干问题的解释》，法释〔2013〕12号，2013年5月4日。

6. 最高人民法院发布四起农资打假典刑案例（2010年6月4日）。

第二节　走　私　罪

1. 《最高人民法院关于审理走私刑事案件具体应用法律若干问题的解释》，法释〔2000〕30号，2000年10月8日。

2. 《最高人民法院关于审理走私刑事案件具体应用法律若干问题的解释（二）》，法释〔2006〕9号，2006年11月16日。

3. 《最高人民法院、最高人民检察院、海关总署关于办理走私刑事案件适用法律若干问题的意见》，法〔2002〕139号，2002年7月8日。

第三节 妨害对公司、企业的管理秩序罪

1. 《最高人民法院关于审理贪污、职务侵占案件如何认定共同犯罪几个问题的解释》,法释〔2000〕15 号,2000 年 7 月 8 日。

2. 《最高人民法院、最高人民检察院关于办理商业贿赂刑事案件适用法律若干问题的意见》,法发〔2008〕33 号,2008 年 11 月 20 日。

第四节 破坏金融管理秩序罪

1. 《最高人民法院关于审理骗购外汇、非法买卖外汇刑事案件具体应用法律若干问题的解释》,法释〔1998〕20 号,1998 年 9 月 1 日。

2. 《最高人民法院关于农村合作基金会从业人员犯罪如何定性问题的批复》,法释〔2000〕10 号,2000 年 5 月 12 日。

3. 《最高人民法院关于审理伪造货币等案件具体应用法律若干问题的解释》,法释〔2000〕26 号,2000 年 9 月 14 日。

4. 《最高人民法院关于审理伪造货币等案件具体应用法律若干问题的解释(二)》,法释〔2010〕14 号,2010 年 11 月 3 日。

5. 《全国法院审理金融犯罪案件工作座谈会纪要》,法〔2001〕8 号,2001 年 1 月 21 日。

6. 《最高人民法院关于审理洗钱等刑事案件具体应用法律若干问题的解释》,法释〔2009〕15 号,2009 年 11 月 11 日。

7. 《全国人大常委会关于〈中华人民共和国刑法〉有关信用卡规定的解释》,2004 年 12 月 29 日。

8. 《最高人民法院、最高人民检察院关于办理妨害信用卡管理刑事案件具体应用法律若干问题的解释》,法释〔2009〕19 号,2009 年 12 月 16 日。

9. 《最高人民法院关于审理非法集资刑事案件具体应用法律若干问题的解释》,法释〔2010〕18 号,2011 年 1 月 4 日。

10. 《最高人民法院、最高人民检察院关于办理内幕交易、泄露

内幕信息刑事案件具体应用法律若干问题的解释》，法释〔2012〕6号，2012年6月1日。

第五节　金融诈骗罪

1.《最高人民检察院法律政策研究室关于保险诈骗未遂能否按犯罪处理问题的答复》，高检研发〔1998〕第20号，1998年11月27日。

2.《最高人民检察院关于拾得他人信用卡并在自动柜员机（ATM）上使用的行为如何定性的问题的批复》，高检发释字〔2008〕1号，2008年4月18日。

3. 最高人民法院发布四起集资诈骗犯罪典型案例（2010年6月18日）。

第六节　危害税收征管罪

1.《全国人大常委会关于〈中华人民共和国刑法〉有关出口退税、抵扣税款的其他发票规定的解释》，2005年12月29日。

2.《最高人民法院关于审理骗取出口退税刑事案件具体应用法律若干问题的解释》，法释〔2002〕30号，2002年9月23日。

3.《最高人民法院关于审理偷税抗税刑事案件具体应用法律若干问题的解释》，法释〔2002〕33号，2002年11月7日。

4. 最高人民法院发布三起发票犯罪典型案例（2010年8月24日）。

5.《中华人民共和国发票管理办法》，1993年12月12日制定，2010年12月20日修订。

第七节　侵犯知识产权罪

1.《最高人民检察院关于办理侵犯知识产权刑事案件具体应用法律若干问题的解释》，法释〔2004〕19号，2004年12月22日。

2.《最高人民检察院关于办理侵犯知识产权刑事案件具体应用法律若干问题的解释（二）》，法释〔2007〕6号，2007年4月5日。

3. 《最高人民法院、最高人民检察院关于办理侵犯著作权刑事案件中涉及录音录像制品有关问题的批复》，法释〔2005〕12号，2005年10月18日。

4. 《最高人民法院、最高人民检察院、公安部印发〈关于办理侵犯知识产权刑事案件适用法律若干问题的意见〉的通知》，法发〔2011〕3号，2011年1月10日。

5. 最高人民法院发布三起发票犯罪典型案例（2010年8月24日）。

6. 《最高人民法院关于审理反不正当竞争民事案件应用法律若干问题的解释》，法释〔2007〕2号，2007年2月1日。

第八节　扰乱市场秩序罪

1. 《最高人民法院关于审理非法出版物刑事案件具体应用法律若干问题的解释》，法释〔1998〕30号，1998年12月23日。

2. 《最高人民法院关于审理倒卖车票刑事案件有关问题的解释》，法释〔1999〕7号，1999年9月14日。

3. 《最高人民法院关于审理扰乱电信市场管理秩序案件具体应用法律若干问题的解释》，法释〔2000〕12号，2000年5月24日。

4. 《最高人民法院关于对变造、倒卖变造邮票行为如何适用法律问题的解释》，法释〔2000〕41号，2000年12月9日。

5. 《最高人民检察院关于公证员出具公证书有重大失实行为如何适用法律问题的批复》，高检发释字〔2009〕1号，2009年1月15日。

6. 《最高人民法院、最高人民检察院关于办理非法生产、销售烟草专卖品等刑事案件具体应用法律若干问题的解释》，法释〔2010〕7号，2010年3月26日。

7. 《全国人大常委会关于〈中华人民共和国刑法〉第二百二十八条、第三百四十二条、第四百一十条的解释》，2001年8月31日。

第四章　侵犯公民人身权利、民主权利罪

1.《最高人民法院关于审理拐卖妇女案件适用法律有关问题的解释》，法释〔2000〕1号，2000年1月25日。

2.《最高人民法院、最高人民检察院、公安部、司法部关于依法惩治拐卖妇女儿童犯罪的意见》，法发〔2010〕7号，2010年3月15日。

第五章　侵犯财产罪

1.《最高人民法院关于审理抢劫案件具体应用法律若干问题的解释》，法释〔2000〕35号，2000年11月28日。

2.《最高人民法院关于抢劫过程中故意杀人案件如何定罪问题的批复》，法释〔2001〕16号，2001年5月26日。

3.《最高人民法院关于审理抢劫、抢夺刑事案件适用法律若干问题的意见》，法发〔2005〕8号，2001年6月8日。

4.《最高人民法院、最高人民检察院关于办理与盗窃、抢劫、诈骗、抢夺机动车相关刑事案件具体应用法律若干问题的解释》，法释〔2007〕11号，2007年5月11日。

5.《最高人民法院、最高人民检察院关于办理盗窃刑事案件适用法律若干问题的解释》，法释〔2013〕8号，2013年4月4日。

6.《最高人民法院、最高人民检察院关于办理诈骗刑事案件具体应用法律若干问题的解释》，法释〔2011〕7号，2011年4月8日。

7.《最高人民法院关于审理抢夺刑事案件具体应用法律若干问题的解释》，法释〔2002〕18号，2002年7月20日。

8.《最高人民法院关于村民小组组长利用职务便利非法占有公共财物行为如何定性问题的批复》，法释字〔1999〕12号，1999年7月3日。

9.《最高人民法院关于审理贪污、职务侵占案件如何认定共同犯罪几个问题的解释》，法释〔2000〕15号，2000年7月8日。

10.《最高人民法院关于对受委托管理、经营国有财产人员挪用国有资金行为如何定罪问题的批复》，法释〔2000〕5号，2000年2月24日。

11.《最高人民法院关于如何理解刑法第二百七十二条规定的"挪用本单位资金归个人使用或者借贷给他人"问题的批复》，法释〔2000〕22号，2000年7月27日。

12.《最高人民法院关于在国有资本控股、参股的股份有限公司中从事管理工作的人员利用职务便利非法占有本公司财物如何定罪问题的批复》，法释〔2001〕17号，2001年5月26日。

13.《最高人民检察院关于挪用失业保险基金和下岗职工基本生活保障资金的行为适用法律问题的批复》，高检发释字〔2003〕1号，2003年1月30日。

14.《最高人民法院关于如何认定国有控股、参股股份有限公司中的国有公司、企业人员的解释》，法释〔2005〕10号，2005年8月11日。

15.《最高人民法院、最高人民检察院关于办理敲诈勒索刑事案件适用法律若干问题的解释》，法释〔2013〕10号，2013年4月27日。

16.《最高人民法院关于审理拒不支付劳动报酬刑事案件适用法律若干问题的解释》，法释〔2013〕3号，2013年1月23日施行。

第六章　妨害社会管理秩序罪

第一节　扰乱公共秩序罪

1.《最高人民法院、最高人民检察院关于办理组织和利用邪教组织犯罪案件具体应用法律若干问题的解释》，法释〔1999〕18号，1999年10月30日。

2.《最高人民法院、最高人民检察院关于办理组织和利用邪教组织犯罪案件具体应用法律若干问题的解释（二）》，法释〔2001〕19号，2001年6月11日。

3.《最高人民法院、最高人民检察院关于办理组织和利用邪

教组织犯罪案件具体应用法律若干问题的解答》法发〔2002〕7
号，2002 年 5 月 20 日。

4.《最高人民法院关于审理黑社会性质组织犯罪的案件具体
应用法律若干问题的解释》，法释〔2000〕42 号，2000 年 12 月
10 日。

5.《最高人民法院、最高人民检察院和公安部办理黑社会性
质组织犯罪案件座谈会纪要》，法〔2009〕382 号，2009 年 12 月
15 日。

6.《最高人民法院、最高人民检察院关于办理赌博刑事案件
具体应用法律若干问题的解释》，法释〔2005〕3 号，2005 年 5 月
13 日。

7.《最高人民法院、最高人民检察院、公安部关于开展打击
赌博违法犯罪活动专项行动有关工作的通知》，2005 年 1 月。

8.《最高人民法院、最高人民检察院、公安部关于办理网络
赌博犯罪案件适用法律若干问题的意见》，公通字〔2010〕40 号，
2010 年 8 月 31 日。

9.《最高人民法院、最高人民检察院关于办理伪造、贩卖伪
造的高等院校学历、学位证明刑事案件如何适用法律问题的解
释》，法释〔2001〕22 号，2001 年 7 月 5 日。

10.《最高人民法院、最高人民检察院关于办理危害计算机信
息系统安全刑事案件应用法律若干问题的解释》，法释〔2011〕19
号，2011 年 9 月 1 日。

第二节　妨害司法罪

1.《全国人大常委会关于〈中华人民共和国刑法〉第三百一
十三条的解释》，2002 年 8 月 29 日。

2.《最高人民法院、最高人民检察院、公安部、国家工商行
政管理局关于依法查处盗窃、抢劫机动车案件的规定》，公通字
〔1998〕31 号，1998 年 5 月 8 日。

3.《最高人民法院、最高人民检察院、公安部关于依法严肃

查处拒不执行判决裁定和暴力抗拒法院执行犯罪行为有关问题的通知》，法发〔2007〕29 号，2007 年 8 月 30 日。

第三节　妨害国（边）境管理罪

1. 《最高人民法院、最高人民检察院关于办理妨害国（边）境管理刑事案件应用法律若干问题的解释》，法释〔2012〕17 号，2012 年 12 月 20 日。

第四节　妨害文物管理罪

1. 《全国人大常委会关于〈中华人民共和国刑法〉有关文物的规定适用于具有科学价值的古脊椎动物化石、古人类化石的解释》，2005 年 12 月 29 日。

第五节　危害公共卫生罪

1. 《最高人民法院关于审理非法行医刑事案件具体应用法律若干问题的解释》，法释〔2008〕5 号，2008 年 5 月 9 日。

2. 《最高人民法院、最高人民检察院关于办理非法采供血液等刑事案件具体应用法律若干问题的解释》，法释〔2008〕12 号，2008 年 9 月 23 日。

第六节　破坏环境资源保护罪

1. 《最高人民法院关于审理破坏土地资源刑事案件具体应用法律若干问题的解释》，法释〔2000〕14 号，2000 年 6 月 22 日。

2. 《最高人民法院关于审理破坏森林资源刑事案件具体应用法律若干问题的解释》，法释〔2000〕36 号，2000 年 11 月 22 日。

3. 《最高人民法院关于审理破坏野生动物资源刑事案件具体应用法律若干问题的解释》，法释〔2000〕37 号，2000 年 12 月 11 日。

4. 《最高人民法院关于审理非法采矿、破坏性采矿刑事案件具体应用法律若干问题的解释》，法释〔2003〕第 9 号，2003 年 6 月

3 日。

5.《最高人民法院关于审理破坏林地资源刑事案件具体应用法律若干问题的解释》，法释〔2005〕15 号，2005 年 12 月 30 日。

6.《最高人民法院关于审理环境污染刑事案件具体应用法律若干问题的解释》，法释〔2006〕4 号，2006 年 7 月 28 日。

7.《最高人民法院关于审理破坏草原资源刑事案件应用法律若干问题的解释》（法释〔2012〕15 号，2012 年 11 月 22 日。

8.《全国人大常委会关于〈中华人民共和国刑法〉第二百二十八条、第三百四十二条、第四百一十条的解释》，2001 年 8 月 31 日。

第七节 走私、贩卖、运输、制造毒品罪

1.《中华人民共和国禁毒法》，2008 年 6 月 1 日。

2.《最高人民法院关于审理毒品案件定罪量刑有关问题的解释》，法释〔2000〕13 号，2000 年 6 月 10 日。

3.《最高人民法院、最高人民检察院、公安部办理毒品犯罪案件适用法律若干问题的意见》，公通字〔2007〕84 号，2007 年 12 月 26 日。

4、《全国部分法院审理毒品犯罪案件工作座谈会纪要》，法〔2008〕324 号，2008 年 12 月 1 日。

5.《最高人民法院、最高人民检察院、公安部关于办理制毒物品犯罪案件适用法律若干问题的意见》，公通字〔2009〕33 号，2009 年 6 月 23 日。

6.《最高人民法院、最高人民检察院、公安部关于办理走私、非法买卖麻黄碱类复方制剂等刑事案件适用法律若干问题的意见》，法发〔2012〕12 号，2012 年 6 月 18 日。

7.《最高人民检察院、公安部关于公安机关管辖的刑事案件立案追诉标准的规定（三）》，公通字〔2012〕26 号，2012 年 6 月 16 日。

8. 最高人民法院关于毒品犯罪案件的四起典型案例（2010 年 12 月 13 日）。

9. 最高人民法院发布毒品犯罪典型案例（2012 年 2 月 14 日）。

第八节　组织、强迫、引诱、容留、介绍卖淫罪

1. 《最高人民检察院关于构成嫖宿幼女罪主观上是否需要具备明知要件的解释》，高检发释字〔2001〕3 号，2001 年 6 月 11 日。

第九节　制作、贩卖、传播淫秽物品罪

1. 《最高人民法院、最高人民检察院关于办理利用互联网、移动通讯终端、声讯台制作、复制、出版、贩卖、传播淫秽电子信息刑事案件具体应用法律若干问题的解释》，法释〔2004〕11 号，2004 年 9 月 6 日。

2. 《最高人民法院、最高人民检察院关于办理利用互联网、移动通讯终端、声讯台制作、复制、出版、贩卖、传播淫秽电子信息刑事案件具体应用法律若干问题的解释（二）》，法释〔2010〕3 号，2010 年 2 月 4 日。

3. 最高人民法院发布手机淫秽色情信息犯罪典型案例（2010 年 1 月 12 日）。

第七章　危害国防利益罪

1. 《最高人民法院关于审理危害军事通信刑事案件具体应用法律若干问题的解释》，法释〔2007〕13 号，2007 年 6 月 29 日。

2. 《最高人民法院、最高人民检察院关于办理妨害武装部队制式服装、车辆号牌管理秩序等刑事案件具体应用法律若干问题的解释》，法释〔2011〕16 号，2011 年 8 月 1 日。

第八章　贪污贿赂罪

1. 《最高人民检察院关于人民检察院直接受理立案侦查案件立案标准的规定（试行）》，高检发释字〔1999〕2 号，1999 年 9 月 16 日。

2.《全国法院审理经济犯罪案件工作座谈会纪要》[1036]，法发〔2003〕167 号，2003 年 11 月 13 日。

3.《最高人民法院关于审理挪用公款案件具体应用法律若干问题的解释》，法释〔1998〕9 号，1998 年 5 月 9 日。

4.《全国人大常委会关于〈中华人民共和国刑法〉第三百八十四条第一款的解释》，2002 年 4 月 28 日。

5.《最高人民检察院关于国家工作人员挪用非特定公物能否定罪的请示的批复》，高检发释字〔2000〕1 号，2000 年 3 月 15 日。

6.《最高人民法院关于挪用公款犯罪如何计算追诉期限问题的批复》法释〔2003〕16 号，2003 年 10 月 10 日。

7.《最高人民法院关于国家工作人员利用职务上的便利为他人谋取利益离退休后收受财物行为如何处理问题的批复》，法释〔2000〕21 号，2000 年 7 月 21 日。

8.《最高人民法院、最高人民检察院关于办理受贿刑事案件适用法律若干问题的意见》，法发〔2007〕22 号，2007 年 7 月 8 日。

9.《最高人民法院、最高人民检察院关于办理商业贿赂刑事案件适用法律若干问题的意见》，法发〔2008〕33 号，2008 年 11 月 20 日。

10.《最高人民法院、最高人民检察院关于办理职务犯罪案件认定自首、立功等量刑情节若干问题的意见》，法发〔2009〕13 号，2009 年 3 月 12 日。

11.《最高人民法院、最高人民检察院关于在办理受贿犯罪大要案的同时要严肃查处严重行贿犯罪分子的通知》，高检会〔1999〕1 号，1999 年 3 月 4 日。

12.《最高人民法院、最高人民检察院关于办理行贿刑事案件

〔1136〕本会议纪要重点讨论了贪污贿赂和渎职犯罪案件中遇到的有关适用法律的若干问题。

具体应用法律若干问题的解释》，法释〔2012〕22 号，2013 年 1
月 1 日。

13.《最高人民法院、最高人民检察院关于办理职务犯罪案件
严格适用缓刑、免予刑事处罚若干问题的意见》，法发〔2012〕17
号，2012 年 8 月 8 日。

第九章　渎　职　罪

1.《全国人大常委会关于〈中华人民共和国刑法〉第九章渎
职罪主体适用问题的解释》，2002 年 12 月 28 日。

2.《最高人民法院关于未被公安机关正式录用的人员、狱医能
否构成失职致使在押人员脱逃罪主体问题的批复》，法释〔2000〕
28 号，2000 年 9 月 22 日。

3.《最高人民法院、最高人民检察院关于办理妨害预防、控制
突发传染病疫情等灾害的刑事案件具体应用法律若干问题的解
释》，法释〔2003〕8 号，2003 年 5 月 15 日。

4.《最高人民检察院关于渎职侵权犯罪案件立案标准的规定》，
高检发释字〔2006〕2 号，2006 年 7 月 26 日。

5.《最高人民法院、最高人民检察院关于办理渎职刑事案件适
用法律若干问题的解释（一）》，法释〔2012〕18 号，2013 年 1 月
9 日。

6.《全国人大常委会关于〈中华人民共和国刑法〉第二百二
十八条、第三百四十二条、第四百一十条的解释》，2001 年 8 月
31 日。

第十章　军人违反职责罪

1.《最高人民法院、最高人民检察院关于对军人非战时逃离
部队的行为能否定罪处罚问题的批复》，法释〔2000〕39 号，2000
年 12 月 8 日。

2.《最高人民检察院、解放军总政治部关于军人违反职责罪案
件立案标准的规定》，2013 年 3 月 28 日。

最高人民法院关于指导性案例的规定一

1. 《最高人民法院关于案例指导工作的规定》，法发〔2010〕51 号，2010 年 11 月 26 日。

2. 《最高人民法院研究室〈关于编写报送指导性案例体例的意见〉、〈指导性案例样式〉的通知》，法研〔2012〕2 号，2011 年 12 月 30 日。

3. 《最高人民法院关于发布第一批指导性案例的通知》，法〔2011〕354 号，2011 年 12 月 20 日，指导案例第 1—4 号。

4. 《最高人民法院关于发布第二批指导性案例的通知》，法〔2012〕172 号，2012 年 4 月 9 日，指导案例第 5—8 号。

5. 《最高人民法院关于发布第三批指导性案例的通知》，法〔2012〕227 号，2012 年 9 月 18 日，指导案例第 9—12 号。

6. 《最高人民法院关于发布第四批指导性案例的通知》，法〔2013〕24 号，2013 年 1 月 31 日，指导案例第 13—16 号。

最高人民检察院关于指导案例的规定二

1. 《最高人民检察院关于案例指导工作的规定》高检发研字〔2010〕3 号，2010 年 7 月 29 日。

2. 《最高人民检察院关于印发第一批指导性案例的通知》，高检发研字〔2010〕12 号，2010 年 12 月 31 日，检例第 1—3 号。

3. 《最高人民检察院关于印发第二批指导性案例的通知》，高检发研字〔2012〕5 号，2012 年 10 月 31 日，检例第 4—8 号。

4. 《最高人民检察院关于印发第三批指导性案例的通知》，2013 年 5 月 27 日，检例第 9—11 号。

主要参考书目

1. 郎胜主编：《中华人民共和国刑法释义》，法律出版社 2011 年第 5 版。

2. 张明楷：《刑法学》，2011 年 7 月第 4 版。

3. 黎宏：《刑法学》，法律出版社 2012 年版。

4. 刘德权：《最高人民法院司法观点集成——刑事卷》，人民法院出版社 2010 年版。

5. 江海昌编著：《刑法应用一本通》，中国检察出版社 2012 年第 4 版。

6. 李立众编：《刑法一本通——中华人民共和国刑法总成》，法律出版社 2012 年第 9 版。

7. 何帆编著：《中华人民共和国刑法注释书》，中国法制出版社 2011 年版。

8. 法律出版社法规中心编：《刑事办案手册》，法律出版社 2012 年第 12 版。

7. 陈兴良、张军、胡云腾主编：《人民法院刑事指导案例裁判要旨通纂》，北京大学出版社 2013 年版。

8. 沈德咏主编：《刑事司法解释理解与适用》，法律出版社 2011 年第 2 版。

9. 孟庆丰、陈国庆、孙茂利主编，最高人民检察院法律政策研究室、公安部经济犯罪侦查局、公安部法制局编：《经济犯罪案件立案追诉标准最新适用指导》，中国人民公安大学出版社 2012 年版。

10.《法律文件修订、废止速查手册（2013 年 5 月）》，中国检察出版社 2013 年版。

附　表

附表一：聚众犯罪

类罪	罪名	首要分子或组织者、领导者	积极参加者	其他参加者
危害国家安全罪	分裂国家罪	无期或10年以上	3—10年	3年以下、拘役、管制或剥权
	煽动分裂国家罪	5年以下		
	武装叛乱、暴乱罪	无期或10年以上	3—10年	3年以下、拘役、管制或剥权
	颠覆国家政权罪	无期或10年以上	3—10年	
	煽动颠覆国家政权罪	5年以下		3年以下、拘役、管制或剥权
危害公共安全罪	组织、领导、参加恐怖组织罪	无期或10年以上	3—10年	3年以下、拘役、管制或剥权
侵犯公民人身权利、民主权利罪	聚众阻碍解救被收买的妇女和儿童罪	5年以下徒刑或拘役。	其他参与者使用暴力、威胁方法的,按妨害公务罪论处。	
		首要分子	其他积极参加的	
侵犯财产罪	聚众哄抢罪	轻则3年以下、拘役、管制,并处罚金。重则3—10年徒刑,并处罚金		

妨害社会管理秩序罪	聚众"打砸抢"	致人伤残、死亡的，按故意伤害故意杀人处，抢劫罪（首要分子）		
	聚众扰乱社会秩序罪	3—7 年	3 年以下	
	聚众冲击国家机关罪	5—10 年	5 年以下、拘役、管制或剥权	
	聚众扰乱公共秩序、交通秩序罪	5 年以下、拘役或者管制	不处罚其他人	
	聚众斗殴罪	重则 3—10 年。致人重伤、死亡的按故意伤害故意杀人论处 轻则 3 年以下管制或者拘役（不分首要分子和其他参加者）		
	组织、领导、参加黑社会性质组织罪	7 年以上徒刑，并处没收财产。犯其他罪，数罪并罚。	处 3—7 年徒刑，可并处罚金或没收财产。	3 年以下、拘役、管制或剥权，可以并处罚金
	聚众淫乱罪	5 年以下徒刑、管制或拘役	多次参加者	
	赌博罪（聚众）	3 年以下徒刑、拘役、管制，并处罚金		
	组织越狱罪	5 年以上徒刑（首要和积极参加者）	5 年以下徒刑或拘役（其他参加者）	
	暴动越狱罪、聚众持械劫狱罪	10 年以上徒刑或无期、死刑（首要和积极参加者）	3 年以上 10 年以下徒刑（其他参加者）	
危害国防利益罪	聚众冲击军事禁区罪	5 年以上 10 年以下徒刑	5 年以下徒刑、拘役、管制或者剥权。	
	聚众扰乱军事管理区秩序罪	3 年以上 7 年以下徒刑	3 年以下、拘役、管制或剥权	

附表二：总则量刑情节汇总

表一（应当）

应当	犯罪主体		违法阻却事由		犯罪未完成	共犯		量刑	
	未成年人	已满七十五周岁的人过失犯罪	防卫过当	紧急避险过当	中止犯	从犯	胁从犯	教唆未成年人犯罪	累犯（过失犯罪和未成年人除外）
从重								●	●
从轻	●	●				●			
减轻	●	●	●	●	●	●	●		
免除			●	●	●	●	●		

表二（可以）

可以	犯罪主体			犯罪未完成		共犯	量刑			
	已满七十五周岁的人故意犯罪	精神病人（尚未完全丧失辨认或者控制自己行为能力）	又聋又哑的人或者盲人	预备犯（比照既遂犯）	未遂犯（比照既遂犯）	教唆未遂	自首	坦白	立功	重大立功
从重										
从轻	●	●	●	●	●	●	●	●	●	
减轻	●	●	●	●	●	●	●		●	●
免除			●	●			●			●

附表三：

	正常刑期	数罪并罚	缓刑的考验期限	减刑以后实际执行的刑期	假释前实际已执行刑期
管制	3个月—2年	3年		不少于原判刑期的1/2	
拘役	1个月—6个月	1年	原刑期以上1年以下，不少于2个月	不少于原判刑期的1/2	
有期徒刑	6个月—15年	20年	原判刑期以上5年以下，但不少于1年	不少于原判刑期的1/2	执行原判刑期1/2以上
无期徒刑				不少于13年以上	实际执行13年以上
			累犯和犯罪集团的首要分子不适用缓刑	无期徒刑减为有期徒刑的刑期，从裁定减刑之日起计算。减刑程序同假释程序。	对累犯以及因故意杀人、强奸、抢劫、绑架、放火、爆炸、投放危害物质或者有组织的暴力性犯罪被判处十年以上有期徒刑、无期徒刑的犯罪分子，不得解释。假释考验期限从假释之日起计算。

编者注：监外执行包括有期徒刑、拘役和无期徒刑。